本書の構成と特色

とうほう **T-Navi**

NHK for Schoolの関連する動画など，インターネット上の資料にアクセスできます。

Introduction

興味深い話題がテーマへと導いてくれます。

テーマに関連する問いとSDGsや視点のアイコンを表示しています。

Report

テーマに関連した話題を紹介しています。

チェック ＆トライ

チェック（巻末の「ひとこと用語集」でチェック！）とトライでこのテーマの内容を復習！

〈注〉本書中のグラフや表などの統計は，四捨五入の関係で合計が一致しない場合があります。

p.116

p.122

p.161

政治ネコ

政治・経済について一緒に勉強していこう！

政治・経済を勉強してより良い社会をつくる一員になろう！

経済ネズミ

p.182

●出典の表記について

　本書に掲載した資料は，原典どおりに引用することを旨といたしましたが，学習教材という性格から便宜的に加筆したものがあります。その場合は，（「○○による」）と表記しました。

p.198

●編著者　加藤春彦　徳武高標　中澤健一　若林ゆきこ　渡邉智

いろいろな「見方・考え方」をためしてみよう！

　2022年4月より成年年齢が20歳から18歳に引き下げられた。18歳になれば，国政選挙に参加することができるようになったり，保護者の同意がなくても自分で契約できたりするようになる。一方，成年年齢が引き下げられたことで，契約に対して未成年者取消権が行使できなくなるなど，自分の行動には責任が伴うようになる。物事を見極められるようになるために，さまざまな「見方・考え方」を働かせることが重要だ。「見方・考え方」とは，「どのような視点で物事を捉え，どのような考え方で思考していくのか」という，その科目ならではの視点や考え方である。巻末折込の「見方・考え方パネル」をヒントに，「見方・考え方」を働かせた学習に取り組んでみよう。

多面的・多角的な考えがすぐできる！

❶次の問いについて考えてみましょう。

~問い~
完全な自動運転を導入するためには，どのような制度が必要だと思いますか？

❷巻末の折込を開きながら，「視点カード」を用いて考えてみましょう。

❸「ルール」と「正義」の2つの視点で考えてみたら…

Ⓐ自動運転とは

　自動車などの乗り物の操縦を人間がするのではなく，機械が判断して行うシステム。運転手の判断ミスによる交通事故の軽減が期待されている一方で，ハッキングへの対策など，安全性をどう確保するか考えていく必要がある。

⬆ **中国の無人タクシー**　現在は助手席にスタッフが同乗しているが，スタッフが同乗しない「完全無人運転」を目指している。

選手村で起きた事故

⬆ **東京五輪・パラリンピック選手村を巡回した自動運転バス**　「レベル4」の性能を持つが，選手村では社員が操作する「レベル2」で運行していた。

　2021年8月，選手村内を巡回する自動運転バスと選手が接触。事故直前，バスは近くにいた警備員を検知して自動停止したが，同乗していた社員が手動で再発進させたことで接触した。警視庁は社員に回避義務があったとし，社員を書類送検した。

Ⓑ自動運転のレベル分け

システムによる監視	レベル5	**完全自動運転**　常にシステムが全ての運転タスクを実施
	レベル4	**特定条件下における完全自動運転**　特定条件下においてシステムが全ての運転タスクを実施
	レベル3	**条件付自動運転**　システムが全ての運転タスクを実施するが，システムの介入要求等に対してドライバーが適切に対応することが必要
ドライバーによる監視	レベル2	**特定条件下での自動運転機能（高機能化）**　【例】高速道路での自動運転モード機能
		特定条件下での自動運転機能（レベル1の組み合わせ）　【例】車線を維持しながら前のクルマに付いて走る
	レベル1	**運転支援 システムが前後・左右のいずれかの車両制御を実施**　【例】自動で止まる（自動ブレーキ），前のクルマに付いて走る

（国土交通省資料を参考に作成）

②社員が手動で再発進

警備員

選手

①警備員を検知していったん停止

③選手に気づき，減速したが接触

（『読売新聞』2022.1.6を参考に作成）

ルールは，持続可能な社会の実現のため，**効率性と公平性のバランスのとれた決まり**をつくる視点。

　[ルール]の視点では，「現在の制度よりも自動運転システムの安全性を厳密に決定づけること」がポイントだと思います。

　したがって，「**安全性について，より明確な基準を定める制度**」が必要だと考えます。

正義とは，人々の自由な幸福追求が互いに衝突しあわないようにするためのルール。「よりよい社会」を求める際，社会に広く通用する「正しさ」が，正義の視点。

　[正義]の視点では，「運転手と自動車メーカーの責任のあり方を明確にすること」がポイントだと思います。

　したがって，「**責任の所在を明確に定める制度**」が必要だと思います。

さらに思考を深めるために，「思考スキル」を活用してみよう。「思考スキル」とは公共の学習で役立つ思考の方向性，つまり「考え方」のことである。下の2つを比較してみよう。

自分の考えを整理するには「思考ツール」も役に立つ。「思考ツール」を活用することで，物事を視覚的に整理することができる。ベン図を使って，整理してみよう。

思考を深めよう！

比較する

人による運転

比較する

完全な自動運転

人による運転
- ●歩行者などの予期せぬ動きにも対応できる
- ●人為的な事故が起こりやすい
- ●あおり運転やひき逃げなどの犯罪が起こる可能性がある
- ●事故が起きた場合，責任の所在が判断しやすい

完全な自動運転
- ●歩行者などの予期せぬ動きに対応しづらい
- ●速度管理などで渋滞を緩和
- ●人為的な事故が減少する
- ●外部からのハッキングなどによって起きた事故の場合，責任の所在が判断しづらい

思考を整理しよう！

ベン図

- ●歩行者などの予期せぬ動きにも対応できる
- ●ブレーキとアクセルの踏み間違いなどの事故が減少する
- ●システムの誤作動や正常に作動しない場合がある
- ●運転手が機能を過信し，運転中の携帯電話の操作など危険行為に及ぶ可能性がある

運転支援 自動ブレーキ，車間距離制限など

人による運転　　**完全な自動運転**

人による運転
- ●歩行者などの予期せぬ動きにも対応できる
- ●人為的な事故が起こりやすい
- ●あおり運転やひき逃げなどの犯罪が起こる可能性がある
- ●事故が起きた場合，責任の所在が判断しやすい

完全な自動運転
- ●歩行者などの予期せぬ動きに対応しづらい
- ●速度管理などで渋滞を緩和
- ●人為的な事故が減少する
- ●外部からのハッキングなどによって起きた事故の場合，責任の所在が判断しづらい

思考スキル

推論する
ある出来事や行動の結果が何を引き起こすか予想すること。

関係づける
さまざまなことがらを，相互に，原因と結果，全体と部分，対立などの関係としてとらえること。

分類する
共通する点（属性）に着目して，複数のものをいくつかのグループに分けること。

評価する
効率性や公正さなど，さまざまな観点から物事の価値（優劣）を判断すること。

多面的に見る
さまざまな角度（視点）から事象（物事）のもつ多面性を見ること。

比較する
主義主張の違いや価格など，さまざまな観点から複数の物事を対比して見ること。

要約する
「要するに何なのか」と問われたときに，必要なことだけを簡潔に表現すること。

応用する
授業などを通して学んだ知識や法則を，実際のことがらに当てはめて活用すること。

思考ツール

クラゲチャート
→理由づける
→関係づける
→要約する

Yチャート
→分類する
→多面的に見る

イメージマップ
→関係づける
→評価する

ダイヤモンドランキング
→評価する
→比較する

ベン図
→分類する
→比較する

バタフライチャート
→多面的に見る

くま手チャート
→分類する

フィッシュボーン
→多面的に見る

座標軸
→分類する
→比較する

＊「視点」「思考スキル」「思考ツール」は，主なものを掲載しています。

AIと政経

AIは，私たちの社会から生み出されたもの。礼賛（らいさん）するか，脅威（きょうい）として対応するか，みんなの未来に関わるだけに冷静な対応が迫られている。

役立つ一方で危険を及ぼす，そんな**諸刃の剣**ともいえるAIについて考えてみよう。

AI分析の可能性と脅威—諸刃の剣

人では扱いきれない膨大なデータを，AIは短時間でまとめて処理し，分析することが可能となりつつあり，その活用範囲はあらゆる分野に広がっている。

ビジネス

- 顧客（こきゃく）データをAIが分析し，それぞれの顧客に合わせた商品を提案する。
- AIが24時間365日チャットで顧客からの問合せに応じる。
- 商品を出荷（しゅっか）する前に性能（せいのう）や品質，数量に問題がないかをAIが検査する。
- フリマアプリ（個人間での商品売買（かくじん）※）サービスを利用する各人の信用力をAIが推測（すいそく）する。

24時間いつでも対応可能

表記ゆれや曖昧（あいまい）な表現も対応可能

自動運転

AIの画像認識（物体検知（ぶったいけんち）と動体検知（どうたい）※）の技術を応用し，リアルタイムで周囲の状況を把握し判断する。自動運転の技術は，レベル0〜5の段階があり，レベル3〜5が自動運転である。現在は，一定路線を走行するバスなどに運用できるレベル4の段階が試験的に導入されているが，人命に関わるだけに，膨大な学習をAIに集積（しゅうせき）しなくてはいけない。また，慎重（しんちょう）な審議のもとでの法改正も必要となる。

↑②自動運転を表現したAIコンセプト。

医療分野

人の体内に関する情報は，X線やCT（コンピュータ断層撮影（だんそう））・MRI（生体の内部情報の画像化）などの画像から得ることができる。AIは，医師が行っている画像診断の領域に進出してきている。AIの画像認識技術を応用することで病気の有無や早期の治療に貢献することが期待されている。但（ただ）し，医師が症例に関する大量の画像をAIに読み込ませる必要がある。

↑①富士フイルムの3D画像解析システム「シナプス ヴィンセント」。

軍事利用

- ドローン…敵地の偵察（ていさつ）や爆撃などに使用されるAI搭載（とうさい）のドローンが開発されている。人がコントロールしない自律的兵器（りつてき）である。
- ロボット…戦車や装甲車（そうこうしゃ）を自動運転化することや，人型・動物型のAI搭載ロボットを開発することが進められている。AIの軍事利用に関しては，国際法による法的な強制力を働かせることは困難（こんなん）な状況にある。

↑③無人飛行のドローンにAIが搭載され，軍事面での脅威が広がっている。

生成AI

利用者の指示に基づいて文章や画像，音声などを生成できるAIのこと。大量のデータで学習した内容を踏まえ，数秒から数分で回答を導き出す。

ChatGPTへの質問と回答

Q. 「世界であなたを規制する動きが広がっています。どう思いますか？」

A. 「私は人工知能モデルであり，感情を持つことはできません。ただ，私が提供する情報や機能が制限されることで，人々の利用に支障が出る可能性があるということは認識しています。人工知能技術の進化は，様々な分野で利益をもたらすことができますが，一方で偽情報や倫理的問題が発生する可能性もあるため，適切なガバナンスや規制が必要であるという認識が世界的に広まっています」

↑④アメリカのOpenAI社が開発した対話型AI「ChatGPT」

↑⑤生成AIのイメージ

Ⓐ主要サービスがユーザー100万人獲得までに要した日数

サービス	日数
ChatGPT（チャット）	5日
Instagram（インスタグラム）	75日
Spotify（スポティファイ）	150日
Dropbox（ドロップボックス）	210日
Youtube（ユーチューブ）	260日
Facebook（フェイスブック）	310日
Twitter（ツイッター）	2年

（Statista資料などを参考に作成）

AI適切利用5原則
❶イノベーションの機会の活用
❷法の支配
❸適正手続き
❹民主主義
❺人権尊重
（2023年4月29日開催のG7デジタル・技術大臣会合にて）

イノベーションと民主主義

AIの進化とともに，私たちの民主主義も進化（深化）させることが求められている。最後の意思決定をAIに任せてしまうのは，民主主義の自殺につながってしまう。

はじめての政治・経済

ブランドと政経

ファッションブランド……一見，政治や経済とは関係なさそうにみえるかもしれない。ディオールとシャネル，この２つのブランドから，政経を学んでみよう。

クリエイターのメッセージを受け取る──Dior

設立と創業　1946年，フランスのファッションデザイナーであるクリスチャン・ディオールが設立したファッションブランドを展開する企業。

社名の由来　ディオールの本名に由来するが，彼の友人である詩人のジャン・コクトーは「神（Dieu）と黄金（or）から成る魔法の名前＝Dior」と表現した。

Tシャツが性差別のない万人の平等を訴える

人気ブランドのクリスチャン・ディオールは，2017年春夏のパリコレクションで，政治的メッセージがプリントされた服を発表した。その背景には長い歴史を持つディオールで，初めて女性が主任デザイナーに就いたということもある。女性への「差別」が起きている背景があるなかで，彼女は女性である自分が老舗のブランドを担う意味を強く意識しているという。「フェミニスト」Tシャツも彼女の思いが詰まっている。

ディオールは，コレクションはおしゃれな服を見せるためだけにあるわけではない。時代の流れを感じ，クリエイターたちがこれから伝えたいメッセージを受け取りに行く場所としている（→p.38）。

←①ディオールから販売されたTシャツ。「WE SHOULD ALL BE FEMINISTS（男も女もみんなフェミニストでいなきゃ）」と書かれている。

女性の生き方に革命を起こした人──Coco Chanel（ココ シャネル）

CHANEL

設立と創業　Gabrielle Chanel（ガブリエル）（仏，Cocoは愛称）が，パリのカンボン通りに帽子専門のブティック「シャネル・モード」を1910年に開店したのがはじまり。以来，服飾・香水・化粧品・宝飾品などレディース商品を中心に展開する世界的なファッション・ブランドに。

ロゴの由来　「C」を背中合わせに組み合わせたもの。一説には，シャネルの「C」と2番目の恋人で支援者だったArthur Capel（アーサー カペル）の「C」を意味するという説がある。カペルは事故死し，二人は結ばれることはなく，シャネルは生涯独身だった。

←②ガブリエル・シャネル

1916年

シンプルで，着心地がよく，無駄がない

米『ヴォーグ』誌や『ハーパース・バザー』誌にシンプルなシャツドレスが紹介される。男性用下着の素材とされていたジャージーを使った斬新なもので，美しく見せようとコルセットで締め付けていた女性の身体を解放したといわれた。

←③シャネルがデザインしたシャツドレス

1921年

香水で仕上げをしない女に未来はない

香水「N°5」を発表。天然成分から作られていた従来の香水に対し，人工的な香料を加え，まったく新しい香りを創造。ボトルデザイン・名称ともに革新的だった。

←④シャネルの代表的な香水「N°5」

1926年

私はモードではなく，スタイルを作り出したのだ

リトル・ブラック・ドレス発表。黒は喪服か使用人の服の色とされていた。丈は動きやすい膝下丈。シンプルで機能的なデザインは，いまや日常的なものになった。

←⑤『ヴォーグ』誌に掲載されたシャネルによるリトル・ブラック・ドレスのデザイン（1926）

参考：『ハフポスト』2017.9.14，マリー・フランス ポシュナ『Dior』KORINSHA PRESS，川島ルミ子『ディオールの世界』集英社，『芸術新潮』2022.8，新潮社，エリザベート・ヴァイスマン著　深味純子訳『ココ・シャネル　時代に挑戦した炎の女』阪急コミュニケーションズ，山口路子『ココ・シャネルの言葉』だいわ文庫

ジェンダーと政経

「ジェンダー」という言葉を耳にする機会が増えたのではないだろうか。SDGsでも課題となっている「ジェンダー」について，オードリー・タン氏の言葉や台湾での出来事から学んでみよう。

「天才デジタル担当大臣」オードリー・タン氏

台湾に「天才デジタル担当大臣」と呼ばれている人物がいる。オードリー・タン政務委員である。オードリー氏本人は「天才」と呼ばれることやIQ180という噂に対して，「180とは私の身長のこと。インターネット時代では誰でもIQ180です」とかわしているが，新型コロナウイルス感染症の拡大を抑え込み，マスクの在庫がリアルタイムで確認できる「マスクマップ」というアプリを開発したことはあまりにも有名である。オードリー氏とは一体どのような人物なのだろうか。

「愛する対象はホモサピエンス」　自分は「マイノリティ」というカテゴリーには当てはまらないとし，「男である」ということと「女である」という交差的な体験をしたことで，社会のほぼ全員と同じ経験を共有したと述べている。

↑①オードリー・タン氏は，自身がトランスジェンダーであることを公表している。

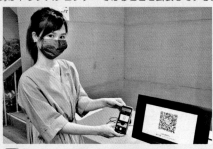
←②オードリー・タン氏は，新型コロナウイルス感染症が流行しマスクが必要とされるなか，「マスクマップ」という，リアルタイムでマスクの在庫が確認できるアプリを開発した。

オードリー・タン氏の言葉
どちらでもあるし，どちら側にもなれる。
どちらも含むのではなく，すべてを含む。
どちらも尊重するのではなく，すべてが尊重される。
（『オードリー・タン　自由の手紙』講談社による）

↑③オードリー・タン氏を中心に開発された，感染者の行動追跡のための来店者情報登録システム。

「ピンクがヒーローの色になる」

台湾のある少年の家族から訴えがあった。その内容は「うちの息子が学校に行きたがらなくて困っています。みんな台湾政府が用意したマスクのせいですよ。マスクが全部，ピンクなんて！うちの子は，『ピンクのマスクをつけて学校に行ったら確実にいじめられる』と言ってマスクをつけようとしません」というものだった。

財源が限られた中で白や青のマスクを供給することができず，やむを得ないと答えた代わりに，大臣はじめ記者会見に出席する感染症対策本部のメンバーが全員，医療用のピンクのマスクを付けて会見に臨んだのである。その後，感染症対策のヒーローがピンクのマスクをつけていたおかげで，少年もまたクラスのヒーローになれたという。

④今では様々な色のマスクが供給されている。ファッションの一部として派手なマスクを着ける人も増えた。

「ジェンダー主流化プロセス」

2007年に開始された台湾政府の施策の一つ。「ジェンダー共同参画委員会」がすべての議案を精査し，ジェンダーに与える影響がマイナスかプラスかを判断している。

日本ではトランスジェンダーに対する理解はまだ浅く，社会の中でも多くの課題が残っているよ。生活しているなかで，「ピンクは女性の色，ブルーは男性の色」といった固定概念や社会制度はどれくらいあるかな。具体例を考えてみよう。

<table>
<tr><td>

はじめての政治・経済

</td><td>

シネマと政経

話題の映画を見ながら，政治・経済の勉強にもなるなんて，一石二鳥！
登場人物のファッションや小道具，背景に注目するなど，自分なりの見方でOK。

</td></tr>
</table>

「MINAMATA ―ミナマタ―」

DVD&Blu-ray発売中
発売元：カルチュア・パブリッシャーズ
©2020 MINAMATA FILM, LLC
©Larry Horricks

政経的見どころ
- 高度経済成長下の経済を優先する社会状況。
- 企業の反対住民への妨害・嫌がらせ。
- 日本の過去の出来事ではなく，現在も世界各地で起きている人為的な被害のひとつである。

ジョニー＝デップがミナマタを撮る

　1971年ニューヨーク，かつて報道カメラマンとして活躍したユージン＝スミスは，酒に溺れ家賃を滞納する日々をおくっていた。日本企業のCM撮影で通訳として知りあったアイリーンから水俣での撮影を打診され，2人は現地に赴く。水俣での初日，胎児性水俣病で生まれたときから体が不自由なアキコの両親に自宅に食事に招かれ，苦しい胸の内を明かされる。「アキコを撮らせてほしい」と頼むが「それだけは勘弁してくれ」と拒否される。ある日，加害企業の社長との面会に成功，社長は工場の安全性を繰り返し説き，「チッソは社会的に重要な存在で，社会全体の利益と比すれば住民の不利益など微少なものだ」と言い切る。被害者と加害企業との裁判も大詰めを迎え，両者の対立は激化する。工場前での抗議運動を取材していたユージンは暴動に巻き込まれ，大けがをする。ユージンの撮影姿勢が被害者やその家族に理解され，被害者の撮影を許されるようになる。アキコを母親が入浴させる場面の撮影も許された。それは水俣病の残酷さ，悲しみのみならず，人間の美しさ，尊厳をも伝える写真であった。「瞳の奥の真実を写す。写真は被写体の魂を奪う。」というユージンの信念を具現化した一連の写真は，水俣の現状を世界に伝えることとなった。

「未来を花束にして（SUFFRAGETTE〈サフラジェット〉）」

政経的見どころ
- 原題「SUFFRAGETTE」は当時の急進的女性参政権活動家を示す。
- 公聴会の証言で語られる主人公の生活と生い立ち。
- 洗濯工場の過酷な労働環境。
- 集会に参加した女性たちに対する警官の容赦ない暴力。
- 一方的に夫から追い出され，子供とも引き離されてしまう女性の社会的立場の弱さ。

女性たちは参政権を求めて立ち上がる

　1912年ロンドン。主人公モード＝ワッツ（24歳）は幼い子供を育てながら，洗濯工場で働いていた。ある日，女性参政権を求める集会に遭遇する。活動家の女性たちは，ショーウィンドーに投石をするなど急進的で過激であった。後日，モードは活動家である職場の友人に誘われ集会に参加する。警官は女性たちに暴力を振るい，モードも逮捕されてしまう。当初，参政権運動には関心はなかったモードだが，活動家である友人と行動を共にするようになり，夫に内緒で集会に参加する。2度，3度と逮捕され，夫から一方的に離婚を告げられ，子供とも会えなくなってしまう。女性の立場は法的にも低く，親権も母親にはなかった。家もなく教会に身を寄せながら，モードは急進的な活動にのめり込んでいく。彼女たちは国王への直訴と社会へのアピールのため，多くの人々が集まるダービー当日に行動を起こす計画を立てる。

政治を見る目を養うための キーワード

「政治」で思い浮かべるイメージは「遠い」「暗い」「汚い」,「政治家」のイメージは悪人？…政治は現実から生まれ現実を作り出す過程です。現実離れしないために政治を学んでみよう。

1 人間はポリス的動物（社会的存在）

アリストテレスの言葉から導き出されるのは，人間は共同体を形成して生きる存在であり，そこには支配する者と支配される者との関係が生じるということであろう。

では，その支配の正当性はどこにあるのか？支配の手段は？そして，支配する者に求められる資質とは？

……国家が（まったくの人為ではなくて）自然にもとづく存在の一つであることは明らかである。また人間がその自然の本性において国家をもつ（ポリス的）動物であることも明らかである。
（田中美知太郎ほか　訳「政治学」『世界の名著8』中央公論社）

アリストテレス
（前384〜前332）

古代ギリシャの哲学者。あらゆる分野の学問を体系化したことから「万学の祖」と呼ばれる。

2 支配

A 支配の正当性

支配とは？
何らかの権威をもって，権力を行使している状態を指す。マックス・ウェーバーは，それを「支配の正当性」とよび，3類型に分けている。

マックス・ウェーバー
（1864〜1920）

ドイツの経済学者，社会学者。20世紀以降の社会思想に大きな影響を与えた。
「政治家のあり方」を述べた『職業としての政治』（岩波文庫）は，永遠のベストセラーであり，政治に興味がある人にとって必読。

伝統的支配
その権力が古くから続いていて，今後も永遠に続くかと思われるようなもの。民衆は，その権力の伝統に従う。
例　君主制，天皇制，家父長制
→①②ルイ14世（左）と昭和天皇（右）

カリスマ的支配
神から与えられた非凡な才能や資質（カリスマ）を，その権力者が持っていると民衆が信じて従う。
例　ナポレオン，ヒトラー，スターリンなど
→③④ナポレオン（左）とヒトラー（右）

合法的支配
国民に合法的に選出された権力だからと民衆が考えて，これに従う。
例　近代官僚制
→⑤⑥議会（左）と議会で選ばれた指導者（右）

B 支配のための常套手段
支配を正当化するために，支配者が用いる常套手段が2つある。

感情に訴える
儀式・音楽・旗等象徴的なものを通じて，感情に訴えるという手段。
● 儀式で，国旗を掲揚し国歌を歌うこと
● 記念日を設けること　● 記念碑を建立すること
● 建国の経緯を物語にすること　など

知性に訴える
理論を通じて，知性に訴えるという手段。
● 「王の権利は，神から授かったものである」という王権神授説
● 「多数の人々から選ばれた代表の政府だから正当である」という民主主義の理論

政治体制—支配を形にする
どのような制度や政治手法があるのか？3つの類型を学んでみよう。

	例
自由民主主義体制	欧米諸国・日本　など
全体主義体制	ドイツのナチズム・イタリアのファシズム・ソ連のスターリニズム
権威主義体制	アジア・アフリカ・ラテンアメリカの発展途上国

権威主義体制とは？
議会での一党独裁や軍部による独裁など全体主義的ではあるが，その支配は緩やかで，民主主義へ移行していく可能性がある体制。

❷政治家としての資質

「哲人」
古代ギリシャのアテナイの哲学者プラトンは，政治家の理想は，知恵がすぐれ，見識が高く，道理に通じた哲人であると考えた。

「ライオンの力」と「キツネの知恵」
ルネサンス期の思想家であるマキァベリは，政治課題を解決するには，時には悪とされる手段をとることもやむを得ないと考えた。

政治家に必要なものとして，「ライオンの力（暴力）」と「キツネの知恵（策略）」をあげた。

情熱・判断力・責任感
マックス・ウェーバーは，著書『職業としての政治』の中で，3つの資質をあげている。

情熱 興奮とは違い，社会の現実に立ち向かう熱意

判断力 現実の社会動向と人間に対して，冷静に距離を置いて判断できる力

政治家は，世間から注目を浴びようという虚栄心も克服しなくてはいけない。

責任感 2つの倫理を提示している。

心情倫理 「私は，こんな熱い想いでこの政策を実行した」というような，その政策の目的や動機の正当性を重視する倫理

責任倫理 目的や動機はどうであれ，その政策によってもたらされた結果に対して，責任をとるという倫理

マックス・ウェーバーは，政治家は，責任倫理が不可欠であると強調している。

↑⑧プラトン

↑⑨マキァベリ

情熱　政治家　判断力　責任感

❹ポピュリズムの危険性

新しい政治現象
トランプ大統領の登場や英のEU離脱という予想外の政治現象をポピュリズムという政治思想（政治姿勢）で，説明されるようになってきている。

ポピュリズム（大衆迎合主義）　その特色は…
①社会を単純に「エリート」と「民衆」の二つに分ける
②エリートとは，社会の中で政治面・経済面・文化面などにおいてリーダーシップをとっている人々をさす
③敵と味方をはっきりと区別する
民衆＝「普通の人」，エリート＝「得をして腐敗している人」とし，自らを「民衆」の代弁者として位置付け，「エリート」を敵視する。

ポピュリズムの危険性
民衆の代弁者と言いながら，民族・宗教・価値観などの多様性を否定し，特定の人々を排除する傾向が強い。アドルフ・ヒトラー政権の成立は，ポピュリズムの危険性を示している。

❸プロではなくアマチュアが決める？

くじ引き民主主義
抽選によって選ばれた市民が，議員として政策決定に関わることがフランスやオランダなど欧米で流行している。

フランス　マクロン大統領は，環境問題を討議する新たな評議会の代表や，法案の諮問機関である「経済社会環境評議会」の議員の一部を，市民からの「抽選制」によって選ぶと表明した。

オランダ　選挙制度改革案を抽選で選ばれた市民が作成する。

ベルギー　国の政策について意見を述べる審議会の委員を市民から抽選で選ぶ。

アイスランド　憲法改正の討議のために市民1,000人を抽選で選ぶ。

アイルランド　憲法草案についての意見を集めるために市民66人を抽選で選ぶ。

「くじ引き民主主義」のポイント

①選挙で選ばれた議員に政治を任せてしまい，政治的無関心が広がり，それが投票率の低さにも繋がっている。つまり，**「民主主義の空洞化」の処方箋**の一つとして実施され始めている。

②「くじ引き」は，最も公平な方法であり，民主主義と両立することができると考えられている。

③日本で2009年に裁判員制度（➡p.60）が導入されたように，すでに「くじ引き」は司法分野では実施されている。

④地方の政治においては，無作為に抽出された市民が地元の課題について討議することが試みられている。

※参加者による理性的な討論は熟議と呼ばれる。熟議には，信頼できる情報が提供され，参加者が誠実で，他人の意見を傾聴することが重要である。

（ダーヴィッド・ヴァン・レイブルック『選挙制を疑う』法政大学出版局，吉田徹『くじ引き民主主義』光文社新書などを参考に作成）

↑⑩トランプ氏（左）は多くのメディアの予想を覆して，ヒラリー・クリントン氏を破り，2017年，第45代アメリカ合衆国大統領に就任した。

正義　法の支配　5 ジェンダー平等を実現しよう

Introduction ベアテさんが日本に男女平等をもたらした！

2012年12月30日，ベアテ・シロタ・ゴードンさんがニューヨークの自宅で亡くなった。89歳だった。

1923年ウィーンに生まれた彼女は，著名なピアニストだった父が，東京音楽学校（現東京芸術大学）の教授に招かれたことから，来日。少女期を戦前の日本で過ごした。楽しい生活を送った一方で，彼女の胸を痛めたのが，当時の日本の女性の境遇だった。親の決めた男性と結婚させられ，子どもを産まないと離婚させられた。相続権も選挙権もなかった。

←①ベアテ・シロタ・ゴードンさん

大学進学のために渡米した数年後，日米両国は戦争に。戦後，連合国軍総司令部（GHQ）の民間職員に採用され，再び来日。民政局員として日本国憲法の草案作成に携わった。弁護士でも憲法学者でもなかった彼女は，精力的に各国の憲法や人権宣言を原文で読み比べた。そして，「男女は人間として平等」という考えを中心に据えた。女性が幸せにならなければ，日本は平和にならない，との思いからだった。（→p.20）

（『AERA』2013.1.21をもとに作成）

ベアテさんの思いが反映された日本国憲法の主な条文

- ● 第14条　法の下の平等
- ● 第24条　家族生活における個人の尊厳と両性の平等
- ● 第44条　参政権における両性の平等

新旧民法の比較　ナビ 日本国憲法の制定により，民法も改正された。

旧民法（1898〔明治31〕年）		現行民法（1947〔昭和22〕年）
●男は30歳，女は25歳まで父母の同意が必要	結婚	●成年は父母の同意の必要なし ●未成年は父母の一方の同意が必要（第737条）
●妻は夫の家に入る ●妻の財産は夫が管理する	夫婦関係	●夫婦は夫又は妻の姓を名のる（第750条） ●財産は，夫婦それぞれに「特有財産」を認め，不明確なものは「共有財産」とする（第762条）
●親権は父にある	親権	●親権は父母が共同で行う（第818条）
●長子単独相続が原則 ●妻には相続権はないに等しい	相続	●配偶者は常に相続権あり。配偶者以外は均分相続（妻と子供3人の場合，妻は1/2，子供は1/2×1/3＝1/6ずつ）（第900条）

ベアテさんの願いが，日本国憲法の「両性の平等」を生み出した。憲法は最高法規である。ゆえに，男女平等でなかった民法が改正された。このように，法が変われば制度も変わり，さらに考え方や生活にも影響を与える。法の役割や法と国家との関係について考えてみよう。

1 国家と主権

Ⓐ国家の三要素

領空（大気圏内。宇宙空間は含まない）
領域
領海（日本では12海里以内）
領土
人民（国民）
主権

Ⓑ主権をあらわす3つの意味

①国家権力の独立性
国家がどこにも隷属せず，対外的に独立していること。

②国内における最高権力
「国民主権」とは，国民に国内における政治の最高決定権があるという意味である。

③国家権力そのもの
統治権とか国権と同じ意味であり，司法権・立法権・行政権の総称である。

解説　国家の三要素のなかで，主権は目で見ることのできない抽象的な概念であり，難しいが，主権の有無こそが近代国家にとって最も重要である。

Seikei マニア アメリカは50の州から成り立ち，各州ごとにさまざまな法律がある。なかには「ピーナッツを買うのは太陽が沈んだ後（アラバマ州）」「消火栓にワニをつなぐのは禁止（ミシガン州）」といった，かなりユニークな法律もある。

2 「法の支配」とは？

（渡辺洋三『法というものの考え方』日本評論社）

人の支配	国民をどういう場合に逮捕するか，ということについての客観的基準がなければ，国民はいつ逮捕されるかもしれないという不安で道も歩けない。人の支配では，権力者・支配者の個人的意思が最高のものとなる。	権力者の意思が法となって，国民を恣意的に支配する。
法の支配	権力者と国民をともに拘束する客観的基準である法により，国家はいかなる場合に，いかなる手続きで国民を逮捕することができるのか，ということについての基準が決められている。もはや，国民は理由なく逮捕されないはずである。	国民の意思に基づいて制定された法に，権力者も従う。

〈人の支配〉

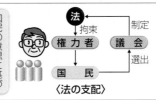
〈法の支配〉

📘**解説** 17世紀，国王の専制に対し，裁判官エドワード＝コーク（クック）は「国王といえども神と法の下にある」という13世紀の法学者ブラクトンの言葉を引用。王権に対して**コモン・ロー（→ p.16）**の優位を主張して国王を退けた。コモン・ローとは，中世よりイギリスで裁判所が判決を通じてつくりあげてきた慣習法の体系のこと。つまり法による権力のコントロールが法の支配である。一方，ドイツで発達した**法治主義**は，法の内容よりも議会の制定した法律にのっとり政治を行うという形式面・手続きを重視したため，議会での可決を理由に，人権を制限する法律が制定される危険性があった。

ナビ「法の支配」　権力者の上に法をおくこと。

3 法の分類と社会規範

Ⓐ法の分類

法	**自然法** 自然または理性を基礎に成立する普遍の法		
	実定法 立法機関の立法作用や社会的慣習など人間の行為によって作り出された法	**不文法（慣習法）** 文字の形をとらない法。慣習法・判例法・国際慣習法など	
		成文法（制定法） 文章の形をとって意識的に定められた法	

Ⓑ成文法の分類

〈注〉 ▨ は六法

国内法	**公法**…国家と公共団体相互の関係，またはこれらと私人の間の法律関係を定めた法律	実体法	憲　　法—**日本国憲法**
			行　政　法—内閣法・国家公務員法など
			刑事実体法—**刑法**・軽犯罪法など
		手続法	民事手続法—**民事訴訟法**・破産法など
			行政手続法—行政事件訴訟法など
			刑事手続法—**刑事訴訟法**・刑事補償法など
	私法…私人間の生活関係を調整する法律	実体法	民事実体法—**民法**・戸籍法・**商法**・手形法・不動産登記法など
	社会法…市民社会の個人本位の法律原理を修正し，社会の公共的利益の増進を図る法の総称	実体法	労　働　法—労働基準法・労働組合法など
			社会保障法—生活保護法・健康保険法など
			経　済　法—独占禁止法・中小企業基本法など
	命　令—政令・府令・省令・人事院規則など		
	地方自主法—条例・規則		
国際法	**条　約**	国際連合憲章・日米安全保障条約など	

Ⓒ社会規範

社会規範

人間の行動を律する基準，守らないと「制裁」を受ける。
法律，道徳，宗教，慣習など

法　律（外面的強制）	**道　徳**（内面的強制）
国家権力による最も強い強制力をもつ	個人の良心に従うという強制力がはたらく

守らなければ

刑罰，損害賠償（法の強制力）	良心の呵責，社会的非難

📘**解説**「法は最小限の道徳である」とは，ドイツの公法学者イェリネック（1851〜1911）の言葉で，道徳のなかでも最低限守らなければならないものが，法律として規定されている，ということである。一般の法律は，国家が国民の権利や自由を制限するものだが，**憲法だけは国家権力に対し，その権力の行使に歯止めをかけるものとなっている**ため，ほかの法律の上位に位置づけられている。

🔵Report 駅前での放置自転車の法律問題

①どんな法律に違反しているのか？
●民法第206条（所有権）…道路を管理している国や地方自治体の「財産権（所有権）」を勝手に侵している。
●道路交通法第44・45条…駐停車禁止・駐車禁止の標識がある場合は違法駐車となる。

②商店会の人たちが法律違反だといって処分すると…
●他人の所有物を勝手に処分することは法律違反。個人間の争いで，相手を無視して力づくで解決することを「自力救済」といい，民法で禁止されている。

↑②駅前に放置された自転車。

③自転車に腹を立て，蹴飛ばして壊すと…
●刑法第261条（器物損壊罪）が成立する。

④鍵のかかっていない自転車を見つけて，それを使用して元に戻したら…
●「使用窃盗」ということで窃盗罪（刑法第235条）が成立する場合がある。

⑤地方自治体が自転車を撤去するには…
●原則は勝手に処分できないが，各自治体は条例などを作成し，一定の範囲内で自転車を撤去できるようにしている。

チェック&トライ

チェック 国家の三要素　　立憲主義
　　　　法の支配　　法治主義

▶**トライ**　・「悪法もまた法なり」という言葉がある。これは，法の支配，法治主義のどちらに当てはまる？
　　　　・学校の校則と法律の違いや共通点にはどんなものがあるだろうか？

11

民主政治の基本原理

民主主義　法の支配　権力分立

16 平和と公正を
すべての人に

Introduction 国家は個人の権利を守るために組織された！—社会契約説とは？

ホッブズは考えた…

○ もし国家や政府がなかったら…

人間の姿は？　人と人との関係は？（**自然状態**）
一人ひとりは何を大切に生きている？（**自然権**）

→ 一人ひとりの大切なものを守るために，国家・政府をつくろう！（**社会契約**）

どのような国家なら，それらを守れるのか？

そして，ホッブズが理想とした国家とは…

口からは火炎が噴き出し火の粉が飛び散る。煮えたぎる鍋の勢いで鼻からは煙が吹き出る。喉は燃える炭火口からは炎が吹き出る。首には猛威が宿り顔には威嚇がみなぎっている。筋肉は幾重にも重なり合いしっかり彼を包んでびくともしない。

（「旧約聖書『ヨブ記』」新共同訳）

←❶ホッブズ『リバイアサン』のとびら絵。「リバイアサン」は，旧約聖書に登場する怪物で，ホッブズは個人の結合体である国家をこれに見たてた。

「リバイアサン」の様子は『ヨブ記』に左のように描かれている。ホッブズは，このリバイアサンに，国家の強大な権力を重ね合わせ，この権力こそが個人の権利を守ると考えた。国王の権力は神から与えられたとする王権神授説を否定し，国家の存在意義を根本から問うた彼の考え方は，ロックやルソーに大きな影響を与えた。

→❷MIXIから配信されているゲームアプリ「モンスターストライク」のキャラクター。近年では，ゲームや小説のキャラクターとして登場し，親しまれている。©MIXI

1 民主政治の成立と発展

年	できごと	年	できごと
1215	(英)**マグナ・カルタ**	1837	(英)チャーティスト運動（参政権獲得運動）
1642	(英)清教徒(ピューリタン)革命（～49）	48	(独)マルクス，エンゲルス『共産党宣言』
51	(英)ホッブズ『リバイアサン』(➡p.13❸)	63	(米)奴隷解放宣言(リンカーン大統領)
88	(英)名誉革命	89	(日)大日本帝国憲法
89	(英)**権利章典**(➡p.13❹)		第一次世界大戦（～19）
90	(英)ロック『統治二論』(➡p.13❸)	1914	
1748	(仏)モンテスキュー『法の精神』	19	(独)**ワイマール憲法**（社会権，女性参政権）
62	(仏)ルソー『社会契約論』(➡p.13❸)		
75	(米)アメリカ独立戦争（～83）	33	(独)ナチス政権獲得(➡p.14)
76	(米)**アメリカ独立宣言**(➡p.13❺)	39	第二次世界大戦（～45）
89	(仏)フランス革命（～99）	48	**世界人権宣言**
	(仏)**フランス人権宣言**(➡p.13❻)	66	**国際人権規約**

（成立期）

夜警国家　福祉国家

解説 民主政治は17〜18世紀に市民革命によって成立した。といっても20世紀初頭までは参政権が制限されており，治安維持と国防だけを行えばよいという「夜警国家」が理想とされた。第二次世界大戦後，参政権の拡大，社会権の登場により「福祉国家」が目標となった。

2 権力分立

絶対王政の時代　**現代**　権力分立（三権分立）

権力 → 司法権　立法権　行政権

監督　規制

（伊藤真『図解憲法のしくみがわかる本』中経出版を参考に作成）

解説 権力分立は，君主権力の支配に対抗して，立法権を議会がにぎり，また，独立した裁判所によって司法権が行使されるべきことを主張するものとして登場してきた。近代政治思想史上これを初めて定式化したのが**ロック**であるが，**モンテスキュー**はイギリス議会政治を参考に**三権分立論**を説いて，ロックの権力分立論をさらに発展させた。

Seikei マニア　板垣退助の「板垣死すとも，自由は死せず」というあまりにも有名な言葉。しかし実際は「おらを殺したら，自由が死ねるかや」と方言で言っていたそうだ。

3 社会契約説の比較 ── 一人ひとりの権利を守るための国家の姿とは？

憲法

	ホッブズ（イギリス） *Thomas* **Hobbes** （1588〜1679） **著書** 『リバイアサン』 （1651年刊） 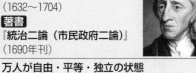	ロック（イギリス） *John* **Locke** （1632〜1704） **著書** 『統治二論（市民政府二論）』 （1690年刊）	ルソー（フランス） *Jean-Jacques* **Rousseau** （1712〜78） **著書** 『社会契約論』 （1762年刊）
思想家			
自然状態	「万人の万人に対する闘争」 平等な個々人が対立しあう弱肉強食の状態 自然権＝自己保存の権利	万人が自由・平等・独立の状態 自然権＝生命・自由・財産権	万人が自由・平等・自給自足の状態 自然権＝生命・自由・平等
社会契約のあり方	・各人が自然権を統治者に全面委譲することによる国家の形成 ・国民は自然権を委譲した統治者（国王）に服従 統治者（絶対権力者） ・自然権の譲渡 ↑ ・法の制定 ・服従 ↓ ・安全を保障 個々の市民	・各人が自然権の一部を代表者に委託することによる国家の形成 ・国家の最高権は人民にある ・政府が国民の信託に反して自然権を侵害した場合，人民はその権力を改廃できる （**抵抗権・革命権**） 統治者（立法権の執行権に対する優位） ・信託 ↑ ・法による自然権（生命・ ・抵抗権 ↓ 自由・財産権）の保障 個々の市民	・各人が自己の全てを譲渡することによる，国家の形成 ・全人民に共通した利益をめざす**一般意志**の存在 ・主権＝一般意志の行使 ・主権は人民にあり，譲渡・分割不可 国家（市民の結合体） ・人民は自然権を ↑↓ ・一般意志に基づく社会的自由・権利 社会全体に譲渡 ・直接民主制 個々の市民
特徴・影響	・国家・社会成立について「社会契約」という考え方を示した。 ・**絶対王政を理論的擁護** ・**抵抗権を認めず**，王政復古（1660）後のイギリス政治体制を正当化した。	・間接民主制を主張 ・**名誉革命（1688）を正当化** ・一国内の事件としての名誉革命から普遍的な近代市民社会の理念を抽出 ・**アメリカ独立革命へ影響を与えた。** ・権力分立論	・直接民主制を主張 ・**抵抗権を容認，人民主権論** 　⇨フランス絶対王政を批判 ・フランス革命(1789〜)，とりわけジャコバン派に影響を与えた。

解説 社会契約説では，国家成立以前を「**自然状態**」といい，自然状態において各人がもっている生まれながらの権利を「**自然権**」という。自然状態にあった人々が，各々の自然権を守るため，「**社会契約**」により国家・政府を形成したとみなした。社会契約とは，あくまでも仮定・空想上の契約である。とりわけ，ロックやルソーの思想は，市民革命の理論的支柱となり，人々に大きな影響を与えた。

4 権利章典（抄）1689年

1　国王は，王権により，国会の承認なしに法律（の効力）を停止し，また法律の執行を停止し得る権限があると称しているがそのようなことは違法である。

4　大権に名を借り，国会の承認なしに，（国会が）みとめ，……またはみとむべき態様と異なった態様で，王の使用に供するために金銭を徴収することは，違法である。

5　国王に請願することは臣民の権利であり，このような請願をしたことを理由とする収監または訴追は，違法である。

8　国会議員の選挙は自由でなければならない。

（田中英夫訳『人権宣言集』岩波文庫）

解説 名誉革命により新国王となったウィリアム3世とメアリ2世は，議会が議決した「権利の宣言」を，「権利章典」として発布した。国王の権限を制限するなどのその内容は，名誉革命の成果として国民が獲得したものである。

5 アメリカ独立宣言（抄）1776年

　われわれは，自明の真理として，すべての人は平等に造られ，造物主によって，一定の奪いがたい天賦の権利を付与され，その中に生命，自由および幸福の追求の含まれることを信ずる。また，これらの権利を確保するために人類のあいだに政府が組織されたこと，そしてその正当な権力は被治者の同意に由来するものであることを信ずる。そしていかなる政治の形体といえどももしこれらの目的を毀損するものとなった場合には，人民はそれを改廃し，かれらの安全と幸福とをもたらすべしとみとめられる主義を基礎とし，また権限の機構をもつ，新たな政府を組織する権利を有することを信ずる。

（斎藤真訳『人権宣言集』岩波文庫）

解説 政府がつくられた理由そして抵抗権など，宣言文はロックの思想の影響を強く受けているのがわかる。アメリカは本国イギリスの支配から脱し，「新たな政府を組織」したのであり，まさに独立革命であった。

6 フランス人権宣言（抄）1789年

第1条　人は，自由かつ権利において平等なものとして出生し，かつ生存する。社会的差別は，共同の利益の上にのみ設けることができる。

第2条　あらゆる政治的団結の目的は，人の消滅することのない自然権を保全することである。これらの権利は，自由・所有権・安全および圧制への抵抗である。

第3条　あらゆる主権の原理は，本質的に国民に存する。……

第4条　自由は，他人を害しないすべてをなし得ることに存する。……

第6条　法は，総意の表明である。……

第17条　所有権は，一の神聖で不可侵の権利であるから，何人も適法に確認された公の必要性が明白にそれを要求する場合で，かつ事前の正当な補償の条件の下でなければ，これを奪われることがない。

（山本桂一訳『人権宣言集』岩波文庫）

解説 正式名称は「人および市民の権利宣言」。1789年7月14日のバスチーユ解放後の8月26日に採択され，前文と17条からなる。国民主権，人権の不可侵，権力分立，所有権の保障など民主制の原理が明記され，その後の各国憲法に大きな影響を与えた。

チェック&トライ　　**チェック** 王権神授説　自然権　社会契約説　**トライ** ・ロックは，政府が自然権を侵害した場合，人々はどのような行動ができると主張した？

民主政治の危機・ファシズム

 個人の尊重　 民主主義　 16 平和と公正をすべての人に

Introduction 「思考不能」が大量虐殺を招いた！

↑①ハンナ・アーレント(1906〜75年)

映画『ハンナ・アーレント』（2012年，マルガレーテ・フォン・トロッタ監督）が，静かなブームとなった。ドイツ生まれのユダヤ人政治哲学者ハンナは，第二次世界大戦中ナチスの強制収容所を脱出し，アメリカに亡命。全体主義研究の第一人者となった。1960年，ナチスの幹部アドルフ・アイヒマンがイスラエル諜報部（モサド）に逮捕された。終戦までユダヤ人列車移送の最高責任者だった「怪物」の裁判が，イェルサレムで始まると，ハンナは傍聴し，レポートを雑誌に連載した（『イェルサレムのアイヒマン―悪の陳腐さについての報告』として単行本化）。防弾ガラス越しに「ただ命令に従っただけ」と繰り返すアイヒマンを，彼女は「悪の凡庸さ」と表現した。さらにナチスに協力的だったユダヤ人団体の存在も指摘したことから，全世界から非難を浴びることとなった。

トロッタ監督は，映画のラストシーンにて，大学での講義という設定で，ハンナにこう語らせている。
──ソクラテスやプラトン以来私たちは"思考"をこう考えます。自分自身との静かな対話だと。人間であることを拒否したアイヒマンは，人間の大切な質を放棄しました。それは思考する能力です。その結果，モラルまで判断不能となりました。思考ができなくなると，平凡な人間が残虐行為に走るのです。
（パンフレット『ハンナ・アーレント』岩波ホール，矢野久美子『ハンナ・アーレント』中公新書，『朝日新聞』2014.7.9などによる）

↑②アドルフ・アイヒマン
写真：ＺＯＯＭ77／ＧＡＭＭＡ／アフロ

大衆社会の到来に，ラジオや映画などのメディアをいち早く用いて巧妙に情報操作をおこない，成功したのがナチス。民主政治のなかから生まれた**ファシズム**という非民主的な政治形態を，ドイツのナチズムから学び，考えよう。

1 ナチスは民主政治から生まれた

Ａ ナチスが政権を握るまで

年月	できごと
1919	ドイツ労働者党結成
20	国家社会主義ドイツ労働者党と改称　党綱領発表
1921	**ヒトラー党首になる**
23	ミュンヘン一揆，失敗　獄中で『わが闘争』執筆
29	世界恐慌
30	ナチス第2党に
32	党の大宣伝開始，党員150万人以上　第1党になる
1933.1	大統領の任命により，**ヒトラー内閣成立**
33.2	ヒトラー，議会を解散　対立政党に対する選挙妨害　国会放火事件
1933.3	**全権委任法成立，議会機能停止**
1934	**ヒトラー，大統領を兼ねる総統になる**

Ｂ 議席拡大のようす

ナチ党議席数／総議席数
■ナチ党の割合

年月	ナチ党議席数／総議席数
1924	14／493
28	12／491
30	107／577
32.7	230／607
32.11	196／583
33.3	288／647
33.11	661／661

解説 ヒトラーは，武力を背景に力ずくで権力を奪ったわけではない。当時最も民主的といわれた**ワイマール憲法**の下，ナチスは民衆の心をつかみ，議席を拡大。すなわち，合法的な手段で政権を獲得したのだ。

2 全権委任法(抄) 1933年

↑③独裁者に賛成するだけのナチ議会

第1条　ドイツ国法律は，ドイツ国憲法に定める手続きによるほか，ドイツ国政府によってもこれを議決することができる。……

第2条　ドイツ国政府が議決したドイツ国法律は，それが……ドイツ国議会およびドイツ国参議院の議事対象とならないかぎり，ドイツ国憲法に背反することが許される。……

第3条　ドイツ国政府によって定められた法律は，首相によって作成され，官報を通じて公布される。特殊な規定がない限り，公布の翌日からその効力を有する。……

第4条　ドイツ国と外国との条約も，本法の有効期間においては，立法に関わる諸機関の合意を必要としない。……

（嬉野満州雄ほか編『ドキュメント現代史(3)』平凡社などによる）

解説 1933年1月，大統領から首相に任命されたヒトラーはただちに議会を解散し，過半数の獲得をめざした。3月の議会では，もはや反対政党はおらず，議会が内閣に立法権を委任する全権委任法を制定した。この法律の成立によりワイマール憲法は事実上無効となり，ここにヒトラーの独裁体制が確立した。

Seikei マニア 1936年，ドイツのベルリン五輪で初めて行われた聖火リレー。そのルート調査はドイツのヨーロッパ進攻に役立てられたとか。実際，聖火リレーのルートを逆にたどるルートで進攻しているらしい。

3 死の収容所

↑④強制連行されるユダヤ人(ポーランド・ワルシャワ)

↑⑤アウシュヴィッツ収容所　正門には「労働は自由をもたらす」と書かれている

↑⑥戦争が終結し,解放された強制収容所(米公文書館提供)

憲法

　衣類を脱がされた囚人たちは,警備の指図で1回に250人くらいずつ部屋に連れ込まれた。扉に錠が下ろされ,それから,1～2缶のチクロンBが壁の隙間から注ぎこまれた。チクロンBガスはこのような目的のために用いられるものであり,青酸の天然の化合物を含んでいるものなのだ。犠牲者を殺すに要する時間は天候によって異なるが,10分以上かかることは稀であった。

　30分後に扉が開かれ,死体はここで囚人の指揮者の手で除去され,穴の中で焼かれた。焼却の前に死体から金歯と指輪が奪取された。焼く時には,薪を死体の間に積み重ね,およそ100ぐらいが穴の中に入れられたところで,パラフィンをしみこませたぼろ布で火がつけられた。穴の底にたまった

脂肪は集めて置いて,雨が降った際に火が消えないようにするためにバケツでかけるのに用いられた。このような状態で穴一杯の死体を焼くには6～7時間かかったがこの人間の体の焼ける臭いは,風の吹かぬ時ですら収容所に充満したのであった。

　……かくしてアウシュビッツは「死の収容所」なる名前を得たのである。

(ヴィクトール=E=フランクル『夜と霧』みすず書房)

🔵解説　1941年9月,初めてアウシュヴィッツで毒ガスによる殺害実験が行われて以来,この収容所では150万人の命が奪われ,ユダヤ人犠牲者は総計すれば600万人におよぶといわれている。第二次世界大戦中の日本の戦死・行方不明者は約250万人といわれるから,これは驚くべき数字である。

Ⓐ主な強制収容所・死刑執行地

Report 6千人の命のビザーセンポ=スギハラ

　杉原千畝は1900年岐阜県に生まれた。外務省留学生,満州国外交部を経て,1935年から外務省勤務となった。

　第二次世界大戦開始ひと月前の1939年8月,リトアニア領事代理として赴任した。40年7月,領事館に日本の通過ビザを求め,ユダヤ人が殺到した。39年9月のナチスのポーランド侵攻で追われたユダヤ人にとって,残された道は日本を通過し,ユダヤ人を唯一受け入れたカリブ海のオランダ領キュラソーに行くことだった。

　日本政府はビザの発給を許可しなかったため,杉原は「外交官の任務」か「人間としての正義」かと迷った末,**独断でビザを発給**。9月にはソ連の占領により,領事館を閉鎖してベルリンへ脱出したが,出発する列車の中でもビザを書きつづけた。ユダヤ人たちは彼を「センポ=スギハラ」と呼んだ。

　戦後,ソ連での収容所生活を経て,1947年帰国したが,ビザ発給の責任をとり,外務省を辞職した。ユダヤ人は,命の恩人である杉原を探しつづけ,68年再会を果たす。ビザ発給を交渉したユダヤ人の1人はイスラエルの宗教大臣となっていた。85年にイスラエル政府より「諸国民の正義の人賞」を受賞し,86年に死去した。92年には日本政府により杉原の名誉回復がなされた。

(参考:杉原幸子『六千人の命のビザ』大正出版)

↑⑦没後30年の2016年6月,イスラエルのネタニヤ市に「チウネ・スギハラ通り」が誕生。

←⑧命のビザ。右側には杉原千畝の名前が書かれている。

チェック&トライ

チェック	ファシズム　ワイマール憲法

トライ ・ヒトラーが民主的に政権を獲得したといわれている理由は何だろう?
・ドイツの全権委任法の成立は,議会にどのような権限を与えたのだろう?

各国の政治体制
（議院内閣制，大統領制，民主集中制）

民主主義　法の支配

Introduction 1年がかりの選挙戦の勝者は…―米大統領選

Ⓐ 1年がかりの大統領選のプロセス

① 民主・共和両党の州ごとの予備選挙　　（1月～6月）
　――全国党大会へ向けての代議員の選出（州によっては党員集会）

② 民主党，共和党の全国大会　　　　　　（7月）
　――各党の大統領候補指名（過半数の代議員獲得が必要）

③ 大統領選挙人の選挙　（11月第1月曜日の次の火曜日）
　――国民は，各党が公認した正副大統領候補を選び，投票用紙に○をする。**州単位で行われ，ほとんどの州で1票でも多く獲得した政党が，その州全体の大統領選挙人**（人口に応じて比例配分＝州選出の上下両院の国会議員の合計数）**を獲得する**（勝者総取り方式，winner-take-all）。この時点で事実上決定。ただし，過半数獲得者がいない場合は，**⑤**以降に下院が大統領を選出。

④ 選挙人の投票　　　　（12月の第2水曜日の次の月曜日）

⑤ 上下両院合同会議による開票　　　　（翌年1月6日）

⑥ 新大統領就任式　　　　　　　　　　（1月20日）

Ⓑ それぞれの政党の特徴

民主党
（リベラル）
シンボル…ロバ，青

↑① バイデン大統領

主な政策
● 大きな政府志向（政府が介入する福祉政策，国民皆保険を目指す）
● 移民に寛容
● 人工妊娠中絶容認
● 「核なき世界」追求

共和党
（保守）
シンボル…象，赤

↑② トランプ前大統領

主な政策
● 小さな政府志向（市場を重視し，規制緩和促進，医療保険加入の義務化に反対）
● 移民規制
● 人工妊娠中絶反対
● 核兵器開発に積極的

　その国の政治体制には，固有の歴史や伝統が反映されている。民主主義の原理である国民主権・権力分立について，各国がどのように工夫して制度化しているか学ぼう。

1 イギリス
―議院内閣制

↑③ チャールズ国王

↑④ スナク首相

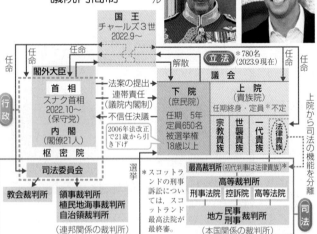

	憲法	マグナ・カルタ，権利章典など歴史的に形成された法律・判例法・慣習法（コモン・ロー）が憲法の役割を果たしている。[**不文憲法**]
	元首	国王＝「**君臨すれども統治せず**」といわれ，形式的には大きな権限を有するが，政治上の実権はもたない。[**立憲君主制**]
	議会	**上院（貴族院）** 一代貴族・聖職者などで構成。首相の推薦により国王が任命。定員は不定。 **下院（庶民院）** 定員650名　任期5年。小選挙区制。
	内閣	下院の多数党の党首が首相となる。内閣は下院に対して責任を負い，下院の信任を失えば総辞職する。[**議院内閣制**]
	政党	**保守党** 有産階級を基盤とする自由主義政党，トーリー党が前身。2010年5月の総選挙で13年ぶりに政権を獲得。 **労働党** 労働者階級を基盤とする社会民主主義政党。現在野党。影の内閣を組織して政権交代に備える。 **スコットランド国民党** スコットランドの地域政党で，英連邦からの独立を主張。2014年9月の住民投票では反対が上回ったが，15年5月の総選挙で第3党に躍進した。
	司法	2009年10月に連合王国最高裁判所が設置。これまで上院がもっていた司法機能は廃止され，裁判所と議会は厳格に分立した。違憲法令審査権はない。

＊ 元首…対外的に国を代表するとされる人。日本国憲法には元首の規定がない。

Ⓐ 下院の政党別議席数

政　　党	議席数
保　　守　　党	356
労　　働　　党	195
スコットランド国民党	44
そ　の　他	55
合　　計	650

（2022年12月現在）

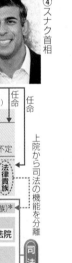

→剣線←

解説 イギリスの下院議場は，政権政党である与党と，それを批判する野党が向き合う構造になっている。興奮して剣を抜いても触れないよう，中央に剣線（ソードライン）がある。野党は政権交代に備えて「影の内閣」（シャドーキャビネット）を組織するが，ここには政府より資金が給付される。

←⑤ 下院議場。左側が与党席で，右側が野党席。

2 アメリカ合衆国—大統領制

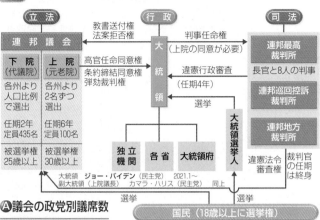

Ⓐ議会の政党別議席数

政党	上院	下院
民主党	51*	212
共和党	49	221
合計	100	435（欠員2）

（2023年9月末現在）
＊民主系無所属3名含む。

Ⓑ連邦制

　連邦制は，州の自主性を重んじるアメリカ政治の原則である。州ごとに独自の州法や議会，裁判所が存在し，州によって二審制か三審制かも異なる。大統領選挙人や国会議員の選出方法も州ごとに異なる。

憲法	1787年制定，最古の成文憲法。
元首	**大統領**＝行政府の長，三軍の最高司令官。**任期4年，三選禁止**。官史任命権・**教書送付権**・法案拒否権など強大な権限をもつ。
議会	**上院**　各州2名選出の州代表。両院の法律制定権は対等だが，高官任命・条約締結について大統領に対する同意権をもち，この点で下院に優越する。 **下院**　人口比例で選出，小選挙区制。予算先議権をもち，上院に優越する。
内閣	15省15長官で構成される大統領の諮問機関。長官は議員を兼ねられない。他に大統領行政府（ホワイトハウス）があり，補佐官・通商代表部などがおかれている。
政党	**民主党**　労働組合，黒人やLGBTQ等のマイノリティ，都市部の高学歴層も増加 **共和党**　資本家，敬虔な白人キリスト教徒，農村部の労働者階級も増加
司法	厳格な三権分立制の下，**違憲法令審査権**をもつ。連邦裁判所裁判官は大統領が任命。

解説　アメリカは厳格な**三権分立制**をとる。行政府には立法権はなく，大統領は**教書**送付により立法要請をする。大統領には議会の立法に対する**拒否権**が認められており，例えば，第41代ブッシュ大統領は4年間に25回拒否権を行使している。

3 中華人民共和国—権力集中制（民主集中制）

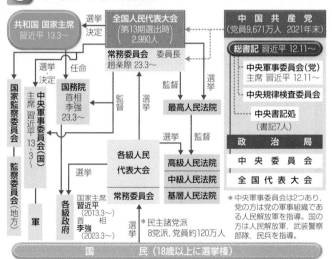

↑⑥習近平国家主席

憲法	1982年制定。
元首	**国家主席**。全国人民代表大会で選出。任期5年。国家を代表するが実質的権限は小さい。
議会	**全国人民代表大会**（全人代）が国家権力の最高機関で全ての権力が集中する［**権力集中制**（民主集中制）］。省・自治区・直轄市の人民代表大会および軍から選出される代表で構成。任期5年。
内閣	**国務院**がこれにあたる。首相は主席の指名により，全人代で決定。
政党	**共産党**中心だが，政党（民主諸党派）は存在。憲法でも**共産党の指導性**が前文でうたわれ，事実上共産党が政治を動かしている。
司法	**人民法院**が国家の裁判機関で，その最高機関は最高人民法院である。各級の国家権力機関（最高人民法院の場合は全人代）に対し責任を負う。

4 フランス—半大統領制

憲法	第五共和制憲法（1958年公布）。
元首	**大統領**。首相の任免，議会の解散など強大な権限。直接選挙，任期5年。
議会	**上院**　間接選挙。地方自治体と在外国民の利益を代表。 **下院**　小選挙区による直接選挙。
内閣	首相は大統領の任命。国民議会に対して責任を負う。
政党	**左派**　フランス共産党，不服従のフランス **右派**　国民連合，右翼諸派 **中道左派**　社会党，左翼諸派 **中道右派**　共和党，地平線 **中道（マクロン大統領多数派）**　ルネッサンス，民主運動

↑⑦マクロン大統領

解説　フランスは，英国型議院内閣制と米国型大統領制の複合型で「半大統領制」と呼ばれるが，大統領の権限が強い。一方，ドイツは大統領を元首とする議院内閣制。大統領は議会により選出されるが，その役割は儀礼的なものに限られるため，首相が政治上の権限をもつ。

5 ドイツ—議院内閣制

憲法	ドイツ連邦共和国基本法（1949年公布）。
元首	**大統領**　任期5年（3選禁止）で象徴的存在。行政権は内閣の所管。
議会	**連邦議会**　任期4年。小選挙区制と比例代表制の併用で，半数ずつ選出。選挙・被選挙権は18歳以上。 **連邦参議院**　総評決権69。各州の代表。
内閣	行政権は内閣の所管。**首相**は大統領の提議に基づき，連邦議会で選出。軍の司令権は国防大臣（非常時は首相）。
政党	**キリスト教民主・社会同盟**，**社会民主党**，ドイツのための選択肢，自由民主党，左派党，90年連合・緑の党

ショルツ首相

チェック&トライ

チェック　議院内閣制　大統領制　権力集中制（民主集中制）

トライ　・（　）に当てはまる語句は？
議院内閣制では，内閣は（　1　）に対して責任を負い，（　1　）の信任を失えば（　2　）する。

高校生のための 憲法入門

政治の勉強の中心は，憲法学習である。日本国憲法の学習を通して，「憲法とは何か」……その答えを，歴史的な経緯とそこから生まれた原理を学びながら見つけ出してみよう。

1 なにが日本国憲法をつくったか

①膨大な戦死者が出たとき…

of the people（人民の）
by the people,（人民による）
for the people（人民のための）

1863年11月19日

演説の背景 4年間にわたる南北戦争の戦死者…18万4,594人
（太平洋戦争での米軍の死者…9万2,540人）

リンカーンの演説には，国家を二分した内戦で受けた社会の深い亀裂を再統合する役割が課せられていた。アメリカ国民は「人民の，人民による，人民のための政治を地上から絶滅させないため（身を捧げなければならない）」，こうリンカーンは述べていた。

↑①南北戦争の激戦が続く最中，ペンシルベニア州のゲティスバーグで演説をする米国第16代大統領・リンカーン

1946年11月3日 発布

憲法前文の一節
日本国民は…この憲法を確定する。
そもそも国政は，国民の厳粛な信託によるものであつて，
その権威は国民に由来し（of the people），
その権力は国民の代表者がこれを行使し（by the people），
その福利は国民がこれを享受する（for the people）。

前文から読み解けること 太平洋戦争における日本の犠牲者の数…約310万人（軍人・軍属・民間人）

前文は，「日本国民」が新たな契約を結んだかのように書かれています（社会契約説の考え方）。巨大な数の人が死んだ後には，国家には新たな契約，すなわち広い意味での憲法が必要となるのです。

②戦争相手国の憲法を変える

ルソーの「戦争及び戦争状態論」

戦争というのは，ある国の常備兵が三割くらい殺戮された時点で都合よく終わってくれるものではない。戦争の最終的な目的というのは，……相手国が最も大切だと思っている社会の基本秩序（これを広い意味で憲法と呼んでいるのです），これに変容を迫るものこそが戦争だ。
（『それでも日本人は「戦争」を選んだ』新潮社を参考に作成）

憲法前文の一節
ここに主権が国民に存することを宣言し，この憲法を確定する。

日本の憲法原理とはなんだろう

例えば，アメリカと日本が戦争をする。アメリカが勝利して日本の憲法を書きかえるとなったとき，このアメリカと日本の，最も違っていた部分はなにか，戦前期の日本社会を成り立たせていた基本的な秩序とはどういうものか。国体，「天皇制」といいかえてかまいません。アメリカは戦争に勝利することで，最終的には日本の天皇制を変えたといえます。

2 日本国憲法の三つの顔

第一の顔：国内の最高法規

憲法

第98条 ①この憲法は，国の最高法規であつて，その条規に反する法律，命令，詔勅及び国務に関するその他の行為の全部又は一部は，その効力を有しない。

「最高法規」とは？―法律を無効にするための方法が違うということ
・普通の法律＝「後法は前法を廃する」…〈例〉消費税法5%→新法8%
・憲法＝憲法改正手続きを経る必要がある…憲法と矛盾した法律は，無効となる。
つまり，憲法は普通の法律よりも強い効力をもつ

〈憲法の構成〉
前文
第1章　天皇
第2章　戦争の放棄
第3章　国民の権利及び義務
第4章　国会
第5章　内閣
第6章　司法
第7章　財政
第8章　地方自治
第9章　改正
第10章　最高法規
第11章　補則

↑②日本国憲法（国立公文書館提供）

ゼミナール

第二の顔：外交宣言

第三の顔：歴史物語の象徴

憲法

> 前文の一節
> （前略）日本国民は，恒久の平和を念願し，……平和を愛する諸国民の公正と信義に信頼して（後略）

「**憲法典**」は，非常に公式性の強い文書であり，外国の人にも読まれている。憲法が，普通選挙や秘密投票など，民主主義のための制度をしっかり規定していれば，外国の人に「この国はきちんとした民主国家らしい」という印象を与える。外交は，利害得失と権謀術数が渦巻く厳しい世界である。しかし，それと同時に，外交は儀礼・礼節の世界でもある。どんな外交交渉も，まずは相手を尊重するところから始まる。日本国憲法は，そのために，「外国の皆さんを信頼しています」と挨拶しているわけである。

憲法典は，戦争や革命など重大な歴史的事件の中でつくられる。

1775年	アメリカ独立戦争→合衆国憲法
1789年	フランス革命→フランス人権宣言
1945年	ポツダム宣言受諾→日本国憲法

「**憲法典**」には，こうした歴史物語の象徴としての側面があるため，他の法律と異なり，熱烈な愛情や激しい憎悪の対象となり得る。「**憲法典**」を巡る議論は，しばしば，不合理で感情的なものになり，建設的な提案が無視されてしまうのである。

「**憲法典**」とは，憲法を明文化した文書のことだよ。

③ 三大原理だけ？

【三大原理の章】

第1章 「天皇」→国民主権
第2章 「戦争の放棄」→平和主義
第3章 「国民の権利及び義務」→基本的人権の尊重

【第4章から第6章は？】

権力分立つまり三権分立という原理を定めたもの。

【権力分立のルーツ】

もともと一つだったものを三つに分けようという発想ではなく，「立法権」という権力を創設して，「法律」で権力を統制しようという発想の原理。

●**立法権のない国家**→不公平（政策を実行する人や裁く人の裁量がはたらく可能性）
○**立法権のある国家**→公平の原理がはたらく（権力分立のルーツは「法の支配」という考え方である）

Ⓐ 法の構成

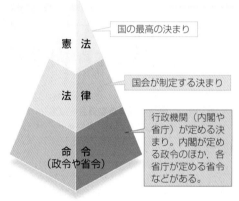

④ 立憲主義とは―日本国憲法の「最初のことば」と「最後の条文」

最初のことば
憲法前文
日本国民は，正当に選挙された…

→

最後の条文
第99条 ［憲法尊重擁護の義務］
天皇又は摂政及び**国務大臣**，**国会議員**，**裁判官**その他の**公務員**は，この憲法を尊重し擁護する義務を負ふ。

最後の条文の中に「国民」が入っていないのはなぜだろう？

憲法尊重擁護の義務がある人々

天皇…日本国の象徴，日本国民統合の象徴
国務大臣…行政権を行使する
国会議員…「国権の最高機関」「国の唯一の立法機関」である国会を構成する
裁判官…司法権をもつ
公務員…国や地方公共団体で働く職員

日本国憲法は，主権者である国民が制定したという原理で作られている。第99条は，国民から国家への命令といえる。

憲法は，国家権力を縛るためにある（➡Ⓐ）。

Ⓐ国家権力を縛る日本国憲法

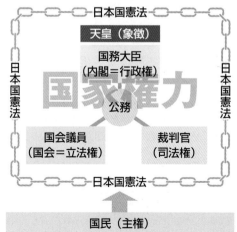

参考 加藤陽子著『それでも日本人は「戦争」を選んだ』 木村草太著『テレビが伝えない憲法の話』

ゼミナール

民主主義　法の支配

Introduction 日本国憲法はこうして制定された

1945年

7.26	連合軍，**ポツダム宣言**を発表
8.14	日本政府，ポツダム宣言を受諾（→Ⓐ）
15	**終戦**の詔勅
30	マッカーサー元帥来日
9. 2	降伏文書に調印
27	昭和天皇，マッカーサーを訪問
	→①マッカーサーと昭和天皇（東京・アメリカ大使館）。

10.11	マッカーサー，幣原喜重郎首相と会談 大日本帝国憲法の改正を示唆
25	政府，**憲法問題調査委員会**を設置 委員長は**松本烝治**国務大臣

1946年

1. 4	「松本案」まとまる
2. 1	毎日新聞，「松本案」をスクープ
3	マッカーサー，GHQ民政局に3原則（→Ⓑ）に基づく憲法草案作成を指示

←②女性の権利条項を担当したベアテ・シロタ・ゴードンさん。「女性が幸せにならなければ，日本は平和にならない。」彼女の努力は民法大改正の基礎をつくった。（→p.10）

13	GHQ，松本案を拒否し，**GHQ案**を政府に提示
22	政府，GHQ案の受入れを決定
3. 6	**「憲法改正草案要綱」**を発表
4.10	新選挙法による衆議院議員総選挙
17	政府，憲法改正草案を提出（3.6案を口語体に）
6.20	第90帝国議会に憲法改正案を提出
10. 7	憲法改正案を修正可決
11. 3	**日本国憲法公布**（施行は1947年5月3日）

解説 日本国憲法はGHQの主導で制定された。「国体の護持」を願う当時の政府に提示された「GHQ案」には，日本の非軍事化，民主化というねらいが込められていた。この制定過程を，今日，改憲派は「押しつけ」と解釈し，護憲派は逆に民主主義の原点とみなす。憲法改正問題を考えるうえでも，歴史を学ぶことは大切である。

ポツダム宣言は，軍国主義の否定と民主主義の復活強化を掲げている。当初これを黙殺した日本政府だったが，「国体の護持」すなわち「天皇主権の維持」を条件に受諾した。

新聞に掲載された写真。勝者と敗者の姿を歴然と表しており，多くの日本人が衝撃を受けた。政府はこれを「不敬だ」として掲載を禁止したが，GHQによって撤回させられた。

↑③松本烝治

GHQに求められて政府が作ったのは，商法学者でもあった松本烝治を委員長とする委員会。そこで作成された草案は，表現を多少変えてはあるが明治憲法そのものだった。

松本案を新聞のスクープで知ったGHQは，日本政府が民主主義など眼中になく民主的な憲法をつくる気もないことを理解。「修正するのに長時間かけて日本政府と交渉するよりも，当方で憲法のモデル案を作成し提供した方が効果的で早道。」弁護士・法学博士・ジャーナリストなど知識人スタッフによりGHQ案が作成された。

「もちろん，日本にGHQ案を強制するつもりはないが，拒否するのであれば，このモデル案を日本国民に公開して，国民自らの手で憲法を作成してもらうことになる。」
吉田外相・松本国相ら「国民に任せる」の一言に飛び上がり，GHQ案を早々に持ち帰り，これを呑んだ。

（森英樹・倉持孝司編『新あたらしい憲法のはなし』日本評論社，矢原秀人『スパッとわかる憲法読本』数研出版を参考に作成）

Ⓐ ポツダム宣言（8月14日）

1. 軍国主義の永久的除去
2. 新秩序建設までの連合国の占領
3. 侵略地の放棄
4. 軍隊の完全武装解除
5. 民主主義の復活強化，人権の尊重の確立

Ⓑ マッカーサー3原則（2月3日）

1. 天皇は，国の最上位にある
2. 戦争の放棄
   - 軍の保有は認めない
   - 交戦権は与えられない
3. 貴族制などの封建的制度の廃止
   - 貴族の権利は，皇族を除き，現存者一代に限り認められる
   - 華族の特権は廃止
   - 予算の型はイギリスの制度にならう

↑④マッカーサー

マッカーサー3原則

松本案が明治憲法と大差ないことを知り，独自の憲法草案作成を決意したマッカーサー元帥が，民政局に示した憲法草案の基本原則。

Ⓒ 各政党の草案

急進 ← 自由（革新）　保 守　反動 → 反動

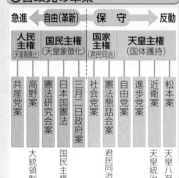

人民主権（天皇制廃止）		国民主権（天皇象徴化）		国家主権（君民同治）		天皇主権（国体護持）	
共産党案	高野案	憲法研究会案	日本国憲法三月二日政府案	社会党案	憲法懇話会案 自由党案 進歩党案	近衛案	松本案
大統領制，生産手段の国有化		国民主権，天皇は日本国の象徴		君民同治，天皇は社会の道義的中心		天皇統治，万民翼賛	天皇八ヲ尊ニシテ不可侵

ポツダム宣言　　大日本帝国憲法

Seikei マニア 日本語がローマ字化されるかもしれなかったって知ってた？戦後まもなくアメリカ教育使節団から提案されたけれど，反対が多くて実現しなかった。ちなみに石川啄木は，奥さんに分からないようにローマ字で日記を書いていたらしい。

1 日本国憲法と大日本帝国憲法

日本国憲法（⊙p.207）		大日本帝国憲法（⊙p.206）
日本政府及び連合国軍総司令部（マッカーサー）	制定の中心	伊藤博文（金子堅太郎，伊東巳代治，井上毅）
主としてアメリカ合衆国憲法	模範とした外国憲法	プロシア憲法
民間でも多くの憲法草案　国民の代表による審議	制定，発布の方法	徹底した秘密主義　国民は無関与
民定憲法	形　式	欽定憲法
国民主権	主　権	天皇主権
象徴	天皇の地位	元首・神聖不可侵
国事行為のみ	天皇の権限	統治権の総攬者
戦争放棄，戦力不保持　交戦権否定	戦争と軍隊	天皇の陸海軍の統帥権　兵役の義務
永久不可侵の権利，生存権的基本権まで含む	国民の権利	「臣民」としての権利　自由権的基本権のみ
国権の最高機関，唯一の立法機関　二院制，両院とも民選	国　会	天皇の協賛機関　二院制，貴族院は民選でない
行政権の行使，議院内閣制　国会への連帯責任	内　閣	国務大臣は天皇の輔弼機関　天皇に対する責任
司法権の行使　特別裁判所の禁止	裁 判 所	天皇の名による裁判　特別裁判所の設置
地方自治の尊重	地 方 自 治	規定なし
予算不成立の場合，暫定予算制	予　算	予算不成立の場合，前年度踏襲可能
国会の発議，国民投票	改　正	天皇の発議，国会議決

2 憲法改正案の変遷

		天皇	軍
①明治憲法		第3条　天皇ハ**神聖ニ**シテ侵スヘカラス	第11条　天皇ハ陸**海軍ヲ統帥ス**
②松本案（46.2.8）		第3条　天皇ハ**至尊ニ**シテ侵スヘカラス	第11条　天皇ハ**軍**ヲ統帥ス
③GHQ案（46.2.13）		第1条　皇帝ハ国家ノ**象徴**ニシテ又人民ノ統一ノ象徴タルヘシ彼ハ其ノ地位ヲ人民ノ主権意思ヨリ承ケ之ヲ他ノ如何ナル源泉ヨリモ承ケス	第8条　国民ノ一主権トシテノ戦争ハ之ヲ廃止ス…
④政府「憲法改正案」（46.3.6）		第1　天皇ハ日本国民至高ノ総意ニ基キ日本国及其ノ国統合ノ象徴タルベキコト	第9　国ノ主権ノ発動トシテ行フ戦争ト武力ニ依ル威嚇又ハ武力ノ行使ヲ…永久ニ之ヲ拋棄スルコト

解説　②松本案を拒否された日本政府は，③GHQ案（＝マッカーサー草案）を基に④憲法改正案を作成，これを口語体に直した改正案が帝国議会での審議を経て日本国憲法となった。

3 議会における主な修正点

第1条	日本国民の至高の総意に基く。　➡**主権の存する日本国民の総意に基く。**
第9条	〈追加〉「日本国民は，正義と秩序を基調とする国際平和を誠実に希求し，」「前項の目的を達するため，」
第15条	〈追加〉「公務員の選挙については，成年者による普通選挙を保障する。」
第17条	〈全文追加〉（国家賠償請求権）
第25条	〈追加〉「すべて国民は，健康で文化的な最低限度の生活を営む権利を有する。」
第27条	勤労の権利を有する。　➡**勤労の権利を有し，義務を負ふ。**
第40条	〈全文追加〉（刑事補償請求権）
第44条	社会的身分又は門地　➡**社会的身分，門地，教育，財産又は収入**

4 新しい憲法を国民はどう受けとめたか

象徴天皇制について
| | 不明2 |
| 支持　85% | 反対13 |

戦争放棄の条項について
	その他2
必要　70%	必要なし28
草案修正の必要性なし　56	必要14　←（自衛権留保など）

国民の権利・自由・義務について
| | その他2 |
| 草案支持　65% | 修正必要33 |

（『毎日新聞』1946.5.27）

解説　GHQ草案に基づいて政府の発表した憲法改正案は，国民の気持ちにそったものであったことがこの調査からうかがえる。

5 憲法改正の手続き（第96条）

憲法改正原案提出 → 各院の総議員3分の2以上の賛成 → 国会の憲法改正発議 → 国民投票過半数の賛成 → 憲法改正の成立

6 国民投票法──投票者は18歳以上

「日本国憲法の改正手続に関する法律（憲法改正国民投票法）」（2010年5月施行，2021年6月改正）
国民投票法骨子
☑国民投票の対象は憲法改正に限定。
☑投票用紙の「賛成」「反対」に○印を記入。
2021年の主な改正点
☑商業施設や駅などに「共通投票所」を設置。
☑洋上投票の対象を航海実習生らに拡大。

解説　投票14日前もCMを規制しないと資金力のある政党や団体が大量のCMを流すとの指摘を受けて，附則に「法律施行後3年をめどに検討」と明記された。

（『読売新聞』2021.6.12を参考に作成）

チェック＆トライ

チェック　日本国憲法　ポツダム宣言　GHQ案（マッカーサー草案）　大日本帝国憲法（明治憲法）

トライ　・GHQが「松本案」を拒否したのはなぜだろうか？

国民主権と象徴天皇制

民主主義　法の支配

Introduction 平成から令和へ—象徴天皇初の生前退位

憲法
第1条　天皇は，日本国の象徴であり日本国民統合の象徴であつて，この地位は，主権の存する日本国民の総意に基く。

退位特例法成立の背景

2016年8月，天皇陛下は，国民に向けたビデオメッセージを発信され生前退位の意向を示された。憲法や皇室典範に摂政の規定はあるが，退位は認められていない。これを受けて組織された有識者会議の検討をふまえ，政府が皇室典範付則に「特例法は，この法律と一体を成す」とした法案を作成。2017年6月，「天皇の退位等に関する皇室典範特例法」が成立した。

特例法のポイント

①第1条に，退位の対象を天皇陛下一代に限定することと，退位に至る事情を明記した。（退位が恣意的，強制的でないことを明確化）
②公布日から3年以内の施行日に退位し，皇太子さまが直ちに即位する。
③退位後の称号について，天皇は「上皇」，皇后は「上皇后」とする。
④皇嗣*となる秋篠宮さまには皇族費の定額の3倍相当の金額を毎年支出する。
＊皇位継承の第一順位にある者

↑①象徴としてのお務めについて，お考えを述べられた。お気持ちを表明したニュースは各地の街頭ビジョンで放送された（大阪市北区）。

→②2019年4月1日，新元号「令和」を発表する菅義偉内閣官房長官（当時）。248番目の元号となった。

↑③2019年5月1日，即位後朝見の儀でお言葉を述べられる天皇陛下。

元号「令和」はこうして誕生した！

元号法には「元号は，政令で定める」とある。内閣総理大臣から依頼された見識者たちが候補名を選出する。ここから政府が，国の理想にふさわしい意味をもつ漢字2字を，書きやすく読みやすい等の観点から選定。これまでは，中国の古典が拠りどころだったが，今回は日本の『万葉集』の三十二首の序文が出典であり，国書（日本の古典）が出典となるのは初めて。

（『朝日新聞』2019.4.2などを参考に作成）

天皇制は，わが国固有の歴史と伝統といえる。これを尊重しつつも，国民主権（●p.18）という憲法の基本原理から，天皇や皇室のあり方について考えてみよう。

1 国事行為ってどんなもの？

憲法
第3条　天皇の国事に関するすべての行為には，内閣の助言と承認を必要とし，内閣が，その責任を負ふ。
第4条　天皇は，この憲法の定める国事に関する行為のみを行ひ，国政に関する権能を有しない。

解説　国政に関する権限を持たず，内閣の助言と承認に基づく，形式的・儀礼的な行為である国事行為のみを行う。これを象徴天皇制という。国事行為には内閣が責任を負う。また第7条の「儀式」とは，新年祝賀の儀，親任式，文化勲章伝達式などである。

第6条	①	内閣総理大臣の任命
	②	最高裁判所長官の任命
第7条	(1)	憲法改正，法律，政令及び条約の公布
	(2)	国会の召集
	(3)	衆議院の解散
	(4)	国会議員の総選挙の施行の公示
	(5)	国務大臣その他法律で定める公務員の任免及び全権委任状，大使・公使の信任状の認証
	(6)	大赦，特赦，減刑，刑の執行の免除及び復権の認証
	(7)	栄典の授与
	(8)	批准書及び法律で定めるその他の外交文書の認証
	(9)	外国の大使・公使の接見及び信任状の受理
	(10)	儀式を行ふこと（首相・最高裁長官の親任式，文化勲章伝達式など）

↑④外国の大使や公使との接見　外国を訪問したり，晩さん会を催す「皇室外交」とよばれる公務は国事行為にはあたらない。

↑⑤認証官任命式　認証官とは，国務大臣など任免に天皇の認証が必要な官職のこと。天皇は，憲法第7条に基づいて認証官の任命式を行う。

  天皇の成年年齢は18歳。皇室典範という法律によって定められている。

2 国事行為でない天皇の行為

→⑥国会の開会式でお言葉を述べる天皇陛下

↙⑦東日本大震災の避難所を訪れ、被災した人たちと話す天皇陛下（当時）

←⑧太平洋戦争の激戦地パラオのペリリュー島を慰問する天皇皇后両陛下（当時）

写真：読売新聞／アフロ

●天皇の公的行為

国会開会式 （国会の会期のはじめ）
国会が主宰するため、天皇の国事行為にはならない。天皇は「最高の来賓」として招待され、「お言葉」を述べる。

全国戦没者追悼式 （毎年8月15日）
正午に黙禱を捧げ、「お言葉」を述べる。先の大戦の犠牲者への追悼・慰霊で、広島・長崎・沖縄には幾度となく訪問。

全国植樹祭 （4〜6月ごろ）
国民体育大会（国体） （9〜10月ごろ）
全国豊かな海づくり大会 （9〜11月ごろ）
これらはいずれも毎年、各都道府県持ち回りで開催されるため、全国の国民と交流できる機会として重視されている。

被災地へのお見舞い
福祉施設訪問
地方訪問にあわせて、必ず訪問されるのが、高齢者施設や障がい者施設。また、ハンセン病元患者らにもお会いされる。

●皇后の公務

日本赤十字社名誉総裁
国際児童図書評議会名誉総裁
（山本雅人『天皇陛下の全仕事』講談社による）

●その他の行為—皇室祭祀

歴史的に天皇は、稲作をおこなう農耕民族の代表者として、神に豊作を祈願し感謝するとともに、自らが統治する領土の安泰と人々の幸福・繁栄を祈願する存在だった。現行憲法下では、あくまでも皇室の私的な行事となったものの、皇室祭祀はいまでも大切に継承されている。

↑⑨古式装束姿で祭祀に臨まれる天皇陛下

新嘗祭
毎年11月23日に行われ、皇室祭祀で最も重要とされる。天皇がその年に採れたコメなどの新穀を神々に供え感謝したのち、自らも食する。

憲法

3 皇室予算
（2023年度）

内廷費	3億2,400万円

（天皇家、皇太子家に支給される予算）

宮廷費	61億2,386万円

（皇居などの管理維持費、宮中晩さん会の費用など）

皇族費	2億6,017万円

（秋篠宮、常陸宮などの宮家に支給される予算）

A 内廷費支出内訳（2007年度）

①人件費（天皇家の私的使用人への給料）	1億1,016万円	34%
②物件費	2億1,384万円	66%
(1)衣類・身のまわり品	5,832	18
(2)食費・厨房器具など	4,212	13
(3)恩賜賞賜品、各種奨励金、災害見舞金、交際費など	2,916	9
(4)旅行、研究、教養費	2,268	7
(5)神事関係費	2,592	8
(6)その他	3,564	11
合　　　計	3億2,400万円	100%

〈注〉森 暢平『天皇家の財布』新潮社をもとに試算

解説 皇室関係の予算は国会の議決を必要とする。天皇家などに支給される予算を内廷費といい、その内訳は使途別の%だけ公表され、それを当てはめると上記のように試算される。余った金額は株式などに投資される。

4 皇室典範改正問題

皇室典範

第1条　皇位は、皇統に属する男系の男子が、これを継承する。
第2条　皇位は、左の順序により、皇族に、これを伝える。
(1) 皇長子　(2) 皇長孫　(3) その他の皇長子の子孫　(4) 皇次子及びその子孫　(5) その他の皇子孫　(6) 皇兄弟及びその子孫　(7) 皇伯叔父及びその子孫

A 皇室典範第2条による皇位継承順位

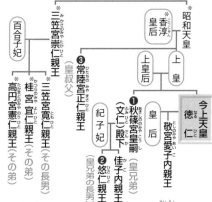

〈注〉数字は継承順位。2023年6月現在　*逝去された方

Report 「女性宮家創設」とは？

皇室典範では、皇室に生まれた女性（皇族女子）は、結婚すると皇籍を離れる。皇族女子が結婚後も皇室に残ることを可能にする制度変更が「女性宮家創設」だ。

賛成論 ジャーナリスト田原総一朗氏

皇室活動の維持を考えると、基本的に賛成。だが、範囲はできるだけ小さいほうがいい。女系天皇を認めることとは別の問題だ。天皇制を維持させるためには認めるべき。

↑⑩田原総一朗氏

反対論 ジャーナリスト櫻井よしこ氏

日本の歴史と伝統、価値観を大切にする立場から反対。一般の民間人との結婚を前提とした女性宮家創設は、皇室の本質を根本から変える女系天皇につながりかねない。

↑⑪櫻井よしこ氏

チェック&トライ

チェック 国民主権　象徴　国事行為

トライ ・新米等を神々に供え自ら食する「新嘗祭」は、どの祝日と関係が深い？

平和主義と自衛隊

正義　公正　民主主義　法の支配

Introduction 専守防衛の大転換か!?

変わったもの

これまでの日本の防衛原則		現在の日本の防衛原則
①集団的自衛権の行使禁止 ・日本は，集団的自衛権を有しているが，行使できない（1972年政府見解）。 →国連憲章は集団的自衛権の行使を認めている。	転換	①集団的自衛権の行使が可能に ・2014年，政府は日本国憲法第9条の解釈を変更し，集団的自衛権行使を認める閣議決定。 ・2015年，安全保障関連法成立。
②海外派兵の禁止 ・例外として，テロ対策特措法などの時限立法で行われてきた。	転換	②海外派兵が常時可能に ・2015年，安全保障関連法により，常時派兵が可能になった。
③武器輸出三原則 ・原則として，武器の輸出を禁止。	転換	③防衛装備移転三原則 ・2014年，基準を満たせば武器の輸出が認められ，武器の国際共同開発も可能となった。

変わらないもの

これまで通りの日本の防衛原則　④専守防衛，⑤非核三原則，⑥徴兵制の禁止，⑦文民統制（シビリアン・コントロール）（→p.29）

④反撃能力（敵基地攻撃能力）とは？

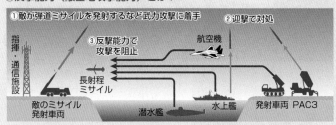

①敵が弾道ミサイルを発射するなど武力攻撃に着手　②迎撃で対処　③反撃能力で攻撃を阻止　指揮・通信施設　航空機　長射程ミサイル　敵のミサイル発射車両　潜水艦　水上艦　発射車両 PAC3

反撃能力について岸田首相は，「専守防衛の堅持は今後も不変」としつつ「戦後の安全保障政策を大きく転換するもの」と説明した。しかし，「敵が攻撃に着手した」との認定は難しく，判断を誤れば，国際法違反の先制攻撃となってしまう。

1 文部省発行教科書

—『あたらしい憲法のはなし』

　みなさんの中には，今度の戦争に，おとうさんやおにいさんを送りだされた人も多いでしょう。ごぶじにおかえりになったでしょうか。それともおとうとうおかえりにならなかったでしょうか。また，くうしゅうで，家やうちの人を，なくされた人も多いでしょう。いまやっと戦争はおわりました。二度とこんなおそろしい，かなしい思いをしたくないと思いませんか。……そこでこんどの憲法では，日本の国が，けっして二度と戦争をしないように，二つのことをきめました。その一つは，**兵隊も軍艦も飛行機も，およそ戦争をするためのものは，いっさいもたない**ということです。これからさき日本には，陸軍も海軍も空軍もないのです。

（文部省『あたらしい憲法のはなし』1947.8）

解説 この本は憲法施行の1947年，中学1年生社会科教科書として当時の文部省から発行されたが，朝鮮戦争が始まった50年に副読本に格下げし，52年には廃止された。

2 憲法第9条に対する政府解釈の変遷

1946年（吉田首相） 第9条第2項に於て一切の軍備と国の交戦権を認めない結果，**自衛権の発動としての戦争も，交戦権も放棄**した…。
1950年（吉田首相） 警察予備隊の目的は全く治安維持にある。…したがってそれは**軍隊ではない**。
1972年（田中内閣統一見解） 第9条第2項が保持を禁じている "**戦力**" は自衛のための必要最小限度を超えるものである。それ以下の**実力**の保持は，同条項によって禁じられていない。
2003年（小泉首相） 実質的に自衛隊は軍隊であるが，それを言ってはならないというのは不自然だ。
2013年（安倍首相） 自民党の憲法改正草案では，**自衛隊を国防軍として位置付け**ることとしている。自衛隊は…国際法上は軍隊として扱われている。この矛盾を実態に合わせて解消することが必要と考える。
2017年（安倍首相） 9条に自衛隊を明記し，2020年までに憲法を改正して施行したい。
2020年（安倍首相） 時代にそぐわない9条は改正すべき。

↑①吉田首相

↑②小泉首相

解説 憲法の条文は変えず，解釈だけを変えることを「**解釈改憲**」という。

3 自衛官の胸のうち

　「戦力」ではなく，自衛のための必要最小限度の「実力」である自衛隊に対する国民の信頼は厚い。しかし一方で，自衛隊が「戦力としての軍隊」になることへの抵抗も根強く存在する。安保法が施行され，「駆けつけ警護」など，自衛隊の活動範囲が拡大するなかで，その**存在の曖昧さに不安を抱える自衛官**もいる。「仲間を死なせられないから（銃を）撃つ覚悟が自分にはある。だがその結果が**国民の支持を得られるのか考えてしまう**」，といった声のほか，自衛隊トップの河野統合幕僚長（当時）は，「一自衛官として申し上げるなら，自衛隊の根拠規定が憲法に明記されることになれば非常にありがたいと思う」と発言した。憲法改正の議論が進むなか，自衛隊の位置づけが大きな焦点となっている。

（『毎日新聞』2017.5.24などを参考に作成）

 Seikeiマニア　海上自衛隊の艦船名がひらがなであるのは，旧海軍のイメージを除くためといわれている。護衛艦は気候や山河に関する言葉，潜水艦は海の現象や水中の動物名といったように，艦船の種類によって言葉の種類が異なる。

4 第9条をめぐる様々な意見

憲法

第9条〔戦争放棄，戦力および交戦権の否認〕

1項 日本国民は，正義と秩序を基調とする国際平和を誠実に希求し，国権の発動たる戦争と，武力による威嚇又は武力の行使は，国際紛争を解決する手段としては，永久にこれを放棄する。

2項 前項の目的を達するため，陸海空軍その他の戦力は，これを保持しない。国の交戦権は，これを認めない。

2012年の自民党草案では，2項を全面変更し，新たに9条の2を設け，国防軍の保持などを明記。2017年5月に安倍首相は，9条の1項・2項は残しつつ，自衛隊の存在を明記する案を提起した。

Ⓐ第9条の解釈の比較（伊藤真『伊藤真の憲法入門』日本評論社を参考）

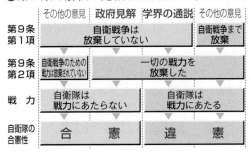

Ⓑ国民意識（(1)は『読売新聞』2017.5.1，(2)は『朝日新聞』2020.5.3による）

(1)憲法第9条の各条文を改正する必要があるか？（読売新聞）

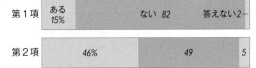

(2)憲法第9条を変える方がよいか？（朝日新聞）

| 変えるほうがよい 30% | 変えないほうがよい 61 | 答えない–8 |

Ⓒ憲法第9条改正をめぐる民意の変遷

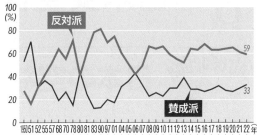

（『朝日新聞』2022.5.2などによる）

解説 政府の第9条解釈は，①自衛権（自衛戦争）は放棄せず，②自衛隊は憲法の禁ずる戦力にあたらず合憲というものであるが，戦力と自衛力の線引きは曖昧である。一方，学界では自衛隊は戦力にあたり違憲というのが通説である。国民は，第9条改正に反対する現状維持派が多いようである。ただ，グラフから読み取れるように，国際的緊張の高まりや周辺国との関係によって賛成反対に増減があり，一定ではない。改正賛成派が増えた要因として，1950〜53年の朝鮮戦争，2001年の米同時多発テロ，2003〜04年の自衛隊イラク派遣，2012年の日本政府による尖閣諸島国有化，2022年のロシアによるウクライナ侵攻が考えられる。

5 第9条をめぐる主な裁判

	砂川事件[*1]	長沼ナイキ訴訟	恵庭[*3]事件	百里基地訴訟
裁判の内容	1957年7月，米軍立川飛行場[*2]の拡張に反対する学生・労働者が飛行場内に立ち入ったとして安保条約に基づく刑事特別法違反（施設又は区域を侵す罪）に問われた。 [*2] 東京都北多摩郡砂川町（現立川市）に所在していた	1969年，北海道長沼町に地対空ミサイル，ナイキ基地をつくるため水源かん養保安林の指定が解除されたことに対し，同町住民が解除取消しを求めて提訴。	自衛隊演習場の爆音による被害を訴えていた酪農民が1962年，自衛隊の電話線を切断。自衛隊法違反で起訴。 [*3] 北海道千歳郡恵庭町（現恵庭市）	航空自衛隊百里基地（茨城県小川町[現小美玉市]）の建設用地の所有権をめぐって国と反対住民とが争う。1958年提訴。
争点	❶安保条約による在日米軍が憲法の禁止する「戦力」にあたるか ❷安保の合憲性	❶自衛隊基地の設置が保安林解除理由の「公益上の理由」にあたるか ❷自衛隊の合憲性	❶自衛隊法第121条（防衛の用に供する物の損壊罪）は憲法違反か	❶自衛隊は憲法違反か
判決要旨	**第一審** [東京地裁]（1959.3.30）❶第9条は自衛のための戦力も否定。在日米軍はこの戦力にあたり違憲。⇨無罪（伊達判決）	**第一審** [札幌地裁]（1973.9.7）❶第9条は一切の軍備・戦力を放棄，自衛隊は違憲。⇨保安林解除処分は無効（福島判決）	**第一審** [札幌地裁]（1967.3.29）❶電話線は自衛隊法第121条の「その他の防衛の用に供する物」にあたらない。（憲法判断は行う必要なく，行うべきではない）⇨無罪，確定	**第一審** [水戸地裁]（1977.2.17）❶第9条は自衛のための戦争までも放棄はしていない。自衛隊は一見明白に侵略的とはいえず，統治行為に関する判断は司法審査の対象外。⇨国側勝訴
	跳躍上告審 [最高裁]（1959.12.16）❶第9条が自衛のための戦力を禁じたものか否かは別として，同条が禁止する戦力は，わが国の指揮できる戦力で，外国軍隊である在日米軍はこの戦力にあたらない。❷安保条約については統治行為論により憲法判断回避。⇨破棄差戻し→のち有罪	**控訴審** [札幌高裁]（1976.8.5）❶ダムなど代替施設設置により原告の訴えの利益は消滅。❷自衛隊の合・違憲問題は統治行為に属し司法審査の対象とならない。⇨一審判決破棄，訴え却下		**控訴審** [東京高裁]（1981.7.7）❶第9条解釈につき一義的な国民の合意はなく，本件については憲法判断を示さずとも結論しうる。⇨控訴棄却
		上告審 [最高裁]（1982.9.9）原告に訴えの利益はない。（憲法判断はなし）⇨二審判決支持，上告棄却		**上告審** [最高裁]（1989.6.20）❶第9条は私法上の行為に直接適用されるものではない。（憲法判断なし）⇨二審判決支持，上告棄却

[*1] 「砂川事件」2014年6月，当時の最高裁判決は誤りだとして，元被告らが再審請求をしたが，2018年7月，最高裁は再審開始を認めないと決定をくだした。

解説 自衛隊や日米安保条約が第9条に違反するのかどうかという裁判では，いまだに明確な判断は示されていない。一審で違憲判決が下されても上級審では統治行為論や「門前払い」（訴えの利益なしとして却下）等により憲法判断が回避されているからである。ただし，明確な合憲判決も出されていないことには注意したい。

チェック 集団的自衛権　非核三原則　文民統制（シビリアン・コントロール）

トライ ・憲法の条文は変えずに解釈だけを変えることを何という？

憲法

日米安全保障体制

法の支配　ルール

Introduction 日本の空なのに飛行機が飛べないところ

日米安全保障条約によって，アメリカは日本を守り，日本は米軍基地を置かせている。一方で，こんな現実もある。

横田空域　首都圏上空にある米軍の管理空域。米軍の許可なしには飛べず，東京から西へ向かう飛行機は，高度を上げてこの空域を飛び越えるか，遠回りになってもここを避けて飛ぶ必要がある。

横田空域と米軍基地

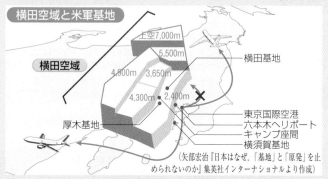

上空7,000m
5,500m
横田空域
4,800m　3,650m
横田基地
4,300m　2,400m
×
厚木基地
東京国際空港
六本木ヘリポート
キャンプ座間
横須賀基地

[矢部宏治『日本はなぜ、「基地」と「原発」を止められないのか』集英社インターナショナルより作成]

2019年1月，条件付きではあるが，横田空域を通過する新ルートについて米軍と合意した。

米軍機は低飛行OK

「日米安全保障条約」「日米地位協定」に基づいて成立した「航空特例法」第3項には「前項の航空機[1]及びその航空機に乗り組んでその運航に従事する者については，航空法第6章の規定[2]は，政令で定めるものを除き，適用しない」とある。だから米軍機は，高度も速度も何も守らずに日本全国の空を飛んでも，**法的には問題ない**ということになる。

* 1　米軍機と国連軍機
* 2　「最低高度」や「制限速度」「飛行禁止区域」など

↑①横田空域を管制する米軍の基地・横田基地。オスプレイの配備も進んでいる。

冷戦中，日本をソ連の侵略から守るのが目的とされた日米安保条約。冷戦後も，アメリカに協力する体制が深まっている。日本は，安全保障のためにどうしていくのがよいだろうか。

---

1 なぜ日本は侵略されなかったか

安保・自衛隊肯定論　幸運なことに日本は戦後の半世紀，侵略や攻撃というもっとも深刻な事態には遭遇していない。これは日本の平和憲法のおかげだと思う人がいるかもしれないが，そうではない。憲法に頼ってきたから平和が維持できたというのはまったくの誤りである。それは日本が戦後，米国と同盟関係を結び，米国の力を借りて国家の安全を確保してきたからであり，また，憲法の下でみずから防衛力を構築し，その抑止力が全体として機能したからである。[森本敏・浜谷英博『有事法制』PHP新書による]

2 主な国の国防支出と兵力

	国防支出総額2022年	対GDP比(2021年)		正規兵力2022年
アメリカ	8,769	3.5%	136.0	
中　国	2,920	1.7	203.5	
イギリス	864	2.2	15.0	
ロシア	814	4.1	119.0	
インド	685	2.7	146.8	
フランス	536	2.0	20.3	
日　本	460	1.1	24.7	

(億ドル) / (万人)

[『日本国勢図会』2023/24などによる]

---

3 日本の防衛関係費の推移 （防衛省資料などによる）

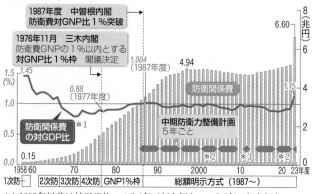

1987年度　中曽根内閣　防衛費対GNP比1%突破
1976年11月　三木内閣　防衛費GNPの1%以内とする対GNP比1%枠閣議決定

1.45
0.88 (1977年度)
1.004 (1987年度)
4.94
6.60
1.15

防衛関係費
中期防衛力整備計画 5年ごと
防衛関係費の対GDP比 *1

0.15

1958 60　70　80　90　2000　10　20　23年度
1次防　2次防 3次防 4次防 GNP1%枠　総額明示方式（1987〜）

*1 1993年以前は対GNP比。　*2 4年で打ち切り。　*3 2年で打ち切り。

Seikei マニア　日本に，車は右側通行，人は左側通行という場所があったのを知ってる？　のルールは1978年7月29日まで続いた。

米軍支配下の沖縄では，交通ルールもアメリカ流。沖縄は1972年に日本に復帰したが，こ

↓② ルーマニアにあるイージス・アショア。維持管理費等を含め1基4500億円必要。日本でも配備計画があったが撤回された。しかし，費用の一部はすでに支払い済み。代わりにイージス・システム搭載艦の整備が決定している。

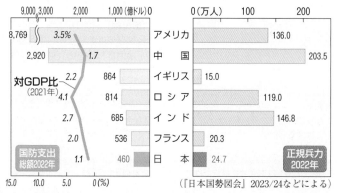

4 日米地位協定

Ⓐ日米地位協定とは

日米安全保障条約 第6条［基地許与］
アメリカ陸海空軍は日本国内で施設・区域（基地など）を利用できる。

日米地位協定
日米安全保障条約第6条に基づき，在日米軍の法律的な地位を定めた条約。

3条1項	**合衆国の権利** 米国は使用を許された施設・区域において，それらの設定・運営・警護・管理の権利を有する。
12条3項	**調達** 米軍が日本国内で物資を調達する場合，物品税・通行税・揮発油税などが免除される。
17条3項	**刑事裁判権** 米軍の構成員が公務執行中に犯した罪については，米軍当局が第一次の裁判権を有する。
5項C	米軍の構成員が被疑者の場合，日本国により提訴されるまで，身柄の拘禁は米軍が行う。
24条1項	**経費負担** 米軍の駐留経費は（日本側が負担すべきものを除くほか）米国がすべて負担する。

全 米 軍 基 地 撤 去 !!

➡❸2016年4月，沖縄で元米海兵隊員の軍属が，20歳の女性を強姦し殺害した。この事件に抗議し，開かれた沖縄県民大会には，6.5万人が参加。米海兵隊は，「殴り込み部隊」と呼ばれ，アフガン戦争，イラク戦争など，世界各地の戦争に参加している。沖縄に駐留する米軍の大半は海兵隊だ。度重なる米兵・米軍属による犯罪に，海兵隊の撤退，米軍基地の撤去，日米地位協定の改定を訴えた。（沖縄県那覇市 2016.6.19）

> アメリカから日本を解放してください。そうでなければ，沖縄に自由とか民主主義が存在しないのです。私たちは奴隷ではない。被害者とウチナーンチュ（沖縄の人）に真剣に向き合い，謝ってください。

⬅❹沖縄県民大会でスピーチする玉城愛さん（21歳）。安倍晋三首相（当時）と本土に住む日本国民に向かい，「今回の事件の『第二の加害者』は，あなたたちです」と訴えた。

Ⓑ日米地位協定でアメリカに認められている主な特典

米兵が日本で犯罪を起こした場合，「現行犯」でなければ逮捕できない。	米軍の車は，日本の高速道路や有料道路を通るとき，料金がいらない。	アメリカでとったものや米軍の運転免許証があれば，日本で自動車の運転ができる。	外国人が日本に入るときはパスポートが必要。でも，米兵はパスポートなしでOK。

（『世の中まるごとわかるNHK週刊子どもニュース』2001 NHK出版）

🔷解説 日米両政府は，日本国内で重大な罪を犯した米兵容疑者の取り扱いなど，日米地位協定に基づく刑事訴訟手続きの見直し問題に関する協議を行っているが，地位協定そのものは改定されていない。

5 在日米軍の兵力と自衛隊

在日米軍の兵力

2022年9月末現在約5.40万人	陸軍 0.25万人		
	海軍 2.06	海兵隊 1.80	空軍 1.29

自衛隊の兵力（定員）

2021年度24.7万人	陸上自衛隊 15.1万人	海上自衛隊 4.5	航空自衛隊 4.7	統合幕僚監部等 0.4

（『日本国勢図会』2023/24）

🔷解説 米軍の「海兵隊」は敵地に真っ先に上陸する攻撃・遠征部隊で，「殴り込み部隊」ともいわれる。

6 米軍駐留経費の受け入れ国負担

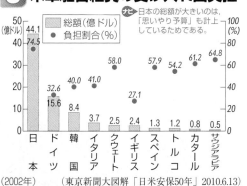

凡例：■総額（億ドル） ●負担割合（%）

ナビ 日本の総額が大きいのは，「思いやり予算」も計上しているためである。

	日本	ドイツ	韓国	イタリア	クウェート	イギリス	スペイン	トルコ	カタール	サウジアラビア
総額	44.1	15.6	8.4	3.7	2.5	2.4	1.3	1.2	0.8	0.5
負担割合	74.5	32.6	40.0	41.0	58.0	27.1	57.9	54.2	61.2	64.8

（2002年）（東京新聞大図解「日米安保50年」2010.6.13）

7 米軍基地と「思いやり予算」

Ⓐ思いやり予算の推移

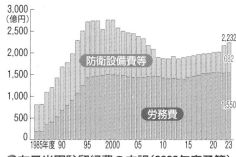
（億円）防衛設備費等／労務費／2,232／682／1,550

1985年度 90 95 2000 05 10 15 20 23

Ⓑ在日米軍駐留経費の内訳（2023年度予算）

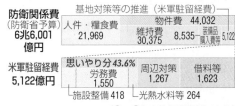

基地対策等の推進（米軍駐留経費）

| 防衛関係費（防衛省予算）6兆6,001億円 | 人件・糧食費 21,969 | 物件費 44,032 維持費 30,375 装備品購入費 5,122 | |
| | | 維持費 30,375 | 8,535 |

米軍駐留経費 5,122億円 思いやり分43.6%

労務費 1,550	周辺対策 1,267	借料等 1,623
施設整備 418 ／ 光熱水料等 264

（Ⓐ・Ⓑとも防衛省資料による）

🔷解説 日米間の協定で在日米軍の維持費は米側の負担，施設経費は日本負担となっているが，政府は「思いやり」として日本人従業員手当などの一部肩代わりを行ってきた。1987年に中曽根内閣が特別協定を結んで以来，その負担は増加し，「本国に部隊を置くより安上がり」ともいわれている。

Ⓒ「思いやり予算」でつくられた住宅は？

米軍家族住宅
建設費 5,000万円／戸（推定）

ある県営住宅
建設費 1,700万円／戸（推定）

⬇❺米軍の家族用住宅（東京・横田基地）

🌻 **チェック＆トライ**

チェック ・日米安全保障条約 ・日米地位協定 ・思いやり予算

トライ ・アメリカの国防費は，日本の国防費の何倍？
①約7倍 ②約11倍 ③約15倍

時事特集

安全保障政策の大転換
安保法制とは？

日本国憲法第9条に規定される「平和主義」は，憲法の三大原理の1つです。安保法制制定によって，日本の「平和主義」は大きな転換点を迎えています。

1 戦後日本の安全保障政策

内閣	年	できごと
吉田	1950	朝鮮戦争勃発（〜53）→警察予備隊発足
	51	サンフランシスコ平和条約・日米安全保障条約調印
	54	自衛隊発足
鳩山	56	日ソ共同宣言→日本，国連加盟
岸	60	日米新安保条約調印
	65	日韓国交正常化
佐藤	67	「武器輸出三原則」・「非核三原則」表明
	72	沖縄，本土復帰→日中国交正常化
福田	78	日本防衛協力のための指針(旧ガイドライン)策定
	89	マルタ会談→冷戦の終結
海部	91	湾岸戦争→戦争後，ペルシア湾に自衛隊の掃海艇派遣
宮沢	92	国連平和維持活動（PKO）協力法成立
橋本	97	日米防衛協力のための指針改定
小渕	99	周辺事態法成立
	2001	米同時多発テロ→テロ特措法成立
小泉	03	有事関連3法成立
	04	イラク戦争で自衛隊派遣
麻生	09	海賊対処法成立
野田	12	尖閣諸島国有化
	13	特定秘密保護法成立
安倍	14	日本版NSC（国家安全保障会議）設置／集団的自衛権の行使を容認する閣議決定
	15	安全保障関連法（安保法制）成立
	16	安全保障関連法施行（3月）
岸田	22	新しい「国家安保戦略」「国家防衛戦略」「防衛力整備計画」（安保3文書）閣議決定

2 安全保障関連法令

日米安全保障条約（調印1960年）
- 極東の平和維持
- 日米の共同防衛，経済協力
- 国連憲章との関係
- 米軍の日本駐留

→①新安保条約の強行採決（1960.5.20）

周辺事態法（1999年成立）
日本の平和や安全に重大な影響を与える周辺事態に対し，後方地域支援，後方地域捜索救助活動，その他必要な対抗措置をとることができる。

有事関連3法（2003年成立）
- 武力攻撃事態法…武力攻撃の際の手続き処理
- 改正安全保障会議設置法…安保会議の役割の明確化・強化
- 改正自衛隊法…私有地や家屋の強制使用・私有地の緊急通行を認めるなど自衛隊の行動を円滑化

武力行使の新3要件（安倍内閣2014年7月1日閣議決定）
①我が国に対する武力攻撃が発生したこと（武力攻撃事態），又は我が国と密接な関係にある他国に対する武力攻撃が発生し，これにより我が国の存立が脅かされ，国民の生命，自由及び幸福追求の権利が根底から覆される明白な危険があること（存立危機事態→集団的自衛権の行使が可能）
②これを排除し，我が国の存立を全うし，国民を守るために他に適当な手段がないこと
③必要最小限度の実力行使にとどまるべきこと

↑②安保法制について記者会見をする安倍首相(当時)

3 第2次安倍政権下で大転換した日本の防衛原則

Ⓐ安全保障関連法成立（2015年9月）

↑③参議院特別委員会での安全保障関連法案（戦争法案）の強行採決。野党議員の顔に拳を当てているのは元陸上自衛隊イラク派遣隊長の自民党・佐藤正久参議院議員。(2015.9.17)

戦後安全保障政策の大転換 日本政府は長年，集団的自衛権は憲法が禁じる武力行使にあたるとして，その行使を認めてこなかったが，2014年，集団的自衛権行使を認める閣議決定を行った。そして2015年9月，国会での議論が十分に尽くされたとはいえない，また，国民の理解が得られたとはいえない中で，安全保障関連法（安保法制）が成立した。計11の関連法は，日本の安全保障政策を大きく転換させるもので，自衛隊の活動は多岐にわたる分野で拡大する。「改憲手続きを経ない実質的な9条改定」「違憲」との批判が続出する中で成立した安保法制について，次ページで詳しくみていこう。

↑④安全保障関連法案（戦争法案）に反対する国会前デモ。「憲法守れ」「戦争反対」のかけ声のもと，約12万人が国会前に集まり，デモを行った。(2015.8.30)

28

Ⓑ ふたつの自衛権と政府の解釈

	個別的自衛権	集団的自衛権
	自分の身を守るために反撃できる権利。	密接な関係にある他国が攻撃された際に，反撃する権利。
イメージ	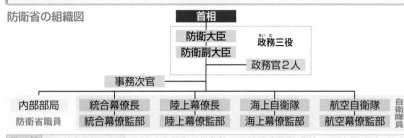	
政府の解釈	必要最小限度の自衛（専守防衛）なので，憲法第9条に違反せず，個別的自衛権は行使できる。	**従来の解釈** → 必要最小限度の自衛を超えるので，憲法第9条に違反し，**集団的自衛権は行使できない。** **大転換** 2014年 安倍政権 → 武力行使の新3要件を満たせば，憲法第9条に違反せず，**集団的自衛権は行使できる。**

Ⓒ 日本の防衛原則
文民統制（シビリアン・コントロール）

憲法

> **第66条　2項**
> 　内閣総理大臣その他の国務大臣は，文民でなければならない。

防衛省の組織図

```
            首相
             │
          防衛大臣      ┐
          防衛副大臣    │ 政務三役
             │          │ 政務官2人
          事務次官      ┘
   ┌─────┬──────┬──────┬──────┬──────┐
内部部局  統合幕僚長 陸上幕僚長 海上自衛隊 航空自衛隊  ┐自衛隊員
防衛省職員 統合幕僚監部 陸上幕僚監部 海上幕僚監部 航空幕僚監部 ┘
```

その他	集団的自衛権の行使・海外派兵・防衛装備移転三原則・専守防衛・非核三原則・徴兵制の禁止

解説　文民統制とは，非軍人である者（文民）が軍隊の最高指揮監督権を持つことをいう。第二次世界大戦前，大日本帝国憲法のもと，陸・海軍の統帥権などは天皇に属していた。しかし，この統帥権の独立が軍部の独走につながり，悲惨な戦争を迎えてしまったのである。日本はこの苦い経験から，日本国憲法において文民統制の原則を定めている。この規定のもと，自衛隊法では，自衛隊の最高指揮監督権は内閣総理大臣が持ち，防衛大臣が隊務を統括すると定められている。

Ⓓ 防衛省設置法改正

　2015年6月の防衛省設置法改正により，背広組（文官）を制服組（自衛隊）より優位とする文官統制が廃止され，対等な関係と改められた。しかし，文民統制を危うくするとの批判もある。

Ⓔ 安全保障関連法11法（2015年9月19日成立）

新法		
①国際平和支援法	国際社会の平和のために活動する米軍・他国軍への**後方支援**	
改正		
②武力攻撃事態法	密接な関係の他国への攻撃に対し，**集団的自衛権**による反撃	
③重要影響事態法	日本の安全のために活動する**米軍・他国軍への後方支援や弾薬の提供を地球規模で行う**（周辺事態法を改正・改称）	
④自衛隊法	日本防衛のために活動する**米軍・他国軍の艦船を自衛隊が防護**	
⑤PKO協力法	国連の指導下にない人道復興支援や治安維持活動	

⑥船舶検査法	⑦米軍等行動円滑化法
⑧海上輸送規制法	⑨捕虜取扱い法
⑩国家安全保障会議設置法	
⑪特定公共施設利用法	

重要影響事態…放っておいたら日本への武力攻撃のおそれがあるなど，日本の平和と安全に重要な影響を与える状況。日本周辺に限っていた「周辺事態」に代わる概念。日本が武力攻撃を受けた「**武力攻撃事態**」や，他国への攻撃でも日本の存立が脅かされる明白な危険がある「**存立危機事態**」に比べて定義があいまいで，拡大適用のおそれも指摘されている。

駆けつけ警護…離れた場所にいる国連や民間NGOの職員，他国軍の兵士らが武装集団などに襲われた場合に助けに向かう任務。政府は，自衛隊の部隊長の判断で実施を決めるとしている。

Ⓕ 安全保障関連法に対する主な意見

反対　柳沢協二元内閣官房副長官補	賛成　宮家邦彦立命館大学客員教授
安保法は，我が国の安全保障にとって有害である。そもそも中国や北朝鮮による我が国に対する攻撃の脅威は，個別的自衛権で対処すべき問題だ。集団的自衛権は抑止力を高めず，かえって緊張を高める。	安全保障関連法の整備によって，日本はようやく現実的な安全保障システムを持てたといえる。集団的自衛権の行使容認に憲法上の疑義を指摘する人がいるが，その場合は司法に訴えるべきだ。

（ⒺⒻは『朝日新聞』2015.7.17，9.20などによる）

④ 岸田政権下での戦後安全保障政策

国家安全保障戦略	・中国を「これまでにない最大の戦略的な挑戦」と明記。 ・相手からのさらなる武力攻撃を防ぐために，反撃能力を保有。（→p.24） ・防衛費と関係費を合わせて2027年度に現在（2022年度）のGDP比2％達成をめざす。 ・重大なサイバー攻撃を未然に排除する「能動的サイバー防御」を導入。
国家防衛戦略	・自衛隊に常設の統合司令部を創設。航空自衛隊を「航空宇宙自衛隊」に改称。
防衛力整備計画	・防衛費は2023年度から5年間で43兆円程度，27年度は8兆9千億円程度確保。 ・長射程のミサイルとして，米国製トマホークを導入。国産ミサイルも開発を促進する。

（『朝日新聞』『読売新聞』2022.12.17などを参考に作成）

↑→⑤⑥2023年3月に開設した陸上自衛隊石垣駐屯地と，石垣島に配備された地対空ミサイル「PAC-3」

解説　南西諸島は長い間，防衛の「空白地帯」とされてきた。防衛省は，軍事力を拡大する中国に対抗するため，2016年には与那国島に，19年には宮古島・奄美大島に次々駐屯地を開設し，「南西シフト」を進めてきた。石垣島は「最後のピース」とよばれる。

米軍基地は何が問題なのか？
基地問題の現状と今後

日米安全保障条約に基づいて置かれている米軍基地。基地問題（騒音・事故・米兵の犯罪）が注目される一方，日本の安全のために米軍基地は不可欠という声もあるよ。

1 主な在日米軍基地

⚓港湾 🪖演習場 📡通信 🏢事務所 🏭倉庫

本土

- キャンプ千歳
- 三沢対地射爆撃場
- 三沢飛行場
- 八戸貯油施設
- 大和田通信所
- 横田飛行場
- 鶴見貯油施設
- キャンプ座間
- 川上弾薬庫
- 岩国飛行場
- 佐世保海軍施設
- 木更津飛行場
- 赤坂プレス・センター
- 横須賀海軍施設
- 沼津海浜訓練場
- 厚木海軍飛行場

（2023年1月1日現在。防衛省資料による）

Ａ 在日米軍施設・区域（専用施設）の県別面積割合

総面積 262.6km²

| 沖縄（184.5km²）70.3% | 青森 9.0 | 東京 5.0 | 神奈川 5.6 | その他 10.0 |

（2023年1月1日現在。防衛省資料による）

沖縄

- 北部訓練場
- 奥間レスト・センター
- 伊江島補助飛行場
- 八重岳通信所
- キャンプ・シュワブ
- キャンプ・ハンセン
- 天願桟橋
- 嘉手納弾薬庫地区
- トリイ通信施設
- 辺野古弾薬庫
- 金武ブルー・ビーチ訓練場
- 金武レッド・ビーチ訓練場
- 陸軍貯油施設
- キャンプ・コートニー
- キャンプ・マクトリアス
- キャンプ・シールズ
- ホワイト・ビーチ地区
- 泡瀬通信施設
- 浮原島訓練場
- 津堅島訓練場
- 嘉手納飛行場
- 陸軍貯油施設
- キャンプ桑江
- 牧港補給地区
- キャンプ瑞慶覧
- 普天間飛行場
- 那覇港湾施設

（2023年1月1日現在。防衛省資料による）

2 普天間飛行場移設問題

- 米軍飛行場「嘉手納基地」
- 浜川小
- 北谷高・北谷町役場
- 北玉小
- 米軍基地「キャンプ・フォスター」
- 大山小
- 北中城小・北中城村役場
- 普天間高・普天間小
- 普天間第二小
- 宜野湾市役所
- 普天間中
- 宜野湾中
- ✕…米軍機墜落地点
- 米軍飛行場「普天間基地」
- 人口密集地
- 志真志小
- 沖縄国際大学

米軍機墜落件数 **49**件〈注〉復帰後の沖縄県内の件数。
（2021年末現在）〈沖縄県HP資料による〉

↑①米海兵隊普天間飛行場

普天間飛行場について

「沖縄だけが危険な目に遭い，子どもたちや県民の生命財産が脅かされている。差別的な安全保障のあり方を政府と米軍にきちんと伝えないといけない。」（『朝日新聞』2017.12.4による）

↑②翁長沖縄県知事（当時，2018年に死去）

どんな基地？ 沖縄県中部にある米海兵隊基地。市街地にあり「世界一危険」ともいわれている。2004年，米軍ヘリコプターが沖縄国際大学敷地内に墜落した。2017年には，校庭で体育の授業がおこなわれていた普天間第二小学校に，米軍のヘリコプターの窓が落下した。

きっかけは？ 1995年の米兵による少女暴行事件後，県全体で反基地運動が高まり，日米両政府が普天間基地の返還に合意したが，「沖縄県内の移設」を条件としたため，県民の反発を招いた。

その後は？ 2009年，民主党鳩山首相が県外移設を表明したが断念。2013年，自民党安倍首相が移設先である名護市辺野古の埋め立て申請を行い，当時の仲井真沖縄県知事が承認した。2014年の県知事選，名護市長選，衆院選沖縄選挙区の全てで辺野古移設反対派が当選し，翁長知事が辺野古の埋め立て承認を取り消すが，2016年12月の最高裁判決で沖縄県の敗訴が確定，工事は再開した。2019年2月，亡くなった翁長知事の遺志を継ぐ玉城デニー県知事が県民投票を実施，埋め立て反対が多数を占めたが，「基地移転の先送りはできない」とする政府は投票結果を受け入れず，工事を続行。新たに見つかった軟弱地盤の対応に追われている。

普天間飛行場の代替施設

- 名護市
- 大浦湾
- キャンプ・シュワブ
- 軟弱地盤
- 辺野古
- 滑走路（1,600m）
- 埋め立てにより飛行場を建設

滑走路がV字形なのは，着陸と離陸で使い分けて集落上空の飛行を避けるため。ただ，米は双方向で使用する可能性を否定していない。

（『琉球新報』2011.5.1）

3 住民を巻き込んだ地上戦―沖縄戦

太平洋戦争の末期，沖縄では島民を巻き込んでの激しい地上戦が展開され，多くの一般住民が犠牲となった。2017年9月，沖縄県の少年らが沖縄戦の悲惨さを今に伝える自然洞窟「ガマ」を，その歴史を知らずに荒らすという事件が起きた。沖縄戦の真実はどこまで伝わっているのだろうか。

Ⓐ沖縄県の戦没者　（『朝日中高生新聞』2016.6.19による）

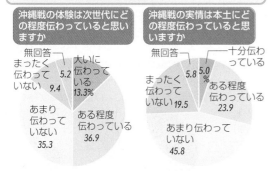

戦場のリアルな恐怖を，地上戦を知らない本土の大多数は共有していない。……70年間のコミュニケーションギャップが凝縮されていると感じた（大阪大学准教授・北村毅氏）。　（グラフとも『朝日新聞』2015.6.10）

4 沖縄の日本復帰から半世紀を経て

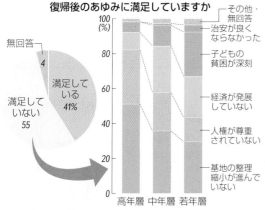

復帰後のあゆみに満足していますか

（『信濃毎日新聞』2022.4.24による）

🔍解説　太平洋戦争後，長らく米国の施政権下に置かれた沖縄が日本に復帰したのは1972年。あれから半世紀を経たが，在日米軍施設が沖縄に集中する現状に変わりはない。しかし，復帰前の世代と復帰後の世代とでは意識にやや変化がみられる。復帰後のあゆみに満足していない理由として，高年層（60代以上）では基地の整理縮小が最多だったのに対し，中年層（40〜50代）や若年層（30代以下）は貧困や経済発展，教育を重視していることがわかった。過重な基地負担を不平等ととらえるのは全世代に共通しているが，その割合などには世代差が見てとれる。

5 沖縄県の経済と基地

Ⓐ基地収入などが県民所得に占める割合

ナビ基地の経済効果は以前より減少している。

（沖縄県資料による）

Ⓑ基地返還による経済効果

桑江・北前地区（旧ハンビー飛行場）

返還前　　　　　　　　　　　　　　　　返還後

↑➌返還された基地の跡地につくられた商業施設ハンビータウン（右上）とリゾート施設アメリカンビレッジ（右）。その経済効果は合わせて112倍にもなったとされる。

	返還前	返還後	経済効果
那覇新都心地区	52億円	1,634億円	31倍
小禄金城地区	34億円	489億円	14倍
桑江・北前地区	3億円	336億円	112倍
＊普天間飛行場	120億円	3,866億円	32倍
＊那覇港湾施設	30億円	1,076億円	36倍

＊は返還予定地　　　　　　　　　　　　（沖縄県資料による）

Ⓒ沖縄「独特」の看板が意味するもの

（軍用地代は）年平均約5％上昇するので，軍用地主は基地返還に反対する最大の組織勢力となっている。たとえば年間地料100万円の土地は，その30倍の3,000万円で取引される。
（新城俊昭『クイズで学ぼう　琉球・沖縄の歴史』むぎ社）

↑➍沖縄「独特」の看板（毎日新聞社　提供）

Ⓓ軍用地料による地域格差―潤う地区は返還反対も

（宜野座村の）地域住民が「入会権」を持っていた場合，村は軍用地料を区にも分配している。区の一つは，学童保育を整え，給食費も全額補助。小6になると，区が旅費を負担しての北海道旅行が恒例だ。軍用地料収入がない区にこうした恩恵はない。

宜野座村に隣接する金武町。毎年40万円を受け取る会社員の男性（60）は言う。「大切な収入。今さら基地を返されても，山林を耕そうって人はいないでしょ」

（『朝日新聞』2015.5.12による）

基本的人権とは

幸福　自由　個人の尊重

Introduction 「言葉が凶器に」 ―ネットでの誹謗中傷を考える

ネットに一度殺された僧侶 高橋美清さん

「高橋しげみ」の名前でフリーアナウンサーをしていた頃，仕事関係者の男性からストーカー被害にあう。男性は2015年にストーカー規制法違反容疑で逮捕され，脅迫罪で罰金刑を受けた後に死亡。ここから「冤罪で死に追いやった」と，高橋さんは大量の激烈な攻撃を受けることとなる。仕事を全て失い，中傷を信じた多くの知り合いが去っていくなか，まるで世の中の全員から責められているように感じたという。当初は警察に取り合ってもらえず，何度か自殺も試みた。生き続けられたのは「もし死んだら，ありもしない罪を苦にしたと世間から思われる」との一心からだった。高橋さんは，比叡山での修行と加害者を捜し出して法的措置をとる行動を起こした。

弁護士，被害者の会が動き，やがて警察の協力も得られた。加害者の４人と実際に面会。謝罪よりも弁明を口にする加害者たちは，「みんなが書いているから事実だと思った」「意見を言うべきだと思った」と思い込みの「正義感」や軽い気持ちでやっていた。相手への想像力は皆無だった。特にひどい中傷を続けていた１人を刑事告訴するも，最終的には取り下げ，全員を許した。改心を促すことが仏さまの慈悲につながると考えたからだという。（高橋美清公式HP,『朝日新聞』2020.8.9などによる）

←①僧侶「高橋美清」としての人生を歩んでいる。

侮辱罪を厳罰化―改正刑法成立
（2022年6月13日）

インターネット上の誹謗中傷対策として，「侮辱罪」を厳罰化する規定が盛り込まれた。現行「拘留（30日未満）か科料（１万円未満）」に，「１年以下の懲役・禁固または30万円以上の罰金」が加わる。SNSで誹謗中傷を受け自死したプロレスラー木村花さんの母，響子さんは「これまでは抑止力にならず，理不尽だった。やっとという思いが強い。成立して終わりではなく，ここからが始まり」と話した。（『読売新聞』2022.6.14などを参考に作成）

←②改正刑法成立を受け，記者会見をする木村響子さん。

日本国憲法では，根本的な価値観として，「個人の尊重」の理念が採用され，最大限の人権保障が認められている。ネット上の誹謗中傷のほとんどは，軽い気持ちや「正義感」によるものであっても，多くの人が傷つき，命までもが脅かされているのだ。

憲法

第11条 国民は，すべての基本的人権の享有を妨げられない。この憲法が国民に保障する基本的人権は，侵すことのできない永久の権利として，現在及び将来の国民に与へられる。

第12条 この憲法が国民に保障する自由及び権利は，国民の不断の努力によつて，これを保持しなければならない。又，国民は，これを濫用してはならないのであつて，常に公共の福祉のためにこれを利用する責任を負ふ。

第13条 すべて国民は，個人として尊重される。生命，自由及び幸福追求に対する国民の権利については，公共の福祉に反しない限り，立法その他の国政の上で，最大の尊重を必要とする。

Report 市川房枝が伝えたかったこと

権利の上に眠るな　市川房枝

市川房枝は1893年愛知県に生まれた。女子師範学校を卒業後，教員や記者などの職を経験し，1919年に日本初の婦人団体を平塚らいてう（らいちょう）らと設立し，婦人参政権の実現に尽力した。

市川は晩年，「若い女性にメッセージを」と請われると，「権利の上に眠るな」という言葉をよく色紙にしたためた。基本的人権は，常に権利を行使し，主張していくことで守られるもの。すなわち，不断の努力を要するのだ。
（『市川房枝，そこから続く「長い列」』野村浩子などから作成）

↑④市川房枝（1893～1981年）。

←③市川房枝の書と絵がかかれたふきん。

Seikei マニア **国境なき子どもたち** 開発途上にある国々のストリートチルドレンなど，路上生活を送る青少年や孤児，虐待の被害に遭っている子どもなどを支援する非営利団体（NPO）。彼らと日本の子ども・青少年がお互いの理解を深め，友情を育み，共に成長していくことを目的に，97年から教育的活動を行っている。

1 日本国憲法に定められた国民の権利と義務

〈注〉判例の○数字は関連憲法条文

分類	性格	内容（条文）		判例
平等権	すべての国民が権利において平等であるとする基本的人権の前提ともなる権利。	●法の下の平等（14条） ●両性の平等（24条）		尊属殺事件⑭（➡p.38） 日立訴訟⑭（➡p.39） 三菱樹脂事件⑭⑲
自由権的基本権	国家権力といえども侵すことのできない個人の権利。18世紀の市民革命（アメリカ独立革命・フランス革命）によってそれまでの封建勢力を倒した市民が獲得したもので，右の3種類に大別できる。 （ただし財産権については，19世紀後半以降の資本主義の発達にともなう財産の不平等を是正するために，「公共の福祉」の概念による制限を設けている。）	精神の自由	●思想・良心の自由（19条） ●信教の自由（20条）　●学問の自由（23条） ●集会・結社・表現の自由（21条①） ●通信の秘密（21条②）	愛媛玉ぐし料訴訟⑳（➡p.35） 津地鎮祭訴訟⑳（➡p.35） 自衛官合祀訴訟⑳（➡p.35） 北海道砂川市訴訟⑳（➡p.35） 東大ポポロ事件㉓（➡p.35） チャタレイ事件㉑（➡p.34） 外務省秘密電文漏洩事件㉑（➡p.45）
		人身の自由	●奴隷的拘束・苦役からの自由（18条） ●法定手続の保障（31条） ●不法な逮捕・抑留・拘禁・侵入・捜索・押収に対する保障（33・34・35条） ●拷問，残虐刑の禁止（36条） ●自白強要の禁止（38条） ●刑事被告人の権利（37・38・39条）	
		経済の自由	●居住・移転・職業選択の自由（22条①） ●外国移住・国籍離脱の自由（22条②） ●財産権の不可侵（29条）	薬事法違憲訴訟㉒（➡p.37） 森林分割請求訴訟㉙
社会権的基本権	人間に値する生活の保障を国家に要求する権利。20世紀的人権ともいわれ，福祉国家の理念に立っている。	●生存権（25条）　●教育を受ける権利（26条） ●勤労の権利（27条） ●勤労者の団結権，団体交渉権，団体行動権（28条）		朝日訴訟㉕（➡p.41） 堀木訴訟㉕ 家永訴訟㉖
参政権	国民が政治に参加する権利。基本的人権の保障を実質的に確保するための権利。	●選挙権（15条） ●公務員選定罷免権（15条） ●被選挙権（43・44条）　●最高裁判所裁判官国民審査権（79条） ●憲法改正国民投票権（96条） ●特別法制定同意権（95条）		衆院定数訴訟⑭⑮（➡p.59） 国民審査在外投票不可違憲訴訟⑮ （➡p.42）
請求権	個人の利益のために，国家の積極的な行為を請求する権利。	●請願権（16条）　●損害賠償請求権（17条） ●裁判請求権（32・37条）　●刑事補償請求権（40条）		多摩川水害訴訟⑰（➡p.43） 榎井村事件㊵（➡p.43）
新しい人権	憲法に明文化されていないが，社会状況の変化によって主張されるようになってきた人権。	●幸福追求権（13条）　●環境権（13・25条） ●知る権利（13条）　●プライバシー権（13条） ●自己決定権（13条）		大阪空港騒音公害訴訟⑬㉕（➡p.45） 『石に泳ぐ魚』事件⑬㉑（➡p.34） 『宴のあと』事件⑬㉑（➡p.34） 「エホバの証人」訴訟⑬⑳（➡p.35）
義務	国家の構成員として，国民がはたすべき務め。	一般的義務	●人権保持責任，濫用の禁止（12条） ●公務員の憲法尊重義務（99条）	
		基本的義務	●教育を受けさせる義務（26条） ●勤労の義務（27条）　●納税の義務（30条）	

（右上）憲法

2 基本的人権の意味

　そもそも人権とは何でしょうか。Human Rights（人権）のrightは「正しいこと」を意味しますから，人権とは「人として正しいこと」という意味になります。ならば，この人権は保障されて当然のことと言えます。人類の普遍的な価値なのです。

　ところが実際にはけっして普遍的なものではありませんでした。アメリカはもともと先住民への人権侵害や黒人差別の国でした。イギリスも人権の母国ですが，植民地の人びとの人権などまったく考えていませんでした。有名な「フランス人権宣言」も男性の人権しか考えていませんでした。

　実際の歴史の中では，人権は普遍的でもなんでもなかったのです。人権とはむしろ，「普遍的であるべきだ」という思いを込めた主張なのです。「積極的に主張しつづけなければ意味がなくなってしまうもの」と言ってもいいかもしれません。

（伊藤真『中高生のための憲法教室』岩波ジュニア新書）

3 公共の福祉

　強い者の論理は「自分は力があるから，1人でやっていける。邪魔ものは叩きつぶしてやる」というものです。「でも，それはさせない。**あなたは弱い者になる可能性もあるのだから，共存共栄していくために一定の制約をしましょう**」というのを，内在的制約，あるいは**公共の福祉**といいます。フランス人権宣言は「人権とは，他人を害しない，すべてをなし得る権利である」といっています。人権を制約できる根拠は「人を害してはいけない」という，その1点だけです。要するに**人権と人権が衝突するときに調整しよう**という，これが公共の福祉なのです。（加藤晋介『入門憲法の読み方』日本実業出版社）

④人権が制約される例

表現の自由の制限	●ワイセツ文書の禁止（刑法） ●他人の名誉を毀損する行為の禁止（刑法） ●選挙運動のため一定枚数のはがきやビラ，届け出た冊子以外の文書の頒布の禁止（公職選挙法）
集会・結社の制限	●デモに対する規制（公安条例）
職業の自由の制限	●公衆浴場の配置が適切でない場合，その経営を許可しない（公衆浴場法）
私有財産の制限	●道路・空港など公共の利益のために補償のもとに土地を収用（土地収用法）
居住移転の制限	●感染症により隔離される場合（感染症新法）

解説 日本国憲法は第12条，第13条で人権保障を制約する一般的規定として「公共の福祉」を，第22条と第29条でとくに人権の制約原理として「公共の福祉」を使用している。

チェック&トライ　**チェック** 基本的人権　幸福追求権　公共の福祉　**トライ** ・私たちがよく使う「権利」という言葉。これを英語で言うと次の①〜④のうちどれ？　①liberty　②freedom　③right　④duty

精神活動の自由
（表現の自由，信教の自由，学問の自由）

自由　個人の尊重

Introduction デモは民主主義になくてはならないもの!?

↑①ヴォルテール（1694〜1778）の「私は君の言うことには反対だ。しかし，君がそれを言う自由を，私は命をかけて守る」という言葉は，表現の自由の精神を見事に言い表した名言とされている。

↑②コロナ禍のなか各地で黒人差別に対するデモが行われた。

2020年5月25日，黒人男性ジョージ・フロイドさんが，白人警察官に首を圧迫され死亡。その様子を撮影した動画がSNSで拡散されたことから，黒人差別への世界的な抗議活動が巻き起こった。米国内では，警察官との衝突や略奪もみられた。しかし，"Black lives matter"（黒人の命は大切だ）を訴える抗議活動を，白人の56％が支持。デモ参加者の4割が若者だった。黒人が差別根絶を訴えてきた従来の抗議活動とは，明らかに異なっていた。（『読売新聞』2020.6.27などを参考に作成）

↑③緊急事態宣言発令下の日本では，検察官定年延長を含む国家公務員法改正案への抗議の声が高まった。国会前で距離をとり，沈黙で抗議する人々。法案は廃案に。

表現の自由が他人の権利を侵害する場合も多い。特定の人種・民族などを差別的に誹謗中傷する「ヘイトスピーチ」が問題になっている。自らの表現に責任をもつことは，他者の立場や権利を尊重することでもある。

1 表現の自由

Ⓐ表現の自由とプライバシー

判例 『宴のあと』事件

概要	三島由紀夫の小説『宴のあと』は，外務大臣も務めたことのある元衆議院議員の主人公が料亭の女将と再婚し離婚するまでを描いたもので，一読して主人公が特定できるものであった。そのため原告は，この小説が原告の私生活をのぞき見したもので，そのプライバシーを侵害したとして，三島氏と出版社を相手取って慰謝料と謝罪広告を要求した。
判決	【東京地裁：1964.9.28】　プライバシー権を，法的権利として承認し，損害賠償請求を認めた。（被告側は控訴したが，その後原告が死亡，和解）

判例 『石に泳ぐ魚』事件

概要	芥川賞作家・柳美里さんの小説『石に泳ぐ魚』のモデルとなった知人女性が，承諾なしに自身の障がいや経歴などの私的な事柄が書かれ，プライバシーを侵害されたとして，出版差し止めと損害賠償を求めた。
判決	【最高裁：2002.9.24】　小説の公表によって，公的立場にない原告女性の名誉，プライバシーが侵害されており，人格権に基づいて出版差し止めを命じたことは，表現の自由を保障した憲法の規定に違反しない（130万円の賠償支払い，単行本出版差し止めが確定）。

←④芥川賞作家・柳美里さん。

憲法

第21条　集会，結社及び言論，出版その他一切の表現の自由は，これを保障する。
②　検閲は，これをしてはならない。通信の秘密は，これを侵してはならない。

Ⓑ表現の自由とわいせつ

判例 チャタレイ事件

概要	D.H.ロレンスの小説『チャタレイ夫人の恋人』の翻訳を，その中に露骨な性的描写があることを知りながら出版した出版社社長と翻訳者が，刑法第175条のわいせつ文書販売の罪で起訴された。（1950.9）
判決	【最高裁：1957.3.13】　表現の自由は極めて重要なものであるが，性的秩序を守り，最小限度の性道徳を維持するという公共の福祉によって制限される。本件訳書は，わいせつ文書であり，その出版は公共の福祉に反する。

↑⑤『チャタレイ夫人の恋人』完訳本

解説　「表現の自由」と「プライバシーの権利」は衝突しやすい性質をもち，その調整は今後も大きな課題である。また，チャタレイ事件で示された，出版その他の表現の自由も「公共の福祉」の制限を受け，文学作品であっても「公共の福祉」に反するならば，その表現の自由も制限されるという最高裁判決の論理は，現在では支持されていない。なお，『チャタレイ夫人の恋人』は，1996年に完訳本が出版された。

2 信教の自由

憲法

第20条 信教の自由は，何人に対してもこれを保障する。いかなる宗教団体も，国から特権を受け，又は政治上の権力を行使してはならない。
③ 国及びその機関は，宗教教育その他いかなる宗教的活動もしてはならない。

Ⓐ格技拒否で退学は違法

「聖書の教えに反する」との理由で体育の剣道実技を拒否したため，学校を退学させられた「エホバの証人」の信者が，退学は「信教の自由」に反するとして，学校に処分の取消を求めて訴訟を起こした。

最高裁は，「剣道実技が必須のものとはいえず，代替措置を取ることなく留年・退学処分したことは違法」とし，元学生の主張を認めた二審判決を支持する判決を言い渡した。　　　　　　（『朝日新聞』1996.3.8）

> **エホバの証人** 19世紀アメリカで発生，本部はニューヨーク。日本支部は1926年に創立された。別称「ものみの塔」。キリストの再臨と聖書研究を強調し，輸血や柔剣道などの格闘技の拒否，兵役の拒否を主張する。

> 🔍**解説** 「信教の自由」には，信仰の自由，宗教結社の自由，布教の自由そして**宗教を信じない自由**が含まれる。さらにそれを保障するために，国家はいかなる宗教にも干渉しない，宗教は政治にかかわらないという**政教分離の原則**が必要とされる。

3 学問の自由

Ⓐ戦前の学問への弾圧

滝川事件（1933年）	京大法学部教授滝川幸辰の自由主義的な刑法学説が国体に反するとして文部省が同氏を休職処分とした事件。京大法学部教授会は全員が辞表を出して闘ったが敗北。
天皇機関説事件（1935年）	天皇機関説を唱える美濃部達吉博士（貴族院議員）が議会で，国体に反する学説を説く「学匪」と攻撃され，衆議院も国体明徴決議を可決。博士は貴族院議員辞任を余儀なくされた。
津田左右吉事件（1940年）	早稲田大教授津田左右吉の実証的な古代史研究に対し，右翼の排撃運動がおこり，『神代史の研究』などの著書が発禁とされた。

> 🔍**解説** 軍国主義の台頭とともに，**天皇機関説**のようにかつて学界の通説とされていたものまで否定された。戦争のための教育・思想統制がなされ，それは１億総マインドコントロール状態であった。

Ⓑ政教分離

判例　愛媛玉ぐし料訴訟

事実	1981年～86年にかけて，愛媛県が靖国神社に，玉ぐし料（玉ぐしのかわりに奉納するお金）などを公費で支出したことに対し，住民が県を相手に起こした訴訟。一審は「宗教とのかかわりが限度を超える」として違憲判決，二審では「少額で社会的儀礼の程度」として合憲判決。
判決	【最高裁大法廷1997.4.2】国家と神道が結び付いて種々の弊害を生んだ教訓から現行憲法が制定されたのであり，相当数の者が戦没者の慰霊を望んでいるとしても，自治体と宗教とのかかわりが憲法上許されることにはならない。公費の支出は憲法が禁止した宗教的活動に当たる。

Ⓒ靖国神社と靖国神社問題

> **靖国神社** 明治維新直後の1869年，尊皇攘夷の志士を祀るために「東京招魂社」として設立。79年に靖国神社と改称され，軍人やその要請で戦争に参加し，天皇のために戦った死者などを「神」として祀っている。

政教分離の問題 内閣総理大臣の公式参拝が日本国憲法第20条第３項の「政教分離原則」に違反するか否かという憲法上の問題。1980年に，政府が「公式参拝は違憲の疑いあり」との統一見解を発表。しかし，85年に変更され，当時の中曽根康弘首相が

憲法

第23条 学問の自由は，これを保障する。

判例　東大ポポロ事件

事実	東京大学の教室で学生の劇団「ポポロ」が公演の際，観客席に私服警官がいるのを学生が発見，警察手帳を取り上げた。このため暴力行為等処罰に関する法律違反で起訴された。一審，二審とも大学の自治を認め学生は無罪。
判決	【最高裁1963.5.22】大学には研究・発表のための自由があり，自治が認められるが，政治的社会的活動をする場合には自治は認められない。破棄差し戻し。

> 🔍**解説** 研究の場への権力の介入を防ぐために，**大学の自治**が認められてきた。この裁判では，自治の範囲を「真に学問的」な研究・発表に限り，「政治的社会的活動」には適用されないとした。

政教分離（特に神道）をめぐる訴訟

訴訟名と内容	一審	二審	最高裁
津地鎮祭訴訟 津市が市体育館の起工にあたり，神社神道形式の地鎮祭を行い，その費用を公金から支出。	合憲	違憲	合憲（1977.7.13）
自衛官合祀訴訟 殉職した自衛官が，キリスト教徒である妻の意志に反して山口県護国神社に合祀された。	違憲	違憲	合憲（1988.6.1）
北海道砂川市訴訟 砂川市が市内の神社に市有地を無償で提供。	違憲	違憲	違憲（2010.1.20）

戦後初めて「公式参拝」を行った。結果，国内外から大きな反発を受け，翌年の参拝は見送ることとなった。

Ａ級戦犯の合祀 靖国神社には，極東国際軍事裁判（東京裁判）でＡ級戦犯として処刑されたり，服役中に死亡した東条英機元首相ら14名も一緒に祀られている（合祀）。ゆえに，靖国神社への参拝は過去の侵略戦争の肯定だと受け取られる。特に中国や韓国の反発は強い。外交関係を悪化させまいと，参拝を見送った首相は少なくない。2013年12月に安倍首相が参拝した際には，アメリカも「失望した」とのコメントを出した。

Report 日本学術会議問題 学問の自由への介入？

2017年3月	学術会議が防衛装備庁の研究制度に強い懸念を示す声明を公表
2020年9月	学術会議が推薦した会員候補105人のうち，６人の任命を菅首相（当時）が拒否
2020年10月	学術会議が，説明と６人の任命を求める要望書の提出を決定
2022年12月	政府が，学術会議を国の機関にとどめ，会員選考に第三者を関与させる改革案を公表。学術会議は，「独立性を担保できるのか」と反発
2023年2月	政府が日本学術会議法改正案の概要を提示
2023年4月	学術会議が改正案の国会提出を思いとどまるよう求める。政府は第211通常国会提出を断念

（『朝日新聞』『読売新聞』2023.4.21より作成）

自由 | 個人の尊重 | 3 すべての人に健康と福祉を | 10 人や国の不平等をなくそう

Introduction 袴田事件—袴田さん48年ぶり釈放—人身の自由を考える

事件のあらまし

1966年6月30日，静岡県清水市（現静岡市）のみそ製造会社専務宅から出火。焼け跡から専務を含む家族4人の遺体が発見された。全員胸や背中に多数の刺し傷があった。静岡県警は同年8月，従業員の袴田巌さんを強盗殺人などで逮捕。1980年に最高裁で死刑が確定した。

なぜ，袴田さんは有罪になったか

①長時間の取り調べと「自白」の強要

袴田さんへの取り調べは逮捕から起訴まで連日平均12時間に及んだ。有罪とした一審も，供述調書45通中1通しか採用しなかった。

②証拠のねつ造

事件から1年近くも経過して，みそ工場のタンクから「5点の衣類」が発見された。すると，犯行時の着衣が，起訴段階のパジャマからこれらの衣類に変更された。発見されたズボンを試着したが，袴田さんには小さすぎてはけなかった。さらに，白半袖シャツの血痕が，当時では最新のDNA鑑定の結果，袴田さんのDNAと一致せず，証拠品の信用が崩れた。

←①プロボクサーだった袴田さんに，世界ボクシング評議会（WBC）から名誉チャンピオンベルトが贈呈された。（2014・5・19）

（『朝日新聞』2014.3.28などによる）

ナビ 「冤罪」 無実であるのに犯罪者として扱われること。

再審請求から釈放まで

年月	できごと
1981. 4	静岡地裁に第1次再審請求
94. 8	静岡地裁が再審請求棄却
2004. 8	東京高裁が即時抗告棄却
08. 3	最高裁が特別抗告棄却
. 4	静岡地裁に第2次再審請求
10. 9	静岡地検が「5点の衣類」発見時の写真など46点を開示
11.12	静岡地裁が，静岡地検に弁護団が求めた全証拠の開示を勧告
12. 4	衣類の1点の血痕と袴田さんのDNA型再鑑定の結果，「一致しない」
14. 3	静岡地裁が再審開始と釈放を決定
18. 6	東京高裁が再審請求棄却（ただし釈放は維持）
20.12	最高裁が東京高裁に差し戻し
23. 3	東京高裁が再審開始を決定
	東京高検が特別抗告を断念
. 7	静岡地検が有罪立証を表明

1 刑事司法の流れと人権保障

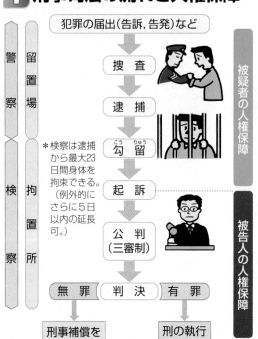

犯罪の届出（告訴，告発）など

↓

捜査

↓

逮捕

↓

勾留

↓

起訴

↓

公判（三審制）

↓

無罪 ── 判決 ── 有罪

↓　　　　　　　↓

刑事補償を請求できる　刑の執行

警察 ── 留置場
検察 ── 拘置所

＊検察は逮捕から最大23日間身体を拘束できる。（例外的にさらに5日以内の延長可。）

被疑者の人権保障

被告人の人権保障

憲法

第31条 何人も，法律の定める手続きによらなければ，その生命若しくは自由を奪はれ，又はその他の刑罰を科せられない。

第33条 何人も，現行犯として逮捕される場合を除いては，権限を有する司法官憲が発し，且つ理由となつてゐる犯罪を明示する令状によらなければ，逮捕されない。

第34条 何人も，理由を直ちに告げられ，且つ，直ちに弁護人に依頼する権利を与へられなければ，①抑留又は②拘禁されない。又，何人も，正当な理由がなければ，拘禁されず〔以下略〕

第38条 何人も，自己に不利益な供述を強要されない。

第36条〔拷問及び残虐な刑罰の禁止〕 公務員による拷問及び残虐な刑罰は，絶対にこれを禁ずる。

第37条 すべて刑事事件においては，被告人は，公平な裁判所の迅速な公開裁判を受ける権利を有する。

③ 刑事被告人は，いかなる場合にも，資格を有する弁護人を依頼することができる。被告人が自らこれを依頼することができないときは，国でこれを附する。

第38条② 強制，拷問若しくは脅迫による自白又は不当に長く抑留若しくは拘禁された後の自白は，これを証拠とすることができない。

③ 何人も，自己に不利益な唯一の証拠が本人の自白である場合には，有罪とされ，又は刑罰を科せられない。

解説 第31条には，どのような行為に対してどのような刑罰が科せられるかは，行為の前にあらかじめ法律によって定められていなければならないという**罪刑法定主義**と，法律による適正な手続きによらなければ，刑罰を科せられないという**法定手続きの保障（適法手続きの保障，デュー・プロセス）**が定められている。

ナビ ①「抑留」は「逮捕」，②「拘禁」は「勾留」のこと。勾留は裁判所が決定し，原則，勾留所で行う。

Seikei マニア 泥棒の被害が多い曜日は火曜日。人の緊張が一番ゆるむのが火曜日なのだそうだ。月曜日の「これから1週間が始まる」という緊張感が，火曜日になるととたんにゆるんでしまう。2番目に多いのは金曜日である。

2 冤罪（えんざい）—主な再審事件 （→p.43）

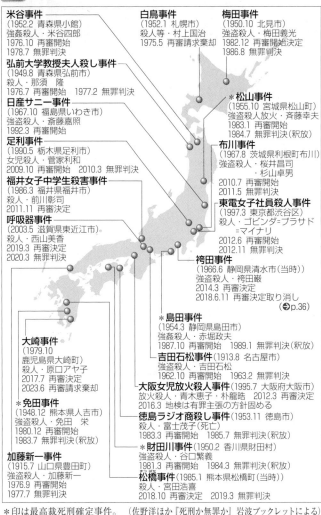

米谷事件
(1952.2 青森県小館)
強姦殺人・米谷四郎
1976.10 再審開始
1978.7 無罪判決

弘前大学教授夫人殺し事件
(1949.8 青森県弘前市)
殺人・那須 隆
1976.7 再審開始　1977.2 無罪判決

日産サニー事件
(1967.10 福島県いわき市)
強姦殺人・斎藤嘉照
1992.3 再審開始

足利事件
(1990.5 栃木県足利市)
女児殺人・菅家利和
2009.10 再審開始　2010.3 無罪判決

福井女子中学生殺害事件
(1986.3 福井県福井市)
殺人・前川彰司
2011.11 再審決定

呼吸器事件
(2003.5 滋賀県東近江市)
殺人・西山美香
2019.3 再審決定
2020.3 無罪判決

大崎事件
(1979.10
鹿児島県大崎町)
殺人・原口アヤ子
2017.7 再審決定
2023.6 再審請求棄却

免田事件
(1948.12 熊本県人吉市)
強盗殺人・免田 栄
1980.12 再審開始
1983.7 無罪判決（釈放）

加藤新一事件
(1915.7 山口県豊田町)
強盗殺人・加藤新一
1976.9 再審開始
1977.7 無罪判決

白鳥事件
(1952.1 札幌市)
殺人等・村上国治
1975.5 再審請求棄却

梅田事件
(1950.10 北見市)
強盗殺人・梅田義光
1982.12 再審開始決定
1986.8 無罪判決

＊松山事件
(1955.10 宮城県松山町)
強盗殺人・斉藤幸夫
1983.1 再審開始
1984.7 無罪判決（釈放）

布川事件
(1967.8 茨城県利根町布川)
強盗殺人・桜井昌司
・杉山卓男
2010.7 再審開始
2011.5 無罪判決

東電女子社員殺人事件
(1997.3 東京都渋谷区)
殺人・ゴビンダ=プラサド
=マイナリ
2012.6 再審開始
2012.11 無罪判決

袴田事件
(1966.6 静岡県清水市(当時))
強盗殺人・袴田巌
2014.3 再審決定
2018.6.11 再審決定取り消し （→p.36）

＊島田事件
(1954.3 静岡県島田市)
強姦殺人・赤堀政夫
1987.10 再審開始　1989.1 無罪判決（釈放）

吉田石松事件
(1913.8 名古屋市)
強盗殺人・吉田石松
1962.10 再審開始　1963.2 無罪判決

大阪女児放火殺人事件
(1995.7 大阪府大阪市)
放火殺人・青木恵子・朴龍晧　2012.3 再審決定
2016.3 地検は有罪主張の方針固める

徳島ラジオ商殺し事件
(1953.11 徳島市)
殺人・富士茂子(死亡)
1983.3 再審開始　1985.7 無罪判決（釈放）

＊財田川事件
(1950.2 香川県財田村)
強盗殺人・谷口繁義
1981.3 再審開始　1984.3 無罪判決（釈放）

松橋事件
(1985.1 熊本県松橋町(当時))
殺人・宮田浩喜
2018.10 再審決定　2019.3 無罪判決

＊印は最高裁死刑確定事件。　（佐野洋ほか『死刑か無罪か』岩波ブックレットによる）

**Report　冤罪防止の決め手となるか？
取り調べ可視化…改正刑事訴訟法施行**

　取り調べ可視化とは，取り調べの全過程を録音・録画すること。冤罪事件を受けて，日本弁護士連合会や一部学者らが強く主張してきたが，捜査機関側は「容疑者から供述を得にくくなる」と抵抗してきた。しかし，大阪地検特捜部の証拠改ざん事件を受けて始まった検察改革によって，可視化が進んだ。すると，「映像は裁判員らに強い印象を与えることができる」と肯定的にとらえる捜査関係者が増加。2019年6月，改正刑事訴訟法施行により，裁判員対象事件と検察独自捜査事件で，警察と検察に取り調べの全過程の録音・録画が義務づけられた。ただし，これが実現されても，対象は容疑者が逮捕される全事件の2〜3％にすぎない。
　　　　　　　　　　　　　『読売新聞』2019.6.1などを参考に作成

→②答申案決定を受け記者会見する村木厚子・厚生労働事務次官（当時）。自身も郵便不正冤罪事件で犯人とされた。(2014.7.19)

---

3 経済の自由

憲法

第22条 何人も，公共の福祉に反しない限り，居住，移転及び職業選択の自由を有する。

第29条 財産権は，これを侵してはならない。
② 財産権の内容は，公共の福祉に適合するやうに，法律でこれを定める。
③ 私有財産は，正当な補償の下に，これを公共のために用ひることができる。

Ａ 職業選択の自由

判例　薬事法違憲訴訟

事実
　1963年，広島県内のスーパーマーケットが薬局を開こうとして，県に営業申請を提出したところ，県知事は薬事法第6条2項（薬局開局の距離制限を規定）及び県の条例を理由にこれを却下した。スーパーマーケット側は，薬局設置に距離制限を設けるのは違憲だとして処分の取消しを求めて提訴した。
　一審では原告勝訴，二審では距離制限は薬局の乱立にともなう経営の不安定，粗悪な医薬品販売を防ぐということで薬事法・条例・これに基づく処分を合憲とした。

判決の内容
【最高裁：1975.4.30】　薬局開設の許可基準の一つとして地域的制限を定めた薬事法の規定は，実質的には職業選択の自由に対する大きな制約的効果を有するところであり，憲法第22条に違反し，無効である。（二審判決破棄，原告勝訴）

解説 この判決は，職業選択の自由に対する規制の違憲審査基準を示したものである。距離制限とは，すでにある業者から一定の距離以上離れていることを，新たな営業許可の条件とするもので，薬局設置での距離制限を，「経済活動の自由」の観点から最高裁は憲法違反とした。現在公共の福祉のもとに制限を受けることが多いが，個人の権利を制限する以上，慎重さが求められる。なお同様の裁判で**公衆浴場の設置基準については合憲判決**が下されている。

職業選択の自由の制限

免許が必要な場合	医師，弁護士，裁判官，調理師，理・美容師など
許可や認可が必要な場合	飲食業，貸金業など
公共性の観点から国が管理	造幣（紙幣・通貨などの製造・発行）など

Ｂ 財産権の制限

法律による制限	独占禁止法	企業合併などに制限
	所得税法	累進課税制度による徴税
	農地法	農地売買や転用の制限
	建築基準法	建築物に対する数々の制限
	消防法	消火活動のための土地使用
公共のための制限	土地収用法による	公共の利益となる事業のための土地の収用・使用　（例）空港，道路，ダムなどの建設に伴う土地収用，米軍基地のための土地使用など

解説 経済（活動）の自由は，原則として国家による干渉を許さない自由権の中で，国民の経済的な平等をできるだけ確保するために，国家による制限がありうることが認められている特殊な権利である。公共事業によって財産権が制限される場合には，その事業の公共性と損失に対する補償の正当さが問題となる。

チェック＆トライ

チェック 人身の自由
　　　　　　　経済の自由　　冤罪
　　　　　　　職業選択の自由

トライ ・「冤罪」とはどのような意味だろうか？

Introduction 「社会にはあからさまな性差別が横行している」

上野千鶴子名誉教授が東京大学の入学式祝辞で性差別について言及（2019年4月12日）

- 「社会にはあからさまな性差別が横行している。東京大学も残念ながら，例外ではない」
- 「世の中には，頑張っても報われない人や頑張ろうにも頑張れない人がいる。恵まれた環境と能力を，自分が勝ち抜くためだけに使わず，恵まれない人々を助けるために使ってほしい」

上野氏が挙げた性差別の実態

- 東京医科大の入試での女子差別
- 他の私大医学部でも男子の合格率が高いこと
- 東京大学でも女子入学者の比率がなかなか「2割の壁」を超えないこと
- 4年制大学への進学率の男女差

↑①東京大学名誉教授の上野千鶴子氏。

Ⓐ 日本のジェンダーギャップ指数
（➡p.6・10・16・52・139）

総合	125位	前年の116位から順位を落とした。
政治	138位	2022年の参議院議員選挙で女性議員が増加したが，依然として最低水準。
経済	123位	女性の役員・管理職比が14.8%と低く，前年の121位より後退。
教育	47位	識字率，初等・中等教育の就学率で高水準だが，女子の大学進学率を都道府県別でみると，30%台が約10県にのぼる。
健康	59位	前年の63位より上昇。

（『信濃毎日新聞』2022.7.14などによる）

憲法

第14条 すべて国民は，法の下に平等であつて，人種，信条，性別，社会的身分又は門地により，政治的，経済的又は社会的関係において，差別されない。

Ⓑ 企業の女性登用の現状

Q. 女性登用を進めるためには
（上位3項目）

- 男性社員の意識改革が進んでいない
- 管理職を目指す女性が少ない
- 管理職にふさわしい人材が育っていない

0　20　40(社)

〈注〉100社を対象／複数回答。
（『朝日新聞』2021.6.19を参考に作成）

「法の下の平等」とは

❶ 法適用の平等…法律を適用するにあたり，国民を差別してはならない。
❷ 法内容の平等…差別的な内容をもつ法律を制定してはならない。

1 尊属殺人と法の下の平等

事実 A子は14歳の時から実父に夫婦同様の関係を強いられ，父親との間に5人の子供を生んだ。彼女に結婚話が出ると，父親は怒り，A子を10日間も軟禁状態にしたため，「父親がいては自由になれない」と1968年に，父親を絞殺した。

判決【最高裁1973.4.4】

尊属への敬愛は社会生活上の基本的道義であるから，尊属殺をより重く罰することはただちに憲法違反とはいえない。しかし，刑法第200条の刑の選択の範囲がきわめて重い刑に限られているのは，合理的根拠に基づくものとはいえないので，憲法第14条1項の「法の下の平等」に違反し無効である。

尊属殺人	刑法第200条	死刑又は無期懲役
殺人	刑法第199条	死刑，無期懲役又は5年以上の懲役

ナビ 当時は「3年以上の懲役」であった。

解説 刑法第200条は国会の判断でその後も残されたが，1995年の刑法の大幅改正の際削除された。また，この判決は最高裁の初の違憲判決としても有名である。

2 ハンセン病患者への差別

Ⓐ ハンセン病隔離違憲判決

「らい予防法」（1953年制定，1996年廃止）による国立ハンセン病療養所への強制隔離政策で人権侵害を受けたと主張し，入所者ら元患者が1人当たり1億1,500万円を求めたハンセン病国家賠償訴訟の初の判決が（5月）11日，熊本地裁であった。裁判長は「**遅くとも1960年以降は隔離の必要性はなく，同年には法の隔離規定は違憲性が明白だった。65年以降は予防法の改廃も怠った**」と指摘。国会の過失も含めて国の違法性を認め，原告127人全員に総額18億2,380万円を支払うよう国に命じた。

（『毎日新聞』2001.5.12）

➡②喜びの会見をするハンセン病訴訟原告団

Ⓑ 最高裁が隔離法廷を違法と謝罪（『読売新聞』2016.4.26）

2016年4月，最高裁は，1948年から25年間ハンセン病患者が被害者になった裁判を，裁判所以外の隔離施設などで行った「特別法廷」について，60年以降の運用を違法と認定し，「患者への偏見や差別を助長し，人格と尊厳を傷付けたことを深く反省し，おわびする」と謝罪した。

Ⓒ ハンセン病元患者家族補償法成立

2019年11月，ハンセン病元患者家族補償法・改正ハンセン病問題解決促進法が成立した。元患者だけでなく家族を補償の対象とするとともに，国会や政府の反省とおわび，支援と正しい知識を普及・啓発し，家族の名誉回復を図ることが，法に明記された。

（『読売新聞』2019.11.16などによる）

解説 皮膚や末しょう神経がおかされ，顔や手足が変形したり，目が見えなくなる病気で，感染力は極めて弱く，遺伝もしないが，「不治の病」「遺伝病」との誤った認識が広がったため，患者は隔離されて強制労働をさせられたうえ，子どもを持てないよう手術されたり，名前や出身地を明かすことも，家に帰ることも許されない，激しい差別や迫害を受けた。

3 強制不妊問題

Ⓐ旧優生保護法による強制不妊問題

優生保護法―1948年成立

> 第1条　この法律は，優生上の見地から不良な子孫の出生を防止するとともに，母性の生命健康を保護することを目的とする。

政府は，この法律を根拠に，約2万5千人の障がい者への不妊手術を進めた。

年	内　容
1996年	優生保護法が母体保護法に改正。強制不妊手術規定を削除。
2004年	坂口力厚労相（当時）が国会で救済制度の検討について言及。以後，人権救済申立てや提訴の動き。
2019年4月	一時金を支給する法律成立。
5月	仙台地裁で旧優生保護法違憲判決。

解説　仙台地裁は，子どもを産むかどうかを自ら決定できる「性と生殖に関する権利（リプロダクティブ・ライツ）」が，幸福追求権を規定した憲法13条で保障されていると判断。一方，国の賠償は認めなかった。

（『朝日新聞』2019.5.29などを参考に作成）

5 アイヌ民族への差別

Ⓐアイヌ文化振興法成立

「旧土人とは，もしかして私のことでしょうか」。アイヌ民族初の国会議員となった萱野茂さんは，当選後の1994年，参院内閣委員会で政府側に迫ったことがある。アイヌ民族を「旧土人」と呼んだ北海道旧土人保護法が制定されたのは1899年。アイヌ民族に農耕生活を強要したこの法律は，アイヌ民族の「同化」を一層押し進めた。以来98年，文化振興法の成立で旧土人法はようやく廃止された。萱野氏は「アイヌと和人の歴史的和解の第一歩だ」と話す。　（『朝日新聞』1997.5.7）

↑3アイヌ民族の権利回復のため活躍した萱野茂氏

Ⓑ「アイヌは先住民族」

2008年6月，アイヌ民族を先住民族と認定するよう政府に求める初の国会決議が，衆参両院本会議で全会一致で採択された。

解説　1997年制定の文化振興法では，アイヌ民族という固有の「民族」を初めて法的に位置付けたが，中身は文化振興が中心で，アイヌ民族自身が求める先住権などの民族の権利にかかわる項目は盛り込まれなかった。2008年6月の国会決議を受け，ただちに政府も先住民族と認識することを表明した。先住民族としての権利を，具体的にどうするかは今後の焦点になる。

↑4身にまとっている衣装は，アイヌ民族伝統の衣装

チェック&トライ
チェック　法の下の平等
トライ　・1922年，被差別部落の人々に団結を呼びかけ，差別からの解放を表明した宣言は？

4 部落差別問題

Ⓐ水平社宣言（抄）[1922年]

全国に散在する吾が特殊部落民よ団結せよ。

兄弟よ，吾々の祖先は自由，平等の渇仰者であり，実行者であつた。陋劣なる階級政策の犠牲者であり男らしき産業的殉教者であつたのだ。ケモノの皮剥ぐ報酬として，生々しき人間の皮を剥ぎ取られ，ケモノの心臓を裂く代価として，暖い人間の心臓を引裂かれ，そこへ下らない嘲笑の唾まで吐きかけられた呪はれの夜の悪夢のうちにも，なほ誇り得る人間の血は，涸れずにあつた。

そうだ，そして吾々は，この血を享けて人間が神にかわらうとする時代にあうたのだ。

吾々がエタである事を誇り得る時が来たのだ。そうして人の世の冷たさが，何んなに冷たいか，人間を勧る事が何んであるかをよく知つてゐる吾々は，心から人生の熱と光を願求礼讃するものである。

水平社は，かくして生れた。

人の世に熱あれ，人間に光あれ。

大正11年3月3日　全国水平社創立大会

（水平社パンフレット『よき日の為に』による）

6 在日韓国・朝鮮人への差別

Ⓐ 判例 日立訴訟―在日朝鮮人への就職差別

概要	1970年，愛知県の高校を卒業した朴鐘碩さんは，横浜市にある日立製作所ソフトウェア工場を受験，採用通知を受けた。しかし「在日朝鮮人なので戸籍謄本は提出できない」と話したところ，会社側は「応募書類に日本名（新井鐘司）を用い，本籍も偽って記入するなどウソつきで性格上信頼できない」として採用を取り消した。そこで朴さんは「採用取り消しは在日朝鮮人であることを理由とした民族差別」として提訴した。
裁判の経過	横浜地裁(1974.6.19)：労働基準法第3条(均等待遇)，民法第90条(公序良俗)に反し，採用取り消しは無効。→会社側は控訴断念。
地裁判決の要旨	「在日朝鮮人は，就職に関して日本人と差別され，大企業にほとんど就職することができず，多くは零細企業や個人経営者の下に働き，その職種も肉体労働や店員が主で，一般に労働条件も劣悪な場所で働くことを余儀なくされている。また在日朝鮮人が朝鮮人であることを公示して大企業等に就職しようとしても受験の機会さえ与えられない場合もあり」，また朴さんにとって日本名は出生以来ごく日常的に用いられてきた通用名であって「偽名」とはいえず，採用試験に当たって，前述のような在日朝鮮人のおかれた状況から，氏名・本籍を偽ったとしても，採用を取り消すほどの不信義性があるとは認められない。

（『民族差別』亜紀書房などによる）

Ⓑヘイトスピーチ「違法」確定― 2014.12最高裁

京都朝鮮第一初級学校（当時）周辺で，「在日特権を許さない市民の会（在特会）」会員が行ったヘイトスピーチに，大阪高裁は「学校の児童が人種差別という不条理な行為で多大な精神的被害を被った」と，約1,200万円の高額賠償と街宣活動の差し止めを命じた。これを不服とした在特会の上告を最高裁は棄却，ヘイトスピーチの違法が確定した。そして2016年5月にはヘイトスピーチ対策法が成立。ヘイトスピーチは「許されない」と宣言する一方，具体的な禁止事項や罰則は設けられなかった。

Ⓑ人権教育人権啓発推進法（抄）[2000年]

第1条　この法律は，人権の尊重の緊要性に関する認識の高まり，社会的身分，門地，人種，信条又は性別による不当な差別の発生等の人権侵害の現状その他人権の擁護に関する内外の情勢にかんがみ，人権教育及び人権啓発に関する施策の推進について，国，地方公共団体及び国民の責務を明らかにするとともに，必要な措置を定め，もって人権の擁護に資することを目的とする。

第4条　国は，前条に定める人権教育及び人権啓発の基本理念にのっとり，人権教育及び人権啓発に関する施策を策定し，及び実施する責務を有する。

解説　江戸時代の身分政策でつくられた被差別部落民は，明治政府の「解放令」以後も住居・経済・日常のつきあいなどで厳しい差別を受けてきた。戦前の水平社を基とする根強い運動の中で少しずつ差別解消を勝ち取ってきたが，現在も就職・結婚などで差別が残っている。

公平性

Introduction 「教育を受ける」ことは権利である

憲法

第26条　すべて国民は，法律の定めるところにより，その能力に応じて，ひとしく教育を受ける権利を有する。

②　すべて国民は，法律の定めるところにより，その保護する子女に普通教育を受けさせる義務を負ふ。義務教育は，これを無償とする。

夜間中学，全国に9,200人以上が在籍，公立の8割は外国籍！

文部科学省は，2015年5月，義務教育の未修了者らが通う「夜間中学」に関する初の実態調査結果を公表した。公立の夜間中学は8都府県に31校，1,849人が通い，うち約8割が外国籍だった。一方，ボランティアなどが運営する「自主夜間中学」は307か所に7,422人が学んでいる実態が明らかになった。

「夜間中学」は，公立中学校の「夜間部」の位置づけで，戦後の混乱期に生活困窮のため昼間は家の手伝いなどで学べない生徒が通えるように設置された。市区町村が設置し，教員も配置され，教科書も無償配布される。

（『毎日新聞』2015.5.8より作成）

草津市が公的支援

滋賀県草津市教育委員会は2021年度，市内在住の不登校の小中学生の保護者を対象にフリースクールの費用を助成することを決定。フリースクール関連での公的支援は県内初。

（『京都新聞』2021.3.16による）

←②東京都葛飾区にある「夜間中学」で，人気の日本語学級で学ぶ多国籍の生徒らのようす。この学校には多国籍，幅広い年齢層の生徒が在籍する。

多様な学びの場，フリースクール！

フリースクールは，一般的に学校に行くことができない不登校生に学習指導や体験活動，教育相談などを行う民間施設。NPO法人フリースクール全国ネットワークによると，全国に400〜500か所。個人やNPO法人，予備校や塾などが運営している。法的に定められておらず，活動内容や規模も様々。

（『読売新聞』2015.5.29より作成）

←①映画『サムライフ』は，長岡秀貴さんと，彼が長野県上田市に設立したフリースクール「侍学園スクオーラ・今人」がモデル。

『サムライフ』
発売元：アットムービー
販売元：ポニーキャニオン
価格：DVD￥4,000（本体）＋税
　　　Blu-ray￥5,000（本体）＋税
©2015「サムライフ」製作委員会

「教育を受ける」ことは権利であり義務ではない（教育を受けさせることが保護者の義務である）。学校としての法的な位置づけのないフリースクールの平均授業料は月額3万3千円に及び，家計への負担は重い（文部科学省2015年調査）。

1 社会権の登場

そもそも権利は，18世紀のおわり頃に自由という権利から確立されました。しかし，この自由が財産をため処分する権利（財産権）と強く結びついたとき，富める者はますます富み，貧しい者はあくまでも貧しいという，不平等が生まれました。そうなると自由で平等な個人というのは，富者にだけあてはまることばとなります。こうした不平等は個人に任せていて自然に直っていくものではありません。そこで，国家が率先して，こうした不平等をなくす方策をとることになりました。今世紀に入ると，とくに財産権による不平等をただすためにさまざまな方策を国家に要求していくことが権利として確立され（社会権），真に自由で平等な社会をめざしていくようになったのです。この社会権の中心に位置しているのが生存権です。(植野妙実子「生存権」小林直樹・はらたいら編『憲法マイルド考』北泉社)

2 ワイマール憲法（抄）　　　　（1919年）

第151条①[経済生活の秩序]　経済生活の秩序は，すべての者に人間たるに値する生活を保障する目的をもつ正義の原則に適合しなければならない。この限界内で，個人の経済的自由は，確保されなければならない。

第153条①[所有権]　所有権は，憲法によって保障される。その内容およびその限界は，法律によって明らかにされる。

③[所有権の限界]　所有権は義務を伴う。その行使は，同時に**公共の福祉**に役立つべきである。

第159条①[団結権の保障]　労働条件および経済条件を維持し，かつ，改善するための団結の自由は，各人およびすべての職業について保障される。……

第161条①[社会保障制度]　健康および労働能力を維持し，母性を保護し，かつ老齢，虚弱および，生活の転変にそなえるために，国は被保険者の適切な協力のもとに，包括的保険制度を設ける。

（山田晟訳『人権宣言集』岩波文庫）

3 「人間に値する生活」とは？—朝日訴訟と生存権

憲法

第25条　すべて国民は，健康で文化的な最低限度の生活を営む権利を有する。
② 国は，すべての生活部面について，社会福祉，社会保障及び公衆衛生の向上及び増進に努めなければならない。

判例　朝日訴訟

事実	結核で岡山国立療養所に入院していた朝日茂さんは，国から医療補助のほか日用品費月額600円の生活扶助を受けていたが，長年消息の知れなかった実兄から毎月1,500円が送金されるようになったところ，福祉事務所はこのうち900円を医療費の自己負担金としたため，従来どおり600円で生活することになってしまった。せめて1,000円は残してほしいと厚生大臣に訴えたが却下され，朝日さんは提訴することとなった。
判決の内容	【一番】　朝日さんの訴えを認める 【二審】「生活保護基準の具体的判断は厚生大臣にまかされている」として一番判決取り消し　朝日さんは最高裁に上告したがまもなく死亡，養子夫婦が訴訟を引き継いだ。 【最高裁：1967.5.24】　生活保護を受ける権利は本人に限られ，訴訟の引き継ぎは認められない（→訴訟終了）。また，「憲法第25条の規定は，国民が『健康で文化的な最低限度の生活』を営めるよう国政を運用することを国の責務と宣言したものであって，直接個々の国民に対して具体的権利を与えたものではない（プログラム規定説）」とし，二審の判断を支持する見解を示した。

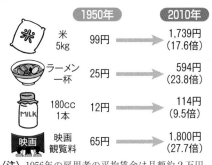
→③朝日茂さん

Ⓐ朝日茂さんの訴え

　一切の日用品費を当時わずか600円の給付金でまかなえとされていたのである。これを定めるのは厚生大臣であった。この月600円というむごいほどの低レベルの生活扶助は，実に昭和28年以降3年以上もそのままに放置されていたのであるが，シャツが2年に1枚，パンツが年1枚というような生活が一体どれほどボロボロよれよれの惨めな生活を意味するか，健康な人にとってさえ大変であるのに，長期の重患のため寝汗をかき（着替えが何枚も必要），痰が出（ちり紙やガーゼが大量に必要，栄養補給も欠かせない），朝日さんのような患者たちにとって当時の生活扶助基準がいかに非人間的な，「健康でなく非文化的な」生活を意味するものであるか察するに余りあるであろう。（新井 章『体験的憲法裁判史』岩波書店）

Ⓑ月600円の日用品の一部

費　目	年間数量	月　額
肌　着	2年1着	16円66銭
パンツ	1枚	10円00銭
手ぬぐい	2本	11円66銭
下　駄	1足	5円83銭
理髪料	12回	60円00銭
石けん	洗顔12コ 洗濯24コ	70円00銭
歯ブラシ	6コ	7円50銭
チリ紙	12束	20円00銭

Ⓒ物価の比較

		1950年	2010年
米 5kg		99円	1,739円（17.6倍）
ラーメン一杯		25円	594円（23.8倍）
180cc 1本		12円	114円（9.5倍）
映画観覧料		65円	1,800円（27.7倍）

〈注〉1956年の雇用者の平均賃金は月額約2万円。
コーヒー50円。牛乳1本12円50銭。（総務省資料）

Ⓓ朝日訴訟の意義

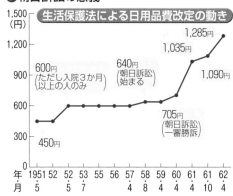

生活保護法による日用品費改定の動き

600円（ただし入院3か月以上の人のみ）
450円
640円（朝日訴訟）始まる
705円（朝日訴訟）（一番勝訴）
1,035円
1,090円
1,285円

| 年 | 1951 | 52 | 52 | 53 | 55 | 56 | 57 | 58 | 59 | 60 | 61 | 61 | 62 |
| 月 | 5 | | 5 | 7 | | 4 | 8 | 4 | 4 | 4 | 4 | 10 | 4 |

■解説　朝日さんは敗訴したが，裁判は国民の関心を集め，生活保護基準が2倍以上も引き上げられるなど，社会保障の充実に大きく貢献した。

Report　こども食堂は「地域交流拠点」！

　社会活動家として知られる湯浅誠氏（現東京大学特任教授）は，「NPO法人全国子ども食堂支援センター・むすびえ」を2018年に設立した。彼はこども食堂を「子どもが一人でも行ける無料または定額の食堂」と定義する。「こども食堂＝貧困家庭の子どもを集めるところ」ではない。こども食堂の運営者が子どもの貧困問題に強い関心を抱いていることは確かだが，「貧困の子よ，おいで」と呼びかけたら，かえって行きづらくなる。したがって，運営スタイルの多くが「どなたでもどうぞ」のオープン型になり，近年は，地域交流拠点としての性格も重視されている。

こども食堂 ＝ 地域交流拠点 × 子どもの貧困対策

　「人と人がふれあう，やさしくて，あったかいにぎわいを創りたい。そこからこぼれる子どもを減らしたい」との思いが，むすびえのビジョン「こども食堂の支援を通じて，誰も取りこぼさない社会をつくる。」に示されている。

→④こども食堂でカレーライスを食べる子どもたち。

4 労働基本権

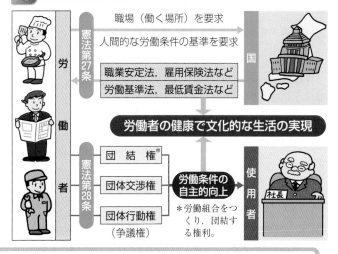

労働者　憲法第27条　職場（働く場所）を要求　人間的な労働条件の基準を要求　国

職業安定法，雇用保険法など
労働基準法，最低賃金法など

労働者の健康で文化的な生活の実現

団結権*
団体交渉権
団体行動権（争議権）　憲法第28条

労働条件の自主的向上

使用者

*労働組合をつくり，団結する権利。

チェック&トライ

チェック	社会権　教育を受ける権利 朝日訴訟　生存権 労働基本権

▶トライ　・憲法では小・中学校を義務教育として定めている。これは誰の義務だろうか？

参政権・請求権

個人の尊重　民主主義　法の支配　5 ジェンダー平等を実現しよう

Introduction 国民審査，海外からの投票不可は「違憲」

国民審査権は「選挙権と同じ」

2022年5月25日，海外に住む日本人が最高裁裁判官の国民審査に投票できないのは憲法に違反するとして，在外邦人ら5人が国に1人当たり1万円の損害賠償などを求めた訴訟の上告審で，最高裁大法廷は，投票を認めていない国民審査法は「違憲」とする初の判決を言い渡した。

Ⓐ原告，国の主張と最高裁の判断

争点	在外投票不可の違憲性	国は立法措置を怠ったか
原告の主張	国民審査は民主主義そのもので，権利を奪うことは許されない	裁判官名を書く方式なら解決できる。立法措置を怠った
国の主張	議会制民主主義の下では不可欠とは言えない	国会での議論はなく，立法措置を怠っていない
最高裁の判断	憲法は選挙権と同じく国民審査権を保障しており，違憲	別の投票方式を採ることも可能。長期間，立法措置を怠ったとして，1人当たり5,000円の賠償を命じる

（『読売新聞』2022.5.26などを参考に作成）

Ⓑ在外国民審査を実施する場合のイメージ

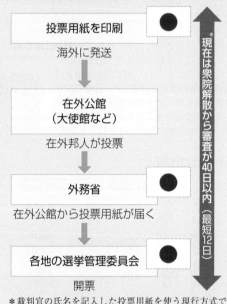

投票用紙を印刷 ●

↓ 海外に発送

在外公館
（大使館など）

↓ 在外邦人が投票

外務省 ●

↓ 在外公館から投票用紙が届く

各地の選挙管理委員会 ●

開票

＊現在は衆院解散から審査が40日以内（最短12日）

＊裁判官の氏名を記入した投票用紙を使う現行方式では，印刷などに時間がかかり，開票に間に合わない。

↑❶在外邦人の投票権を訴えた，原告の想田和弘さん（左）。

勝訴

実現に向けて想定される対応策

- 投票用紙に有権者が裁判官の氏名を記入する方式
- メールで投票用紙を在外公館に送り，現地で印刷
- インターネットでの投票

選挙権獲得の歴史は民主主義実現の歴史そのものである。その権利が不平等であることは，人権侵害にもつながるのではなかろうか。参政権や請求権が保障されている意味を考えよう。（●p.59）

1 政治に参加する権利・方法

選挙	選挙権（第15，93条） 被選挙権（第43，44条）	国会議員，地方公共 団体首長，地方議員
直接投票	憲法改正国民投票（第96条） 最高裁裁判官の国民審査（第79条） 地方特別法制定同意の住民投票（第95条） 直接請求による議会解散，首長・議員のリコールに関する住民投票（第92条，地方自治法）	
直接請求	地方自治における条例の制定・改廃，地方公共団体事務の監査，議会の解散，首長・議員のリコール，副知事など主要公務員の解職に関する請求権（第92条，地方自治法）	
請願	請願権（第16条）	
世論	集会，結社，デモ行進，ビラまき，署名運動，マスコミへの投書など（第21条）	

解説 政治に参加する方法は選挙だけではない。地方自治では様々な直接請求権も認められている。また，ビラ配りや署名運動，マスコミへの投書などによっても，意思を示すことができる。

Ⓐ選挙権拡大の歴史 （主要国の普通選挙権実現年）

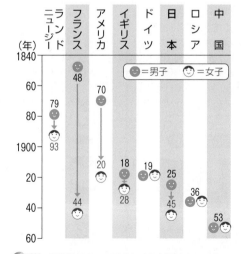

☺=男子 ☻=女子

（年）	ニュージーランド	フランス	アメリカ	イギリス	ドイツ	日本	ロシア	中国
1840								
60		48☺						
80	79☺		70☺					
1900	93☻							
20			20☻	18☺	19☻	25☺		
40		44☻		28☻		45☻	36☻	
60								53☺☻

解説 選挙権はかつて財産により制限されていた。日本でも明治憲法下，1890年の第1回帝国議会選挙では有権者は全人口の1％で，普通選挙実現後も婦人参政権はなかなか認められなかった。女性の政治参加の歴史は世界的にもたいへん浅い。

2 国民審査

国民審査は，憲法第79条で「最高裁判所裁判官国民審査」として規定される権利である。最高裁判所の裁判官が，裁判官としてふさわしいかどうかを国民が審査する制度である。

Ⓐ投票の期日と方法

期日	任命後初めての衆議院議員総選挙のとき10年を経過した場合は，再び審査
方法・審査	罷免したい裁判官名に×をつける（×以外の印は無効） 有効投票数の過半数を超えた場合，罷免

解説 国民審査制度は数少ない直接参政権の一つであり，国民の意思を裁判所に示す貴重な機会である。しかしながら，この制度に関心のある人や，最高裁裁判官の氏名・経歴を知っている人はどれほどいるだろうか。国民と裁判所を結びつけるこの制度をいかすため，判断材料となる広報の充実を求める声や，「無記入は信任」という投票方法を改善すべきとの声がある。

アメリカ大統領に立候補できる条件は，35歳以上でアメリカ生まれで，14年以上アメリカに住んでいること。ということは，アメリカで生まれれば日系人が大統領になれる可能性もある。

3 国家賠償請求権

憲法

第17条 何人も，公務員の不法行為により，損害を受けたときは，法律の定めるところにより，国又は公共団体に，その賠償を求めることができる。

河川管理の欠陥認定

東京高裁

②勝訴の垂れ幕を掲げる原告団

住民側勝訴

国に賠償命令

多摩川水害訴訟差し戻し審判決

判例 多摩川水害訴訟

事実 1974年9月の豪雨で多摩川が増水，東京都狛江市猪方地区の改修済み堤防を壊し，家屋19棟が流された。被災住民は国家賠償法に基づいて，国を相手取り損害賠償を求めて提訴した。一審（東京地裁）は住民側勝訴を言い渡したが，二審（東京高裁）では**大東水害最高裁判決**（改修済み河川の増水被害の賠償請求を棄却。84年1月）を適用し，逆転敗訴となった。

判決の内容 【最高裁：1990.12.13】 河川管理に欠陥があったかどうかは，財政事情などを総合的に考慮し，同種の河川管理の一般的水準や社会的通念に照らして判断すべきである。改修済みの河川には相応の高い安全性が求められる。（破棄差し戻し）

🔍**解説** 未改修河川の水害であった**大東水害訴訟**で，河川管理に関する国の責任を限定的にとらえる判断が示されて以来，全国の水害訴訟で住民敗訴が相次いだ。最高裁判決はその流れに待ったをかけるものだった。1992年12月，最高裁判決を受けた差し戻し控訴審で，東京高裁は住民28世帯34人の訴えを認め，総額約3億1,000万円を支払うように国に命じた。

4 刑事補償請求権—47年ぶりの無罪

憲法

第40条 何人も，抑留又は拘禁された後，無罪の裁判を受けたときは，法律の定めるところにより，国にその補償を求めることができる。

刑事補償法による補償決定の公示

吉田勇（愛媛県今治市別宮町7丁目1番24号，無職，67歳）に対する殺人，窃盗，住居侵入，銃砲等所持禁止令違反被告事件のうち殺人，住居侵入被告事件につき，平成6年3月22日言渡しの無罪判決が確定したので，平成7年1月18日抑留拘禁及び刑の執行による補償として，3,174日分3,967万5,000円を交付する旨決定した。

高松高等裁判所第四部

1946年8月香川県多度郡榎井村（現琴平町）で，旧大蔵省専売局職員が殺された「榎井村事件」の再審判決で，高松高裁は殺人罪などに問われた吉田勇さん（66）に無罪を言い渡した。吉田さんは事件発生以来，47年ぶりに冤罪が晴れた。吉田さんは再審無罪判決確定後，高松高裁に刑事補償を請求，1995年1月18日，3,174日分の補償として3,967万5,000円が交付された。

榎井村事件 1946年8月21日，榎井村のTさんが，自宅に侵入した2人組に射殺された。吉田さんは別件で拘束され，殺人容疑で起訴された。吉田さんは一貫して無実を主張したが，1949年懲役15年の刑が確定した。

A刑事補償請求の事例

〈注〉（ ）の年は無罪確定年

事件名	氏名	補償の適用
免田事件 （1983年）	免田栄	12,599日×7,200円 合計9,071万2,800円
財田川事件 （1984年）	谷口繁義	10,412日×7,200円 合計7,496万6,400円
松山事件 （1984年）	斎藤幸夫	10,440日×7,200円 合計7,516万8,000円
島田事件 （1989年）	赤堀政夫	12,668日×9,400円 合計1億1,907万9,200円
足利事件 （2010年）	菅家利和	6,395日×12,500円 合計7,993万7,500円

🔍**解説** **刑事補償法**では，抑留・拘禁・懲役などによる補償として，1日1,000円以上12,500円以下の補償金を交付するとある。無実の罪に対するせめてもの償いである。

5 裁判を受ける権利

憲法

第32条 何人も，裁判所において裁判を受ける権利を奪はれない。

A日本人の裁判嫌い（アンケート調査から）

（理由） （人数%）

正しい結論を出してくれない	9.6%
費用がかかりすぎる	64.8
時間がかかりすぎる	54.0
勝てばよいが負けたらたいへん	10.6
裁判で黒白つけるのは好まない	26.3
世間体が悪い	6.1

（大阪弁護士会編『法・裁判・弁護士』より）

B裁判の費用

裁判費用	（申し立て手数料＝印紙代） 訴訟の**目的価額**によって**スライド**たとえば30万円を要求する訴訟➡3,000円，300万円➡2万2,600円，3,000万円➡13万7,600円など。「算定不能」な訴訟は，目的の価額95万円とみなし➡8,200円
弁護士費用	500万円請求，300万円を裁判所で認められた場合 **着手金**—34万円（500万円を基準） **報酬金**—48万円（300万円を基準） 合計82万円。ほか実費

C裁判件数の推移（地方裁判所，新受事件数）

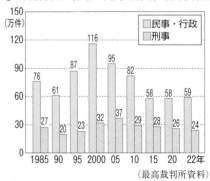

	1985	90	95	2000	05	10	15	20	22年
民事・行政	76	61	87	116	95	82	58	58	59
刑事	27	20	23	32	37	29	28	26	24

（最高裁判所資料）

🔍**解説** 「裁判沙汰」という言葉のように，日本人は白黒をはっきり争う裁判を好まないと言われるが，裁判は人権侵害の際の最後の砦だ。誰でも速やかに裁判を受けられる環境が必要だ。

チェック&トライ

チェック 国民投票 国民審査 国家賠償請求権 刑事補償請求権 裁判を受ける権利

トライ ・抑留・拘禁・懲役を受けた者が無罪となった場合，その補償を国が行うことを何というか。

新しい人権

幸福　自由　個人の尊重　法の支配

Introduction 平和的生存権が具体的な権利として認められた！—自衛隊イラク派兵違憲判決

Ａ イラク戦争とイラク復興支援特措法

2003年にアメリカなどの有志連合が，イラクを攻撃してはじまった**イラク戦争**（→p.175）に際して，日本は，「**イラク復興支援特別措置法（イラク特措法）**」（→p.171）を制定して，自衛隊を派遣した。

イラク復興支援特別措置法のポイント

自衛隊の活動範囲	戦闘が行われておらず，活動期間中も戦闘が行われていないと認められる「非戦闘地域」
自衛隊の活動内容	イラク国民への人道・復興支援と，治安維持活動にあたる米英軍などへの後方支援

←❶イラク派兵を名古屋高裁が違憲と判断したことを知らせる弁護士ら。

自衛隊イラク派兵は憲法違反　画期的判決

Ｂ イラク派兵差止め訴訟での原告の訴えと名古屋高裁の判決とは？

原告の訴え

①自衛隊のイラク派兵の差し止め

②イラク特措法が違憲であること，自衛隊の派兵自体が憲法9条に違反

③平和的生存権が侵害されていることへの慰謝料請求

名古屋高裁の判決（2008年4月17日）

● 政府の権限であり，原告に差し止めを求める資格はない。
● 今の裁判制度では，原告にこの権限を求める資格はない。
● 原告の中で，自衛隊の派遣によって損害賠償が必要なほどの被害を被った者はいない。
➡訴えはいずれも棄却（原告敗訴）しながらも，以下のことを認めた。

※2008年5月2日，国は上告せず（裁判自体は勝っている！），判決確定。（川口創・大塚英志『今，改めて「自衛隊のイラク派兵差止訴訟」判決文を読む』星海社新書，自衛隊イラク派兵差止め訴訟の会HPなどによる）

● イラクは戦争地帯であり，航空自衛隊がアメリカ軍を運ぶ活動は，イラク特措法に違反し，かつ憲法9条1項に違反する。
● 基本的人権は平和なしにはあり得ないから，単に憲法の基本的精神や理念を表明しただけではなく，具体的な権利性がある。国が憲法9条に違反した場合には，裁判所に対して差止請求や損害賠償請求等を求めることができる。

憲法

第13条 すべて国民は，個人として尊重される。生命，自由及び幸福追求に対する国民の権利については，公共の福祉に反しない限り，立法その他の国政の上で，最大の尊重を必要とする。

新しい人権は，様々な人々の「不断の努力」を通じて権利として定着していくんだね。

---

1 プライバシー権

プライバシー権
❶私生活をみだりに「知られない権利」
❷公的機関及び企業が保有する自分のデータについて「知る権利」
❸そのデータが誤っていれば訂正・修正させる権利

※近年ではインターネット上に各種の個人情報が消えずに残るようになったことから，適切な期間を経た後にまで情報が残っている場合，これを削除したり消滅させたりできる権利である「忘れられる権利」も含むとする議論もある。

根拠	憲法第13条「幸福追求権」
判例	『宴のあと』事件，『石に泳ぐ魚』事件（→p.34）
法制化	個人情報保護法などの個人情報関連5法（2003年）個人情報保護法改正（2015年）

Ａ フェイスブックの個人情報が盗まれた！

	できごと
2018年3月	・2016年の米大統領選の際，米フェイスブック（FB）から英選挙コンサル会社に約5,000万人分の個人情報が流出していたと判明 ➡後に流出は最大8,700万人分と判明
9月	・FBでデジタル上の「鍵」が5,000万人分流出した恐れのあることが判明 ➡後に2,900万人分の氏名や連絡先などの個人情報が盗まれたと発表

Ｂ LINEの個人情報保護に不備！

LINEが，中国にある関連会社の中国人技術者らが日本のサーバーにある利用者の個人情報にアクセスできる状態にしていた。情報漏えいなどの法令違反は確認されなかったが，政府の個人情報保護委員会は，2021年6月改善を求める行政指導を行った。

（『読売新聞』2021.4.24などによる）

フェイスブックの個人情報が盗まれた流れ

ネコ
投稿する　基本データを…　アクティビティ　その他

3,000万人分の「鍵」が抜き取られる

1,400万人分 氏名，連絡先，性別，生年月日，交際ステータス，最近の検索履歴など　流出	100万人流出なし
1,500万人分 氏名やメールアドレス，携帯電話番号　流出	

（『朝日新聞』2018.10.14による）

Seikei マニア　温泉旅行に行き，旅館の宿帳に氏名と住所の記載を求められ，「東京都　東 法太郎，法子」と偽の情報を書いた。これは旅館業法に違反する犯罪。旅館営業者には，宿泊者の氏名・住所・職業などを宿泊者名簿に記載させる義務があり，宿泊者は嘘を告げてはならない。

2 知る権利

> **知る権利** 国民があらゆる情報に接し、それを知ることができる権利。従来は、報道・取材活動が制限されないという権利であった。その後、行政機関などの公的な情報を知る権利が、国民にとって不可欠であることから、行政機関などへの情報公開請求権という、より積極的な性格をもってきている。

根拠	憲法第21条「表現の自由」		判例	外務省秘密電文漏洩事件

概要	毎日新聞の西山太吉記者が、沖縄復帰に伴い米国側が支払うべき軍用地復元補償の費用を、日本側が肩代わりするという密約の秘密電文を、親しい外務省の女性事務官から入手した。西山記者は国家公務員法第111条（秘密漏洩をそそのかす罪）違反、女性事務官は同法第100条（秘密を守る義務）違反で起訴。
判決の内容	【最高裁1978.5.31】 西山記者の上告棄却。有罪確定。 　報道の自由は、表現の自由のうちでも特に重要なものであり、このような報道が正しい内容をもつためには、報道のための取材の自由もまた、十分尊重に値するものといわなければならない。しかし、最初から秘密文書を入手するために女性事務官に接近し、秘密文書を持ち出させるという、西山記者のやり方は、事務官の人格の尊厳を著しく蹂躙するもので、正当な取材活動の範囲を逸脱している。

情報公開のしくみと手続き

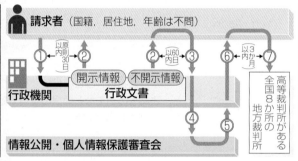

- ①開示請求
- ②開示決定通知・開示
- ②不開示決定通知
- ③不服申し立て
- ④諮問
- ⑤答申
- ⑥決定、裁判の通知
- ⑦処分取り消し訴訟の提起

法制化	情報公開法（1999年）

4 その他の新しい人権

	憲法上の根拠	社会的背景・具体的内容
アクセス権	「個人がマスメディアにアクセス（接近）してこれを利用し、自らの意見を発表する権利」。憲法第21条を根拠とする。	現在一般に主張される**アクセス権**は、マスメディアが巨大化し情報の伝達が独占されている現代において、個人の言論の自由を確保するため、個人がマスメディアにアクセスして自らの意見を直接表明することを要求するもので、意見広告や反論記事の掲載、紙面・番組への参加等の方法がある。
平和的生存権	憲法前文にもられた「平和のうちに生存する権利」をそれ自体「平和的生存権」として基本的人権ととらえる。	平和的生存権は、平和を権利と考えるものだが、権利の主体が国家なのか、国民なのか、また権利の内容も定説がなく、従来の権利概念とは異質なものであり、憲法第3章の基本的人権の中には規定されていない。長沼ナイキ基地訴訟を契機に、具体的権利としてとらえる考え方が出てきた。
自己決定権	個人の人格的生存に関する重要な私的事項を、権力の介入や干渉なしに、各自が自律的に決定できる自由。憲法第13条（幸福追求権）を根拠とする。	**自己決定権**の内容としてよく挙げられるのは、①服装・髪型などの外観、結婚や離婚といったライフスタイルの決定 ②危険なスポーツの実行など危険行為の選択 ③子供を生む権利、生まない自由といったリプロダクションにかかわるもの ④治療拒否、尊厳死といった生死にかかわるもの。ドナーカードも自己決定権のあらわれのひとつである。
静穏権・眺望権	環境権の一種であり、憲法第25条（生存権）、第13条（幸福追求権）を根拠とする。	静穏権では、これまで、隣家のカラオケ店の騒音をめぐる裁判事例がある。眺望権では、マンション建設で自宅から海の見える眺望が侵害されたという裁判事例がある。両者とも、原告の訴えは認められておらず、具体的権利としては確立していない。

> **解説** 新しい人権とは、憲法に明文化されてはいないが、憲法制定以後の社会状況の変化に応じて、新たに、人権として主張されるようになってきたものである。
> 　ただし、無条件に承認されるものではなく、**個人が自立した人格を持つものとして生きていくのに不可欠なものだけを承認するという人格的利益説**が、今日の通説である。

3 環境権

> **環境権** 健康で文化的な生活環境を享受し、環境の侵害・破壊を排除する権利。

根拠	憲法第25条「生存権」 　　　第13条「幸福追求権」
権利の内容	入浜権、眺望権、静穏権、日照権など。

〈注〉法的に確立しているのは日照権のみ。

判例	大阪空港公害訴訟
事実	空港の騒音などの被害を受けた住民が、人格権を根拠に21時から7時までの夜間飛行差し止めと過去・将来の損害賠償を求めて訴えた。二審では住民勝訴。
判決の内容	【最高裁1981.12.16】 大阪空港の使用は運輸大臣の権限であり、差し止め請求はこの権限の取消を求めることとなり、民事訴訟としては不適法（差し止め請求認めず、将来を除く賠償は認められる）。

法制化	環境基本法（1993年）（→p.216） 環境影響評価法（環境アセスメント法）（1997年）（→p.126）

> **解説** 二審判決は環境権自体については判断しなかったが、人格権を広く解釈し、環境権の確立に前進した。しかし、最高裁ではこの点にふれないで、公害防止の方策は行政の判断を優先させ、「門前払い」のかたちで差し止め請求を却下した。

▲臓器提供意思表示カード

臓器提供意思表示カード
厚生労働省・(社)日本臓器移植ネットワーク
ドナー情報全国共通連絡先 0120-22-0149
臓器移植に関するお問い合せ先…(社)日本臓器移植ネットワーク
フリーダイヤル 0120-78-1069 http://www.jotnw.or.jp

↑②オモテ　　　　↓③ウラ

《 1．2．3．いずれかの番号を○で囲んでください。》
1. 私は、脳死後及び心臓が停止した死後のいずれでも、移植の為に臓器を提供します。
2. 私は、心臓が停止した死後に限り、移植の為に臓器を提供します。
3. 私は、臓器を提供しません。
《 1又は2を選んだ方で、提供したくない臓器があれば、×をつけてください。》
【 心臓・肺・肝臓・腎臓・膵臓・小腸・眼球 】
[特記欄：　　　　　　　　　　　　　　]
署名年月日：　　　　年　　　月　　　日
本人署名(自筆)：
家族署名(自筆)：

> **解説** 自分の生き方は自分の判断と責任のもとに決定したいという信念に基づき、自分が脳死の状態になった場合、自分の臓器を提供してもよいという意思を事前に記入しておくカード。

チェック＆トライ

チェック	新しい人権　　プライバシー権 知る権利　　　情報公開法 アクセス権　　自己決定権	トライ	・「幸福追求権」から導き出される新しい人権として主張されてきた人権の中で、最高裁判所が認めた権利は何？

憲法

正義　個人の尊重　公平性　イノベーション

Introduction AIが個人を格付けする「格付け社会」到来か！

AIが個人にスコアをつける

↑①スコア786点と示している。「AIによるスコアは新たな身分制度になりかねない」と問題点を指摘する声もある。

2015年から中国のIT大手アリババの決済サービス「アリペイ」の新サービスとして，個人の社会信用度を点数で示す「芝麻信用（セサミクレジット，ゴマ信用）」が始まっている。アリペイでの購入履歴，学歴・職歴，資産保有状況などの個人情報を入力すると，借金の返済延滞などの他の個人データなども加味して毎月6日にスコアが示される。350点～950点で点数化され，5段階に格付けされる。点数が高いと病院の予約が優先される，低い金利でローンが組めるなどのメリットがある。

極めて良好	700～950点
とても良い	650～699点
良い	600～649点
普通	550～599点
低い	350～549点

利用者は中国で7億人といわれ，社会信用度の指標としての認知も広まり，婚活サイトなどでもスコアが重視されるという。アニメのドラゴンボールでは，相手の戦闘能力を瞬時に示す「スカウター」が登場するが，「私は～点」「あなたは～点」と示されると，「スコア＝その人」と考えてしまいそうだ。このような信用制度は中国政府も後押ししており，住民の信用評価システムが作られている都市もある。ゴマ信用などの民間のデータに加え，納税，金銭の貸し借り，ボランティア活動，駐輪違反（監視カメラ＋顔認証システムで個人を特定）などの行政が得られる個人情報を一括管理し，個々人に点数を与えるという。違法駐輪が減少するなどマナーは向上しているというが，**監視カメラと格付けが結びつくと，政府へのデモなど国民の表現活動が萎縮する可能性がある。**

日本でもスコアに応じてローンの金利が決まる貸金業の「Jスコア」が始まっており，NTTドコモやLINEでもスコア事業参入の動きがある。

（山本龍彦『おそろしいビッグデータ 超類型化AI社会のリスク』朝日新書，『朝日新聞』2019.4.21による）

日本のマイナンバー制度

↑②イメージキャラクターをつとめた上戸彩さん

マイナンバーとは

- 日本国内に住民票を持つすべての人につく12ケタの番号。生涯変わらない。
- 番号だけで個人を特定できる。
- 国や地方公共団体はマイナンバー情報を共有し，税務・社会保障の手続きをスムーズにする。

マイナンバーの利用範囲

- ◎**社会保障**　年金記録の管理，雇用保険，児童福祉，老人福祉など。
- ◎**税金**　所得を明確に把握管理することで，不正を防ぎ，公正に徴収できる。
- ◎**災害対策**　被災者への支援を漏れがないように行う。

メリット
- ・組織間での個人情報の共有。
- ・役所での手続き時間短縮やコスト削減。

デメリット
- ・プライバシーの侵害や情報漏洩の危険性。
- ・国や自治体が特定の人物の情報を簡単に確認できるようになってしまう。

「マイナ保険証」トラブル相次ぐ！

政府は，2024年に健康保険証を廃止して，マイナンバーカードに統一する方針を打ち出した。しかしその「マイナ保険証」で，トラブルが相次いでいる。

〈トラブルの例（2023年6月12日時点）〉
- ●公金受取口座に，本人ではない家族名義の口座が登録された…約13万件
- ●「マイナ保険証」に別人の情報が誤登録された…7,313件
- ●別人のマイナンバーに公金受取口座が誤登録された…748件

（『朝日新聞』2023.6.13などによる）

Ⓐマイナンバー法の概要

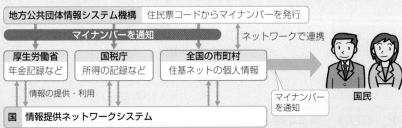

Seikei マニア すでにマイナンバー制度を導入している国では問題点も出ている。アメリカでは，他人の番号を悪用したクレジットカード偽造により，1,170万人・5兆円の被害を出している。イギリスは，2006年にIDカード法が成立し，2013年全面義務化の予定だったが，政権交代となり廃止となった。

❶ 組織犯罪処罰法改正
―「共謀罪」で市民生活の監視強化

2017年6月15日未明，野党や市民団体の反対で国会内外が騒然とする中，「共謀罪」の内容を盛り込んだ改正法が成立。

➡❸「共謀罪」法案に反対の声を上げる人たち。（東京・永田町　2017.6.14）

改正法の内容
①テロ組織，暴力団，詐欺集団などの組織が対象。
②資金や物品の手配，場所の下見など犯罪の準備行為を処罰。
③対象となる犯罪は277。

「共謀罪」が反対されるおもな理由
○犯罪の実行前に処罰する
　➡憲法31条「法定手続の保障」に反するのではないか。
○拡大解釈した場合
　➡対象が市民団体の活動などにおよび，内心の自由の侵害になりかねない。
○監視体制の強化➡市民の日常のプライバシー侵害につながる。

捜査によるプライバシー侵害の事例
2017年3月15日最高裁判所大法廷は，令状なしでの警察のGPS捜査を違法とした。警察庁は2006年「GPS端末取り付け捜査は令状不要」と通達し，そのマニュアルに沿って捜査が行われてきた。最高裁は「GPS捜査は個人の行動を継続的・網羅的に把握しプライバシー侵害にあたる」とした。

❷ 個人情報保護法

個人情報とは	年齢・性別・住所・職業など個人を識別できる情報。卒業生名簿などのようにデータ化されたものを「個人データ」という。顔・指紋認識データ，運転免許証やパスポート番号も含む。
対象	個人データを扱う全ての業者は「個人情報取扱業者」とよばれ，法の対象となる。企業だけでなく，NPOや労働組合も含まれる。政府機関は別の法令で規制されている。
事業所の義務	①利用目的を本人に知らせる。②利用目的以外の利用はしない。③不正な手段で取得しない。④本人の同意なしに第三者に提供しない。⑤本人の請求で，開示・訂正・利用停止をする。⑥病歴・犯罪歴の取得には本人の同意が必要。⑦不正な利益を得る目的での情報提供や盗用は処罰される。⑧「匿名加工情報*」は本人の同意なしに売買できる。
苦情	企業に苦情を申し出る。解決しない場合は担当省庁の大臣へ。大臣による勧告・命令が出される。命令違反は罰則。
行政機関	「個人情報保護委員会」…不正行為を一元的に監視する役割

＊氏名が削除された情報

解説　2017年5月の改正で，情報化社会の進展に対応し，個人情報の保護強化をしつつ，ビッグデータ活用の道を開いた。

❸ デジタルデバイド

Ⓐインターネットの普及

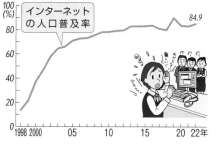

解説　情報化が進む一方，インターネットなど新しい情報ツールを使いこなせるかどうかで，所得格差や支配階級が決まるデジタルデバイド（情報格差）の問題も表面化してきている。

Ⓑ世代別のインターネット利用率

2022年
2003年末

年齢	6～12歳	13～19歳	20～29歳	30～39歳	40～49歳	50～59歳	60～69歳	70～79歳	80歳以上
2022年	86.2	98.1	98.6	97.9	97.9	95.4	86.8	65.5	33.2
2003年末	61.9	91.6	90.1	90.4	84.5	62.6	39.0（60～64歳）／21.9（65～69歳）	12.2	8.6

（Ⓐ・Ⓑとも総務省資料）

❹ 犯罪予防システム

Ⓐセキュリティシステム「DEFENDER-Ｘ」の原理

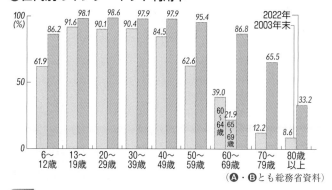

人の振動成分を抽出

身体全体の振動の回数及び大きさを色での可視化に加え，長期に渡り軍事開発による10万人以上の人体実験の200パターンを超えるデータを基に解析を行い事前に不審者を特定し発報

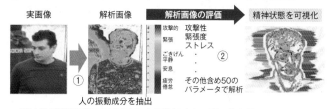

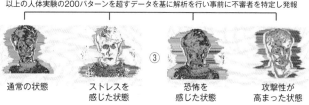

通常の状態　　ストレスを感じた状態　　恐怖を感じた状態　　攻撃性が高まった状態

（提供：ELSYS JAPAN）

DEFENDER-Ｘはロシアの政府機関であるエルシス社が開発した犯罪予防システムだ。犯罪者心理を長年研究してきたエルシス社は，2001年のアメリカでの同時多発テロをきっかけに開発を進め，犯罪行為の可能性の高い不審者を事前に検知するソフトを開発した。カメラ越しの姿から精神状態（感情）を自動解析し，群衆の中から不審者を割り出す。怪しい風貌や外見が怖いだけでは検知されず，あくまで精神状態が身体全体の振動をもとにするという。2014年のソチ五輪で導入され，不審者として検知した件数の92%は，実際に薬物や火薬などの所持者やチケットの不保持者であり，その性能が証明された。録画映像はもちろん，YouTubeの投稿動画などの解像度の低いものでも解析可能だという。

チェック＆トライ

チェック　マイナンバー　「共謀罪」
個人情報保護法
デジタルデバイド

トライ　・新しい情報ツールを使いこなせるかどうかで生じる格差のことを何というか。

憲法

自由　個人の尊重　**1** 貧困をなくそう　**10** 人や国の不平等をなくそう

Introduction 外国人労働者の人権を考える—多様性ある共生社会をめざして

Ⓐ外国人労働者を取り巻く構図

日本の現実

- 人口減少・少子化
- 日本人に不人気の職場
→ **人手不足**

↓

政府も外国人技能実習制度拡充・特定技能制度導入

↓

- 外国人住民が増加
- 定住化も進む可能性
- 実態は「**移民社会化**」

ひずみ

↕

- 移民受け入れを前提とした政策になっていない
- 外国人を生活者として社会も十分に対応していない

政府の建前は…

- 「いわゆる単純労働者」「外国人移民」受け入れには慎重・否定的。
- 一方で「専門的・技術的分野」の外国人受け入れには積極的。

政府

実際は…

- 地方の中小企業や農業は外国人なしでは成り立たない。
- 数年で帰国する技能実習生・留学生を事実上労働者として雇用。
- 一部は超過滞在者ら不法就労者も増加。

（信濃毎日新聞社編『五色のメビウス』を参考に作成）

Ⓑ在留外国人数と日本の総人口に占める割合

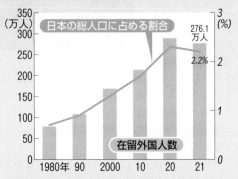

日本の総人口に占める割合　276.1万人　2.2%
在留外国人数
1980年　90　2000　10　20　21

Ⓒ外国人労働者の権利を守るために

　大阪市の市民団体「すべての外国人労働者とその家族の人権を守る関西ネットワーク」は，外国人の人権を保障する活動に取り組んでいる。団体の事務局長である早崎直美さんは，外国人労働者の現状についてこう述べている。

「同じ人間として見られていないように感じる，そう訴える技能実習生が多いんです……実習生は帰国させられるのを恐れて泣き寝入りしがちで，一部の雇い主は実習生には何をしてもいいと勘違いしている。」

1 外国人の権利・義務

項　目		扱い	原　　則
納　税		○	国籍に関係なく，日本国内に源泉のある所得に対して課税。
参政権	国　政	×	選挙権，被選挙権を「日本国民」に限定
	地方自治体	×	選挙権は「日本国民たる普通地方公共団体の住民」
社会福祉・保障	労災保険	○	職種や国籍に関係なく，使用者から賃金を受けている人すべてを対象。
	国民年金児童手当	○	1982年の難民条約発効で，日本に住む外国籍の人も対象となる。
	国民健康保険	○	1986年より国籍を問わず適用，在留期間が3か月を超える人が対象。
	公務員	△	外国人は「公権力の行使，公の意志の形成の参画」に従事する公務員にはなれないとし，「現業」「専門職」（医師など）には開放し，原則的に「教諭」「一般職」には開かれていない。
	外国人学校	△	外国人学校を❶国際評価団体の評価を受けた学校，❷外国人学校の「本国」で正規課程（12年）と位置づけられた学校，❸それ以外の学校に分類し，❶・❷の卒業生には受験資格を付与。❸は各大学が個々の学生について，高校卒業と同等かどうか判断。
スポーツ	国　体	△	「日本国に国籍を有する者であること」という参加資格の原則あり。
	高校野球	○	1991年，在日韓国・朝鮮人チームの高野連への加盟が認められた。
	高体連	○	1994年より，特例措置として，大会参加が認められた。

①新潟県の工場で働くベトナムからの技能実習生。

解説　在日韓国・朝鮮人問題に象徴されるように，欧米と比較してわが国は外国人の権利を厳しく制限していた。1980年代より，社会保障制度などで少しずつ門戸が広げられてきた。しかし，地方参政権，管理職公務員への道は閉ざされている。永住外国人の地方参政権については，2001年の国会に法案が提出されたものの採決は見送られ，継続審議となっているが，2002年3月，滋賀県米原町（現　滋賀県米原市）では周辺自治体との合併問題に限定したものではあるが，全国で初めて永住外国人に投票権を認めた住民投票が行われた。

〈注〉表中「扱い」の欄
　○—日本人と同等　　×—認められていない
　△—徐々に日本人なみに改正されてきている

Seikei マニア　**日系ブラジル人**　ブラジルに移民として渡った日本人の子孫。1970年代以降，ブラジルは経済的苦境が続き，日本が1990年に日本人の無制限の受け入れを始めると，多数の日系ブラジル人が出稼ぎにくるようになり，現在は約20万人。群馬県太田市や静岡県浜松市などの期間労働者を多数雇用する工場地域に多い。

2 国籍別在留外国人数

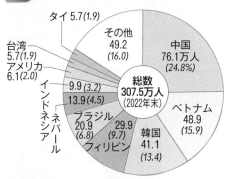

タイ 5.7(1.9)
台湾 5.7(1.9)
アメリカ 6.1(2.0)
インドネシア 9.9(3.2)
ネパール 13.9(4.5)
ブラジル 20.9(6.8)
フィリピン 29.9(9.7)
韓国 41.1(13.4)
ベトナム 48.9(15.9)
中国 76.1万人(24.8%)
その他 49.2(16.0)

総数 307.5万人(2022年末)

3 資格別在留外国人数

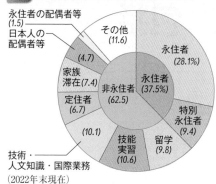

永住者の配偶者等(1.5)
日本人の配偶者等(4.7)
その他(11.6)
家族滞在(7.4)
定住者(6.7)
技術・人文知識・国際業務(10.1)
技能実習(10.6)
留学(9.8)
特別永住者(9.4)
永住者(28.1%)
非永住者(62.5)
永住者(37.5%)

(2022年末現在)

(2・3とも出入国在留管理庁調べ)

就労制限なし
　特別永住者　第二次世界大戦後も日本に住み続ける旧植民地の人やその子孫。国籍では「韓国・朝鮮」が99%を占める。
　定住者　半数以上がブラジル国籍・日系2世，3世。
　日本人の配偶者等　日本人の配偶者又は子。ブラジル，中国，フィリピンなど。

許可された労働
　外交，教授，医療，教育，介護など。

就労不可，アルバイト可
　留学，研修など。

4 主な人権条約 (→p.157)

(2023年1月現在)

条約名	採択年	発効年	日本の批准状況		当事国数
ジェノサイド条約	1948	1951	×		154
難民条約	1951	1954	○	1981	146
人種差別撤廃条約	1965	1969	○	1995	182
国際人権規約A規約	1966	1976	○	1979	171
国際人権規約B規約	1966	1976	○	1979	173
同B規約選択議定書	1966	1976	×		117
女性(女子)差別撤廃条約	1979	1981	○	1985	189
人質行為防止条約	1979	1983	○	1987	176
子ども(児童)の権利条約	1989	1990	○	1994	196
死刑廃止条約(死刑廃止議定書)	1989	1991	×		90

(『国際条約集2023』有斐閣より)

Ａ日本が未批准の主な条約

条約名	内容	未批准の主な理由
ジェノサイド条約	集団殺害に対する国連の防止行動。犯罪人の引き渡し。	締約国は集団殺害を行った国に対して軍事的な介入をする義務を負うため，憲法第9条と矛盾する。
B規約選択議定書	自由権規約（B規約）の権利を侵害された個人が，直接国連の人権委員会に申し立てできる。	人権委員会による当事国への注意喚起が，司法権の独立など司法制度との関連で問題になる可能性がある。
死刑廃止議定書	死刑が執行されないよう死刑廃止のために必要なあらゆる措置をとる。	死刑制度の存廃は，国民世論や社会正義の実現等の観点から慎重に検討すべきで，直ちに廃止はできない。

解説 日本に滞在する外国人は，入国管理法により，「永住」から「短期滞在」まで30種近くの在留資格のどれかで滞在している。それぞれの資格で，活動の制限や滞在期間が異なる。

5 人権条約と国内法

ナビ 「国籍法」は，女性（女子）差別撤廃条約の批准によって改正された。

女性（女子）差別撤廃条約(1985年批准)
第2条[締約国の差別撤廃義務]　締約国は，女子に対するあらゆる形態の差別を非難し，女子に対する差別を撤廃する政策をすべての適当な手段により，かつ，遅滞なく追求することに合意し，及びこのため次のことを約束する。

↓

国籍法(1984年改正)
第2条[出生による国籍の取得]
（改正前）─出生の時に父が日本国民であるとき。
（改正後）─出生の時に父又は母が日本国民であるとき。
　改正前は母が日本人でも父が外国人の場合，その子は日本国籍を取得できなかった。

↓

男女雇用機会均等法(1985年成立)

学習指導要領(1989年改訂) 高校家庭科男女共修

Report アムネスティ・インターナショナルと人権

　アムネスティとは英語で「恩赦」という意味であり，1961年の設立以来，世界中の人権侵害に対して国境を越えて，声をあげ続けている国際的な市民団体である。日本支部は1970年に設立され，現在，世界中に約80か国の支部をかまえている。国連など国際機関との協議資格も持っている。1977年には，「平和の礎をもたらした」としてノーベル平和賞を受賞した。

1　私は地下の独房で裸で監禁されていました。
2　はじめの200通の手紙が届いたとき，
3　看守が服を返してくれました。
4　次の200通の手紙が届いたとき，
5　刑務所長が私に会いに来ました。
6　手紙は次から次へと送られてきました。
7　大統領の部屋に呼ばれて聞かれました。「どうして世界中に，あんなに多くの友達がいるのか？」
8　そして自由になりました。

(アムネスティ・インターナショナル『ニュースレター』)

2　各国からの手紙は，不当な逮捕をした機関への圧力になる。

チェック&トライ

チェック　難民条約　人種差別撤廃条約　国際人権規約　女性（女子）差別撤廃条約

トライ　・日本に在住している外国人は公務員になることができるだろうか。

憲法

49

ダイバーシティ　　　　　　インクルージョン
多様性 と 包括

幸福　寛容　個人の尊重　10 人や国の不平等をなくそう

Introduction 性の多様性

LGBTとは？

レズビアン，ゲイ，バイセクシュアル，トランスジェンダーの略語。性的少数者の総称として使われることもある。

L G B T

レズビアン	**ゲイ**	**バイセクシュアル**	**トランスジェンダー**
（女性の同性愛者）	（男性の同性愛者）	（男女どちらにも性愛感情を抱く人）	（出生時に割り当てられた性別と自認する性別が異なる人）

この他にも，**Q**「クィア，クエスチョニング」（自分の性について特定の枠に属さない人，わからない人）や，**A**「アセクシュアル」（誰に対しても性愛感情を抱かない人）などの多様性がある。

↑❶東京オリンピック開会式で国歌を歌う歌手のMISIAさん。ドレスのレインボーカラーは多様性の象徴である。

LGBTに関連するデータ

- 同性婚を認めている国・地域……………………**34**（2023年2月時点）
- 性の多様性に関する条例を制定している自治体……**69**（2023年4月時点）
- パートナーシップ制度導入自治体………………**255**（2023年1月時点）

🐦ナビ パートナーシップ制度…婚姻によって認められる権利の一部を，同性パートナーにも認める制度。日本では関係を証明するのみにとどまっている。

（『朝日新聞』2023.5.13などを参考に作成）

1 同性婚

Ⓐ同性婚と憲法

憲法

> **第24条** 婚姻は，両性の合意のみに基いて成立し，夫婦が同等の権利を有することを基本として，相互の協力により，維持されなければならない。
> ② 配偶者の選択，財産権，相続，住居の選定，離婚並びに婚姻及び家族に関するその他の事項に関しては，法律は，個人の尊厳と両性の本質的平等に立脚して，制定されなければならない。

同性婚を認めない民法・戸籍法が憲法に違反するかについて，4つの地方裁判所が「違憲」「違憲状態」の判決を下している（2023年7月現在）。

●名古屋地裁判決（2023年）では…

争点	判決	判決の理由
憲法24条1項	合憲	社会情勢の変化を考慮しても，憲法は同性婚を要請するに至っていない。
憲法24条2項	違憲	法律婚から同性カップルを排除していることは，個人の尊厳に照らして合理性を欠く。
憲法14条（法の下の平等）	違憲	自ら選択・修正できない性的指向を理由に婚姻に直接的な制約を課している。

（『朝日新聞』2023.6.16などを参考に作成）

Ⓑ同性婚をめぐる意見

岸田首相の国会での発言

「（同性婚の法制化について）極めて慎重に検討すべき課題だ。社会が変わっていく問題でもある。全ての国民にとっても家族観や価値観，社会が変わってしまう課題だ。」

（2023年2月1日衆議院予算委員会にて）

↑❷答弁する岸田首相。

モーリス・ウィリアムソン議員（当時）の演説

「社会の構造や家族にどのような影響を与えるのか心配し，深刻な懸念を抱く人たちがいるのは理解できる。しかし，法案は愛し合う二人が結婚で，その愛を認められるようにするという，ただそれだけのことだ。（反対している人たちに）法案が成立しても，明日も太陽は昇る。あなたの住宅ローンは増えない。世界はそのまま続いていく。だから大ごとにしないで。」

（2013年4月ニュージーランド議会での同性婚法制化に賛成して）

↑❸演説するモーリス・ウィリアムソン議員（ニュージーランド）。

（『東京新聞』2023.2.7などを参考に作成）

Seikei マニア **アファーマティブ・アクション** 企業や団体等が，人種や性別等を理由に差別されてきた人々のために，差別を積極的に是正する優遇措置。選挙におけるクオーター制の導入は，この一例といえる。

2 LGBT法

性的少数者に対する理解を広めることを目的として，2021年超党派による合意案が作成された。その後自民党内保守派議員の反発から審議が停滞したが，2023年，通常国会に修正を加えた自民・公明与党案が提出された。これは5月に広島で開催されたG7（先進7ヵ国首脳会議）を意識した動きだった。同年6月，これをベースに若干の修正を加えた維新・国民民主案をほぼ取り込む形で，「性的指向及びジェンダーアイデンティティの多様性に関する国民の理解の推進に関する法律」が成立した。当初あった「差別」の文言は消えた。成立そのものを評価する一方，性的少数者の人々からは，むしろ理解を阻害する内容との厳しい声が上がっている。

Ⓐ LGBT法の条文の変遷

	2021年超党派合意案 ➡	自民・公明案 ➡	衆議院で可決した修正案 ➡
性自認の表現	性自認	性同一性	ジェンダーアイデンティティ
基本理念	差別は許されない	不当な差別はあってはならない	不当な差別はあってはならない
国民の安心	—	—	（新設）全ての国民が安心して生活できるよう留意する
学校教育	—	—	（新設）家庭および地域住民その他の関係者の協力を得つつ行う
学校設置者の努力	学校設置者の努力	（削除）	（削除）

（『朝日新聞』2023.6.16などを参考に作成）

3 外国人との共生

Ⓐ 入管施設収容中の女性が死亡

2021年3月，在留資格を失い，名古屋出入国在留管理局の施設に収容されていた女性が死亡した（●p.168）。

この事件を受けて，2022年11月，国連自由権規約委員会は，日本の入国管理施設で2017〜21年に収容者が3人死亡したことなどに懸念を示し，拘束下の人々が適切な法的保護を受けられるよう日本の人権状況に関する勧告を公表した。

（『信濃毎日新聞』2021.4.16，2022.11.4などを参考に作成）

Ⓑ 外国人労働者受け入れのしくみ

技能実習制度廃止の方向

2023年4月の政府有識者会議の中間報告によると，政府は技能実習制度を廃止し，人材育成に加えて「人材確保」を目的とする新制度を創設する。

新制度では，非熟練者を育成して特定技能1号への移行をめざすとともに，特定技能2号の対象職種追加が打ち出された。

技能実習制度の目的は国際貢献だが，実態は労働力確保で，実習先での賃金未払いやパワハラが後を絶たないと問題視されており，国外からも批判されていた。

（『信濃毎日新聞』2023.4.29などを参考に作成）

Ⓒ 東日本入国管理センター（茨城県牛久市）。非正規滞在の疑いのある人や国外退去が決まった人を収容する施設。通称「牛久入管」。

改正出入国管理・難民認定法（入管難民法）成立

入管難民法の改正案が，2023年6月9日に成立したものの，多くの課題が残されている。

改正案のポイント	課題
難民申請中でも，3回目以降の申請者らの送還も可能に（従来，申請中は送還されなかった→収容長期化を解消するねらい）	保護されるべき人が送還されるおそれ
罰則付きの退去命令制度の創設	日本で生まれた子どもが保護されるか不透明

Report 分断克服する想像力を！

右は信濃毎日新聞社が，外国人労働者や住民らの抱える問題を「五色のメビウス」と題し，連載してきたものの抜粋である。

「五色のメビウス」の「五色」は世界の5つの大陸を，「メビウス」は外国人を思いやる気持ちが，めぐりめぐってやがて自分のためにもなる，ということを表しているよ。

地域社会・自治体への提言
- 外国人に開かれた地域になるため，まず「話しかけ」を
- 外国人も「公助」の対象，「包み込む」地域に
- 「多様性」が力に，「認め合う」社会に

企業・事業主への提言
- 「人材」でなく「人間」として「対等」な関係を築き，「権利」を尊重しよう
- 日本嫌いの外国人を増やすことは，日本の将来を危うくする
- 外国人労働者に企業の責任で日本語教育，日本の生活に慣れる支援を

（『信濃毎日新聞』2021.6.25などを参考に作成）

チェック
&トライ

トライ ・改正された入管難民法にはいくつか課題も残されているが，それはどのようなものだろうか。

国会のしくみとはたらき

民主主義　法の支配　権力分立

5 ジェンダー平等を実現しよう

Introduction 女性議員増待ったなし─女性参政権76年

Ⓐ各国の下院の女性議員比率と順位

61.3	ルワンダ
53.4	キューバ
50.0	アラブ首長国連邦
27.2	アメリカ
19.0	韓国
9.9(%)	日本（衆議院）

（2021年4月現在）
（『朝日新聞』2021.5.2を参考に作成）

　日本で女性が初めて参政権を行使したのは，1946年4月の衆院選。当選者のうち女性は39人だった。75年後，女性議員は衆院で1割，参院で2割にとどまる。世界経済フォーラム公表のジェンダーギャップ（男女格差）指数（●p.139）のなかでも政治分野は139位と極めて低い。

（『朝日新聞』2021.5.2を参考に作成）

女性国会議員の道　開くには

（2022年5月朝日新聞オンラインイベントに参加した，クオーター制の勉強会メンバーの現職議員の声）

👤「女性議員が必要だと本気で感じている方がどれほどいるか疑問だ」　三原じゅん子（自民）

👤「小選挙区では何回お祭りに行ったかなど地域密着なため，家事を担わない男性が有利」　福島瑞穂（社民）

👤「現職優先を守っている人たちはそう簡単に（議席を）明け渡さない」　石井苗子（維新）

🐦 クオーター制…国会議員や各種審議委員会の一定割合以上を同一の性・人種などに独占させない制度。

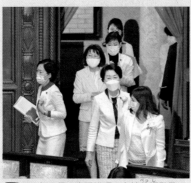

↑①2021年2月，森元総理の女性蔑視発言に白い上着で抗議する女性議員。

↑②ルワンダ議会を案内するムルムナワボ・セシル議員。ルワンダはアフリカ大陸のほぼ中部に位置する国であり，議会を含む国の重要な機関では，女性を一定割合以上採用する，という規定が憲法で定められている。

Ⓑ衆議院議員へのジェンダー格差アンケート

Q. 現在の女性国会議員の数は十分か？

	どちらかといえば十分 1.5%	わからない 1.2
	どちらともいえない	どちらかといえば不十分
男性	16.0　24.6	不十分 56.7
女性	7.7　7.7	84.6

Q. 国会内で，女性に対する差別的な固定観念が存在すると感じるか。

	ある	どちらともいえない	わからない
	どちらかといえばある		どちらかといえばない
男性	8.4%　19.8	33.5	19.8　ない 12.6　5.9
女性	35.9	33.3	15.4　10.3　2.6 2.5

Q. 女性議員を増やすにはどうするべきか。

政党が女性候補者の選挙運動をサポート	27%
議員活動で旧姓使用を容認	28
議会に託児スペースや授乳室を整備	42
セクハラ対策の推進	43
出産・育児休暇や手当の充実	47

（『東京新聞』2022.6.10などを参考に作成）

1 国会の構成 （2023年1月現在）

＊2018年7月成立の改正公職選挙法により，参議院の議員定数は242名→248名（選挙区146名→148名，比例代表区96名→100名）となった。

```
                        国　会
衆議院                                    参議院
定数 465                                  定数 248*
（小選挙区 289 / 比例代表 176）            （選挙区 148 / 比例代表 100）
任期 4年                                  任期 6年（3年で半数改選）
解散 あり                                 解散 なし

事務局  法制局  両院協議会  裁判官弾劾裁判所  裁判官訴追委員会  国会図書館  法制局  事務局

本会議 議長                              本会議 議長

政治倫理審査会  情報監視審査会  憲法審査会  特別委員会  常任委員会        常任委員会  特別委員会  調査会  憲法審査会  情報監視審査会  政治倫理審査会  参議院改革協議会

公聴会                                   公聴会
```

→②衆議院予算委員会での証人喚問

2 衆議院会派別構成 （2023年10月第212回臨時国会）

（2023.10.20現在）

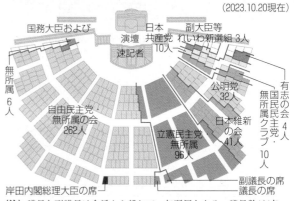

国務大臣および副大臣等
日本共産党 10人
れいわ新選組 3人
公明党 32人
有志の会 4人
国民民主党・無所属クラブ 10人
日本維新の会 41人
立憲民主党・無所属 96人
自由民主党・無所属の会 262人
無所属 6人
演壇
速記者
副議長の席
議長の席
岸田内閣総理大臣の席

〈注〉議長と副議長は派閥から離れて，無所属となる。議員数464名，欠員1名。

Seikei マニア　国会議事堂の中央広間の三隅には，伊藤博文，大隈重信，板垣退助の銅像が設置されている。残る一隅は，将来偉大な政治家が登場したときのために空けてある，あるいは「政治には完成がない」ということを象徴するために空けてあるという説がある。

3 国会の種類

種類	会 期 と 召 集	主な議題	種類	会 期 と 召 集	主な議題
通常国会（常会）(52)	150日。毎年1月中に召集される。	来年度予算の審議	特別国会（特別会）*¹(54)	不定。衆院の解散総選挙後30日以内に召集される。	内閣総理大臣の指名
臨時国会（臨時会）*¹(53)	内閣またはいずれかの院の総議員の4分の1以上の要求で召集。衆院の任期満了選挙または参院の通常選挙後30日以内	緊急に必要な議事	参議院の緊急集会*²(54)	不定。衆議院の解散中に緊急の必要がある場合に集会	緊急に必要な議事

〈注〉（ ）内の数字は憲法の条数。＊1 臨時会と特別会は2回まで延長できる。
　　　＊2 参院の緊急集会は、過去に1952.8, 次総選挙の中央選挙管理会の委員の承認などのため、また53.3, 暫定予算審議などのための2回のみ行われている。

4 国会の権能

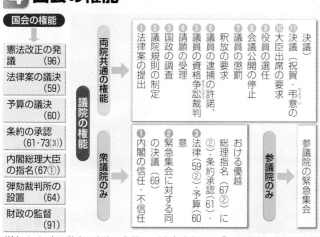

国会の権能

- 憲法改正の発議（96）
- 法律案の議決（59）
- 予算の議決（60）
- 条約の承認（61・73(3)）
- 内閣総理大臣の指名（67①）
- 弾劾裁判所の設置（64）
- 財政の監督（91）

議院の権能

両院共通の権能
①法律案の提出 ②議院規則の制定 ③国政の調査 ④請願の受理 ⑤議員の資格争訟裁判 ⑥議員の逮捕の許諾、釈放の要求 ⑦議員の懲罰 ⑧会議公開の停止 ⑨役員の選任 ⑩大臣出席の要求 ⑪決議（祝賀・弔意の決議）

衆議院のみ
①内閣の信任・不信任 ②緊急集会に対する同意
③法律（59②）・条約承認（61）・予算（60）・総理大臣指名（67②）における優越

参議院のみ
参議院の緊急集会

〈注〉（ ）内の数字は憲法の条数。　（有倉遼吉ほか『口語憲法』自由国民社）

5 議員立法と内閣提出立法

Ａ法案の提出・成立状況（1〜211国会通算）

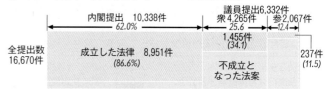

全提出数 16,670件

内閣提出 10,338件 62.0%
議員提出6,332件
衆4,265件 25.6
参2,067件 12.4

成立した法律 8,951件（86.6%）
1,455件（34.1）
不成立となった法案
237件（11.5）

〈注〉（ ）内は各提出数に対する成立割合。提出には継続審査を含まず、成立には継続審査以後成立したものも含む。

Ｂ国会は「国権の最高機関」

　国会は「唯一の立法機関」である。法律は我々の生活に深くかかわっており、それをつくりだす権限をもつのが国会である。しかし、最近は議員からの法案提出・成立が少なくなっている。選挙権年齢を18歳とした公職選挙法の改正は、議員からの法案提出で成立した。

6 衆議院の優越

(1)権限で優越
- 予算先議権（第60条）
- 内閣不信任決議（第69条）

(2)議決で優越

議決事項 ⇒	議決結果 ⇒	衆院の優越
Ａ法律案の議決(59)	❶衆・参議院で異なった議決をした場合　❷衆議院が可決した法案を参議院が60日以内に議決をしない場合	衆議院で出席議員の3分の2以上の賛成で、再可決
Ｂ予算の議決(60・86) **Ｃ条約の承認(61・73)** **Ｄ内閣総理大臣の指名(67)**	❶衆・参議院で異なった議決をし、両院協議会でも不一致の場合　❷衆議院が可決した議案を参議院で30日（首相指名は10日）以内に議決しない場合	衆議院の議決がそのまま国会の議決となる　〈注〉（ ）の数字は憲法の条数

(3)両院対等
- 憲法改正の発議（第96条）
- 決算の審査（第90条）など

解説　二院制をとる国会の意思は両院の意思が一致したとき成立する。そこで両院の意思が一致せず国政が停滞するのを防ぐため、衆議院に優越的地位を認めている。

7 国会議員の特権と待遇

Ａ議員の特権と身分保障（（ ）内の数字は憲法の条数）

議員の特権

歳費特権(49)　一般職国家公務員の最高額以上の歳費（給料）を保障。

不逮捕特権(50)
❶会期中は逮捕されない。
　〔例外：①議会外で現行犯の場合　②議院が許可を与えた場合〕
❷会期前逮捕の議員は、議院の要求があれば釈放される。

免責特権(51)　院内での発言・表決について院外で責任（刑罰・損害賠償など）を問われない。〔例外：院内での懲罰（戒告、陳謝、登院禁止、除名）を受けることがある(58)〕

身分保障

議席を失う場合
❶任期満了のとき(45・46)
❷衆議院の解散（衆議院議員のみ）(45)
❸資格争訟裁判により議席を失った場合(55)
❹除名決議(58)
❺被選挙資格を失った場合
❻当選無効の判決

Ｂ議員の歳費　（2021年4月1日現在）

歳 費	月額約129万円（事務次官クラスと同額）
期末手当	年間約640万円（約5か月分）
年間報酬	約2,200万円
調査研究広報滞在費（旧文書通信交通滞在費）	月額100万円（日割り支給）
立法事務費	月額65万円
秘 書	公設秘書2人、政策秘書1人（給与は国費）
議員会館	1室100平方メートル。無料
議員宿舎	都心の一等地。使用料3〜15万円
議員年金	年412万円（在職10年の場合。在職1年増すごとに約8万2,000円増額）〈注〉2006年4月に廃止。ただし、これまでの議員（2006.4時点の現職含む）には、15%減額にて支給。
そ の 他	❶JR無料パス支給、❷JR無料パス＋選挙区との往復航空券引換証3回分、❸選挙区との往復航空券引換証のいずれかを選べる。

解説　文書通信交通費（文通費）は、国会議員に月額100万円支給され、使途の公開も義務づけられていなかった。2021年10月の衆院選で当選した新人議員に、在職日数が1日にもかかわらず満額支払われたことが問題視された。2022年4月に、「調査研究広報滞在費」と名称が変更されるとともに、日割り支給となった。しかし、使途公開は見送られ、今後の課題となった。

チェック 両院協議会　衆議院の優越　二院制

トライ ・これまで成立した法律のうち、議員提出によるものは約何%か？　・ジェンダーギャップ指数で政治分野の日本の評価が低いのはなぜか？

チェック＆トライ

日本政治

内閣のしくみとはたらき

民主主義　法の支配　権力分立

Introduction　内閣—誰が何をしているのか

「全員一致」で決定される閣議　内閣の決定は**閣議**でなされる。閣議は合議体で、国会に対して**連帯責任**を負うことから、**首相と閣僚の全員一致による決定**とされている。実際の運営は、事前に次官会議にかけ、各省庁が了承したものを閣僚が追認するケースがほとんど。火曜日と金曜日に行われる定例閣議とは別に、必要に応じて開かれるのが臨時閣議で、重要でない案件の場合に役人が書類を持って閣僚の署名を集めて回るのが持ち回り閣議である。

①閣議を主宰するのは総理大臣だが、司会進行は官房長官が務める。

③通常、非公開で、脇の机で控える官房副長官や内閣法制局長官が法律案や政令などを説明し、閣僚はあらかじめ通告している内容に沿って発言する。

②国会が開かれていない時は首相官邸で、国会開会中は国会議事堂の院内閣議室にて行われる。大きな丸いテーブルに、総理大臣を中心に各閣僚が座る。

（老川祥一編『やさしい政党と内閣のはなし』法学書院を参考に作成）

首相　官房長官　署名用の筆

↑①閣議…非公開で行われる。(2013.1.8)

④閣議はあくまでも正式な「決定の場」であり、各閣僚は順に閣議書に同意を示す毛筆のサイン（花押）を記していく。

↑②テレビ会議形式の閣議に臨む安倍首相（当時：左）と菅官房長官（当時：右）。新型コロナウイルスの感染拡大による緊急事態宣言が発令されていた2020年5月1日の閣議は初のテレビ（リモート）会議で行われた。

→③閣議書に署名された花押。

1 議院内閣制のしくみ

憲法

第67条　内閣総理大臣は、国会議員の中から国会の議決で、これを指名する。この指名は、他のすべての案件に先だって、これを行ふ。

第68条　内閣総理大臣は、国務大臣を任命する。

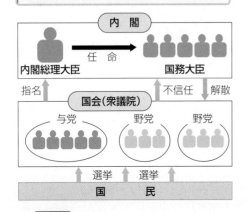

2 内閣総理大臣の権限

❹憲法に定められた権限

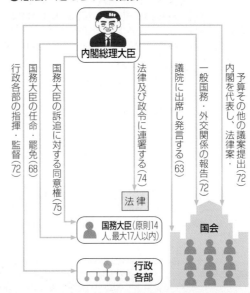

内閣総理大臣

行政各部の指揮・監督（72）
国務大臣の任命・罷免（68）
国務大臣の訴追に対する同意権（75）
法律及び政令に連署する（74）
議院に出席し発言する（63）
一般国務・外交関係の報告（72）
内閣を代表し、法律案・予算その他の議案を提出（72）

法律

国務大臣（原則14人、最大17人以内）

行政各部

国会

内閣法上の権限

● 閣議の主宰権（第4条第2項）
● 主任の大臣間の権限疑義の裁定（第7条）
● 行政各部の処分又は命令の中止権（第8条）
● 内閣総理大臣の臨時代理者の指定権（第9条）
● 主任の国務大臣の臨時代理者の指定権（第10条）

その他法律上の権限

● 自衛隊に対する最高指揮監督権
● 緊急事態の布告
● 災害緊急事態の布告
● 行政処分等の執行停止に対する異議の申述など

3 内閣の権限

- 法律の執行と国務の総理（第73条）
- 外交関係の処理（第73条）
- 条約の締結（第73条）
- 予算の作成（第73条）
- 政令の制定（第73条）
- 恩赦の決定（第73条）
- 天皇の国事行為に対する助言と承認（第3，7条）
- 臨時国会の召集の決定（第53条）
- 参議院の緊急集会の要求（第54条）
- 最高裁判所長官の指名（第6条）
- 最高裁判所裁判官の任命（第79，80条）

条約

解説 日本国憲法では，「行政権は内閣に属す」（第65条），「内閣は国会に対して連帯責任を負う」（第66条）とされ，国務大臣の任免権は内閣総理大臣にある。大日本帝国憲法（明治憲法）では，内閣に関する規定はなく，各国務大臣が天皇を「輔弼」するとされていた。総理大臣も「同輩中の首席」に過ぎず，他の国務大臣の任免権はなかった。

4 内閣官房長官──内閣の要

↖5 松野博一官房長官。岸田内閣（第1次〜第2次再改造）で官房長官を務めた。

↖4 菅義偉官房長官（当時）。安倍内閣で7年以上官房長官を務めた。

　内閣官房は首相を補佐し，行政各部の施策の総合調整や重要政策に関する情報の収集などを所管する。その長が内閣官房長官であり，国務大臣である。官房長官の職務は行政各部の調整，国会（特に与党）との調整，内閣の公式見解などを発表する「政府報道官」（スポークスパーソン）などである。また，閣議では進行係を務める。

日本政治

5 衆議院の解散と内閣の総辞職

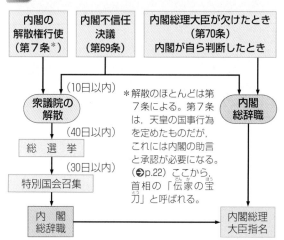

```
┌──────────┬──────────┬──────────────────┐
│内閣の解散権 │内閣不信任 │内閣総理大臣が欠けたとき  │
│行使      │決議     │（第70条）         │
│（第7条*）  │（第69条） │内閣が自ら判断したとき   │
└──────────┴──────────┴──────────────────┘
```

（10日以内）

衆議院の解散 → 内閣総辞職

＊解散のほとんどは第7条による。第7条は，天皇の国事行為を定めたものだが，これには内閣の助言と承認が必要になる。（➡p.22）ここから，首相の「伝家の宝刀」と呼ばれる。

（40日以内）
総選挙
（30日以内）
特別国会召集
内閣総辞職 → 内閣総理大臣指名

6 主な衆議院の解散

＊は内閣不信任決議に伴う解散

第14回 1983.11.29	中曽根（第1次）	**田中判決解散** 田中元首相の有罪判決をうけ，政局打開のため解散
第15回 1986.6.2	中曽根（第2次）	**死んだふり解散** 議員定数是正を機に，首相が衆参同日選挙による政権維持をめざし臨時国会冒頭に解散
＊第17回 1993.6.18	宮沢（第1次）	**ウソつき解散** 政治改革の約束が果たされないなかで自民党内の対立から内閣不信任案が可決され解散
第21回 2005.8.8	小泉（第2次）	**郵政民営化解散** 郵政民営化関連法案が参議院にて，自民党内の造反で否決されたことに伴い解散
第23回 2012.11.16	野田	**近いうち解散** 消費税増税法成立と引き替えに自民党・公明党と約束していた解散を決定
第25回 2017.9.28	安倍（第3次）	**国難突破解散** 「消費税の使い道」や「北朝鮮問題」などについて国民に問うとし，解散

解説 衆議院の解散は，2021年の岸田内閣までで26回ある。そのうち憲法第69条に基づく（不信任成立）解散は4回。第1回の吉田内閣での不信任成立は，GHQの意向によるものである。

7 行政組織図

新組織 二〇〇一・一〜 ／ 再編前

□の機関等は国務大臣を長とする。

ナビ 行政組織をスリムにし，効率よく仕事ができるよう2001年1月から1府22省庁を1府12省庁に再編した。

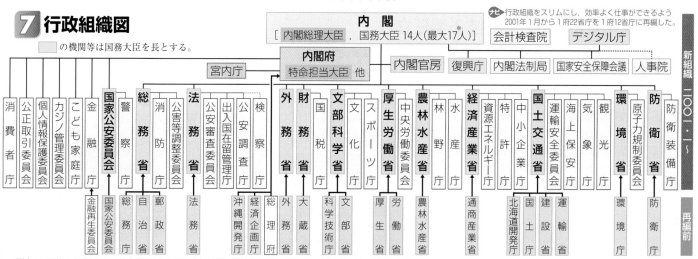

内閣
[内閣総理大臣，国務大臣 14人（最大17人）]

会計検査院　デジタル庁

内閣府　特命担当大臣 他
宮内庁

内閣官房　復興庁　内閣法制局　国家安全保障会議　人事院

（新組織 2001.1〜）
消費者庁｜公正取引委員会｜個人情報保護委員会｜カジノ管理委員会｜こども家庭庁｜金融庁｜国家公安委員会｜警察庁｜総務省｜消防庁｜公害等調整委員会｜法務省｜公安審査委員会｜出入国在留管理庁｜公安調査庁｜検察庁｜外務省｜財務省｜国税庁｜文部科学省｜文化庁｜スポーツ庁｜厚生労働省｜中央労働委員会｜農林水産省｜林野庁｜水産庁｜経済産業省｜資源エネルギー庁｜特許庁｜中小企業庁｜国土交通省｜北海道開発局｜国土地理院｜運輸安全委員会｜海上保安庁｜気象庁｜観光庁｜環境省｜原子力規制委員会｜防衛省｜防衛装備庁

（再編前）
金融再生委員会｜国家公安委員会｜総務省｜自治省｜郵政省｜法務省｜沖縄開発庁｜経済企画庁｜総理府｜外務省｜大蔵省｜科学技術庁｜文部省｜厚生省｜労働省｜農林水産省｜通商産業省｜北海道開発庁｜国土庁｜建設省｜運輸省｜環境庁｜防衛庁

〈注〉2020年1月にカジノ管理委員会，2021年9月にデジタル庁，2023年4月にこども家庭庁新設。
　　＊国務大臣は14人以内（最大17人以内）→復興庁（2031年3月末まで），国際博覧会推進本部（2026年3月末まで）が設置されている間は，復興大臣，万博大臣が置かれ，原則16人以内（最大19人）。

チェック＆トライ

チェック 閣議　衆議院の解散　内閣不信任決議

トライ ・内閣が総辞職しなければならない場合を2つ挙げよう。
・最後に内閣不信任に伴う解散をしたのは何内閣だろうか。

Introduction　政治改革が「忖度(そんたく)政治」を生んだ？

忖度　他人の心を推し量る，上司などの意向をくみ，便宜を図る。

森友学園問題の経過

2016年　学校法人である森友学園が小学校を建設するため，大阪府の国有地を取得した。学園理事長の籠池泰典氏とその妻諄子氏は，かねてより安倍首相夫妻と交流があることを強調しており，首相夫人である昭恵氏は小学校の名誉校長であった。

| 忖度 | 国有地の取得金額は，近隣相場よりも8億円値引きされていた。 |

2017年　国有地取得が国会で問題となり，野党の追及に対して安倍首相は，「私や妻がかかわっていたら，首相・国会議員を辞める」と答弁した。

| 忖度 | 財務省が，近畿財務局（財務省の地方支分部局の1つ）に対して，「国有地売却文書から首相夫人にかかわる記述を削除」するように指示を出した。 |

2018年　近畿財務局職員で，公文書改ざんにかかわった赤木俊夫氏が自殺した。

2020年　赤木氏の文書改ざんにかかわる手記が週刊誌に掲載された。

2021年　国が赤木氏の自殺と文書改ざんの関連を認めた。

2023年　小学校建設にかかわり，不正に補助金を得ていたとして，籠池理事長夫妻は裁判で有罪が確定した。

↑①取材に応じる籠池泰典理事長（右）と妻の諄子氏（左）

↑②安倍昭恵氏

忖度政治の背景

1990年代以前

官僚主導（1年程度で交代する大臣よりも専門的な知識を持つ官僚の方が，立場が上だった。）

1990年代末〜2000年代初め

行政改革…官から政へ

2000年代以降

政治主導（官僚の人事権一元化など内閣府の権限強化）

忖度政治の要因としては，制度改革に加えて，官僚の終身雇用的慣行，日本的タテ社会文化などが指摘されている。

1　肥大化する行政と増加する委任立法

Ａ行政立法の事例

| 国会 | **生活保護法**　1950年法律144号 |

・憲法第25条の理念に基づき，最低限度の生活の保障などを目的に制定

| 内閣 | **生活保護法施行令**　1950年政令148号 |

・事務の委託や監査人の資格などを規定

| 厚生省 | **生活保護法施行規則**　1950年厚生省令21号 |

・告示，申請，様式などを規定

| 厚生省 | **生活保護の基準**　1963年厚生省告示158号 |

・具体的な金額や地域指定などを規定

〈注〉厚生省は現在の厚生労働省。

ナビ 委任立法　法律の委任に基づき，国会以外の機関が，細部について法を制定すること。行政機関である内閣の政令や各省の省令など。

解説　20世紀後半以降，社会権が確立されると，国家の役割は拡大し，社会保障や景気対策など行政の活動分野が増大してきた。様々な政策実現のため，国会制定の法律では大綱（根本的なことがら）のみを定め，細かい部分は，内閣が定める政令や省庁が定める省令に委ねる**委任立法**が増加している。高い専門性を有する官僚機構が，政策決定に果たす役割は重要である。このように行政機能が拡大する一方，様々な弊害も表面化しており，行政改革や規制緩和が進められている。

Ｂ行政国家現象

人権保障の要請（社会権など）
・専門化（官僚制の発達）
・迅速円滑な行政対応の必要

↓

行政の積極的活動
・行政の権限・委任立法増大
・内閣の法案提出増

↓

「行政国家現象」の弊害
・人権侵害の危険
・官僚による国家政策の決定

2　行政の許認可権(きょにんかけん)

警察	→		→	リサイクルショップ
国土交通省	→	許	→	運送業
厚生労働省	→	可	→	ドラッグストア

Ａ許認可等の省庁別内訳

15,475件

その他 1,918件 12.4%
国土交通省 2,805件 18.1%
厚生労働省 2,451件 15.8%
金融庁 2,353件 15.2%
経済産業省 2,261件 14.6%
農林水産省 1,770件 11.4%
環境省 1,075件 6.9%
財務省 842件 5.4%

Ｂ許認可等の"規制力"別内訳

認定・検査・登録など		その他 774(5.0)
許可・認可・承認など 4,937件 (31.9%)	1,886 (12.2)	届け出・報告など 7,878 (50.9)

強　←――――　"規制力"　――――→　弱

Ａ・Ｂともに2017年4月1日時点。（総務省資料による）

Seikei マニア　「モリカケ」といわれ，森友学園とは別に「加計学園」も問題となった。2017年学校法人加計学園は，52年間どこの大学にも認められなかった獣医学部の新設が可能となった。加計理事長が安倍首相と「長年の友」であり，「特別の便宜」を疑われた。政府は関与を否定したが，担当の県職員のメモには「首相案件」と記されていた。

3 政・官・財の結びつきと汚職

A 政・官・財の「鉄のトライアングル」

政治家

選挙資金・集票 → 政治家
政治家 → 法律・予算の実現・人事権 → 官僚
財界 ← 許認可権・行政指導 ← 官僚

天下り キャリア官僚（国家公務員の幹部候補）が，退職・再就職する際に，出身官庁と関係の深い企業や特殊法人へ就職すること。官庁と業界の癒着の温床と批判されてきた。

B 主な汚職事件

↓③田中角栄元首相（右）と娘の真紀子氏（左）

ロッキード事件 (1976年)	アメリカの航空機メーカーであるロッキード社が，全日空への売り込みをめぐり対日工作資金を政府高官にばらまいた事件。受託収賄罪に問われた元首相の田中角栄被告を頂点とする**戦後最大の汚職事件**。
リクルート事件 (1989年)	江副浩正リクルート会長らが政官財界の有力者に，不動産会社リクルートコスモスの未公開株を譲渡した贈収賄事件。この影響で，竹下登内閣が倒れた。

4 行政委員会

主なもの	仕事の内容	役割
人事院	●公務員の給与などの勧告	不当な政治勢力の介入と官僚統制の排除をめざすもの
国家公安委員会	●警察行政を統轄し，調整する。	
中央労働委員会	●労働争議の調停・仲裁 ●不当労働行為の審査など	利害の対立する労使関係の利益を調整するもの
公害等調整委員会	●公害の紛争について調停・仲裁・裁定	行政上とくに専門知識が要求されるもの
公正取引委員会	●独禁法のお目付役	特殊な事件について行政上の不備を補い決定をなすもの
公安審査委員会	●破防法の運用を審査	

解説 政治からの圧力を回避するため一般の行政機関から独立して職務を行うのが行政委員会だ。

5 行政改革──スリム化，内閣機能強化，透明性確保

● 1府12省庁へ再編
● 内閣府設置（内閣機能強化）
● 副大臣，大臣政務官設置
● 行政手続法
● 国家公務員倫理法
● 国家公務員制度改革基本法

→ **政治主導へ**

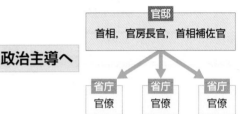

官邸
首相，官房長官，首相補佐官
→ 省庁 官僚 / 省庁 官僚 / 省庁 官僚

内閣府
2001年の省庁再編で設置された首相直属の機関。複数の省庁にまたがる重要な政策を総合して調整し，企画立案を行う。具体的には，皇室，男女共同参画社会の形成促進，消費生活，沖縄，北方領土，防災などにかかわる事務を担当する。

副大臣
2001年設置。各省の政策全般について大臣を補佐する。大臣不在時には大臣の命令に基づき職務を代行できる。慣例で国会議員が務める。

大臣政務官
2001年設置。政策全般ではなく特定の政策について大臣を補佐する。大臣の代行はできない。慣例で国会議員が務める。

6 行政改革の具体的な法律

A 行政手続法（1994年）
官から民への介入の透明性を高める
● 許認可の審査基準などを公表する。
● 営業取り消しなどの不利益処分は，理由を明示し，事前の弁明も与えられる。
● **行政指導** 官庁などの行政機関が法律上の根拠に基づかず，「勧告」・「助言」などにより企業に働きかけること。行政手続法によって，相手方の意思に反した指導の禁止が明確にされた。

行政機関 →勧告→助言→ 企業

B 国家公務員倫理法（1999年）
汚職防止がねらい
● 許認可など利害関係にある企業などからの金銭・物品の受け取り等を禁止する法律。
● 1998年，大蔵省（現在の財務省）の官僚が金融機関から過剰な接待を受けた「大蔵省接待汚職事件」は100人以上の処分者を出し，これがきっかけとなって国家公務員倫理法が制定された。

利害関係のある企業 →金銭物品接待✕→ 公務員

C 国家公務員制度改革基本法（2008年）
官邸支配が強まる結果に
● この法律に基づき，2014年に内閣人事局を設置した。内閣官房長官が幹部候補者の名簿を作成し，大臣・首相らと協議し任免する。これにより幹部人事の一元化がなされた。「天下り」の是正，政治主導をめざした行政改革の一環として行われた。
● 一方で，首相に近い官邸の意向が強く反映される結果となり，忖度政治の背景ともなった。

内閣人事局（官邸の意向） →幹部人事の一元化→

チェック&トライ

チェック 行政委員会

トライ ・許認可と行政指導の違いは何だろうか。

日本政治

裁判所のしくみとはたらき

民主主義　法の支配　権力分立

Introduction 日本版「司法取引」とは？―刑事司法改革関連法で導入

日本版「司法取引」（協議・合意制度）とは？

捜査対象者や容疑者らが，検察との合意に基づき他人の犯罪について供述する見返りに，自分の刑事処分を軽くしてもらう制度。

Ⓐ司法取引の仕組み

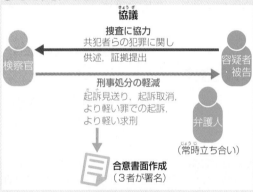

協議

検察官 ← 捜査に協力　共犯者らの犯罪に関し　供述，証拠提出　→ 容疑者・被告

刑事処分の軽減
起訴見送り，起訴取消，
より軽い罪での起訴，
より軽い求刑

弁護人（常時立ち合い）

合意書面作成（３者が署名）

（『信濃毎日新聞』2016.5.25を参考に作成）

ゴーン氏逮捕にも司法取引

2018年11月，日産自動車前会長のカルロス・ゴーン氏が会社法違反などで逮捕・起訴された。この事件でも，日産自動車執行役員が捜査に協力する見返りとして，刑事処分を軽減する合意がなされた。

Ⓑ司法取引の長所と短所

長所
- 巧妙化する組織犯罪に対して武器になる（暴力団犯罪で首謀者である組長の関与について供述を得やすくなる）。
- 贈収賄や脱税等の企業犯罪の摘発に有効である。

短所
- 自分の罪を軽くするためにうその供述をする可能性があり，冤罪を生む危険がある。

↑❶レバノンでの会見で，記者から質問を受けるカルロス・ゴーン氏。捜査の違法性を主張し争うなか，日本から無断出国した。

❶ どんな裁判があるのか―裁判の種類

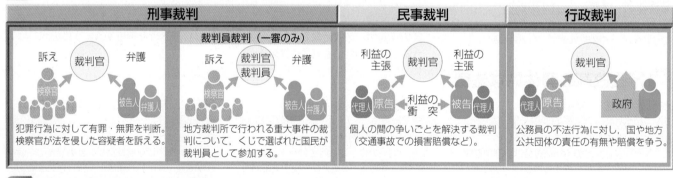

刑事裁判		民事裁判	行政裁判
訴え　裁判官　弁護　検察官　被告人　弁護人	裁判員裁判（一審のみ）訴え　裁判官裁判員　弁護　検察官　被告人　弁護人	利益の主張　裁判官　利益の主張　代理人　原告　利益の衝突　被告　代理人	裁判官　代理人　原告　政府
犯罪行為に対して有罪・無罪を判断。検察官が法を侵した容疑者を訴える。	地方裁判所で行われる重大事件の裁判について，くじで選ばれた国民が裁判員として参加する。	個人の間の争いごとを解決する裁判（交通事故での損害賠償など）。	公務員の不法行為に対し，国や地方公共団体の責任の有無や賠償を争う。

❷ 裁判所の種類と三審制

Ⓐ年間新受件数（2021年）

	民事・行政	刑事
最高	6,502件	4,200件
高等	35,880	9,942
地方	602,185	254,381
簡易	739,484	576,784
	家事	少年
家庭	1,150,500	46,978

（最高裁判所資料）

跳躍上告（刑事）・飛躍上告（民事）

最高裁判所
上告審（終審裁判所）
憲法判断（大法廷）

高等裁判所
通常の場合の控訴審　8か所

地方裁判所
通常の場合の第一審　50か所

刑事 民事

簡易裁判所
刑事＝罰金以下　民事＝140万以下　の請求の一審　438か所

家庭裁判所
家庭・少年関係事件の第一審　50か所

→ 控訴
⇒ 上告
--→ 特別上告
→ 跳躍上告　飛躍上告

（2023.6.1現在）

Ⓑ裁判を理解するために

判決	口頭弁論を必要とする
控訴	第一審の判決に対する上級裁判所への不服申し立て
上告	控訴審の判決に対する上級裁判所への不服申し立て　上告審では事実関係を争わず，憲法違反，判例違反などの法律の適用の誤りについての判断が中心
跳躍上告	第一審が違憲判決などを下したとき，控訴審を飛びこえて上告すること（民事では飛躍上告）
特別上告	高等裁判所を一審とする民事裁判での最高裁への不服申し立て（年間40～50件程度）

Seikei マニア　裁判官の法衣は真っ黒である。それには「何物にも染まらない」という意味が込められている。

3 裁判官の身分保障

任命	最高裁判所長官　天皇が任命（内閣が指名）
	最高裁判所裁判官　内閣が任命
	下級裁判所裁判官　最高裁の名簿に基づき，内閣が任命（任期10年，再任可）

身分保障	報酬　在任中は減額されない
	懲戒　裁判による
	裁判官がやめなければならない場合
	①定年（最高裁と簡裁 70歳，他は65歳）
	②心身の故障により職務が行えないと判断されたとき
	③弾劾裁判で罷免宣告されたとき
	④国民審査で罷免されたとき（最高裁のみ）
	⑤再任用されないとき（下級）

解説 裁判官は「良心に従い……憲法と法律にのみ拘束される」のであり，そのため裁判官の身分は厳格に保障されている。任命権は内閣にあるが，罷免権は国会・国民に委ねられている。

Ⓐ弾劾裁判のしくみ

```
訴追請求（だれでも可） → 訴追委員会（衆院10名 参院10名）→ 訴追 → 弾劾裁判所（衆・参各7名 合議制 公開法廷）→ 裁判 → 裁判官罷免
```

↑②2022年3月に行われた弾劾裁判。奥に座る人々が「法服」を着ていないのが通常の裁判と異なる。

日本政治

Report　懲役と禁錮を一本化 ―拘禁刑創設！

2022年6月に改正刑法が成立し，2025年6月に施行される。これまでの懲役と禁錮が一本化された。処遇の目的が「懲罰」から「立ち直り」へと本格的に移行する。

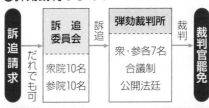

	懲役	禁錮
改正前	刑事施設に拘置して所定の作業を行わせる	刑事施設に拘置する（作業の義務なし）

改正法	拘禁刑
	・刑事施設に拘置する
	・改善更生を図るため，必要な作業を行わせ，必要な指導を行うことができる

（読売新聞2022.6.14を参考に作成）

解説 最高裁判所で違憲判決が少ない理由について，学者出身の元最高裁判官は，①「和」を重んずる風土が働き，立法府・行政府の判断をできるだけ尊重しようとする，②多くは民事事件で憲法上の争点を含まないため，憲法判断の意識が薄くなると述べている。

4 違憲審査権 —主な最高裁違憲判決

違憲判決（判決年月日）	尊属殺重罰規定違憲判決（1973.4.4, ⇒p.38）	衆議院議員定数違憲判決（1976.4.14, 1985.7.17）	在外選挙制限違憲判決（2005.9.14）	国籍法違憲判決（2008.6.4）	婚外子相続差別違憲判決（2013.9.4）	女性再婚禁止期間100日超違憲判決（2015.12.16）	国民審査在外投票制限違憲判決（2022.5.25）
違憲とされた法律条文や措置	刑法第200条	公職選挙法別表第1・付則7〜9項	公職選挙法附則8項	国籍法第3条1項	民法第900条4号の但書	民法第733条1項	国民審査法
根拠となる憲法条文	第14条（法の下の平等）	第14条，第44条（議員・選挙人の資格と差別の禁止）	第15条，第43条，第44条（選挙権・選挙人の資格など）	第14条（法の下の平等）	第14条（法の下の平等）	第14条，第24条（婚姻における男女の平等）	第15条（公務員の選定罷免権），第79条（国民審査）
違憲理由	普通殺人の法定刑に比べ著しく不合理な差別的取扱いである。	格差が，選挙区によっては4〜5倍となり，合理的に許される限度を超えている。	情報を伝える困難さを理由とする在外投票の制限規定は，通信手段が発達した現在，やむを得ない制限とは言えず違憲。	婚姻の有無で国籍取得を区別するのは，遅くとも2003年当時には合理的な理由のない差別として憲法に反する。両親の結婚以外の要件が満たされれば国籍を取得できる。	婚外子（非嫡出子）の遺産相続分は嫡出子の半分とする民法の規定は，婚外子という自ら選択できない事情で不利益を受けることになり許されない。	父子関係確定のための女性再婚禁止規定は，科学の発達から100日を超えて禁止するのは結婚の自由への過剰な制約。	憲法は，選挙権と同様に，国民に対して審査権を行使する機会を平等に保障している。これまで複数回の国政選挙で在外国民の投票が実施されていることを踏まえるとやむを得ない理由があるとはいえない。

〈注〉このほか，薬事法距離制限違憲判決（1973.4.30, ⇒p.37），森林法共有林分割制限違憲判決（1987.4.22），愛媛玉ぐし料違憲判決（1997.4.2, ⇒p.35），在外選挙権制限違憲判決（2005.9.14），郵便法違憲判決（2002.9.11），砂川政教分離訴訟（2010.1.20），孔子廟土地使用料判決（2021.2.24），性別変更手術要件違憲判決（2023.10.25）がある。

5 犯罪被害者参加制度

Ⓐ刑事裁判の手続きと被害者参加の制度

刑事裁判の手続き
○事件の被害者や遺族が，公判期日に出席することができる。
○被告事件についての刑事訴訟法上の検察官の権限の行使に関し，意見を述べ，説明を受けることができる。

```
公訴の提起 → 起訴状朗読 → 証人尋問 → 被告人質問 → 論告求刑 → 最終弁論 → 判決 ┄→ 上訴
```

被害者参加の制度	被害者等による参加の申出 ↓ 裁判所の許可	情状についての証言の証明力を争うための尋問をすることができる。	意見を陳述するために必要な場合に質問をすることができる。	訴因の範囲内で，事実又は法律の適用について意見を陳述することができる。			

（『犯罪被害者白書』2007）

↑③1999年，山口県光市で起こった母子殺害事件の被害者女性の夫である本村洋氏。刑事裁判において，犯罪被害者の人権が軽視されているとの言動がきっかけとなり，「犯罪被害者等基本法」（2004年）が成立。2008年から「被害者参加制度」が実施されている。

チェック&トライ

チェック　裁判員制度　刑事裁判　民事裁判　三審制　違憲審査権

トライ　・最高裁判所で違憲判決が下された事例は，2000年以降何件あるだろうか。

司法への国民参加を考える 裁判員制度

裁判員制度が開始して14年が経過した。そのしくみを知り，実際の裁判の経過から，裁判のあり方について考えてみよう。あなたが選ばれるかもしれないよ。

1 裁判員になるとこうなる──もし裁判員に選ばれたら

呼出状による通知 → 裁判所へ出頭 選任

被告人を個人的に知っていますか いいえ

質問手続き

- 事件関係者
- 禁錮以上の刑に処せられた人
- 国会議員，都道府県知事，市町村長
- 警察官，自衛官 など

- 70歳以上の人
- 学生，生徒など
- 育児・介護など「やむを得ない事由」がある人 など

不選任 ← 辞退 →

＊満20歳以上→満18歳以上に，2022年4月から法適用。2023年1月から運用開始。

裁判員 裁判官 裁判員

公判での審理評決
- 事実認定
- 評議（罪の有無，刑の重さ）
- 判決書の作成

任務終了

被告人

違反したら罪になるんだ

- 裁判員は18歳以上＊の有権者から無作為に抽出。
- 対象は，地方裁判所で行われる刑事裁判のうち殺人等最高刑が死刑または無期懲役か，傷害致死等故意の犯罪行為で被害者を死亡させた事件。
- 審理は原則として裁判官3人，裁判員6人。被告人が起訴事実を認めている場合などは裁判官1人，裁判員4人の構成も可。
- 評決は過半数で決定，有罪判決をする場合は，裁判官と裁判員の各1人以上を含む賛成が必要。

生涯続く守秘義務（評議内容，事件関係者の情報など）
＊法廷での出来事や裁判員を務めての感想などは話してもよい。

ほかの国とはどう違う？

陪審制 市民が有罪か無罪かを判断するが，量刑を決めるのは裁判官

参審制 市民と裁判官が一緒に審理を行う

アメリカ イギリス ドイツ フランス

2 制度開始から14年──主な動きと浮かび上がってきた論点

A 数字で見る裁判員制度

- 裁判員候補者の総数　161万3,711人
- 辞退が認められた候補者数　102万8,319人
- 選ばれた裁判員数＊　11万8,428人
- 判決を言い渡された被告人　1万5,644人
- 死刑を言い渡された被告数　44人
- 無罪を言い渡された被告数　147人

＊補充裁判員を含む　　　（2023年3月末）

B 裁判員裁判の現状

① 公判前整理手続き・平均審理期間の推移（平均）

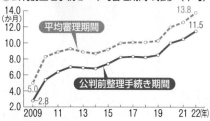

平均審理期間　13.8　11.5
公判前整理手続き期間
5.0　2.8
2009　11　13　15　17　19　21　22（年）

② 出席率と辞退率

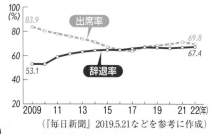

83.9　出席率　69.8
53.1　辞退率　67.4
2009　11　13　15　17　19　21　22（年）

（『毎日新聞』2019.5.21などを参考に作成）

C 裁判員制度は，裁判官の心を変えた！

裁判長50人へのアンケートを実施

Q1. 裁判員裁判は裁判官としての人生にどう影響したか？

変わらない・その他 2人
マイナスに影響 0人

プラスに影響　48人

理由 法律や制度の趣旨を深く考えるようになった。対話能力が向上した。

Q2. 裁判員ならではと感じた質問はある？

ある 36人　ない 14人

質問内容 医療や福祉，教育分野など裁判員自身の職業経験を通じた質問。被告の生い立ちや家族関係など事件の背景を深く知るための質問。

Q3. 裁判員に気付かされたことはある？

ない 3人

ある 47人

理由 裁判員は被告が本当に反省しているか見極めようとする。裁判官は被告に前科がないことを，刑を軽くする事情と捉えがちだが，裁判員にとって前科がないのは当たり前である。

（『読売新聞』2019.5.21を参考に作成）

3 もう一つの国民の司法参加

A 検察審査会

刑事事件で起訴する権限は検察が独占している。しかし不起訴に納得できないときは検察審査会に申し立てができる。かつては，検察審査会の議決に拘束力はなかったが，2009年の法改正で審査会が2度起訴相当と議決した場合，裁判所が指定した弁護士が検察官に代わり容疑者を起訴することが可能になった（強制起訴）。

B 問題点

①特定の人物の排除を目的としたり（例：陸山会事件），被害者を思う検察審査員の感情が先走る危険性。

②三権分立の枠外にあるため，間違った強制起訴がされた場合，責任の所在が曖昧。

③審査員は18歳以上の有権者の中から各々の地域ごとにくじで選ばれるが，選抜が適正になされているか不透明。

世間の注目を集めた，明石花火大会歩道橋事故，ＪＲ福知山線脱線事故，東京電力福島第一原発事故で，有罪が確定したものはない。2011年強制起訴の陸山会事件（無罪確定）は，政権交代を果たした小沢一郎民主党元代表の排除を狙ったもので，検察官による報告書捏造が発覚。制度改正10年で有罪はわずか2件である。

ゼミナール

2023年2月から運用開始。

事例 秋葉原通り魔事件死刑執行

秋葉原で通り魔 7人死亡

25歳男逮捕

トラックではね，次々刺す「誰でもよかった」

…写真　　…記事

2022年7月26日，秋葉原通り魔事件の加藤智大死刑囚に対する死刑が執行された。加藤死刑囚は，2008年6月8日，東京秋葉原の交差点にトラックで突入し，通行人5人をはねた上，車から降りてさらに通行人や警察官17人をナイフで刺した。7人が死亡し，10人が重軽傷を負った。その後の2015年に死刑判決が確定していた。

←❶事件を報道する新聞記事。（毎日新聞2008.6.9）

❷評論家の太田昌国氏。2022年8月に開かれた，加藤死刑囚への死刑執行に抗議する集会に出席するなど，死刑廃止を目指して活動を行っている。

2022年8月には，加藤死刑囚への死刑執行に抗議する集会が東京都内で開かれた。集会には弁護士や作家，評論家などが出席し，死刑執行に抗議の意を示した。

また，日本の弁護士団体である自由法曹団は，死刑執行への抗議と，改めて死刑制度廃止を求める声明を出した。

課題　死刑制度は廃止すべきか。

① 世界各国の死刑制度

全面廃止	ドイツ，ノルウェー，オーストリア，ポルトガル，オーストラリア，フランス，カナダ，イタリア，オランダ，スペイン，スウェーデン，イギリス，ギリシャ，スイス，メキシコ，フィリピンなど108か国
通常犯罪につき死刑廃止	カザフスタン，ブラジル，チリ，イスラエル，エルサルバドル，グアテマラ，ペルー，ブルキナファソ8か国
事実上廃止	スリランカ，ロシア，ケニア，韓国，タンザニア，ミャンマーなど28か国
死刑存置	日本，中国，インド，アメリカ，イラク，エジプト，北朝鮮，ベトナム，キューバ，アラブ首長国連邦，サウジアラビア，アフガニスタンなど55か国

〈注〉アメリカは州により異なる。2021年12月現在。

② 死刑制度をめぐる日本の世論と死刑執行数

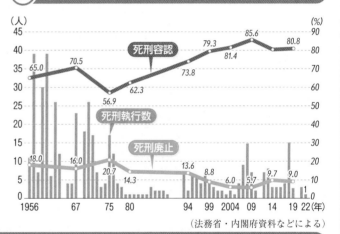

死刑容認　65.0　70.5　56.9　62.3　73.8　79.3　81.4　85.6　80.8

死刑執行数　18.0　16.0　20.7　14.3　13.6　8.8　6.0　5.7　9.7　9.0　1

死刑廃止

1956　67　75　80　94　99　2004　09　14　19　22（年）

（法務省・内閣府資料などによる）

③ 死刑制度の廃止・存続をめぐる意見

廃止		存続
世界は死刑廃止に向かっている。先進国で残しているのはアメリカと日本だけである。	世界の傾向か？国内世論か？	国内世論は死刑存続が多数意見である。
過去にも多くの冤罪事件が発生。これは今後も起こりうる。＊死刑囚が再審で無罪を勝ち取ったのは，免田事件，財田川事件，松山事件，島田事件の4件。（→p.43）	誤判の可能性について	誤判が生じるのは死刑に限ったことではない。これは裁判一般の問題で，死刑廃止の論拠にはならない。
死刑の犯罪抑止効果は，科学的に証明されていない。	犯罪抑止力について	終身刑や無期懲役にしても抑止効果は証明されていない。
死刑は被害者感情を癒さない。殺した者を殺すことで人間の感情を解決しようとすれば，止めどなく殺し合いをつづけなければならない。われわれの生きている現代社会がかような原始時代を再現するものでないことは，いうまでもない。殺した者への怒りと殺された者への悲しみをいかに同時に消化するかに死刑問題の課題の一つがある。(菊田幸一『いま，なぜ死刑廃止か』丸善ライブラリー)	被害者やその遺族の感情について	死刑がなければ遺族の感情は癒されず，社会秩序は維持できない。死刑を含む刑罰制度を支えているのは，「人が悪いこと（犯罪）をすれば，相応の制裁（刑罰）を受けなければならない」という古くからの素朴で公平な応報感情である。この応報感情を非近代的という人もいるが，これは正義の根源でもある。（藤永幸治『日本の論点'97』文藝春秋）

問　先進国では死刑廃止が一般的であるが，日本の世論では死刑廃止は少数である。それはなぜだろうか。

Introduction 住みよい「我がまち」をつくるために

全国にはさまざまな取り組みをしている自治体が多くある。住みよい「我がまち」をつくるためにどのような取り組みがあるか、大仙市と総社市を例に見てみよう。

空き家適正管理条例制定―秋田県大仙市

> **第1条** この条例は………倒壊等の事故、犯罪、火災等を未然に防止し、もって市民の安全で安心な暮らしの実現に寄与することを目的とする。

豪雪地域の大仙市では、空き家からの落雪や倒壊といった空き家問題が課題となっていた。「危険な空き家を撤去して欲しい」という市民の声を受け、「空き家等の適正管理に関する条例」を制定。行政代執行*による空き家の撤去を、全国で初めて行った。

◆空き家の把握のため、空き家マップを作成。
◆条例制定の結果、自主的に解体されている空き家も増えてきた。

←①空き家解体工事の様子。大仙市は地域の安全、安心を守るため、行政代執行に踏み切った。

障がい者千五百人雇用推進条例―岡山県総社市

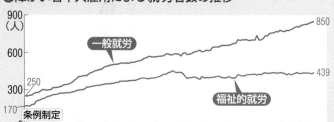

Ⓐ障がい者千人雇用による就労者数の推移

障がい者が社会に参画し、住み慣れた場所で安心して暮らすためには多くの就労の場が必要と考え、平成23年に「障がい者千人雇用推進条例」を制定。平成29年に目標が達成されたため、現在は障がい者1,500人を目標に、「障がい者千五百人雇用委員会」を設置し、雇用の場の創設や就労の安定化を官民挙げて取り組んでいる。

（総社市HPを参考に作成）

＊行政代執行…土地や建物の所有者に代わり、行政機関が適切な措置をとること。空き家の解体やごみの撤去、公道へはみ出した枝葉の剪定などを行う。

他にも、青森県鶴田町では長寿と将来を担う子どもたちのための「朝ごはん条例」を制定、三重県鳥羽市では議会をネット中継する等、市民に開かれた議会にすべく取り組みをおこなっているよ。

1 日本国憲法の地方自治

地方自治の本旨 第92条

団体自治	住民自治
地方公共団体が国（中央政府）から独立し、自らの意思と責任で決定できること。	地域の政治が地域住民の意思により自主的に行われること。

第94条
財産管理・事務処理・行政執行・条例制定

第93条
首長、議員、その他吏員の直接選挙

第95条
地方特別法の住民投票

地方自治法の直接請求権
・条例の制定・改廃請求
・監査の請求
・議会の解散請求
・議員、首長などの解職請求

特別法 → ← 住民投票
国 会

🐦**解説** 地方自治は「民主主義の学校」とブライス（イギリスの政治学者）は述べている。身近な問題を地域住民が自ら解決する積み重ねが社会全体を民主化していくことにつながるのである。

2 地方自治のしくみ

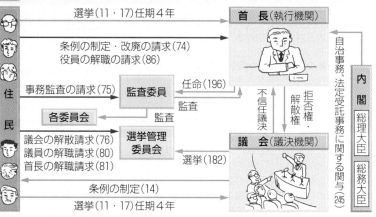

選挙（11・17）任期4年 → **首 長**（執行機関）

条例の制定・改廃の請求（74）
役員の解職の請求（86）

事務監査の請求（75） → **監査委員** ← 任命（196）
監査

各委員会 ← 監査

議会の解散請求（76）
議員の解職請求（80）
首長の解職請求（81）
→ **選挙管理委員会** → 選挙（182）

議 会（議決機関）

条例の制定（14）

選挙（11・17）任期4年

不信任議決 / 拒否権・解散権

内 閣
総理大臣
総務大臣

自治事務・法定受託事務に関する関与（245）

〈注〉→ は直接請求権。（ ）内の数字は地方自治法の条数。

🐦**解説** 明治憲法下、知事は天皇から任命され内務省を中心とする中央集権体制の支配下にあり、住民の政治参加もきわめて制限されていた。現在、制度的には「自治」が実現されているが、実際には、許認可権や補助金を通じて中央の権限が地方に及んでいる。

🔖Seikei マニア **全国のユニークな条例** 北海道標津郡中標津町「牛乳消費拡大応援条例」。酪農が基幹産業で、地域の良質な牛乳を広くアピールするため2014年に制定。青森県鶴田町「朝ごはん条例」。町民の健康や長寿を目指し2004年に制定。条例により学校給食でも麺・パン類が全面廃止され、保温ジャーの導入で温かいご飯が提供されている。

3 直接請求制度

種類	必要署名数	受理機関	取扱い	実例
条例の制定,改廃⑦	1/50以上	首長	議会にかけ,結果を公表	大阪府堺市の政治倫理に関する条例（1983）
事務の監査		監査委員	監査結果の公表 首長・議会への報告	福岡県知事公舎建設事務監査請求（1982）
議会の解散⑩	1/3以上	選挙管理委員会	住民投票にかけ過半数の同意があれば解散	愛知県名古屋市議会の解散（2011）
首長の解職⑩			住民投票にかけ過半数の同意で職を失う	市政をめぐる鹿児島県阿久根市長の解職（2010）
議員の解職⑩				東京都三宅村基地誘致派2人の解職（1984）
主要公務員の解職⑩ （副知事・副市町村長など）		首長	議会で2/3以上の議員の出席で3/4以上の同意で職を失う	1956年以降事例なし

＊必要な署名数（人口により異なる）

$$40万人以上 = (40万 \times \frac{1}{3}) + (40万を超える数 \times \frac{1}{6})$$

$$80万人以上 = (40万 \times \frac{1}{3}) + (40万 \times \frac{1}{6}) + (80万を超える数 \times \frac{1}{8})$$

⑦=イニシアティブ（住民発案），⑩=リコール（住民解職）

5 民意は反映されている？

ⓐ市町村の行政は住民の意見を反映していますか

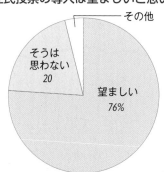

（数字は%）

答えない / 全く反映していない

	大都市	中都市	小都市	町村
答えない	11.5		11.0	6.0
全く反映していない	9.3	12.2	8.6	7.6
	12.3			
あまり反映していない	39.5	39.4	38.8	36.6
多少は反映している	35.3	35.7	38.2	44.7
大いに反映している	1.4	3.5	3.5	5.1

解説　大都市になればなるほど「住民の意見を反映していない」という声が多い。平成の大合併で市町村の規模は拡大した。今後，自治体の中で都市内分権・地域内分権をどう進めていくかが課題である。

ⓑ住民投票の導入は望ましいと思いますか？

望ましい 76%
そうは思わない 20
その他

解説　2002年3月，市町村合併の手続きに住民投票を導入する合併特例法改正が行われたことなどから，合併の是非を住民投票で決めようとする自治体が徐々に増えてきている。望ましいと答えた賛成派は20歳代など若年層に多い。

（ⓐ・ⓑとも『読売新聞』2002.11.8）

4 地方公共団体のしごと

ⓐ地方分権法で，地方の権限拡大―地方自治法改正

従前（～2000年3月）	地方分権一括法施行後（2000年4月～）
公共事務（＝固有事務）★非権力的な事務 例水道・交通などの公営企業の経営，学校・公園・病院などの設置	自治事務 ★地方公共団体が処理する事務のうち，法定受託事務以外のもの。 例都市計画，学級編制基準，就学校の指定
行政事務 ★権力的な事務 例警察・各種生産物検査	法定受託事務 ★国が本来果たすべき役割のものだが，法律・政令に基づき地方公共団体が処理する事務。 例国政選挙，パスポートの交付，生活保護の決定
団体委任事務 例保健所の設置・管理，失業対策	
機関委任事務 例国政選挙，都市計画，学級編制基準	国の直接執行事務 例駐留軍用地特別措置法の代理署名
	事務自体の廃止

国は実施方法まで指示できる。

解説　1999年に成立した地方分権一括法により，地方公共団体の仕事が変わった。これまで自治体本来の事務を圧迫していた機関委任事務は廃止され，法に定められた自治体の事務となった。

6 住民投票―レファレンダム

ⓐ住民投票が行われるケース

		法的拘束力
①	地方自治特別法の同意（憲法第95条等）…1つの地方公共団体のみに適用される特別法を制定するとき	○
②	議会の解散，公務員の解職の同意（地方自治法第76～85条）…議会の解散，議員・首長の解職の請求があったとき	○
③	合併協議会の設置の同意（市町村合併特例法第4，5条）…直接請求による合併協議会設置が議会で否決された際，首長の請求か有権者の6分の1以上の直接請求があったとき	○
④	特別区の設置の同意（大都市地域特別区設置法第7条）…政令指定市と隣接自治体の人口が200万人以上の地域が，市町村を廃止して特別区を置くことを議会が可決したとき	○
⑤	地域の争点（条例など）…住民の条例制定直接請求（地方自治法第74条）か議員・首長の条例提案で，議会が住民投票条例を可決したとき	×

ⓑ住民投票の主な例（類型はⓐ参照）

類型	自治体	争点	多数派	実施
⑤	新潟県巻町	原子力発電所の建設	反対	1996.8
⑤	滋賀県米原町	合併の選択…永住外国人が初投票	反対	2002.3
③	鳥取県境港市	米子市との合併協議会設置の是非	反対	03.7
②	鹿児島県阿久根市	市長の解職請求	賛成	10.12
⑤	埼玉県所沢市	校舎へのエアコン設置	賛成	15.2
④	大阪府大阪市	「大阪都」構想の是非	反対	15.5
⑤	愛知県小牧市	TSUTAYA図書館建設計画	反対	15.10
⑤	沖縄県	辺野古埋め立ての賛否	反対	19.2

条例に基づく住民投票を全国で初めて実施。

解説　個別の政策について住民が直接請求で住民投票条例の制定を求める動きが広がっている。しかし90余りの直接請求のうち議会で可決されたのはわずか7件との報告もある。また住民投票条例による投票結果に法的拘束力はない。

チェック	地方自治の本旨　イニシアティブ　リコール　自治事務　法定受託事務　レファレンダム
トライ	・有権者1万2,000人の町で町長の解職請求をするとき，必要な署名人数は？

テーマ 24

地方自治の現状と課題

民主主義　幸福　トレードオフ

Introduction ふるさと納税

Ⓐふるさと納税の特徴

- 「納税」という名の「**寄付**(きふ)」
- 寄付する**地方自治体を自由に選べる**
- 自己負担額2,000円を除く全額（上限あり）が控除(こうじょ)対象
- 特産品などの返礼品(へんれいひん)がある地方自治体も

Ⓑふるさと納税の受け入れ寄付金額の上位自治体

上位自治体	寄付金額	主な返礼品(へんれいひん)
北海道紋別(もんべつ)市	152億9,677万円	ほたてやいくらなど
宮崎県都城(みやこのじょう)市	146億1,619万円	牛や豚，鶏の肉など
北海道根室(ねむろ)市	146億0,457万円	銀だらやいくらなど

〈注〉2021年度の数値。　（総務省資料などによる）

解説　都市部と地方の税収格差を埋める狙いで2008年に始まった。故郷や応援する自治体に寄付した人は2,000円を超える額が所得税や住民税から控除される。しかし，過熱する返礼品競争を総務省が問題視し，2019年３月に寄付額の３割を上限とすること，地場(じば)産品に限ることを義務づける法律が成立した。ふるさと納税制度を利用したい自治体は総務省に申請し，審査(しんさ)が必要となる。

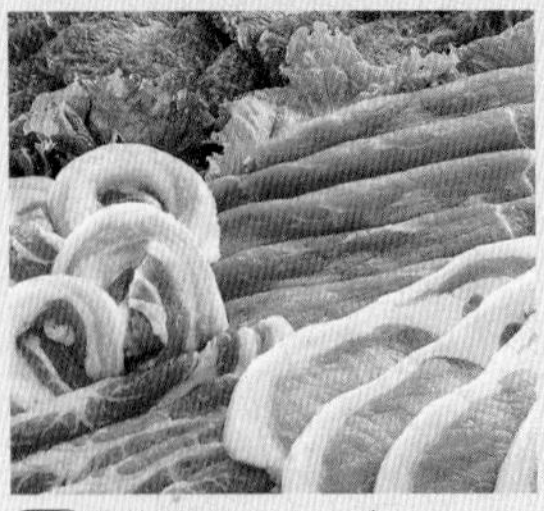

①返礼品のイメージ

還元を宣伝するサイトも…

還元率ランキング１位
△△県〇〇市
「〇〇豚10kgセット」
還元率180%!!
10,000円の寄付で18,000円分!!!

Ⓒふるさと納税の仕組み

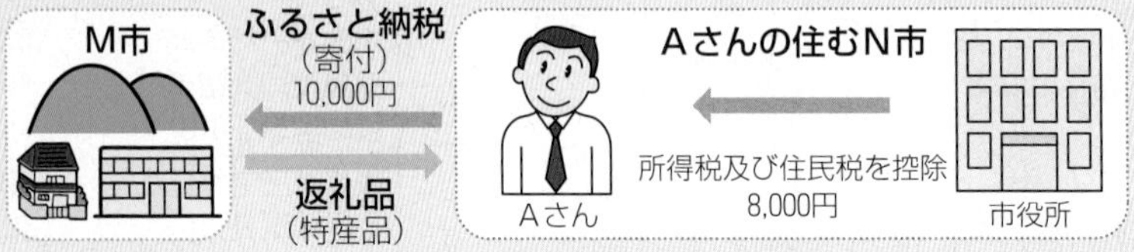
M市
ふるさと納税
（寄付）
10,000円
返礼品
（特産品）
Aさんの住むN市
Aさん
所得税及び住民税を控除
8,000円
市役所

Ⓓ自分の住んでいる自治体の返礼品を知っているかな？

返礼品	内容	自治体
親孝行代行	清掃，剪定(せんてい)作業，庭の草取り	大分県大分市，福岡県大牟田(おおむた)市など
墓掃除	清掃，献花サービス	高知県安芸(あき)市，三重県松阪(まつさか)市など
雪下ろし	空き家等の屋根の雪下ろし	秋田県湯沢(ゆざわ)市
永代埋葬権(えいたいまいそうけん)	公営墓地の永代埋葬権	長野県小諸(こもろ)市

Ⓔふるさと納税はメリットだらけ？

寄付者　応援したい自治体に寄付できる，返礼品がもらえる，住民税が控除される

地方自治体　魅力ある返礼品やアピールなどの工夫で財源を確保できる

●税収が減少した都心の区

東京都	減収額
世田谷区	83億9,600万
港区	61億2,900万
大田区	42億3,100万

〈注〉2022年度の数値。
（『朝日新聞』2023.4.13）

住民が，ふるさと納税で他の自治体に寄付をした影響で，住民税が減少した事例。本来納められるべき税が，他の自治体に流出してしまった。流出だけでなく業者への手数料支払いなどを含めて赤字となる自治体が多く，その場合，地方交付税で埋め合わせられる。財源が豊かな都心などの非交付団体の場合，流出分はそのまま減収となってしまう。

1 地方財政の現況

Ⓐ地方公共団体の財源構成（2023年度・計画額）

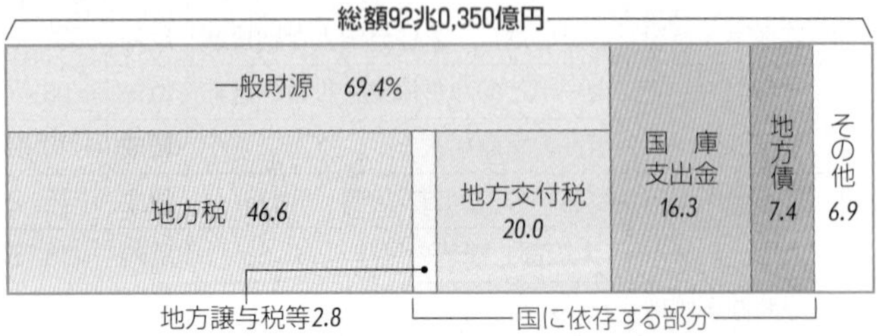
総額92兆0,350億円
一般財源 69.4%
地方税 46.6
地方譲与税等2.8
地方交付税 20.0
国庫支出金 16.3
地方債 7.4
その他 6.9
国に依存する部分

〈注〉**地方交付税**　地方公共団体間の租税収入の格差是正のため，財政力の貧弱な自治体に国から交付され，国税のうち，所得税・法人税の33.1%，酒税の50%，消費税の19.5%，地方法人税の全額がこれに充てられる。

国庫支出金　国が地方公共団体に交付する負担金，補助金，委託金の総称で，使途が限定されている。普通「補助金」とよばれる。

解説　自治体の自主財源は平均で４割である。財政面で中央に依存せざるを得ず，俗に「**３割自治**」や「**４割自治**」とよばれる地方自治の現状を象徴している。

Ⓑ借金漬(づ)けの地方財政

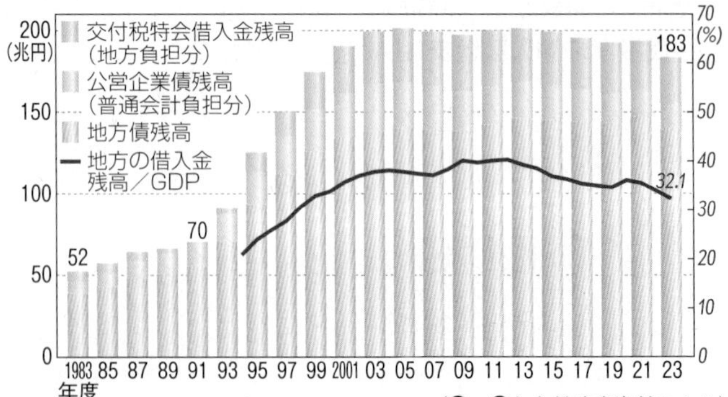
200
(兆円)
150
100
50
0
交付税特会借入金残高
（地方負担分）
公営企業債残高
（普通会計負担分）
地方債残高
地方の借入金残高／GDP
70
(%)
60
50
40
30
20
10
0
52
70
183
32.1
1983 85 87 89 91 93 95 97 99 2001 03 05 07 09 11 13 15 17 19 21 23
年度

（Ⓐ・Ⓑとも総務省資料による）

解説　バブル崩壊後の景気対策で，国も財政が厳しいので補助金がつかない単独事業を奨励(しょうれい)した。ところが不況で法人事業税と法人住民税が大幅に減り，さらに「三位一体の改革」によって地方交付税も減額されたため，地方自治体の借金は増加している。

Seikei マニア　普通に食べられている安くておいしい地元のＢ級グルメでまちおこしをしようと，2006年から「Ｂ－１グランプリ」が開かれている。グランプリをとった地域では観光客や料理の売上が増加するなどの経済効果が生まれている。

② 地方分権

Ⓐ 地方分権とは何か

一般には地方への税源・財源移譲（ざいげんいじょう）や権限移譲（けんげんいじょう）などが語られるが，何よりも地方自治の本旨（ほんし）に基づく団体自治・住民自治の実現が第一であろう。明治以来の中央集権型行政システムに大きな転換をもたらすとされる地方分権一括法の施行により，自治体を国の下部機関と位置づけてきた機関委任事務が廃止されるなど，地方が自治体運営で独自性を発揮する余地が広（ひろ）がった。果たして，地方分権は進んでいるのか？

Ⓑ 地方分権の構造

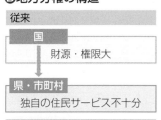

従来

国
財源・権限大

↓

県・市町村
独自の住民サービス不十分

地方分権

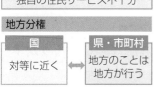

国		県・市町村
対等に近く	⇄	地方のことは地方が行う

Ⓒ 三位一体の改革

国庫補助金の改革 — 税源移譲 — 地方交付税の見直し

三位一体の改革 地方分権の推進を目指して2005年政府決定。結果的には地方分権は進まず，交付税の削減で自治体の格差が拡大した。

Ⓓ 文化庁京都移転

「東京一極集中の是正（ぜせい）」「地方創生」のため，2014年の第二次安倍内閣が計画を始めた中央省庁の地方移転。省庁を誘致（ゆうち）したい自治体を募り，複数の自治体が移転に応じた。

政府は民間企業に対しても本社機能の地方移転を促（うなが）すとともに，政府機関の移転を検討。2023年3月には，文化庁が京都市に移転し新しいスタートを切った。京都に400人，東京に200人の体制となる。この他の中央省庁のうち，消費者庁が徳島県，総務省統計局が和歌山県に移転が決定しているが，一部が移転したのみである。

解説 地方移転が進まない理由には，他省庁との連携や国会議員とのやりとりには，従来の対面の方が向いているという背景がある。

↓② 移転した文化庁の新庁舎。

Ⓔ 中央省庁の移転計画案

観光庁 北海道
特許庁，中小企業庁 大阪府
文化庁 京都府
観光庁 兵庫県
特許庁 長野県
気象庁 三重県
総務省統計局 和歌山県
消費者庁 徳島県

（『西日本新聞』などを参考に作成）

日本政治

③ 平成の大合併

Ⓐ 合併による市町村数の移り変わり

年	市	町	村	計
1999年	670	1,994	568	3,232
2004	689	1,903	540	3,132
2005	732	1,423	366	2,521
2018	792	743	183	1,718

100減 → 611減 → 803減

効率的な地方行財政などを目的に推進された「平成の大合併」。市町村の数は半数近くに減ったが，合併がもたらしたものは？その先にあるのはさらに広域（こういき）な合併（道州制）か？

〈注〉各年度末の数値。2018年は10月1日現在。（Ⓐは総務省資料による）

Ⓑ 合併が行われるメリットとデメリット

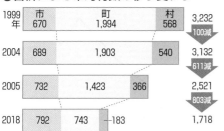

合併のメリット

① 住民の生活が便利に
近くの学校に通えるようになったよ

② 行政サービスの多様化・高度化
新しいサービスも導入できる

③ 広域的なまちづくりが可能
道路や公共施設の整備，土地利用，地域の特性や住民の意見を反映したまちづくり

④ 行財政の効率化
それぞれの市町村で行っていた仕事をまとめることで経費も節減

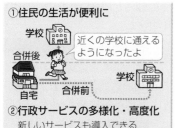

合併のデメリット

遠くて大変…

「評価している」の回答理由
● 他の地域の住民との交流が広がった
● 地域活性化，観光振興が進んでいる
● 行政からの情報提供が増えた

「評価しない」の回答理由
● 合併前後の変化が感じられない
● 中心地ばかり栄えている
● 地域の格差が大きくなった
● 税金や公共料金の負担が増えた

Ⓓ 熊本県市町村合併の検証 （熊本県資料）

評価している 35.8%	評価しない 44.5	その他

Ⓒ 答申された道州制3案

（南関東の区域では，東京都のみで一つの道州とすることも考えられる）

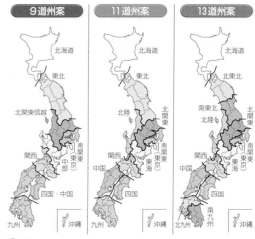

9道州案 ／ 11道州案 ／ 13道州案

解説 進まない道州制 地方分権を推進するには，現在の都道府県という枠組みに縛（しば）られない広域的な地方自治のあり方を検討する必要がある。道州制は，国の権限と財源を必要最小限とし，外交や防衛（ぼうえい）など国家の存立に関係するもののみを国に任せ，従来国家が行ってきた政策立案などの権限や財源を道州に移譲し，より強い自治権を地方に与える構想である。これにより東京一極集中の緩和（かんわ），多重行政（じゅうぎょうせい）の解消，議員や公務員の削減など，効率的な行政の実現が期待される。しかし国主導の議論への反発や，権限と財源の移譲が確実になされるのかといった不安，「平成の大合併」を経験した地方では，さらなる地域性の喪失（そうしつ）や格差を訴える声もあり，なかなか議論が進まないのが実情（じつじょう）である。

探究　事例　日本一リッチな村

↑❶村立小中一貫校・飛島学園のホール。生徒全員が集まって給食を食べられるほど大きな設備。

●愛知県飛島村

名古屋市に隣接する飛島村は，人口約4,800人の小さな村だが，**財政力指数**は日本一である。財政力指数はその数値が高いほど自主財源の割合が高く，1.0を超える団体は地方交付税の交付を受けない豊かな自治体といえる。飛島村は名古屋港の臨海工業地帯の一角を占め，鉄鋼関連の企業からの固定資産税が豊かな財源となっている。

●飛島村の主な政策

■高校生まで医療費自己負担ゼロ
■中学2年生全員に無料でアメリカ研修旅行
■100歳の祝い金100万円

●財政力指数（2021年度）

1	愛知県飛島村	2.1
2	青森県六ケ所村	1.69
3	長野県軽井沢町	1.61
4	北海道泊村	1.53
5	東京都武蔵野市	1.48
6	千葉県浦安市	1.46
7	福島県大熊町	1.45
8	大阪府田尻町	1.43
9	愛知県豊田市	1.42
10	愛知県みよし市	1.41
11	神奈川県箱根町	1.39

（総務省資料による）

課題　地方公共団体の住民サービスがより良くなるためには，どのような制度や財源が必要だろうか？

① 地方公共団体の財源と現状

Ⓐ国税と地方税（2021年度）

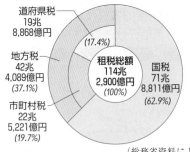

道府県税 19兆8,868億円（17.4%）
地方税 42兆4,089億円（37.1%）
市町村税 22兆5,221億円（19.7%）
租税総額 114兆2,900億円（100%）
国税 71兆8,811億円（62.9%）

（総務省資料による）

Ⓑ主な市町村税

市町村民税
固定資産税
軽自動車税
市町村たばこ税
鉱産税
特別土地保有税
入湯税
事業所税

Ⓒ歳入構成の比較（2022年度）

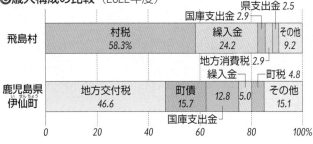

飛島村：村税 58.3%／繰入金 24.2／国庫支出金 2.9／県支出金 2.5／その他 9.2
鹿児島県伊仙町：地方交付税 46.6／町債 15.7／繰入金 12.8／国庫支出金 5.0／町税 4.8／地方消費税 2.9／その他 15.1

（飛島村，伊仙町資料による）

Ⓓ各地の限界集落の度合い

限界集落率（％）
■4%以上
■3%〜4%
□2%〜3%
□1%〜2%
□0%〜1%未満

（農林水産省資料による）

解説　人口の50%以上が65歳以上の集落を**限界集落**と呼び，2020年時点で全国に20,372カ所ある。

問　地方自治体の自主財源が乏しいと何が困るのだろうか。

② 地方移住

Ⓐ移住相談件数の推移

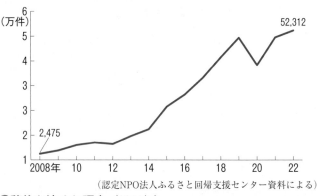

（万件）2008年 2,475 … 22年 52,312

（認定NPO法人ふるさと回帰支援センター資料による）

Ⓑ移住を決めた理由（2017年）

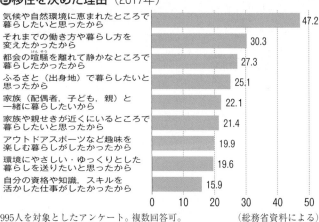

気候や自然環境に恵まれたところで暮らしたいと思ったから　47.2
それまでの働き方や暮らし方を変えたかったから　30.3
都会の喧騒を離れて静かなところで暮らしたかったから　27.3
ふるさと（出身地）で暮らしたいと思ったから　25.1
家族（配偶者，子ども，親）と一緒に暮らしたいから　22.1
家族や親せきが近くにいるところで暮らしたいと思ったから　21.4
アウトドアスポーツなど趣味を楽しむ暮らしがしたかったから　19.9
環境にやさしい・ゆっくりとした暮らしを送りたいと思ったから　19.6
自分の資格や知識，スキルを活かした仕事がしたかったから　15.9

995人を対象としたアンケート。複数回答可。　（総務省資料による）

解説　仕事を辞めなければいけない，地方には働く場がないなど，これまでは地方移住に大きな障壁があったが，近年では移住希望者は増加している。

問　地方への移住希望者が増えた要因として，どんなことが考えられるだろうか。

事例 未来に向けてのメッセージ

←①高台への避難を常に意識するための避難競走イベント「津波伝承復幸男」。ゴールは津波が来ても安全とされる高台。

→②震災直後に女川中学校に入学した生徒らが設置した「いのちの石碑」。石碑は各地の津波到達地点に建てられ、避難時は石碑よりも上へ逃げるよう刻まれている。

宮城県女川町では、復興後の生活を重視し、防潮堤を設置しない「海の見える町」を選択。住居の高台移転により津波対策も両立させた。ＪＲ駅付近の商業施設は観光客を集めている。
　一方、津波被害を風化させないために、高台への避難を常に意識するための避難競走イベントを開催したり、中学生らが「いのちの石碑」を設置したりするなど、未来に向けてのメッセージも忘れていない。

課題 地方自治における望ましい防災対策とは？

① 防潮堤で津波に備える

　東日本大震災での津波による犠牲者は１万人以上。政府は百数十年に一度の津波に備えて沿岸に強靭な構造の防潮堤を建設する方針を示した。防潮堤の高さは各地の津波の高さを想定して2.7mから、高いところでは14.7mに及ぶ。震災から約10年を経て、岩手県から千葉県の太平洋沿岸に総延長400kmに及ぶ防潮堤が建設されている。建設費は１兆円を超える。

Ⓐ防潮堤計画の概要

総延長400km以上

解説 東北から関東まで及ぶ防潮堤の建設範囲。景観を損ねるだけではなく、海と途絶することで生じる、海に対する危機感の減少や、自然環境の破壊など、様々な問題点が指摘されている。

↑③9.7mの防潮堤に囲まれた宮城県石巻市雄勝町。

② 「防潮堤をつくらない」という選択

　一方、宮城県北部の女川町は震災当時14mを超える津波に襲われ、大きな被害を受けたにもかかわらず、「防潮堤をつくらない」という選択をした。

Ⓐ「海とともに生きる」町づくり

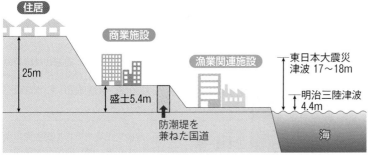

住居 / 商業施設 / 漁業関連施設

25m
盛土5.4m
防潮堤を兼ねた国道
海
東日本大震災津波 17〜18m
明治三陸津波 4.4m

（土屋信之『災害列島の作法　女川町の奇跡 防潮堤のない復興まちづくり』主婦の友インフォスを参考に作成）

　女川町では、復興に際して公募などで選ばれた住民による話し合いを幾度も重ね、住民一人ひとりの意見を丁寧に聞き、意見を調整し、震災前と同様の漁業を町の産業の中心とする「海とともに生きる」町づくりに合意した。千年に一度の津波でも安全な高台を居住区として、津波到達までの35分間に港や商業地区から高台に避難できるように道路を整備した。海が見えることは景観が良いだけでなく、津波などの海の異変にも気づきやすいメリットがある。

問 女川町が最初に復興させたのは、居住区、商業施設、漁業施設のうちどれか。

↑④震災から８年後の女川町。町内のいたるところで海を見ることができる。

←⑤震災直後の女川町。町内の９割近くが被災、１割の人命が失われた。

政党政治

公正　民主主義　効率性　16 平和と公正をすべての人に

Introduction 政治について学ぼう！─知っておきたい政党の特色

政党とは 第一に，政党は不可避である。今までに，大規模な自由主義国で政党をもたない国はなかったし，政党なしに代議政治が運営可能であることを示したものは，ひとりもいない。
（『近代民主政治』）

↑①J.ブライス（イギリス1838〜1922）

政党とは…

政治資金規正法などによると，政党は「所属国会議員が5人以上または，国会議員を有し，前回の衆議院選挙もしくは参議院選挙で全国得票率が2％以上の政治団体」と定義されている。

無党派とは…

いちおう政治に関心はある／特定の支持政党がない…
消費税がアップ…／NEWS／え〜〜／どれもいまいち…／自民／公明／立憲／維新／共産

日本の政党を座標に位置付けると…

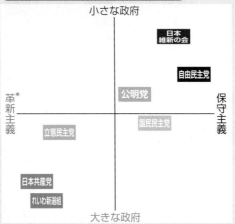

小さな政府
日本維新の会
自由民主党
公明党
革新主義 ─ 保守主義
国民民主党
立憲民主党
日本共産党
れいわ新選組
大きな政府

（『朝日新聞』2022.6.24などを参考に作成）
＊近年の新聞・テレビ等の報道では，「革新」の表現はあまり使用されない。

「無党派層」＝支持政党なし

「支持政党なし」という無党派の人が増えている。政治には関心がある，でも支持に値する政党がない，もしくは選挙のたびに支持を変えている人々だ。「無党派層」の動向が，選挙戦を左右するまでになっている。

小さな政府とは？

民間で供給可能な財・サービスにおいて政府の介入を最低限にし，低負荷，低福祉な政策のもと，規制緩和を行う。

大きな政府とは？

政府の市場への介入を強化し，高負担・高福祉な政策のもと公共事業への積極投資や完全雇用の実現を重視する。

保守主義とは？

伝統的制度の維持を奨励し，社会の変革については最小で漸進的なものを支持する。日本では，対米関係の重視，自由主義経済体制の維持を掲げるが，憲法については改正すべきと考える。

革新主義とは？

現行の政治体制の変更を優先的に要求し，格差の是正や平等を重視する。日本では，戦後の外交を対米追従と批判し，憲法改正に強く反対する。

1 主な政党のプロフィール

ナビ 党議拘束　国会での議案の採決に際して，政党の決定に所属議員を従わせること。政党政治では当然とされるが，議員個人の政治的信条が反映されない，審議が形骸化するなどの批判もある。

〈注〉2023.10.31現在

		党首・党勢	沿革・方針など		党首・党勢	沿革・方針など
与党	自由民主党	総裁 **岸田文雄** 衆 263人 参 118人	1955年，**自由党**と**日本民主党**の保守合同で成立。一時期を除き一貫し政権維持。保守政党だが政策は幅広く，派閥実力者による党首交代が政権交代の役割を果たしてきた。2012年12月与党に復帰。	日本維新の会	代表 **馬場伸幸** 衆 41人 参 20人	**維新の党**を離脱した安倍政権に近い橋下徹・松井一郎らが2015年**おおさか維新の会**を結党。翌年現在の党名に変更。道州制など地方分権，規制緩和，小さな政府などを主張。
	公明党	代表 **山口那津男** 衆 32人 参 27人	1964年宗教団体である創価学会を支持母体として結党。94年**新進党**結党で分党したが，98年再合流。1999〜2009，12年からは**自民党**と連立政権をつくり，政局の中心的存在となった。	国民民主党	代表 **玉木雄一郎** 衆 10人 参 11人	2009年に政権交代を果たした**民主党**の流れを受けつぐ政党。離合集散を繰り返し，2020年**立憲民主党**との合流にともないいったん解党。その後，合流に参加しなかった旧**国民民主党**議員が再結成した。
	立憲民主党	代表 **泉 健太** 衆 95人 参 38人	2017年**民進党**解党後，**希望の党**への合流拒否に反発し枝野幸男が一人で結党。2020年**立憲民主党**と**国民民主党**が解党し，合流賛成派議員らが再結成。野党共闘で臨んだ2021年衆院選だったが，議席を減らした。	日本共産党	委員長 **志位和夫** 衆 10人 参 11人	1922年結党。戦前は天皇制廃止を掲げたため，非合法政党とされた。戦後は，憲法9条堅持，日米安保体制反対等を主張。2015年安保法制成立後，野党共闘による政権奪取を主張している。

Seikei マニア **政策秘書** 正式名称は国会議員政策担当秘書。法的な身分は特別職国家公務員である。就任に必要な要件が定められており，衆議院並びに参議院の主催する国会議員政策担当秘書の資格試験に合格するか，任用の要件を満たした者だけが就任することができる。

2 政党制３つの形態

オヒ「総花的」関係者すべてに利益・恩恵を与えること。

	長所	短所	代表的な国
二大政党制	①政局が安定しやすい。②有権者による政党の選択が容易。③政党間の競争により、与党の失敗や腐敗を追及し浄化することができる。	①種々雑多な国民の意思や利害を、きめこまかく吸収することができない。②政策のへだたりが大きいと、政権交代により、政策の連続性が失われる。	アメリカ（民主党と共和党）イギリス（20世紀後半：保守党と労働党）
小党分立制	①国民の様々な要求や利害を政治に反映することができる。②世論の小さな変化が政権に影響する。③連立政権により、権力の腐敗を防止。	①連立政権なので常に政局不安定。②政治責任が不明確になり、政策も総花的になりやすい。③国難に当たり大胆な政策遂行が困難。	フランスイタリアスウェーデン
一党制	①政権が安定し、政策の連続性が保てる。②国民に対して強力な指導ができる。	①独裁政治による国民の人権無視の可能性。個人崇拝も行われやすい。②腐敗政治になりやすい。	中国、北朝鮮、キューバなど社会主義国

3 55年体制以降の政党の移り変わり

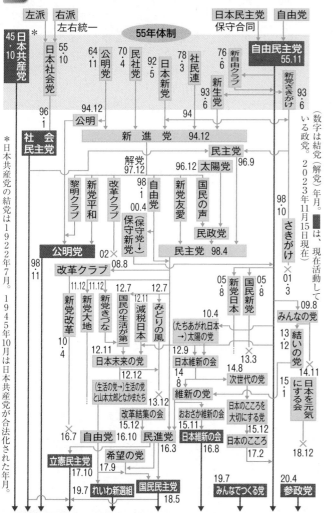

4 政治活動資金

Ⓐ政治資金規正法による政治資金の流れ（1948年制定・1994年改正）

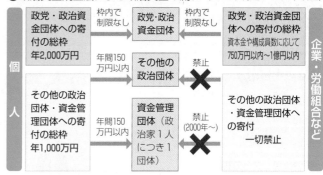

Ⓑ政党交付金の政党本部収入に占める依存率（2021年分）

- 自 民 党 政党交付金 34.8% ── 487.7億円 ─ 党収入
- 公 明 党 ── 16.4% 183.8億円
- 立憲民主党 53.5% 128.6億円 60.4%
- 国民民主党 38.9億円
- 共 産 党 0% 215.9億円

Ⓒ政党交付金の各党配分額（2023年分）

自由民主党	159.1億円	（50.4%）	社会民主党	2.6億円	（0.8%）
立憲民主党	68.3億円	（21.7%）	政治家女子48党	3.3億円	（1.1%）
国民民主党	11.7億円	（3.7%）	れいわ新選組	6.2億円	（2.0%）
公 明 党	28.7億円	（9.1%）	参 政 党	1.9億円	（0.6%）
日本維新の会	33.5億円	（10.6%）	合 計	315.4億円	（100%）

〈注〉（ ）内は全体に占める割合。　（Ⓑ・Ⓒとも総務省資料による）

解説 政治資金規正法は、政党や政治家をめぐるカネの流れの透明度を高めることが狙いで、政党・政治団体に収支報告書提出を義務づけ、公開するよう定めている。1994年の改正に伴い、政党交付金が創設された。この制度は、国民１人当たり250円（総額約320億円）の交付金を議員数などにより、各党に配分する。対象となる政党の条件は、①所属国会議員が５人以上または、②国会議員を有し、前回の衆議院選挙もしくは参議院選挙で全国得票率が２%以上である。共産党は公費助成に反対しており受け取らないため、その分は他党に割り当てられる。

5 利益集団（圧力団体）

〈注〉各団体の勢力は2021年現在の資料による。

	利益集団とその内容
経営者団体	日本経済団体連合会　会員総数1,650団体　「財界の総本山」といわれていた『経済団体連合会（経団連）』と、主に労務対策を行ってきた『日本経営者団体連盟（日経連）』が、2002年５月統合して発足。 経済同友会　会員総数1,537人　経営者個人を会員とする団体。 日本商工会議所（日商）　全国にある商工会議所の総合団体。
労働団体	日本労働組合総連合会（連合）　約699万人 全国労働組合総連合（全労連）　約72万人 全国労働組合連絡協議会（全労協）　約10万人
その他	全国農業協同組合中央会（JA全中）　約425万人 日本医師会　約17万人 日本遺族会　約46万人

解説 労働組合や職能団体は、その利益獲得のため政治家（政党）にさまざまな要求をする。結果として利益集団となる。政治家（政党）に対する最も大きな圧力は、票（選挙協力）とカネ（資金協力）である。参議院選挙比例代表の名簿の上位には、それぞれの政党と関係の深い団体出身者が名を連ねる。

チェック&トライ

チェック　二大政党制　小党分立制（多党制）　族議員　政治資金規正法

トライ　・1955年に結党した政党を２つ答えよう。　・政党交付金の財源は何だろうか。

個人の尊重　民主主義　16 平和と公正をすべての人に

Introduction　投票前にはネットを活用しよう！—ネット選挙2013年参院選より解禁

ネット選挙で できること	政党	候補者	有権者
HPやツイッターの利用	○	○	○
電子メールの利用*	○	○	×
有料バナー広告の掲載	○	×	×

＊氏名やメールアドレス等の表示義務

●その他の禁止事項
・18歳未満の選挙運動
・ウェブ上の選挙ビラを印刷して配布

18歳以上なら，LINEなどのSNSで投票を呼びかけることもできるよ。

でも，有権者が電子メールで投票を依頼することは禁止なので，要注意だよ！

▲❶2022年参院選のネット党首討論会のようす（2022.6.18）

ボートマッチ（vote match）を試そう！

voteは「投票」，matchは「適合する」「一致する」の意味。インターネットによるサービスで，質問に回答していくと，自分の考えに最も適合する政党を探し出してくれる。下記のサイトにアクセスしてみよう。

「毎日新聞ボートマッチ参院選　えらぼーと2022」
🖉 https://vote.mainichi.jp
「2022参院選あなたにマッチする政党は？」
🖉 https://www.asahi.com/senkyo/saninsen/2022/votematch

2016年参院選—どこから得た情報が信頼できた？

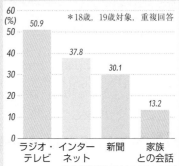

＊18歳，19歳対象，重複回答

ラジオ・テレビ 50.9
インターネット 37.8
新聞 30.1
家族との会話 13.2

（『東京新聞』2016.7.16による）

ネット選挙とは…

インターネットやSNSを活用する選挙運動のこと。ネット上から投票ができるわけではない。誹謗中傷やなりすましの防止など課題は多いが，若者の政治参加への関心を喚起し，投票率を上昇させる手段としての期待は大きい。

1　選挙制度の比較—衆議院・参議院

	衆議院 （小選挙区比例代表並立制）	参議院 （3年ごとに半数改選）	
定数	465 小選挙区289 比例代表176（拘束名簿式）	248 選挙区74 比例代表50（非拘束名簿式）	一回の選挙で124名が改選される。
選挙区	小選挙区—289選挙区 比例代表—全国を11ブロックに分割	選挙区—原則都道府県単位（各1～6名選出） 2016年より鳥取と島根，徳島と高知は合区 比例代表—全国1区	
投票方法	自書式2票制 小選挙区—候補者名 比例代表—政党名	自書式2票制 選挙区—候補者名 比例代表—政党名か政党の届け出名簿登録の候補者名	
当選者	小選挙区—比較多数の得票者（1名） 比例代表—政党のブロックごとの得票数をドント式で比例配分し，ブロックの名簿上位順に当選	選挙区—上位順に当選 比例代表*—候補者票と政党票を足した総得票を，ドント式で比例配分（名簿には順位なし）	

＊2018年の法改正により，参議院の比例代表に特定枠（政党があらかじめ決めた順位にしたがって当選者を決定できる枠）が導入された。

ドント式のしくみ

各党の得票数を1，2，3…と整数で割っていき，商の大きい順に当選とする。

[議席7]	A党 1,500票	B党 900票	C党 720票
÷1	1,500①	900②	720④
÷2	750③	450⑥	360
÷3	500⑤	300	240
÷4	375⑦	225	180

2　小選挙区比例代表並立制のしくみ

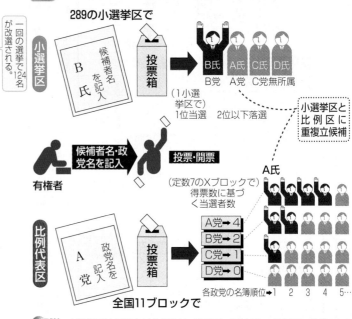

289の小選挙区で

小選挙区　候補者名を記入　B氏　投票箱

B氏　A氏　C氏　D氏
B党　A党　C党無所属

（1小選挙区で）1位当選　2位以下落選

小選挙区と比例区に重複立候補

候補者名・政党名を記入　投票・開票

有権者

A氏

（定数7のXブロックで）得票数に基づく当選者数

比例代表区　政党名を記入　投票箱

全国11ブロックで

A党→4
B党→2
C党→1
D党→0

各政党の名簿順位→1　2　3　4　5…

解説　小選挙区比例代表並立制とは，選挙区で候補者に，比例区で政党に，1人で2票投票する。同一候補者が重複立候補している場合，選挙区で落選しても比例区で復活当選する可能性もある。

Seikei マニア　選挙で当選するために不可欠だといわれるのが，「地盤（地元），看板（知名度），カバン（資金）」の三バン。しかし最近では，「評判，番組」を加えた五バンともいわれている。

3 2017年選挙にみる小選挙区制

Ⓐ得票率と議席占有率（小選挙区）

| 得票 | 自民 48.2% | 希望 20.6 | 立民 8.8 | その他 22.4 |
| 議席 | 自民 75.4% | 希望 6.2 | 立民 6.2 | 12.2 |

Ⓑ獲得議席数と死票の割合

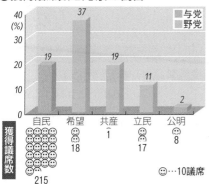

与党　野党

獲得議席数

自民 37 / 215
希望 19 / 18
共産 19 / 1
立民 11 / 17
公明 2 / 8

☺…10議席

Ⓒ獲得票と当選，落選

こんなに得票 でも落選		
118,961票	高木　宏寿	北海道3区
113,851票	今津　寛	北海道6区
110,243票	鎌田さゆり	宮城2区

得票これだけ でも当選		
59,488票	阿部　俊子	岡山3区
60,277票	本田　太郎	京都5区
60,605票	赤嶺　政賢	沖縄1区

（Ⓐ・Ⓑ・Ⓒとも総務省資料による）

解説 各選挙区の第1位のみ当選できるという小選挙区制では，得票率と獲得議席率に大きな差がある。また，落選した候補者に投じられた票，いわゆる死票が多いことも特徴である。2017年の衆院選では2,661万票が死票となり，死票の割合は48％にも上った。

4 選挙区制度の種類と特色

	長所	短所
小選挙区	①二大政党制を促し政局が安定する。 ②政策本位の選挙になる。 ③有権者が候補者をよく知ることができる。	①死票が多くなる。 ②ゲリマンダーの危険性が大きい。 ③国民の代表としての適格性を欠く地方の代表者が選出されやすい。
大選挙区	①死票が少なくなる。 ②少数政党からも選出可能。 ③全国的視野から有能な人物が選出されやすい。	①小党分立を生じて政局が不安定になる。 ②同一政党の候補者同士が争うことで，政策本位の選挙になりにくい。 ③有権者が候補者の人格や識見をよく知ることができない。
中選挙区	①理論上は，大選挙区の部類に入る。 ②定員3〜5人。以前の衆議院議員選挙区。 ③1994年，公職選挙法改正により廃止。	

➡②ゲリマンダー 自分の政党に有利なように不自然に選挙区の境界を定めること。

5 公職選挙法—投票率を上げる工夫と選挙運動

Ⓐ投票制度の工夫

投票時間 午前7時から午後8時まで（1997年に2時間延長）。

期日前投票 仕事，事故，妊娠等で投票日に投票所に行けない人が，選挙人名簿の属する市区町村の期日前投票所で投票日前に投票できる（2003年新設）。

不在者投票 投票日に投票所に行けない人が，期日前投票所以外の場所（出先の市町村，指定病院，老人ホームなど）で投票日前に投票できる。

在外投票 海外居住者が在外公館で申請すれば国政選挙で投票できる（1998年国政選挙の比例区で導入，2006年選挙区に拡大）。

Ⓑ選挙運動

政治家，後援団体による寄付行為の禁止

×お中元・お歳暮　　×祝儀・花輪
×年賀状などの挨拶状　など
〈注〉ただし，政治家本人が出席する結婚式の祝儀や葬式の香典は例外。

してよいこと	してはいけないこと
○個人演説会	×戸別訪問　×買収
○街頭演説　○電話	×18歳未満の選挙運動
○政見放送　など	×署名運動　など

Ⓒ供託金

立候補者が，立候補届出までに法務局に納めなければならないお金。一定の得票数がなければ没収されてしまう。

衆議院	小選挙区	300万円
	比例代表	600万円
参議院	選挙区	300万円
	全国比例	600万円
都道府県知事		300万円
市長		100万円

6 主要国の選挙運動規制

（国立国会図書館調査を参考に作成）

	日本	アメリカ	イギリス	ドイツ	フランス
事前運動	選挙運動は公示，告示日から投票前日まで	選挙期間の規定なし	選挙期間の規定なし	選挙期間の規定なし	事前運動規制の概念なし
戸別訪問	禁止	規制なし	規制なし	規制なし	規制なし
「文書図画」の規制	ビラ，ポスターなど細かい規定	なし	なし	なし	ビラ，ポスターなど細かい規定
演説会等の規制	選挙カー台数制限，拡声器使用不可	なし	夜間道路での拡声器使用不可	なし	道路上は不可
公務員の選挙運動の規制	特定の候補者の支持，反対はできない	原則自由	原則自由	原則自由	原則自由
インターネットの規制	「文書図画」に抵触するためできない	なし	なし	なし	投票日前日以降更新禁止

チェック＆トライ

チェック 小選挙区制 / 比例代表制 / 大選挙区制

トライ ・小選挙区の短所を1つ挙げてみよう。

選挙で投票できる！

1 なぜ選挙権開始年齢が18歳に引き下げられたのか？

国民投票法が改正されたため（→p.21）

2014年，国民投票年齢が18歳に改正された（2018年〜）。憲法改正に伴う国民投票が18歳以上に認められるなら，通常の選挙でも同様に選挙権を与えるべきとの意見が強まった。

18歳以上が世界の大勢である

グラフⒶからも，18歳が166か国と圧倒的多数である。20歳以上の国はごくわずかにすぎない。

Ⓐ選挙権年齢別の国・地域数

					21歳以上	
16歳 7			18歳 166		19歳 1	
17歳 4					20歳 4	6

※選挙権年齢が判明した187か国の二院制採用国の下院と一院制採用国の議会の選挙権年齢。2020年6月現在。

Ⓑ参議院議員通常選挙における年代別投票率

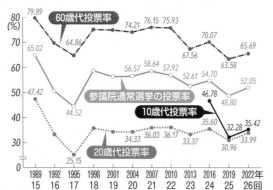

投票率低下を食い止めたい

60歳代と比較すると，20歳代投票率の低さが際立つ。投票所も高齢化しているといえよう。

すると，各党の政策はどちらに重点をおくか？すでに，年金や介護などに偏りがちで，子育てや教育が後回しになっているとの指摘もある。

2 政党の主義主張の違いを知ろう

主な争点についての各政党はどのように考える？ ─2022年7月参院選前実施のアンケート（各質問に対する候補者の考えを各党で平均化）

〈注〉政党名は当時の名称　　　　　　（『朝日新聞』2022.6.24を参考に作成）

●防衛力強化

●消費税率引き下げ
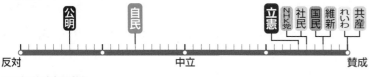

●選択的夫婦別姓

●憲法改正
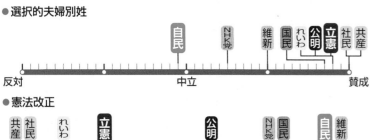

身近な人にたずねてみよう

多くの政党は特定の利益集団（→p.69）の支持を受けている。経営者団体は自民党，労働組合は立憲民主党や共産党などを，それぞれ選挙戦では組織的に応援し，政党は，それらの団体が期待する政策を訴える。個人の考えよりも，自らの所属する組織や団体の意向を優先して投票する大人も少なくないのが実態だ。でも，それらにとらわれないで投票できるのが，高校生のキミたちだ！

日本の安全を守るには防衛力強化が必要！自民党でなきゃ安心できない…。
（父：48歳 会社経営）

労働組合を通じて様々な集会に参加し，自公政権は支持できないと感じた。立憲民主党に期待したい…。
（兄：22歳 製造業）

公明党の平和活動を支持するわ！与党だからこそ主張が現実化するのよ…。
（母：46歳 パート）

税金の無駄遣いをやめさせよう！日本維新の会に大胆な改革を進めてほしい…。
（従兄：30歳 友人と起業）

福祉を充実させてほしいわね。弱者に思いやりがあるのは日本共産党よ…。
（祖母：78歳 要介護3）

◆さらに主な政党の成り立ちやプロフィールを知ろう（→p.68）
◆ネットを活用して，政党や選挙に関する情報を得よう（→p.70）

❸ 満18歳が可能になった選挙運動を知ろう──ただし18歳未満は一切の選挙運動ができない！

公示・告示（衆院選は12日前）

この日から投票日の前日午後12時まで選挙運動ができる。有権者には，市町村の選挙人名簿に基づき，入場券が郵送される。投票日前日まで，期日前投票が可能。

選挙運動

特定の候補者の当選を目的として投票を得させるための活動で，満18歳になれば可能。
- 友人・知人に直接，投票や応援を依頼する
- 自分で選挙運動メッセージを掲示板・ブログなどに書き込む
- 選挙運動の様子を動画サイトなどに投稿する
- 電話により投票や応援を依頼する
- 選挙運動メッセージをSNSなどで広める（リツイート，シェアなど）

◆政治に参加する権利・方法を知ろう（➡p.42）
◆選挙制度や公職選挙法を知ろう（➡p.70・71）
◆「一票の格差」について考えよう（➡p.75）

『私たちが拓く日本の未来』

私たちが拓く
日本の未来
有権者として求められる力を
身に付けるために

総務省 文部科学省

❶『私たちが拓く日本の未来』は総務省と文部科学省が制作した副教材。全国の高校生に配布されている。選挙の実態や政治の仕組みの解説に加え，アクティブ・ラーニング型の学習方法も紹介している。

識者から─読売新聞特別編集委員：橋本五郎さん

私は一貫して言い続けています。政治の世界では「ベスト」を求めるのは，青い鳥を手に入れるように難しいものです。「ベター」も無理かもしれません。せいぜい福沢諭吉の言う「悪さ加減の選択」なんですよ，と。……各党の公約をいくら読んでもいいことしか書いてありませんから用心する必要があります。私なら自分が大事だと思っている政策を順々に比較することをお勧めします。……もうひとつ，投票にあたって悩ましいのは，自分が投票したからといって政治が変わるわけではないという1票の有効性の問題です。確かに自分の1票が目に見える形で影響を与えたと実感できるわけではありません。でも，民主主義とはそういうものです。一人の人間の意思で決まるのではなく，多くの人の考えが集まって決まるべきなのです。

（『読売新聞』2016.7.9「拝啓 新有権者の皆さんへ」による）

❹ 投票のしくみを知ろう

投票日（午前7時〜午後8時）

入場券を持参すること（忘れてもその場で再発行できる）。右Ⓐ図の流れで投票する。衆院選は，小選挙区→比例代表の順に投票し，最高裁判所裁判官の国民審査（➡p.42）もあわせて行われる。わずかな時間で完了。

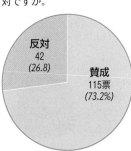
❷高校に現れた移動期日前投票所。投票箱などを積んだバスに乗り込み投票する生徒（長野県松本工業高校）。

Ⓐ投票所での投票手順（衆院選の場合）

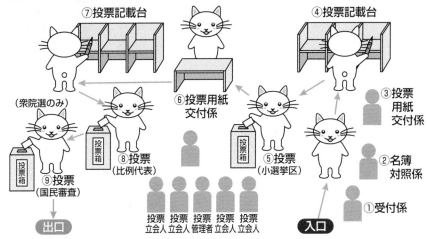

⑦投票記載台　④投票記載台　⑥投票用紙交付係　③投票用紙交付係　（衆院選のみ）⑧投票箱（比例代表）　⑤投票箱（小選挙区）　②名簿対照係　⑨投票箱（国民審査）　①受付係　投票立会人　投票立会人　投票管理者　投票立会人　投票立会人　入口　出口

❺ 投票の義務化について考えてみよう

Ⓐ投票の義務化に対する考え

Q　海外では投票に行くことを義務にしている国もあります。日本で，投票を義務にするかどうかが具体的に議論になったとしたら，賛成ですか，それとも反対ですか。

反対
42
(26.8)

賛成
115票
(73.2%)

Ⓑ投票の義務化に「賛成」を選んだ理由（三つまで選択可）

理由	票数
たくさんの人が投票に行けば，それだけ民意を反映するようになるから	83票
人々が日頃から政治に関心を持つようになるから	81
政治家が緊張感をもって仕事をするようになるから	75
社会的な少数者が投票することで格差の是正につながるから	35
投票率が上がるから	29

Ⓒ投票の義務化に対する各国の状況

投票を義務化した国　27か国 (13.3%)
投票を義務化していない国　172か国 (84.7)
選挙がない国　4か国 (2.0)

（『朝日新聞』2022.7.17を参考に作成）

考えてみよう！
─あなたの意見は？─

- もし投票が義務化されたとしたら，どのような問題が生じるだろうか。
- 若者の投票率を上げる具体策をあげてみよう。
- 選挙権は18歳に引き下げられたが，被選挙権が得られる年齢は従来通りである。この意味を考えてみよう。

未来をつくるのはきみたちだ

1 代表（リーダー）を選ぶ

2023年4月，史上最年少で兵庫県芦屋市長に当選した高島崚輔氏（当時26歳）。ハーバード大学在学中より芦屋市役所でインターンを経験。選挙では「26歳」という若さをアピールした。

当選後の高島氏は，「政治に無関心だった人が投票したのであれば，非常にうれしい。得票数は有権者の25%，（投票しなかった）75%の人々に応援してもらえるよう，しっかりやりたい」，決断を迫られたらと問われ，「芦屋市のためになるかどうか，30年後に評価されるかどうかが判断の軸になる」と答えた。

←①兵庫県芦屋市長に当選し，当選証書を受け取った高島崚輔氏。

Ⓐ市民の声

私（高島氏に票を）入れました。若い人に期待しています。（70代女性）

若さがいいと思います。失敗してもいいから。（40代男性）

毎日演説とか市民と接触しているところとかを見ていたら，頑張ってくれそうだなと。（30代女性）

2 主権者の心得

身近な出来事に関心を持つ。候補者を知る。 ⇒ 投票に行く。 ⇒ 投票後もフォローする。（自分が投票した人が当選した時は，投票した人の期待に応えているかどうかチェックする。）

Ⓐ公約と当選

2018年に行われた新潟県知事選挙で，東京電力柏崎刈羽原発の廃炉を公約に掲げた，元新潟県副知事の花角英世氏（当時60歳）が当選した。花角氏は自民・公明両党の支援を受け，約54万票を獲得。柏崎刈羽原発の再稼働については，「県民の納得がないかぎり動かすことはできず，県民の考えや理解を第一に考えたい」としていた。

しかし，当選から5日後に開かれた新潟県の国会議員に対しての説明会では，「条件付きであれば再稼働を認めるのか」という質問に対し，「再稼働は当然あり得る」と回答。有権者に衝撃が走った。

↑②当選後，世耕経済産業相（当時）に要望書を提出する花角知事（左）。要望書は国が原発立地自治体に支払う交付金の地域拡大などで，柏崎刈羽原発の廃炉については触れられていなかった。

解説 候補者の公約や選挙戦でのPRだけではなく，その後援や支持団体を知ることが重要だ。

2 投票は「国民の義務」？ (➡p.73)

義務投票

「投票は，権利であるとともに義務でもある」と捉え，憲法ないし法律において**義務投票**を定めている国がある。

● 罰則付きの義務投票制（**世界で9か国**）

シンガポール…棄権すると選挙人名簿が抹消される，罰金を払うと再登録が可能

オーストラリア…罰金が科せられる

● 罰則なしの義務投票制

イタリア，メキシコなど

● 日本において罰則を伴わない努力義務規定として義務投票を実施するとしたら…例えば…憲法を改正する。→15条1項「公務員を選定し，及びこれを罷免することは，国民固有の権利である。」を「公務員を選定し，及びこれを罷免することは，国民固有の権利であり，**義務**である。」とする。

（日本学術会議HPを参考に作成）

↑③④ベトナムの国会議員選挙で，共産党書記長が投票用紙に記入し，投票している様子。

Ⓐ世界の議会選挙の投票率

順位	国・地域	投票率
1	ベトナム	99.26%
2	ラオス	97.94%
3	シンガポール	95.81%
8	オーストラリア	91.89%
18	スウェーデン	87.18%
52	ドイツ	76.15%
58	台湾	74.86%
66	イタリア	72.93%
74	スペイン	71.76%
87	カナダ	67.65%
89	イギリス	67.55%
97	韓国	66.21%
129	アメリカ	56.84%
139	日本	53.68%

（GLOBAL NOTE HPを参考に作成）

義務投票制はどんなことに期待できるかな。

「違憲判決」相次ぐ…
一票の格差

主に国政選挙で，選挙区によって議員1人当たりの有権者数が違っている。そのために，一票の価値に差が生じている問題について考えよう。

1 「一票の格差」の実態と裁判所の判断

Ⓐ「一票の格差」とは？

選挙区によって議員1人当たりの有権者数が違っている。そのため，10万票で落選する人もいれば，5万票で当選する人もいる。**一票の格差**について，最高裁判所は「**法の下の平等**」（憲法第14条）に反するとしている。

Ⓑ「一票の格差」の推移と定数訴訟の最高裁判決

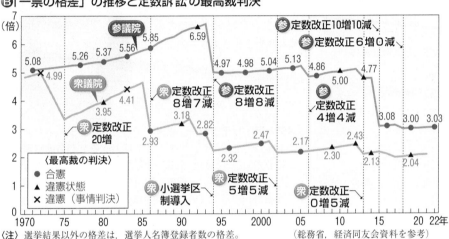

〈最高裁の判決〉
● 合憲
▲ 違憲状態
✕ 違憲（事情判決）

〈注〉選挙結果以外の格差は，選挙人名簿登録者数の格差。
（総務省，経済同友会資料を参考）

Ⓒ衆議院の「一票の格差」に関する主な訴訟（格差は有権者数比）

選挙年月	原告	最大格差	一審判決	最高裁判決
1983.12（衆院）	埼玉・東京・大阪・北海道その他21選挙区住民	1：4.4	格差は**違憲**，選挙は有効（84.9〜12広島・東京・大阪・札幌5高裁）	格差は**違憲**，選挙は有効。放置しておけば選挙無効もあり得る（**事情判決**）（85.7大法廷）
2012.12（衆院）	弁護士グループ	1：2.43	2件は**違憲状態**12件は**違憲，選挙有効**2件は**違憲，選挙無効**（13.3広島高裁，広島高裁岡山支部で，戦後初の選挙無効判決。）	格差は**違憲状態**。だが，衆院解散前に一定の前進と評価できる法改正がされていたことから，選挙無効の請求を退ける（13.11大法廷）

〈注〉選挙の効力に関する訴訟（**選挙訴訟**）は公職選挙法第204条の定めに従い，高等裁判所に提訴する。この訴訟は**行政事件訴訟**として法定されている**民衆訴訟**とよばれるものである。

2 「一票の格差」を解消するための解決策

Ⓐ衆議院：「0増10減」新区割り法成立
（2017年6月）

ポイント

・青森，岩手，三重，奈良，熊本，鹿児島6県の小選挙区数を減らす（比例代表は4減）。
・衆議院の総定数を465名（小選挙区289名，比例176名）とする。
・これで「一票の格差」は，1.998倍から1.999倍となり，違憲状態が解消されている。

＊最高裁は，法の下の平等に照らすと格差は2倍未満との判断を示してきた。

Ⓑ参議院：2合区含む「10増10減」成立
（2015年7月）

ポイント

・2016年参院選から鳥取と島根，徳島と高知の選挙区を統合する合区として定数を2ずつ減らした。
・さらに宮城，新潟，長野の定数を2ずつ減らし（10減），北海道，東京，愛知，兵庫，福岡を2ずつ増やした（10増）。
・これで「一票の格差」は，最高裁で「違憲状態」とされた2013年参院選の4.77倍から2.97倍になる。

＊これでも，2倍未満にはならない。

Ⓓ議員1人当たりの有権者数と格差

[衆議院小選挙区]

	選挙区	1人当たり有権者数	格差
多い順	①北海道第2区	461,188	2.01
	②北海道第3区	460,101	2.01
	③京都府第6区	459,643	2.00

格差は鳥取県第1区（229,371人）に対する倍数。

	選挙区	1人当たり有権者数
少ない順	①京都府第5区	236,343
	②鳥取県第2区	232,955
	③鳥取県第1区	229,371

[参議院選挙区]

	選挙区	1人当たり有権者数	格差
多い順	①神奈川	966,659	3.05
	②宮城	961,928	3.03
	③東京	961,643	3.03
	④新潟	931,601	2.94
	⑤大阪	915,275	2.88

格差は福井県（317,281人）に対する倍数。
〈注〉有権者数は2022.9現在。
（総務省資料による）

Ⓔ格差が生み出された主な原因

①農村部から都市部への人口変動に，議員定数や選挙区の変更が対応できていない。
②長期政権の座にあった自民党が，農村部を支持基盤にしていたことから，格差是正に消極的だった。
③各党がさまざまな改革案を提案してきたが，議員定数の是正は，国会議員自身の当落に関わることもあってまとまらず，結果として先送りされてきた。

（『朝日新聞』2015.7.24による）

人口に完全に比例させればよさそうだけど，農村部から選出される議員が減少すると，農村部の人々の声が国政に反映されなくなる危険性も心配されるんだ。

時事問題

世論とマスメディア

自由　公正　民主主義

Introduction メディア・リテラシーを高めよう！ ─フェイクニュースにだまされないために

新型コロナウイルス感染拡大とともに拡がった

フェイクニュースや誤情報

コロナウイルスは26〜27度のぬるま湯を飲むと死滅する。

👤「ウイルスの構造が壊れるほどの高温に体内を保てない。」(国際医療福祉大学 志賀隆准教授)

トイレットペーパーは中国産のため品薄になる。

👤「国内消費のトイレットペーパーの約98％が国内生産。供給量に不足はない。」(2020年3月2日 日本家庭紙工業)

関西空港へきた発熱症状のある中国人が病院から逃走。

👤「そのような事実はない。」(2020年1月24日 大阪府)

(『信濃毎日新聞』2020.5.8などを参考に作成)

広がる「ディープフェイク」

AIで生成された偽の画像や映像の悪用が広がっている。政治家や著名人の表情を作り変えるだけでなく，架空の人物を精巧に作り出すものまで現れている。

➡️①AI（人工知能）が生成した実在しない架空の人物。

メディア・リテラシー 新聞・テレビ・インターネット等の情報特性を理解し，トラブルを回避するなど有効に活用する能力のこと。リテラシーとは本来英語で「読み書きの能力」を意味する。一般的には「特定分野に関する知識や理解能力」さらに「その知識や能力を有効活用する能力」などの意味で使われる。

1 世論操作─「原子力安全神話」の裏側にあったもの

Ⓐ原子力安全・保安院による「やらせ」

原子力関連のシンポジウムや住民説明会で，経済産業省原子力安全・保安院の指示で「やらせ」が行われていたことが明らかになった。

Ⓑ経済産業省第三者委員会が不適切と認定したシンポジウムや説明会（2011年10月発表）＊耐震安全性に関する住民説明会3件

時 期	電力会社	施 設	内 容
2005.10	九州電力	玄海原発	電力会社社員に参加や賛成意見の発言を要請
2006. 6	四国電力	伊方原発	
2007. 8	中部電力	浜岡原発	
2007.10	東北電力	女川原発＊	
2008. 8	北海道電力	泊原発	発言を要請

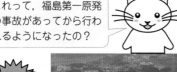
これって，福島第一原発の事故があってから行われるようになったの？

いいや，「日本の原子力発電は安全だ」と，人々が思い込むような誘導は，それ以前から行われていたんだ！

🐤**解説** マスメディアは，政治や民衆に大きな影響力をもっているため，「第四の権力」とよばれる。その力を権力者が利用するのが世論操作である。

←②九州電力玄海原発
写真提供：共同通信社

Ⓒ九州電力玄海原発再稼働問題での「やらせ」

2011年3月の東日本大震災に伴う福島第一原発の事故から，運転を停止していた九州電力玄海原子力発電所（佐賀県玄海町）の再稼働問題でも「やらせ」が行われていた。

九州電力が設置した第三者委員会は，国の関与はなかったとしながらも，佐賀県知事と電力会社との不透明な関係を批判した。この問題で，九州電力会長と社長は辞任に追い込まれた。

●「やらせ」の具体的なやりとり

佐賀県知事

「再稼働を容認する経済界の声を出していくことも必要…声の出し方としてメールやネットというやり方もある」 (2011.6.21九州電力幹部との面談)

九州電力幹部

電力が止まると困るとみられる取引先と顧客を選定し，6パターンの文例を示し投稿を依頼 (2011.6.22〜24)

経済産業省主催の県民向け説明番組
「しっかり聞きたい，玄海原発」
(2011.6.26地元ケーブルテレビやインターネットで生中継)

⬇️

一部社員と子会社社員が，一般市民を装い，再稼働賛成のメールを送信

【投稿結果】再稼働に 賛成：286 反対：163
(半数近くが「やらせ」によるもの)

Seikei マニア **マスメディア** 新聞社，出版社，放送局など，特定少数の発信者から不特定多数の受け手へ向けての情報伝達手段となる新聞・雑誌，ラジオ，テレビ等のメディア（媒体）を指す。1990年代後半から普及したウェブサイトが，既存のマスメディアと肩を並べる影響力を持ちつつあるが，従来のマスメディアと呼ばれる概念に含めてよいかどうか，議論が分かれるところである。

② 世論調査 ─「重要」だが「絶対」ではない指標

Ⓐアメリカ大統領選挙の投票直前調査結果

メディア名	クリントン氏支持率(%)	トランプ氏支持率(%)
ABCなど	49	46
FOXニュース	48	44
ウォールストリート・ジャーナルなど	48	43
CBSニュース	47	43
ブルームバーグ	46	43
ロサンゼルスタイムズなど	44	47
ロイターなど	44	39
RCP平均	46	43

（『週刊東洋経済2016.12.10』による）

解説 マスメディアは，世論を形成する上で重要な役割を担っている。しかし，この世論調査も，絶対的なものではない。事実，米大統領選挙の世論調査はほとんどはずれた。調査結果はあくまで一つの指標に過ぎないのだ。

Ⓑ内閣支持率の推移と内閣の交代　（読売新聞社世論調査より作成）

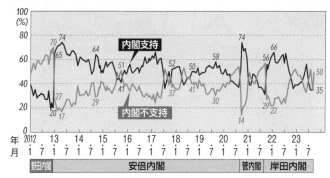

解説 政権末期の内閣支持率はたいてい低い。「支持率30%を下回ると長続きしない」といわれるが，野田内閣は支持率が急落するなかで倒れた。岸田内閣がスタートした時点では高い支持率を持続している。今後の支持率の変化を追ってみよう。

③ 報道の自由と放送法

放送法

公共の電波利用について，報道の自由，政治的公平などを定めている法律。第４条では番組の政治的公平を求めている。政府の解釈では，番組内容が一方的であっても，同じ局の他の番組で異なる意見が紹介されていれば「公平」としていた。2015年，安倍政権の高市総務大臣は「一つの番組でも極端な場合は公平性を欠く」と発言し，解釈変更かと話題となった。

Ⓐメディアを取りまく状況

Ⓑ報道の自由度（2023年）

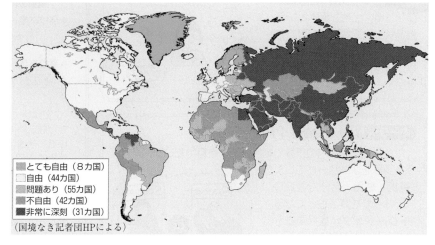

- とても自由（8カ国）
- 自由（44カ国）
- 問題あり（55カ国）
- 不自由（42カ国）
- 非常に深刻（31カ国）

（国境なき記者団HPによる）

④ メディア・リテラシーを身につけるために ─新聞記事の読み比べ

「改正組織犯罪処罰法」成立を報じた新聞紙面を見てみよう

「朝日新聞」の１・３面レイアウト

「共謀罪」法　成立

刑事司法　大転換

与党採決強行

「共謀罪」疑問山積み

捜査当局から評価　効果には疑問も

誰を処罰？　範囲あいまい

捜査機関への懸念も残す

朝日新聞　2017年(平成29年)　6月16日　金曜日

「読売新聞」の１・３面レイアウト

讀賣新聞　2017年(平成29年)　6月16日　金曜日

テロ等準備罪法　成立

組織犯罪　未然防止

国会きょう実質閉会

刑法改正案も成立

テロ抑止へ一歩

準備罪法成立

適用には高いハードル

…写真　…図　…文章　（ともに『朝日新聞』『読売新聞』2017.6.16による）

くらべてみよう

それぞれの新聞は…
❶この法律名を何と標記している？
❷政府に肯定的？否定的？
❸見出しに何と書いている？

解説 同じニュースでも，情報の送り手である新聞社やテレビ局の主張や意図によって，報道の内容や印象は大きく変わるものである。

朝日新聞は，捜査当局が「テロ対策」を口実に幅広い監視を許す点を危惧している。この法が対象とする277の犯罪についても，処罰対象の範囲のあいまいさや内心の自由をおかす危険性を訴えている。また，多くの反対意見を押し切って与党が採決を強行したことも批判している。一方読売新聞は，2020年に開催予定だった東京オリンピック・パラリンピックを見据えたテロ対策になることを強調している。適用には高いハードルがあるため，一般の人々が捜査の対象にならないという政府の主張を支持している。こちらには，強行採決などの文言は使用されていない。

このように２紙を比較すると，各々の視点や主張の違いが浮き彫りとなる。ある情報にふれる際は，常に別の角度からも考える必要がある。

チェック＆トライ

チェック フェイクニュース　世論　メディア・リテラシー

トライ ・安倍内閣の不支持率が支持率を上回った時期を答えなさい。

経済を考えるって，どういうこと？経済を見る2つの視点

経済という言葉には，二つの意味がある。一つは，「economy」という英語の語源であるギリシア語のオイコノモスからくる意味。それは，「家計の管理」という意味がある。ここから「節約・倹約」（エコ）という意味にも使われている。もう一つは，家計を国全体に広げて「国の財産を管理する」という意味。日本では，「economy」を「経世済民」という言葉の略である経済という言葉に翻訳した。「経世済民」とは，「国を治め，民を救う」という意味である。

1 経済学が必要な理由

キーワード① 「希少性」

欲望される量に比べて利用可能な量が少ない状態のこと。

商品をつくり出すために必要な労働，土地，資本という資源（生産要素）は有限であるが，人間の欲望は無限であり，資源が不足している状態をいう。

GINZA テナント募集

もう少し広い店がいいんだけど…

でもこれ以上の家賃は払えない…

バイトももう一人はほしい…

キーワード② 「選択」「トレードオフ」

たとえば，5,000円の予算で靴とバッグを買いたいが，両方買うと予算をオーバーしてしまう。

〈選択〉結局，自分で選択し，どちらかを買うことになる。

〈トレードオフ〉選択するということは，どちらかを失うことでもある。一方を追求すると他方が犠牲になるような両立しえない関係を，トレードオフの関係にあるという。この場合，靴とバッグはトレードオフの関係にあるといえる。

5000円 or 5000円
Shoes　Bag

キーワード③ 「機会費用」

トレードオフにおいて他の選択をしていたら得られたであろう利益の最大のものをさす概念。

具体例 高校卒業後に就職せずに大学進学した場合

● 高校卒業→大学進学
学費600万円

● 高校卒業→就職
年収250万円×4年

この場合の機会費用は，4年分の年収で1,000万円になる。1,000万円を犠牲にして大学進学し，尚且つ600万円の学費が発生している。経済学上の費用は，

1,000万円＋600万円＝1,600万円

となる。

具体例 2つの事業

● Aという事業を展開して収益は，200万円であった。
● もしBという事業の方を展開していたならば，収益は300万円になるという見込みが出た。

この場合の機会費用は，

300万円－200万円＝100万円　ということになる。

経済活動とは，目には見えない機会費用を勘案しながら，利益と効用を求める活動といえる。また，リカードの「比較生産費（優位）説」においてもこの概念は使われている。

キーワード④ 「資源配分」「所得分配」　経済学が扱う問題は二つに分けられる。

〈資源配分〉希少な資源を，どのような財やサービスの生産にあてたらよいか，いかに有効に利用するかという問題。これは，効率性という視点で考える。

資源配分の具体例（資源が労働力の場合）

夏はTシャツの売れ行きがいいから，ブラウス工場から人をまわせ。

労働力

ブラウス工場　　Tシャツ工場
労働力などの資源を，どのように生産に配分するのがよいかという問題

〈所得分配〉生産したものを，どのように分配したらよいかという問題。これは，公平性という視点で考える。

効率性と公平性は，トレードオフの関係にある。

所得分配の具体例（失業保険の場合）

保険料　　　　失業保険

就労者　　　　　　　　　　　失業者

失業者などの社会的に弱い立場の人にも，いかに所得を分配するかという問題

2 ミクロ経済学

アダム=スミス
(1723〜90
[イギリス])
経済学の元祖
名著『国富論』

ミクロな視点からの経済分析…家計（個人）と企業がどのように意思決定を行い，市場においてどう相互に影響し合っているかを，価格を中心に分析する経済学。

重要テーマ　市場（価格）メカニズム

市場において価格が需要と供給を自動的に調節してくれる完全自由競争の状態を最も理想的な経済モデルとして考える。

資料集の関連テーマ

Ⓐ企業と家計の市場を介したやりとり

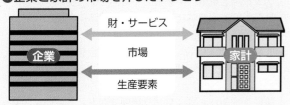

市場の種類		企業	家計
財・サービス市場	⟷	売り手	買い手
生産要素市場 （労働・資本・土地）	⟷	買い手	売り手

Ⓑ市場での価格の決まり方 （→p.89）

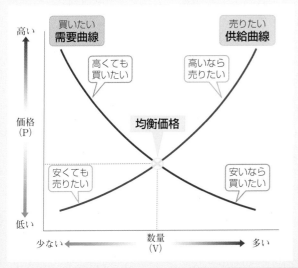

3 マクロ経済学

ケインズ
(1883〜1946
[イギリス])
名著『雇用・利子および貨幣の一般理論』

マクロな視点からの経済分析…国全体（政府・企業・家計）の経済を扱う経済学。GDPや物価指数などの指標を使って，景気変動や経済成長の仕組みなどを分析し，適切な経済政策を考察する。

重要テーマ　GDPと財政・金融政策

世界恐慌を契機に，GDPのような経済指標が作成されるようになった。この経済指標を使って，景気変動・経済成長を分析し財政・金融政策にどのように反映させたらよいかを考える。

資料集の関連テーマ

Ⓐ経済循環のイメージ

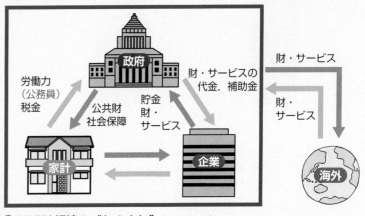

ⒷGDPは経済の"ものさし" （→p.96〜99）

景気変動
GDPを分析することで，景気が上向きか下向きかという動向を読み解くことができる。
★経済成長率がプラス
　➡好景気
★経済成長率がマイナス
　➡不景気

← コントロール

財政政策
政府による景気調整政策
★フィスカル・ポリシー
★増税か減税か
★公共投資の促進か削減か

金融政策
日本銀行による景気調整政策
★預金準備率操作，公開市場操作
★金融緩和政策，金融引締政策

2つの視点　「希少な資源」をどう配分すると効率的なのかを学ぶのが経済学です。ミクロとマクロの2つの視点を身に着けて，現実の経済問題を考えられるようになろう！

日本経済

ライフプラン

❶家計管理（短期的な経済計画）

給与支給明細書を見てみよう （給与所得者の場合）

東法 かすみ（28歳）
私の可処分所得
（手取り額）はいくら？

年月	社員No.	氏名					差引支給額
2022年10月	456	東法　かすみ　様					？

支給額	基本給	役職手当	住宅手当	家族手当	時間外手当	皆勤手当	通勤手当	支給額合計
	220,000		5,000		12,530	10,000	11,800	259,330
控除額	健康保険料	介護保険料	厚生年金	雇用保険	所得税	住民税		控除額合計
	12,166		20,415	1,485	5,160	7,900		47,126

ナビ 控除額…税金や社会保険料など支給額から差し引かれる一定の金額

なぜ「家計管理」は必要なのだろう？

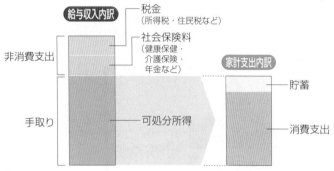

給与収入内訳
税金（所得税・住民税など）
社会保険料（健康保健・介護保険・年金など）
非消費支出
手取り
可処分所得
家計支出内訳
貯蓄
消費支出

（全国銀行協会資料による）

必要な時に必要なお金を準備しておくことが大切。つまり，長期的な経済計画であるライフプランを実現するためには，短期的な経済計画である家計管理が必要になる。

「家計管理」のポイント

●可処分所得を固定費と変動費に分けよう

固定費	変動費
・光熱費，水道料金，通信費，ローン，保険料など，定額で月ごとに支払う費用 ・固定費を把握し，見直すことがポイント	・食費，外食費，被服費，生活雑貨費，医療費，娯楽費，ガソリン代など，その活動などの頻度で変動する費用 ・変動費は，「家計簿アプリ」で簡単に記録できるようになった

給与支給明細書クイズ

①国税と地方税は，明細書の中の何という税？
②高校生であるあなたは，なぜ健康保険料を払わずに被保険者になれる？
③20歳から加入しなくてはならない年金を何という？
④失業した時，一定期間保険金がもらえる保険は何という保険？
⑤東法かすみさんは，なぜ介護保険料を払っていない？

解答
①国税‥所得税
　地方税‥住民税
②扶養になっているから
③国民年金
④雇用保険
⑤40歳になっていないから

←❶収入や支出をスマホで管理できる家計簿アプリがある。

●主な支出の収入別適正額の目安

支出(収入に対する比率)／収入	家賃・住宅ローン(25%)	生命保険料(5%)	水道光熱費＆通信費(10〜15%)	小づかい(10%)
20万円	5万円	1万円	2万円〜3万円	2万円
22万円	5万5,000円	1万1,000円	2万2,000円〜3万3,000円	2万2,000円
24万円	6万円	1万2,000円	2万4,000円〜3万6,000円	2万4,000円
26万円	6万5,000円	1万3,000円	2万6,000円〜3万9,000円	2万6,000円
28万円	7万円	1万4,000円	2万8,000円〜4万2,000円	2万8,000円
30万円	7万5,000円	1万5,000円	3万円〜4万5,000円	3万円

（山田静江「家計一年生」主婦の友社による）

🄬 ライフプラン（長期的な経済計画）

🅐 ライフイベントと収入・支出（のイメージ）

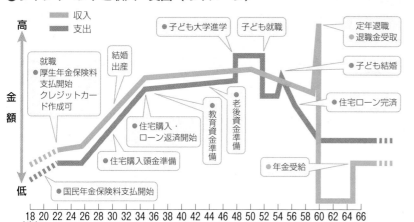

（全国銀行協会資料による）

🅑 「もしも」のときのために備えておく保険

● 自動車事故を起こしたときの賠償費用 ● 火事や地震のときの補修費用	損害保険
● 病気やケガをしたときの入院費用	医療保険
● お葬式代等の一時的な費用 ● 残された家族の生活費	生命保険
● 子どもの教育資金に備える	子ども保険
● セカンドライフに備える	個人年金保険

🅒 人生で必要なお金

　人生にはさまざまなイベントがある。そのイベントを実現するためには何らかの費用がかかる。高校を卒業してからのライフステージにおいて考えてみよう。

教育費 ● 入学先別にみた卒業までに必要な費用

	高校の費用	入学費用	在学費用	計
高専・専修・各種	337.8	83.6	292.5	713.9
私立短大	337.8	91.1	309.9	738.8
国公立大学	337.8	82.3	433.9	854.0
私立大学文系	337.8	95.6	592.4	1,025.8
私立大学理系	337.8	102.9	700.3	1,141.0

（単位：万円）

（日本政策金融公庫資料による）

子育て ● 第1子の就学区分別年間子育て費用

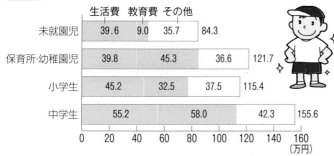

	生活費	教育費	その他	計
未就園児	39.6	9.0	35.7	84.3
保育所・幼稚園児	39.8	45.3	36.6	121.7
小学生	45.2	32.5	37.5	115.4
中学生	55.2	58.0	42.3	155.6

（単位：万円）

（内閣府「インターネットによる子育て費用に関する調査」2010年による）

老後 ● 高齢夫婦無職世帯の家計

実収入 237,659円

収入：社会保障給付 216,910円／その他 20,749／不足分 33,269

可処分所得 206,678円

支出：30,982／消費支出 239,947円

税金・社会保険料

（総務省「家計調査報告」2019年による）

ライフプランにはローンも計算に入れておく！

● 使いみちを限定したローン

目的	返済期間
住宅ローン	最長35年
自動車ローン	最長7年
教育ローン	最長10年

● 使いみちが自由なローン

目的	返済期間
カードローン	あらかじめ決められた利用限度額の範囲内であれば，何回でも利用可能。

Q. 毎月70,000円ずつ預金した場合，3,360万円のマンションを全額自己資金だけで購入できるのは何年後だろう？（金利は考えない。）
3,360万円÷（70,000円×12か月）＝（　　　）年後

🅓 高校生でも持てるクレジットカード

クレジットカード（審査あり）
● クレジット＝「信用」。つまり「後払いが可能なカード」。 ● 申し込める年齢…18歳以上。

デビットカード（審査なし）
● 15歳から利用できるクレジットカード。 ● 発行元→カード会社ではなく，銀行。 ● カードで商品購入→口座から代金引き落とし。 ● 利用残高＝口座にある金額分。つまり，クレジットの機能が働いていないカード。

ワンポイント・アドバイス

★個人信用情報は自分で守ろう！

　「個人信用情報」とは，顧客の返済・支払い能力を判断するために金融機関やクレジット会社が利用する情報のこと。もしも毎月の支払いが少しずつ遅れたりしていると，その遅れたという情報が登録されてローンやカードが使えなくなることもあるので注意しよう。

日本経済

アルバイト

スマホでバイト探し…
何かいいバイトあるかな〜。これにしよっと！

スーパー○○
時給 850円〜
年齢不問

○○書店
時給 860円〜

ブラックバイトには気をつけようね！今日の面接でしっかり話を聞いてこよう！

受かった！バイト初日
忙しいけど楽しく働こうね…
忙しいって言ってたけど，がんばろうね。

こんなに残業させられて明日の授業大丈夫かな〜？
Zzz…

1 働く前に知っておこう

労働基準法の保護・制約

15歳未満は「児童」→原則労働禁止
15歳から18歳は「年少者」
→働くことができる！

制約あり

- 深夜労働（22時〜5時）禁止
- 危険物・有害物の扱い禁止
- 重量物（男子30kg，女子25kg以上）の扱い禁止
- 保護者の許可必要

「18歳成年」で変わったこと

従来，18，19歳は「未成年」であり，雇用には保護者の同意が必要であった。「18歳成年」施行後は民法上成年となり，他の契約と同様自分の意志で働くことができる。

学校の許可は法律上不要だけど，高校生は学業優先であるべきだから許可や届出が必要な場合はするべきだね！

2 いざアルバイト！

契約

雇用主である使用者が労働者に対し，文書として通知する「労働契約通知書」がある。①契約期間　②就業場所　③業務内容　④始業終業時刻　⑤賃金などが記されている。契約は口頭でも可能だが，「通知書」の内容を契約書として残しておくと，それが証拠となり，トラブル発生時に有効となる。

〈注〉18歳以上は法規上，深夜業も可能だが「高校生不可」としている企業や，条例で禁止している自治体がある。

3 ブラックバイトに注意！

「学生であることを尊重しないバイト」がブラックバイトと呼ばれている。シフトの変更が認められず，テストの受験や就職活動ができない，残業代が支払われないなどの被害がある。

学生アルバイトにもかかわらず，正規社員が少ないため，責任ある立場に置かれ，休めない状況となっている。背景には非正規社員の増加・基幹化がある。学生アルバイトを使用する企業のメリットは，賃金が安くてすむ，深夜休日でも融通が利くなどがある。

コンビニでのアルバイトをめぐる問題

ブラック 残業代の未払い。2019年12月，大手コンビニで，本部の計算ミスにより大規模な未払い問題が発生。違法である。

ブラック 勤務時間前の清掃が求められる。これは前倒しのサービス残業にあたる。割り増し賃金が支払われるべき。

ブラック 休憩中の店内チェック。混雑時はレジに入る。バックヤードでの待機は「休憩」ではない。

ブラック 「違算金」の埋め合わせ。レジと現金が合わない「違算金」を自腹で埋め合わせさせられた。使用者は労働者のミスも引き受けなければならない。

↑①過去には，首都圏の高校生が中心となり「首都圏高校生ユニオン」を結成した。

1つでも当てはまったらブラックバイト！　チェック表

- □売り上げのノルマなどを課されている。
- □皿やグラスを割ったら，給料から引かれる。
- □余った商品を買わされる。
- □バイトを減らす理由として，「試験勉強」は認められない。
- □休憩時間中も急に呼び出される。
- □実際の労働条件が，募集の際に提示されたものと違った。
- □労働条件を書面で渡されなかった。
- □準備や片付けの時間に賃金が支払われなかった。
- □仕事が延びても残業代が時間通り支払われなかった。
- □仕事上のケガの治療費を自己負担させられた。

自分が「ブラックバイト」で被害を受けないように，契約時には確認するべきことを怠らないようにしたいね。

考えてみよう！
—あなたの意見は？—

● ブラックバイトに巻き込まれないようにするには事前にどのような点に注意すれば良いだろうか。また，巻き込まれた場合，どうすれば良いだろうか考えてみよう。

18歳からの政治・経済 契約成立って？

1 契約すること

契約が成立するとは？

契約にはさまざまなかたちが存在するが，原則は双方（複数）の意思表示の合致によって成立する。したがって，一方的に契約成立の表示をして，多額の支払いを求めるワンクリック詐欺など

は，契約自体が成立していないため無効である。また，たとえ契約しても契約方法や内容によっては契約の申込みや承諾の意思表示を取り消すことができる（クーリング・オフ制度➡p.131）。

A 売買契約の場合

お客（消費者）　お店（販売者）

このゲームソフト下さい（申し込み）

はい。ありがとうございます（受諾）

契約成立 ＝ おたがいの意思が合致

お客の義務：代金を支払う
お客の権利：商品を受け取る

お店の義務：商品を渡す
お店の権利：代金を受け取る

B 取り消し・無効になる契約

お得ですよ　事故について当社は責任を負いかねます　NO！

本当は掛け金が割高なのよね　治療代！

① 契約の重要事項について，うそをついた（不利益になることを言わない）
② 消費者が一方的に不利な内容
③ 押し売りが家や職場などから帰らない
④ 勧誘を受けた場所から帰してもらえない

2 若者がターゲットに！

2018年6月，民法が改正され，明治9（1876）年以来140年以上続いた「大人」の定義が変わり，「20歳成年」から「18歳成年」となった。2022年4月1日に施行され，これによって親の同意がなくてもローンを組むことや，クレジットカード契約が可能となった。

A デート商法

消費者が勧誘者と恋愛関係にあると誤って信じ込んでいる状態で，契約しなければ関係が壊れると脅し，契約させる商法。

民法の改正で心配されるのは若者が消費者被害に巻き込まれること。現在，保護者が同意していない未成年者の契約は，原則取り消せる規定があるが，今後18・19歳は大人として扱われるため，この規定の対象外となる。社会生活上の経験が乏しい若者たちは悪徳商法の標的になる可能性が高い。政府は消費者契約法を改正し，恋愛感情を悪用した「デート商法」や，就職や容姿に関する不安をあおったうえで不当に結ばれた契約は取り消せるとした。

B 不安をあおる勧誘

就職や結婚，容姿などについて，消費者の不安をあおり根拠なく契約をせまる勧誘。

C 強くすすめられると断れない人の割合

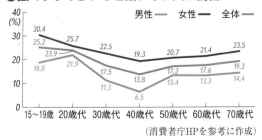

男性　女性　全体

40
(%)
30
20
10

	15〜19歳	20歳代	30歳代	40歳代	50歳代	60歳代	70歳代
男性	25.2	23.9	11.3	6.5	13.4	13.3	14.4
女性	30.4	25.7	17.5	13.8	17.2	17.6	19.3
全体	18.8	21.9	22.5	19.3	20.7	21.4	23.5

（消費者庁HPを参考に作成）

3 若者からの相談件数が増加

「必ず儲かる」「楽して稼げる」「親には内緒」といった言葉には要注意！

消費者庁の統計では，賃貸アパート契約や脱毛などのエステティックサービス，美容医療，タレント・モデル契約に関して若い世代からの相談件数が増加している。また，2022年以降は，消費者金融やカードローンで借金を抱え自己破産をする10代も増加するのではと心配されている。

「若者の商品・サービス別上位相談件数（2016）」によると，15〜19歳，20〜24歳の男女ともにアダルト情報サイトについての相談が一番多く，賃貸アパートやデジタルコンテンツについての相談も多くよせられている。
（消費者庁HPを参考に作成）

考えてみよう！—あなたの意見は？—

● 契約する際，トラブルに巻き込まれないようにするには，どうすればいいだろう？これからの高校3年生は契約について様々な問題に直面するかもしれない。自分やその年代の人を思い浮かべながら，契約について考えてみよう！

資本主義経済

公正　公平性

Introduction　GAFAMの支配—資本主義はどこへ向かっているのか？

世界の時価総額ランキング

順位	企業名	国籍	時価総額(億ドル)
1	アップル[A]	アメリカ	2兆7,290
2	マイクロソフト[M]	アメリカ	2兆3,220
3	サウジアラムコ	サウジアラビア	2兆1,650
4	アルファベット(グーグル)[G]	アメリカ	1兆4,220
5	アマゾン[A]	アメリカ	1兆1,300
6	エヌビディア	アメリカ	7,144
7	バークシャー・ハサウェイ	アメリカ	7,065
8	メタ・プラットフォームズ(フェイスブック)[F]	アメリカ	5,973
9	テスラ	アメリカ	5,342
10	ビザ	アメリカ	4,844
51	トヨタ	日本	1,962

(2023年5月11日時点，Companies Market Cap を参考に作成)

時価総額

　株価×発行済株式数＝時価総額である。その企業の実績と将来性によって，時価総額は変動する。アップルの時価総額は2兆7,290億円になっているが，これはアップルを丸ごと買い取るために必要な金額を示しているともいえる。

アマゾン　創業者の１人で現CEO（最高経営責任者）

ジェフ・ベゾス氏

　世界で初めて資産が2,000億ドル（約26兆円）を超えた人物。
【名言】　人々がオンラインで買いたいと思うモノすべてが見つけられる企業，顧客第一主義を世界で一番実現する企業になる。

アップル　創業者の１人で元CEO

スティーブ・ジョブズ氏

　iPodやiPhoneなど世界的ヒット商品を生み出し，社会に変革をもたらしてきたが，2011年に死去。
【名言】　イノベーションは誰がリーダーで，誰が追随者かをはっきりとさせる。自分がクオリティの基準となりなさい。

GAFAMの共通点

●企業（サービスの提供者）と顧客（利用者）を繋ぐための「場」（土台となる環境）である**プラットフォーム**を提供している。
❶基本ソフト OS：Windows（マイクロソフト社），Android（グーグル社）
❷インターネットサービス：検索エンジン（Google，Bing），ＳＮＳ（X，Instagram など），ショッピングサイト（amazon，楽天など），アプリ（App Store，Google Play など）
●**有形資産**（土地や建物，機械など）を持って製造する従来の企業と違い，**無形資産**（データやノウハウ，人材など）が中心の企業である。

1 資本主義経済とは？

資本主義経済とは	資本にもとづいて経済活動が行われるしくみ
資本とは	利益を生み出す価値のある財産 ①生産活動に必要な機械・建物・原材料などの実物資本 ②現金・預金・債権などの金融資本
特徴	資本を使って，資本を増やすことが目的 ①生産手段（土地・建物など）の私有 ②利潤を求めての自由な企業の経済活動 ③市場での自由競争
自由放任政策 (見えざる手)	政府は経済に介入せず，民間の利己的な利益を追求する経済活動こそが"見えざる手"に導かれ，国の富を推進する。

ナビ お金が増え続けること（インフレ→p.103）が資本主義経済にとって重要である。

Ａ拡大が前提の資本主義経済

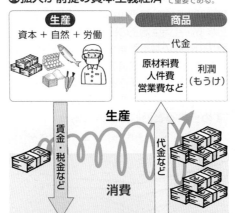

生産　資本＋自然＋労働　→　商品

代金　原材料費・人件費・営業費など　利潤（もうけ）

生産　賃金・税金など　代金など　消費

家計　国　企業　経済の３主体

2 空前の繁栄(バブル)

Ａ　1920年代，アメリカ史上最大の繁栄期を象徴するエンパイアステートビル。アメリカ資本主義経済の黄金時代である。

Seikeiマニア　日本の「円」を表す略語は「YEN」の頭文字「¥」。アメリカの「＄（ドル）」を表す「S」はスペインの「S」である。これは昔，アメリカがスペインのターレル通貨を使用していたため。16世紀にローマ帝国のボヘミアで発行されたターレル通貨は，のちに新大陸アメリカのスペイン領で使われはじめたという。

3 暗黒の木曜日

Ⓐマーケットメカニズムは万能ではなかった！

　第一次世界大戦後，歴史上空前の繁栄をしていたアメリカに大恐慌が発生した。1929年10月24日，ニューヨークのウォール街で株価が大暴落したのである。これが，世界恐慌の始まりともなった。株価は，ピーク時の8分の1まで下落し，銀行倒産は9,000件，失業率は25％に達した。　　　（朝日百科『世界の歴史』による）

ナビ「市場メカニズム」　価格の変化によって需要と供給が調整され，資源の最適な分配が実現できる機能。

Ⓑアメリカの失業率

大恐慌 / ニュー・ディール開始 / ルーズベルト不況

4 修正資本主義

→資本主義本来の自由放任政策を「修正」し，政府が積極的に経済に介入した。

理論—ケインズ（イギリスの経済学者）

　失業を解消し，完全雇用を実現するためには，政府が積極的に公共投資による有効需要をつくり出す必要があると説いた。

ナビ「有効需要」　政府の公共事業，企業の投資，家計の支出のように経済効果のある需要。

実践—ルーズベルト（第32代アメリカ大統領）

　1932年，不況のどん底で当選したフランクリン・ルーズベルト大統領は，この理論に従って，積極的な政策を打ち出した。特に有名な公共事業が，TVA（テネシー流域開発公社）による大規模なダム建設である。

Ⓐ投資が投資をよぶ～乗数効果のメカニズム

政府 → 発注 → 建設会社 → 給料の支払い → 従業員

発注 → 資材製造会社 → 給料の支払い → 購入

乗数効果　政府が最初に支出した1兆円が次々に新たな需要を発生させ，1兆円以上の支出を生み出す

購入 ← 従業員 ← 給料の支払い ← メーカー

発注 ← 発注

5 資本主義経済の発展

年代	歴史的な事項	経済体制の変化	政府の役割	主な経済思想
1770年代	イギリスで産業革命進展			**アダム=スミス** (1723～1790) 国家は，国民の経済活動に干渉せず，国防・司法など必要最低限の活動に限るべきであると主張した。
76年	アメリカ独立宣言			
89年	フランス革命			
1830年代	欧米で産業革命	資本主義経済の確立 工場制機械工業	小さな政府 （夜警国家）	
68年	明治維新			**K.マルクス** (1818～1883) 生産手段の国有化と国家による計画経済を主張して，社会主義経済への移行を主張した。
90年代	日本の産業革命始まる	資本主義経済の成熟 帝国主義		
90年	反トラスト法（独禁法）施行			
1914年	第一次世界大戦起こる			
17年	ロシア革命	社会主義経済 の確立	国家による 計画経済	
29年	世界恐慌			**J.ケインズ** (1883～1946) 政府が積極的に経済介入し，失業のない完全雇用をめざす修正資本主義を主張した。
33年	ヒトラーが政権を握る ニューディール政策始まる	資本主義経済の変容 混合経済	大きな政府 （福祉国家）	
39年	第二次世界大戦起こる			
73年	第一次石油ショック		新自由主義 （小さな政府への回帰）	**M.フリードマン** (1912～2006) 国家の役割を通貨流通量の調整に限定。市場原理を重視する**マネタリズム**の理論を提唱し，自由主義経済を主張した。
91年	ソ連崩壊	社会主義 市場経済	市場経済	
92年	ECがEUに発展			
2008年	リーマンショック発生	資本主義経済の進む道は？		

6 資本主義経済の課題

課題（1970年代～）

　大きな政府の欠陥（財政赤字・インフレ）が大きな課題となる。

新自由主義（新古典派）

・政府の経済介入はできる限り減らして，民間の経済活動を活性化させること。
・財政削減による「小さな政府」をめざす。

マネタリズム

　政府の財政政策ではなく，通貨供給量の調節を経済政策の重点とする。

政策（1980年代～）

　国営・公営企業の民営化，規制緩和，財政削減
・イギリスのサッチャー政権
・アメリカのレーガン政権
・中曽根政権の国鉄や電電公社の民営化
・小泉政権の構造改革

チェック&トライ

チェック　ニューディール政策
ケインズ　フリードマン
マネタリズム

トライ　・資本主義の自由放任主義が「修正」されるきっかけとなったことは何だろうか。
・「小さな政府」をめざす新自由主義が台頭する背景となったことは何だろうか。

大国であるロシアと中国の歩み
社会主義経済

世界の大国であるロシアと中国は、欧米諸国や日本と違う歩みの中で、経済体制が大きく変容してきた。その変容の背景と内容について学んでみよう。

1 資本主義経済は暴走する

【マルクスの資本主義経済批判】

無政府状態のような社会（自由放任政策）での自由競争は、過剰生産と恐慌を必ずもたらし、そのたびに企業の大量倒産と大量の失業者が生じる。

資本主義経済は、大変不安定で犠牲の多い経済体制である。

社会主義経済をめざした経済学者と政治家

マルクス（1818〜83）
ドイツの思想家・革命家・経済学者。1848年、『共産党宣言』を出版。67年『資本論』第1巻を出版。その主張はマルクス主義とよばれ、世界中の社会主義運動や革命、さらには経済学界に多大な影響を与えた。

レーニン（1870〜1924）
ソ連の革命家・マルクス主義者・政治家。1887年、カザン大学で学生運動に身を投じ、退学。革命運動を組織して「十月革命」により帝政を崩壊させ、社会主義国家「ソビエト社会主義共和国連邦」を樹立する。

2 社会主義経済の理想と現実

理想

➡①1967年ソ連の政治ポスター

- 土地や労働などの生産手段を国有（社会的所有）にする。だから、企業も全て国有とする。
- 全て専門家が計画を立て、その計画に基づいて商品は生産・販売される計画経済とする。だから資本主義経済のように不況や恐慌は起きなくなる。失業者も生まれない。
- 利潤追求の生産はしない。社会に利益を与えるために生産する。

現実

➡②商店に長い行列をつくるモスクワ市民

- 競争原理が働かないという欠点が露呈してしまう。
  ・競争がないため技術革新が遅れる。
  ・生産量や販売量が増えても報酬は変わらない。働いても働かなくても報酬は同じ。労働者の勤労意欲が損なわれる。
- 計画経済の下で、均一な商品が大量に生産されてしまい、モノ余りとモノ不足が日常的な現象となってしまう。
- 欧米諸国や日本との経済格差が著しくなってしまった。

3 社会主義経済のあゆみ

年	できごと
1867	マルクス『資本論』
1916	レーニン『帝国主義論』
17	**ロシア革命**
22	ソビエト社会主義共和国連邦（ソ連）成立
45	**東欧諸国に社会主義政権成立（〜48）**
48	朝鮮民主主義人民共和国（北朝鮮）成立
49	**中華人民共和国成立**
59	キューバ革命
76	ベトナム社会主義共和国成立
78	中国「改革・開放路線」うちだす
85	ソ連ゴルバチョフ書記長（後、大統領）就任、**ペレストロイカ**（社会の全面改革）始まる
86	ベトナム「ドイモイ（刷新）路線」うちだす
89	**東欧の民主化、「ベルリンの壁」崩壊→ドイツ統一（90）**
91	ソ連解体→CIS（独立国家共同体・11か国）結成
92	中国「社会主義市場経済」を宣言
2001	中国がWTOに加盟
10	中国 GDP世界第2位

4 社会主義の功績

資本主義経済
小さな政府
自由放任
自由競争
市場の原理

恐慌 失業

混合経済
大きな政府
完全雇用
景気安定
社会保障制度の充実

社会主義的な経済政策

ナビ「混合経済」資本主義による大幅な景気の変動や失業などを回避するため、政府が経済（市場）に介入する計画経済の考え方を取り入れて行う経済。

現在の中国の経済体制は、社会主義市場経済というよ。経済体制は変わったのに、なぜ、社会主義という名称が付けられているのだろうか？

Seikeiマニア マルクスの生涯の友であり、最大の支援者はエンゲルス（1820〜95 ドイツの思想家、経済学者）。共著に『共産党宣言』がある。『資本論』はマルクスが執筆途中で死亡したため、エンゲルスがその遺志を継ぎ完成させた。

売り手と買い手が出会う場

市場経済

冷戦が終わり，社会主義国は計画経済から市場経済に移行したんだよ。ここでいう市場は，市場ではないよ。さまざまな市場を概観してみよう。

1 計画経済と市場経済

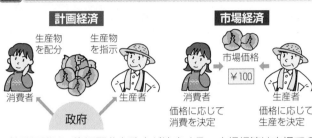

計画経済
生産物を配分
生産物を指示
消費者　生産者
政府

市場経済
市場価格
¥100
消費者　生産者
価格に応じて消費を決定
価格に応じて生産を決定

　計画経済は，資源配分を政府が決定する。市場経済は市場での価格変動によって，資源配分は調節される。市場には，財市場・貨幣市場・労働市場がある。

2 さまざまな市場

財・サービス市場

←①東京都には，11の中央卸売市場がある。そのうちの1つである豊洲市場。築地市場に替わって建設された。写真はマグロの「競り」が行われているようす。

　魚の「競り」に限らず，財（有形物：車や電化製品など）やサービス（無形物：医療，教育，通信，運輸など）の取引では，「需要と供給の関係で価格は変動する」という市場の原理が働いている。

株式市場

←②東京都中央区日本橋にある東京証券取引所の「東証Arrows」。投資家にリアルタイムの市場情報の提供をおこない，上場企業には情報開示によるサポートの場になっている。

　証券取引所で株式の売買が行われる。株式投資家は株式の買い値と売り値との差額でもうけをねらう。株価は株式会社の信用力を表しており，資金調達などで大きな意味を持つ。また，株価はその時々の時価で変わる。

→③2016年のアメリカ大統領選の影響で円高が進んだ東京外国為替市場。写真は東京都中央区にあるトウキョウフォレックス上田ハーロー（現在の上田東短フォレックス）の様子。

	需要	供給
価格	財・サービスを**買いたい人**	財・サービスを**売りたい人**
株価	株を**買いたい人**	株を**売りたい人**
金利	お金を**借りたい人**	お金を**貸したい人**
為替相場	通貨を**買いたい人**	通貨を**売りたい人**
賃金	**雇いたい人**	**働きたい人**

外国為替市場

　ドル，ユーロなどの「外貨（外国の通貨）」が売買される市場。卸売市場や株式市場と異なって特定の場所があるわけではなく，為替ディーラーとよばれる人たちが取引を行う，ネットワーク全体をいう。

金融市場

岩井コスモ証券　Quick
利回り
利付10年国債
0.035
前日比
+0.035

←④国債利回りを映し出した電光掲示板。利回りとは，投資金額に対する利息も含めた年間収益の割合をあらわす。

ナビ 金利（利率）とは，額面金額に対して毎年受け取る利息の割合のこと。

　金融機関同士の貸付資金をめぐる市場。貸付資金の需給バランスと金利が連動する。1年未満の貸付資金の市場を短期金融市場という。（➡p.100）

市場は，基本的には経済活動の自由を前提に，あらゆる分野が売り手と買い手の出会いの場となっているんだね。

→⑤就活が解禁され，千葉県で開かれた合同会社説明会で企業をまわる学生たち。政府が「新卒一括採用の見直し」を議論しているなど，将来，就活ルールが見直される可能性がある。

労働市場

　労働力をめぐる市場。企業の求人者数と就職希望者数の需給関係のバランスと資金が連動する。労働市場では，求人者数が需要量，就職希望者数が供給量となる。

ゼミナール

市場メカニズム

自由　効率性

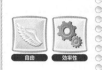

Introduction ダイナミック・プライシング（変動料金制）

価格が一定（定価）ではなく，需要と供給の状況に合わせて変動する仕組み。季節や閑散期・繁忙期などによる需要の変化で価格が設定される。市場メカニズムの機能を生かそうという制度である。

事例1　横浜F・マリノス

↑①選手に声援を送る横浜F・マリノスのサポーター

Aチケットの価格変動

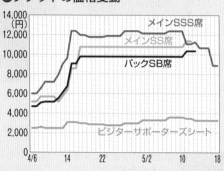

2019年5月18日の横浜F・マリノス対ヴィッセル神戸戦におけるチケットの価格変動。横浜F・マリノスのホームゲームでは，座席の価格は毎日変動している。予約のタイミング，座席の種類，天候，対戦相手など様々な要因をデータとして取り込んで，専門の会社がAIを使って価格を設定している。空席の削減，混雑緩和，チケット転売抑制など，企業と顧客の両方にメリットをもたらすことが期待されている。

事例2　コンビニ

❶入荷

❷在庫確認

❸販売

❹廃棄

各店舗へ工場から商品が入荷。入荷検品時，RFID（電子タグ）を商品に貼付。

スマートシェルフ（電子タグにより陳列棚の状況をリアルタイムで把握できるシステム）により商品の在庫情報をバックヤードのパソコンで管理。

販売期間が迫っている商品をサイネージ（店頭のディスプレイ）に表示。消費者はスマホアプリからもポイント還元・割引対象商品を確認可能。

バックヤードのパソコンから店舗スタッフが廃棄対象商品を把握し，該当商品を廃棄。

（経済産業省資料を参考に作成）

電子タグを商品に貼付して，賞味期限の近い商品を特定する。消費者にはその情報がSNSの通知として届き，その商品を購入するとポイントが付与されるか，値引きされる仕組みである。メリットとしては食品ロスを削減することが期待されている。

←②電子タグのついた商品

アダム=スミスは『国富論』の中で，各個人の利益追求が見えざる手（価格の変動）によって公共の利益を促進すると説いている。この制度は，会場の空席を減らしたり，食品ロスを削減したりという社会全体の利益につながること（適切な資源配分）が期待されている。

1 市場の分類

買手　　売手	1人（少数）	多数
1人（少数）		買手独占（寡占）市場
多数	売手独占（寡占）市場	完全競争市場（自由市場）

〈注〉ただし，完全競争市場とは，理論上の言葉であって，実在しない。農産物市場がこれに近いといわれている。

A完全競争企業であるための条件

❶無数の売り手と買い手が存在する。
❷誰もが自由に参入・退出できる。
❸売買される財は同質で製品差別化がされていない。
❹売り手も買い手も市場価格について完全な情報をもっている。
→このような市場は，経済分析を進める上で必要な1つの仮定であって，現実には存在しない。

（井堀利宏監修『サクッとわかるビジネス教養 経済学』新星出版社）

2 価格の種類

自由市場	市場価格	商品が市場で実際に売買される価格。需要・供給量の変動で上下するが，長期的には生産価格（商品の平均生産費に平均利潤を加えたもの）に一致する傾向がある。
	自由価格	完全競争市場で成立する価格。競争によって，需要量と供給量の均衡する点で決まる。
寡占市場	独占価格	商品の需給どちらかの側で競争が制限された場合に成立する価格。狭義では1社独占の場合をいうが，ふつう，広く寡占価格や管理価格をもさす。
	寡占価格	少数の企業の協定などによって価格がコントロールされるときに成立する。
	管理価格	有力企業がプライスリーダー（価格先導者）として一定の利潤が確保できる価格を設定し，他企業がそれにならう場合の価格。石油製品・自動車・ビールなど。

Seikei マニア 新商品ができたとき，販売方法や商品の改善点などを探るためにテスト販売がよく行われるのは静岡県である。静岡県のデータ（県民所得・一人当たり預貯金残高・小売業の年間販売額・産業の構成比など）は，全国平均のデータと似通っている。静岡県を日本の縮図だと考えて，調査をすることができる。

3 市場メカニズム

Ⓐ需要曲線

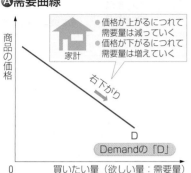

- 価格が上がるにつれて需要量は減っていく
- 価格が下がるにつれて需要量は増えていく

右下がり

商品の価格

家計

D

Demandの「D」

0　買いたい量（欲しい量：需要量）

Ⓑ供給曲線

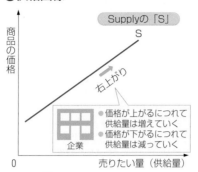

Supplyの「S」

右上がり

- 価格が上がるにつれて供給量は増えていく
- 価格が下がるにつれて供給量は減っていく

商品の価格

S

企業

0　売りたい量（供給量）

Ⓒ価格の均衡

需給がつり合う価格（均衡価格）は，300円になる。

この価格ではS（供給）の方が多い

超過供給

下降圧力がかかる

見えざる手

上昇圧力がかかる

超過需要

この価格ではD（需要）の方が多い

価格　340円　300円　260円

S　D

0　80個　160個　240個　量

解説 需要曲線・供給曲線は，価格に対する数量の変化を描いたものなので，縦軸の価格から数量を見る。人間の心理をグラフ化したものなので，直線でも表される。

4 需要曲線と供給曲線の移動（シフト）

ナビ▶ 売り手と買い手，どちらが有利な状態かを意味する言葉がある。
売り手市場…売り手に有利な状態。需要が供給を上回っている。
買い手市場…買い手に有利な状態。供給が需要を上回っている。

需要曲線の移動

[移動要因]
①収入の増減
②商品の人気の変化
③人口の増減

〔例：需要曲線が左へ移動する場合〕

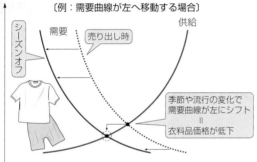

需要　売り出し時　供給　シーズンオフ

季節や流行の変化で需要曲線が左にシフト＝衣料品価格が低下

供給曲線の移動

[移動要因]
①原材料費の変化
②人件費の変化
③税金の増減
④生産性の変化
⑤輸入品の増減

〔例：供給曲線が右へ移動する場合〕

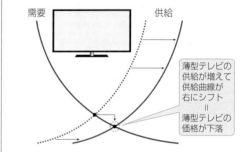

需要　供給

薄型テレビの供給が増えて供給曲線が右にシフト＝薄型テレビの価格が下落

5 価格弾力性

価格の変化によって，需要がどのくらい増減するかは，商品のもつ性格によって異なる。価格が上昇（低下）したときに，需要量がどのくらい減少（増加）するかを示すものを需要の**価格弾力性**という。

Ⓐ需要の価格弾力性

大きい	・価格のわずかな変化で需要量が大きく動く。 例代替品（バターとマーガリンのように代わりとなる商品），ぜいたく品，高級品。	 D D₁ 需要曲線の傾きが緩やか
小さい	・価格の変化に対し需要量がそれほど動かない。 例生活必需品，緊急性がなく購入量に限界がある商品（ガソリンなど）。	D D₂ 需要曲線の傾きが急

価格弾力性が大きいと傾きが緩やかで，これは価格を下げると需要が増えることを意味する。

価格弾力性が小さいと傾きが急で，価格を下げても需要が増えないことを表している。

6 政府の価格規制

政府といえども，市場メカニズムに安易に干渉（価格規制）すると，経済を混乱させてしまう。ガソリンの価格規制について考えてみよう。

ガソリン価格の上限規制

ガソリン価格の最高水準を1L当たり60円に規制したとすると…。なお，均衡価格は100円。

→市場の均衡価格100円よりも低いため，需要は増加して240万kLになる。逆に供給は減少して80万kLになる。つまり160万kLの品不足が生じてしまう。

240万kL－80万kL＝160万kL

→品不足のため，人々はガソリンスタンド前で行列する。その後，配給制実施の可能性や，闇市場の発生が心配される。

→経済全体の混乱につながる。

価格（円）　D　S

100　60

品不足（超過需要）

S　D

0　80　160　240　数量（万kL）

「豊作貧乏」という現象がよく発生する。これを供給曲線の移動（右へ）と価格弾力性（小さい）で説明してみよう。

チェック＆トライ

チェック 市場価格　完全競争　寡占市場

トライ ・市場経済では，超過供給と超過需要の場合にどのような機能が働くのだろうか？
・需要・供給曲線が次のように移動した場合，価格はどのように変化するだろうか？
①需要曲線が右に移動した場合　②供給曲線が左に移動した場合

日本経済

自由 / 効率性

Introduction 日本を代表する起業家

👉ソフトバンク／孫正義社長

旺盛なハングリー精神の持ち主。日本の高校を中退し，アメリカの高校で飛び級し，カリフォルニア大学バークレー校経済学部の3年生に編入。在学中からビジネスの成功を目指し始め，1979年，23歳のときにアメリカでソフトバンクの前身であるソフトウェア開発会社「Unison World」を設立した。

楽天／三木谷浩史社長👍

1995年の阪神・淡路大震災を機に起業を決意。1997年，32歳のときにエム・ディー・エム（現楽天）を設立。「インターネットで人はモノを買わない」といわれた時代に，誰でも簡単に開店できる「楽天市場」を開設した。当初は，従業員6人，サーバー1台であった。

ソフトバンクグループ ⬇ **M&A**（企業の合併・買収）**による成長戦略** ⬇ **楽天グループ**

2019年子会社のヤフーが通販ZOZOTOWNを買収，さらにヤフーはコミュニケーションアプリLINEとの経営統合を図る。

M&Aによってグループ（トラベル・カード・銀行・証券・球団など）を形成している。通信事業へも進出した。

株式交換─相手企業を完全子会社化する

M&A…Merger（合併），Acquisition（買収）

株式の買い手側
新規事業への進出，新規の販路を拡大できる。ゼロから立ち上げるよりも経費がかからない。

株式の売り手側
経営難から脱出でき，後継者不足を解消できる可能性がある。

Ⓐ国内のM&A件数の推移

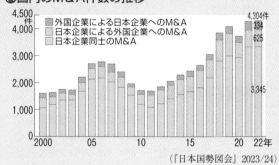

（『日本国勢図会』2023/24）

1 企業の種類

企業形態			種類や例
私企業	個人企業		個人商店・農家など
	共同企業	会社企業	❶**株式会社**…会社企業の9割以上を占める ❷**合同会社**…大学・研究機関等のベンチャー企業，アメリカ企業の日本法人など ❸**合資会社**❹**合名会社**…酒造・醸造会社など （**有限会社**…小規模企業。新設不可）
		組合企業	消費者協同組合（生協など） 生産者協同組合（農協など）
公企業	国	国営企業	（2013年に「国有林野事業」が国の一般事業となり，国営企業はなくなった）
		独立行政法人	造幣局・国立印刷局・国民生活センター・大学入試センターなど
		その他	国立大学法人など
	地方		市バス・水道・ガスなど
公私合同企業	国	特殊法人	NHK・JT・NTTなど
		認可法人	日本銀行・日本赤十字社など
	地方	第三セクター	地方公共団体が25％以上出資している法人

2 会社の所有者は？

株式会社のしくみ

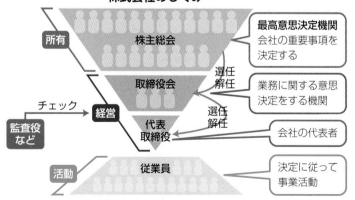

🔍解説 所有と経営の分離 会社の所有者は株主である。会社には，株主の意向を反映させる**コーポレート・ガバナンス**（企業統治）とよばれるシステムが組み込まれている。たとえば，株主は企業の重要決定事項（経営者の選任・罷免など）に関して，株主総会で議決権を行使できる。また，企業経営に大きな問題があるときは，株主たちが経営者を訴えることもできる（株主代表訴訟）。

3 株主と株式会社

株主
- 配当金…会社の利益が増えれば配当も増える。
- 有限責任…会社が倒産したときに負う損失は出資した金額が限度。
- 売却益…株価の上昇で売却により得られる利益。

会社
- 銀行からの融資と比べて，資金調達が容易である。
- 出資してもらった資金は，会社が続く限り返す必要はない。

Ⓐ従来の株主総会

安定株主（株式持ち合い）	長所	買収されにくく，経営の安定に効果がある。
大株主がその会社の取引銀行や系列企業で，3分の2以上の株を保有している。	短所	経営の監視機能が弱まりやすい。株式市場で売買される株が少なく，市場が低迷する。

Ⓑ変わる株主総会

経営者から見ると安心できない株主の増加

投資家・外国人・ファンド（複数の投資家から資金を集め，得られた利益を分配する基金）をビジネスにする会社などの株主が「もの言う株主」となって，経営に対して積極的に発言するケースが出てきている。

5 バランスシート（貸借対照表）

資産		負債	
流動資産	420,000	流動負債	155,000
現金預金	150,000	支払手形	80,000
受取手形	130,000	買掛金	55,000
売掛金	100,000	短期借入金	20,000
有価証券	30,000	固定負債	320,000
商品	10,000	長期借入金	120,000
固定資産	530,000	社債	200,000
土地	180,000	純資産	
建物	230,000	資本金	360,000
機械	120,000	利益剰余金	115,000
総資産　合計	950,000	総資本　合計	950,000

（単位：千円）

会社が持っている財産／財産の元となったお金の調達方法（他人資本／自己資本）

資産＝負債＋純資産　必ず左右の金額が一致する。
※利益剰余金：配当金に回さずに蓄積した資金である内部留保。

解説 貸借対照表は，企業が，自社の財務状況（健康状態）を明らかにするために作成する書類。自己資本を総資本（総資産）で割った比率が自己資本比率と呼ばれ，企業の健康状態を測る目安となっている。

7 開業率の国際比較

Ⓐ開業率の国際比較
（2021年版『中小企業白書』を参考に作成）

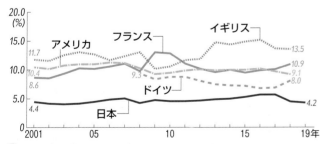

解説 2006年に施行された会社法では，最低資本金が1円以上，取締役は1人でもよいなど，会社経営の自由度を高め，起業を促進し，経済活性化を図るねらいがあった。しかし，先進諸国の中では，日本の起業による開業率は，非常に低い状態が続いている。

4 証券取引所と株式会社

Ⓐ2つの株式市場

発行市場	流通市場
〈価格〉発行価格	〈価格〉時価で売買
株式会社　証券会社　投資家	投資家　証券市場　投資家
新発	既発
会社が新たに発行した株式の取得	投資家がすでに取得している株式の売買

〈注〉現在は「株券電子化」が実施されており，株券は廃止されている。

Ⓑ上場とは？

会社が発行する株式に，証券取引所が取引所で売買できる資格を与えること。上場すると，新たな株式の発行による資金調達がおこないやすくなるメリットがある。さらに上場することで会社の知名度や社会的な信用度も高まる。

6 ホールディングス（HD）

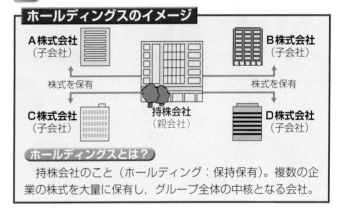

ホールディングスのイメージ

A株式会社（子会社）　B株式会社（子会社）
株式を保有　株式を保有
C株式会社（子会社）　持株会社（親会社）　D株式会社（子会社）

ホールディングスとは？

持株会社のこと（ホールディング：保持保有）。複数の企業の株式を大量に保有し，グループ全体の中核となる会社。

「持株会社」禁止

戦前の旧「財閥」が日本経済を誤った方向に導いたという反省から，戦後の独占禁止法では，自由競争促進という狙いもあって持株会社は禁止されていた。

1998年「解禁」

国際競争の激化と産業構造の激変に対応し，効率的な企業経営と企業再編の円滑化をはかるために，独占禁止法が改正された。

持株会社の3つのメリット

①節税対策
子会社化による会社分割によって，累進課税である法人税を減税化することができる。

②買収や合併に便利
買収先の会社の株式を持株会社が買い取り，子会社にすることができる。また，不本意な形で買収されることを防ぐことができる。

③グループ全体の経営効率のアップ
持株会社がグループ全体の利益を最優先した経営がしやすい。

チェック&トライ

チェック 株式
コーポレート・ガバナンス（企業統治）

トライ ・企業の資金調達は，どのように行われているのだろうか？
・株主としてのメリットは何だろうか？

テーマ 31 独占と寡占(かせん)

Introduction 電力の「地域独占」が「自由化」へ？

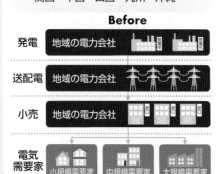

地域独占10社の電力会社
北海道　東北　東京　北陸　中部
関西　中国　四国　九州　沖縄

Before

発電	地域の電力会社
送配電	地域の電力会社
小売	地域の電力会社
電気需要家	小規模需要家　中規模需要家　大規模需要家

電力小売り全面自由化 2016年4月〜

期待されていること
①電気事業者の新規参入によって，価格競争が始まる。
②企業の事業拡大につながる。
③緊急時の電力の安定供給につながる。
④再生可能エネルギーへの転換につながる。

※小売電気事業者の数は，現在726社（2023年5月12日現在）。

新規事業者700社以上

After

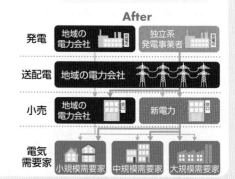

発電	地域の電力会社　独立系発電事業者
送配電	地域の電力会社
小売	地域の電力会社　新電力
電気需要家	小規模需要家　中規模需要家　大規模需要家

Ⓐ電力会社の平均モデル料金の推移

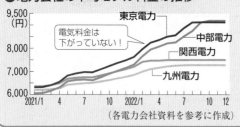

東京電力
中部電力
関西電力
九州電力

電気料金は下がっていない！

（各電力会社資料を参考に作成）

Ⓑ電力カルテル

中国電力　中部電力　関西電力　九州電力
カルテル

関西電力は自己申告により処分を免れた。

2023年3月公正取引委員会は，電力4社が市場競争を互いに回避していたと認定して，総額1,000億円を超える課徴金(かちょうきん)納付命令を出した。

公正取引委員会は，電気料金の安値での取引を実質的に制限していると判断した。業界団体の電気事業連合会がカルテルの温床となったと指摘している。

1 規模の利益（スケールメリット）

Ⓐ生産量増で利益増

- コンビニの店舗数を増やす
  - →商品の販売数が増加する
  - →商品や食材の仕入れ価格（コスト）を安くできる
- パソコンの工場を拡大
  - →生産量の増大
  - →パソコン1台あたりのコストの低下

企業の利益が増加

Ⓑスケールメリット

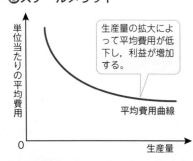

生産量の拡大によって平均費用が低下し，利益が増加する。

平均費用曲線

解説 スケールメリットとは，「規模を大きくすることで得られる利点」という意味。生産規模や販売規模を拡大することでコスト削減となり，企業の利益が増えるということ。自由競争は，自然と企業規模を大きくさせ，独占的な状態を招きやすい。

2 市場占有率（生産集中度）

Ⓐ各業界の企業別シェア

ビール類（出荷量）
サッポロ 11.6
サントリー 16.2
アサヒ 36.5%
キリン 35.7
（2022年）

携帯電話（契約数）
楽天モバイル 2.2
ソフトバンク 25.8
NTTドコモ 41.6%
KDDIグループ 30.5
（2023年3月末）

乗用車（販売台数）
スバル 3.7
その他 19.2
トヨタ 48.7%
マツダ 5.7
日産 10.7
ホンダ 12.1
（2022年）

パソコン（出荷台数）
アップル
その他 15.4
NECレノボ 24.4%
東芝 8.0
富士通 14.5
日本HP 16.8
デル 15.0
（2023年）

（各業界資料などを参考に作成）

Seikei マニア　日本の独占禁止法に大きな影響を与えているのが，アメリカのシャーマン法（1890年制定）とクレイトン法（1914年制定）。世界各国でも独占禁止法が制定されてきており，経済の憲法との認識が広まっている。

③ 非価格競争

Ⓐ非価格競争の原因

B社 A社	B社 価格維持	B社 値下げ
A社 価格維持	❶A社 300万円 B社 300万円	❸A社 100万円 B社 500万円
A社 値下げ	❷A社 500万円 B社 100万円	❹A社 200万円 B社 200万円

〈注〉表中の金額は会社の利益をあらわす。

解説 寡占市場において、A社とB社が価格競争をしていると想定する。両社の商品には差がなく、消費者はより安い商品を購入すると仮定する。どちらかの企業が値下げをすると（❷or❸）、そのときは、利益は増えるが、追い追い相手の企業も値下げして、最後は両社とも値下げ前より利益が小さくなってしまう（❹）。そこで、両社は価格維持（❶）を選択することになる。そして、性能・品質など、価格以外で差別化を図る。

Ⓑ非価格競争のメリット・デメリット

非価格競争とは	寡占市場では、価格以外の分野で他の商品との差別化を図る競争が活発化する。
差別化の方法	❶性能・品質・デザイン・付帯サービスによる差別化。 ❷広告・宣伝による差別化。
メリット	差別化によって、品質が良い多様な製品を購入できる。
デメリット	❶広告・宣伝が過熱化し、膨大な広告・宣伝費が価格に上乗せされてしまう。 ❷寡占状態の中で比較的大きな企業が価格を先導する行動に出る（**プライスリーダー制**）。 →プライスリーダーとなった企業は、その業界で下位の企業が利潤を生み出せるような価格（**管理価格**）設定をして、他の企業はそれに追随する。そのために価格は下がりにくくなってしまう（**価格の下方硬直性**）。

④ 独占の形態

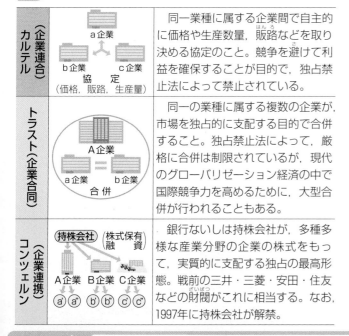

（企業連合）カルテル	同一業種に属する企業間で自主的に価格や生産数量、販路などを取り決める協定のこと。競争を避けて利益を確保することが目的で、独占禁止法によって禁止されている。
トラスト（企業合同）	同一の業種に属する複数の企業が、市場を独占的に支配する目的で合併すること。独占禁止法によって、厳格に合併は制限されているが、現代のグローバリゼーション経済の中で国際競争力を高めるために、大型合併が行われることもある。
（企業連携）コンツェルン	銀行ないしは持株会社が、多種多様な産業分野の企業の株式をもって、実質的に支配する独占の最高形態。戦前の三井・三菱・安田・住友などの財閥がこれに相当する。なお、1997年に持株会社が解禁。

⑤ 独占禁止法と公正取引委員会

Ⓐ私的独占の禁止及び公正取引の確保に関する法律

独占禁止法
- 私的独占の禁止 — 独占行為の禁止／合併などの制限
- 不当な取引制限の禁止 — カルテルの禁止（価格・生産・販売量などを制限する協定・合意の禁止）
- 不公正な取引の禁止 — 取引拒絶・不当廉売／差別価格・不当顧客誘引／抱き合わせ販売 の禁止

運用

公正取引委員会（調査・勧告・審判の3つの権限）

〈注〉例外的に認められていた**不況カルテル**（不況のため企業の存続が危ぶまれるとき）と**合理化カルテル**（企業の協調によらなければ、合理化の効果が期待できないようなとき）は1999年廃止された。

Ⓑ公正取引委員会が携帯電話大手３社を行政指導

大手３社が販売代理店に対して、利用実態に合わない高額料金プランへの勧誘を助長させる制度を取り入れている。また代理店が携帯端末の販売価格を事実上拘束している恐れもあることなどから、独占禁止法上問題となる可能性がある。公正取引委員会は改善を迫る行政指導を実施した。

（『信濃毎日新聞』2021.6.10を参考に作成）

解説 **独占禁止法**は、戦後の経済民主化政策の一つの柱として制定され、企業に「公正かつ自由な競争」をさせて、経済を健全に発展させることを目的としている。そのため「経済の憲法」ともよばれる。**公正取引委員会**は、この法律に対する違反を取り締まり、その運用にあたる「**独禁法の番人**」である。

⑥ 国家と巨大テック企業

巨大テック企業

巨大な影響力と富を独占するIT企業群

代表的5社	Google Amazon Meta（旧Facebook） Apple Microsoft

アメリカ・EUを中心に規制強化の動き

❶EUによるデジタルサービス法の制定

偽情報、制作者に無断でアニメ・音楽などのコンテンツを配信する違法コンテンツ、誇大広告の取り締まりなどを義務付ける法律

❷アメリカでの反トラスト法（独占禁止法）による規制

かつてスタンダード石油（エネルギー）やAT&T（電話）を解体させた法律

不当な租税回避に対しての新たな国際的ルール

❶世界各国は、最低法人税率を最低15%とする

⇒各国の法人税率値下げ競争に歯止めをかけられる

❷デジタル課税の導入

⇒国内に支店や工場をもたない外国企業に課税できる

解説 2021年、OECD（経済協力開発機構）加盟国など136の国と地域が、新たな国際課税ルールの基本合意に達した。2024年以降の導入が検討されている。

チェック&トライ

（チェック）独占　寡占　非価格競争
管理価格　価格の下方硬直性

（トライ）・寡占市場とは、どのような市場のことをいうのか？
・寡占市場は、消費者にどのような不利益をもたらすだろうか？

ゼミナール Seminar

企業のあり方
企業の社会的責任

企業の不祥事が続いているね。利潤の追求は，企業の社会的責任を果たすなかで行われなくてはいけない。現代の企業のあり方について学んでみよう。

1 三方よし

世間よし
地球環境
地域社会
コミュニティ

買い手よし
消費者
企業
メーカー
商業者

売り手よし
生産者
メーカー
サービス業者
商業者

「三方よし」とは，江戸時代に日本各地で活躍した近江商人の心得として伝えられている言葉。「三方よし」の商売は信頼を生み，それがまた利益を生み，そして社会貢献する。現代資本主義がいかに進化しても，ビジネスの基本は変わらないことを表した言葉である。

2 相次ぐ企業の不祥事

年	企業の不祥事事件
2000	三菱自動車リコール隠し，雪印乳業食中毒事件
06	ライブドア証券取引法違反事件（堀江社長逮捕）
07	不二家衛生管理事件
09	日本漢字能力検定協会理事長親子が背任容疑で逮捕
11	東京電力不十分な地震・津波対策による原発事故
15	東芝不適切会計問題で3人の経営陣が辞任
16	三菱自動車の燃費不正問題
17	神戸製鋼所アルミ製品などの性能データ改ざん
	日産自動車など無資格検査員による安全性チェック

❹ 企業をとりまくステークホルダー（利害関係者）

従業員 消費者 株主 取引先 行政機関 地域社会 **企業**

ステークホルダー…従業員，株主，取引先，顧客，政府・自治体，地域社会などの企業とかかわりのある利害関係者。

❺ メセナ，フィランソロピー

メセナ…「芸術支援」を意味するフランス語。芸術・文化だけでなく，教育，福祉なども含めた企業の行う社会貢献。被支援者との契約で成立し，企業はスポンサー（出資者）的立場となる。
フィランソロピー…寄付，ボランティア活動，サービスの提供など，個人や企業が行う社会貢献。メセナと共通する部分が多いが，被支援者との契約を必要としない貢献である点が特徴。

企業名	活動例
NEC	・盲導犬支援プログラム（福祉） ・NECガリレオクラブ（青少年育成，教育）
キリンビール	・水源の森づくり支援（植林活動） ・国連大学キリンフェローシップ（食糧問題研究）
日本マクドナルド	・マクドナルド・トーナメント「全日本学童軟式野球大会」（スポーツ，青少年育成）

（㈳日本フィランソロピー協会資料による）

3 企業の社会的責任（CSR）

❶ CSRとは？

基本的な意味	企業倫理，コンプライアンス（法令を守ること）
近年求められること	社会的な公正さや環境への配慮などを通じて，かかわりのあるステークホルダー（利害関係者）に責任ある行動を取るべきだという考え。

❷ 拡大するCSR（Corporate Social Responsibility）

企業の社会的責任（CSR）	
法的責任	**社会的責任**
●コンプライアンス（法令遵守）の体制が整っていること。 ●積極的にディスクロージャー（情報開示）をしていること。	●社会的な公正さや環境への配慮などを通じて，関わりのあるステークホルダーに責任ある行動をとること。
環境的責任	**経済的責任**
●環境に配慮した商品開発をしていること。 ●CO_2削減など環境を守る努力をしていること。	●顧客に有用な製品やサービスを提供すること。 ●株主への利益還元をしていること。

監視　　アカウンタビリティ（説明責任）

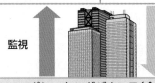

コーポレート・ガバナンス（企業統治）

4 ESG投資——三方よしの21世紀版

E（環境）S（社会）G（企業統治）に配慮した経営をしている企業を選んで投資をすること。2006年に国連のアナン事務総長（当時）が世界の機関投資家に対して提唱した「責任投資原則」がきっかけである。短期的な収益だけではなく，長期的な視点（持続可能性）で経営を進めている企業を評価し投資をする動きが世界に広まってきている。

Environment
地球温暖化
水資源
生物多様性
廃棄物の管理

Governance
取締役の構成
公正な競争
汚職防止
コンプライアンス
情報開示

Social
従業員の安全・衛生
製品，サービスの安全管理
人権，地域社会への責任

ゼミナール

市場メカニズムは万能ではない
市場の失敗

"見えざる手"のはたらきによって調和のとれた社会ができるという市場メカニズム（⇒p.79・88）にも限界はある。その具体的な例と解決方法について学んでみよう。

1 市場の失敗とは？

市場メカニズムは万能ではない。価格メカニズムと資源の最適な配分という機能が働かないケースが出てきてしまう。そこで，政府が重要な役割を果たすことが期待される。

Ａ市場メカニズムにおける政府の役割

政府の役割
↓
家計 ← 市場メカニズム → 企業

Ｂ市場の失敗の例と対策

失敗のケース	政府の役割
❶独占・寡占 企業の巨大化によって不完全競争となり，市場メカニズムが働かない。	公正取引委員会 独占禁止法
❷公共財・公共サービスは、市場において取引しにくい。 【公共財の特色】 非排除性：費用を払わない人を排除できない 非競合性：誰かが消費しても他の人も同時に消費できる	財政の機能 …資源配分の調整
❸情報の非対称性 買い手と売り手の情報格差によって不公正な取引が起こりやすい。これは市場での取引を委縮させてしまう。	消費者庁 ＰＬ法，消費者基本法など
❹外部性（外部経済と外部不経済） 消費者と企業の取引（市場）が他の消費者や企業（市場の外部）に影響を与えること。	外部不経済の内部化

2 外部性の代表的な例　プラスの影響：外部経済　マイナスの影響：外部不経済

外部経済
● 公共財の供給
● さまざまな機能が集中した都市の魅力
● 技術革新がもたらす波及効果
● 企業城下町　など

外部不経済
● 独占，寡占（⇒p.92）
● 公害
● 騒音，大気汚染
● 地球環境問題
● 都市の過密化　など

↑❶多くの企業が集まる大都市

↑❷大気汚染によって四日市ぜんそく発生（1961年）

3 外部不経済の解決方法は？

社会的費用…公害対策費など
私的費用…人件費，原材料費，減価償却費など
　企業などの活動のための**私的費用**に対して，その活動によって発生する第三者や社会に負担となる費用または損失のことを**社会的費用**という。

Ａ社会的費用と私的費用

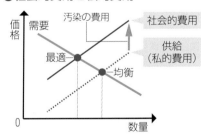

外部不経済の内部化―政府による課税
　社会的費用と同額の税金を企業に課す方法がある。
炭素税（環境税の一種）の導入
　化石燃料に税金（炭素税）をかけ，価格を上げる。化石燃料の消費が抑えられ，バイオ燃料など，地球温暖化を抑制できるエネルギーに転換できる。日本でも2012年10月に導入された。ただ税率は欧州に比べてかなり低い。

4 グローバル公共財―新型コロナワクチン

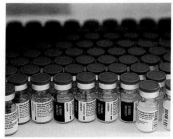

↑❸新型コロナワクチン

ワクチンの外部経済効果
　ワクチンの接種は，接種していない人の感染率を下げる効果がある。

ＷＴＯ（世界貿易機関）の提案
　「ワクチンは，全ての国が必要とするグローバル公共財であり，新型コロナウイルスの感染抑制につながるものについては，知的財産権（特許権）保護を義務付けるルールを一時的に放棄すべきである。」

ワクチン開発は，実質的には数社の民間製薬会社によって行われた結果，特許権が接種の格差を世界中に広げてしまったんだ。ワクチン開発のインセンティブ（動機付け）とアクセス（接種格差のない状態）の両立を目指した，国際的な枠組み（COVAX）の進展に期待したいね。

Seikei マニア 巨大な石のお金を使っている島があるのを知ってる？　それは西太平洋に位置するヤップ島。直径３ｍ，４ｔ級のものまであるという。このお金の価値は，大きさや，いつ，どのようにして運ばれてきたかによって判断される。現在では貨幣というよりも骨董品のようなものになっている。

32 GDPと国富

持続可能性

Introduction 国の「豊かさ」を測るモノサシ？

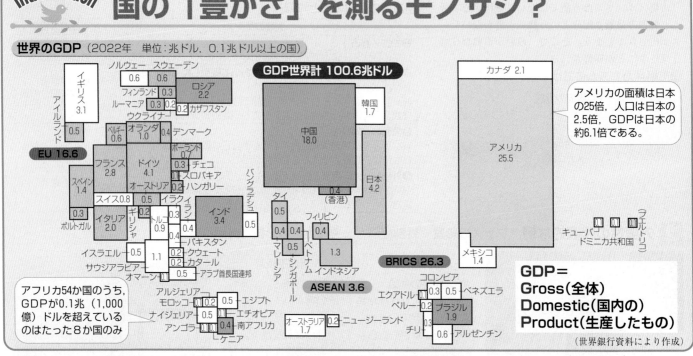

世界のGDP（2022年　単位：兆ドル，0.1兆ドル以上の国）

GDP世界計 100.6兆ドル

- ノルウェー 0.6
- スウェーデン 0.6
- フィンランド 0.3
- ルーマニア 0.3
- ウクライナ 0.2
- ロシア 2.2
- カザフスタン 0.2
- イギリス 3.1
- アイルランド 0.5
- ベルギー 0.6
- オランダ 1.0
- デンマーク 0.4
- **EU 16.6**
- ポーランド 0.7
- チェコ 0.3
- スロバキア
- ハンガリー 0.2
- フランス 2.8
- ドイツ 4.1
- スペイン 1.4
- オーストリア 0.5
- スイス 0.8
- イラク 0.3
- イラン
- ポルトガル 0.3
- イタリア 2.0
- ギリシャ 0.2
- トルコ 0.9
- バングラデシュ 0.5
- 中国 18.0
- 韓国 1.7
- 香港 0.4
- 日本 4.2
- インド 3.4
- タイ 0.5
- フィリピン 0.4
- ベトナム 0.4
- マレーシア 0.4
- シンガポール 0.5
- インドネシア 1.3
- **ASEAN 3.6**
- イスラエル 0.5
- パキスタン 0.3
- クウェート 0.2
- カタール 0.2
- サウジアラビア 1.1
- オマーン
- アラブ首長国連邦 0.5
- アルジェリア 0.2
- モロッコ 0.1
- エジプト 0.5
- ナイジェリア 0.5
- エチオピア 0.1
- アンゴラ 0.1
- 南アフリカ 0.4
- ケニア
- コロンビア 0.3
- ベネズエラ 0.5
- エクアドル
- ペルー 0.2
- ブラジル 1.9
- チリ 0.3
- アルゼンチン 0.6
- **BRICS 26.3**
- オーストラリア 1.7
- ニュージーランド 0.2
- カナダ 2.1
- アメリカ 25.5
- メキシコ 1.4
- キューバ 0.1
- ドミニカ共和国 0.1
- プエルトリコ 0.1

アメリカの面積は日本の25倍，人口は日本の2.5倍，GDPは日本の約6.1倍である。

アフリカ54か国のうち，GDPが0.1兆（1,000億）ドルを超えているのはたった8か国のみ

GDP＝
Gross（全体）
Domestic（国内の）
Product（生産したもの）

（世界銀行資料により作成）

1 GDPの金額は──付加価値の合計

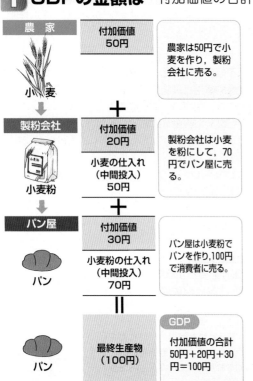

| 農家 | 付加価値 50円 | 農家は50円で小麦を作り，製粉会社に売る。 |

小麦

＋

| 製粉会社 | 付加価値 20円 / 小麦の仕入れ（中間投入）50円 | 製粉会社は小麦を粉にして，70円でパン屋に売る。 |

小麦粉

＋

| パン屋 | 付加価値 30円 / 小麦粉の仕入れ（中間投入）70円 | パン屋は小麦粉でパンを作り，100円で消費者に売る。 |

パン

＝

| **GDP** |
| 最終生産物（100円）｜ 付加価値の合計 50円＋20円＋30円＝100円 |

パン

2 国民所得の相互関係──三面等価の原則

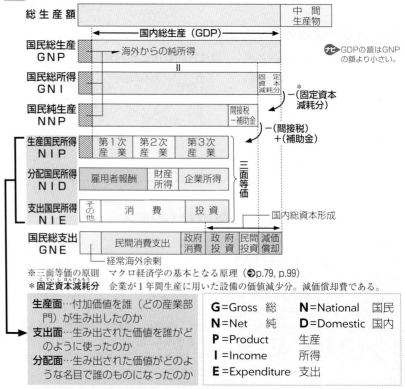

| 総生産額 | | 中間生産物 |

国内総生産（GDP）

| 国民総生産 GNP | 海外からの純所得 |

ナビ GDPの額はGNPの額より小さい。

‖

| 国民総所得 GNI | | 固定資本減耗分 |

－（固定資本減耗分）*

| 国民純生産 NNP | | 間接税－補助金 |

－（間接税）＋（補助金）

生産国民所得 NIP	第1次産業	第2次産業	第3次産業
分配国民所得 NID	雇用者報酬	財産所得	企業所得
支出国民所得 NIE	その他	消費	投資

三面等価

国内総資本形成

| 国民総支出 GNE | 民間消費支出 | 政府消費 | 政府投資 | 民間投資 | 減価償却 |

経常海外余剰

※三面等価の原則　マクロ経済学の基本となる原理（●p.79, p.99）
*固定資本減耗分　企業が1年間生産に用いた設備の価値減少分。減価償却費である。

生産面…付加価値を誰が（どの産業部門）が生み出したのか
支出面…生み出された価値を誰がどのように使ったのか
分配面…生み出された価値がどのような名目で誰のものになったのか

G＝Gross	総	**N**＝National	国民
N＝Net	純	**D**＝Domestic	国内
P＝Product	生産		
I＝Income	所得		
E＝Expenditure	支出		

Seikeiマニア UFOがよく見つかるのは好景気のとき。日本では経済成長の過程でUFOブームが起こった。生活にゆとりがあるときは夢やロマンをかきたてられ，逆に不況のときは享楽主義的なものに目が向く傾向があるようだ。

3 GDPとGNI

最重要指標	GDP（国内総生産）	GNI（国民総所得）
ポイント	一国内での経済活動 →生産面からみる	国民の経済活動 →所得面からみる
目的	経済規模・経済成長率・景気の状態などの把握	国民の経済活動の正確な把握

4 各国のGDP（名目）1人当たりGDP

	国　　名	GDP（億ドル）	順位	1人当たりGDP（ドル）	順位
1970年	アメリカ	10,733	1	5,123	3
	旧ソ連	4,334	2	1,789	38
	ドイツ	2,158	3	2,747	24
	日本	2,126	4	2,026	34
	フランス	1,485	5	2,857	22
	中国	926	8	112	165
1995年	アメリカ	76,397	1	28,811	15
	日本	55,456	2	43,885	6
	ドイツ	25,856	3	31,867	11
	フランス	16,010	4	26,904	18
	中国	7,345	8	592	160
	ロシア	4,023	13	2,714	94
2021年	アメリカ	233,151	1	69,185	9
	中国	177,341	2	12,437	75
	日本	49,409	3	39,650	33
	ドイツ	42,599	4	51,073	23
	フランス	29,579	7	44,229	29
	ロシア	17,788	11	12,259	77

〈注〉1人当たりGDPの2021年上位国は，①モナコ，②リヒテンシュタイン，③ルクセンブルク。　　　　　（国連資料による）

6 GDPは絶対的な「ものさし」ではない

GDPの数字に含むもの・含まれないもの

市場で取引される財・サービスを金銭に換算して計算	家事労働やボランティア活動などは計算されない。
余暇は計算されない	有給休暇が増えても，何らかの財・サービスを購入しないと計算されない。
望ましくない数字の増加も計算される	兵器の製造・輸出，医療費，公害対策費用，災害復興費，大麻などの取引（合法の場合）などは計算される。

GDPは「政治的」・「人為的」な経済指標になりやすい

何をGDPに含めて何を含めないかは，政治的な問題だ。あらかじめ測るべき実体があってそれを測っているのではなく，政府の都合に合わせて，何を測るべきか（何に価値があるとし，何を無価値とするか）の線引きが決められてきたのだ。女性の家庭内労働は，経済の世界から排除され，価値のないものとされてきた。そして伝統的に女性の労働であったケア労働は，賃金の安い，不安定な仕事になってしまった。もっとも大切なものであるはずの，人の身体に関わる仕事が軽視され，ケアワーカーの低待遇や人材不足の問題を引き起こしている。

（カトリーン・マルサル／高橋璃子訳『アダム・スミスの夕食を作ったのは誰か？』河出書房新社を参考に作成）

5 フローとストック

ⒶGDPはフロー。ストックを示してはいない

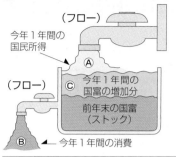

（フロー）
今年1年間の国民所得 Ⓐ
（フロー）Ⓒ 今年1年間の国富の増加分
前年末の国富（ストック）
Ⓑ 今年1年間の消費

解説 GDPは川の流れのように作られては消費されていくものだからフローという。また，残っていくもの，蓄えられてきたものをストックといい，国富を元本として年々の国民所得が生み出され，国民所得からその年度に消費されてしまったものを差し引けば，国富の増加分が得られる。
（左図 Ⓐ－Ⓑ＝Ⓒ）

	フロー	ストック
家計	所得，生活費，ローン，税金など	預貯金，保険，土地，家屋など
企業	収益，費用など	資産，負債など
政府	GDP	国富

Ⓑ日本の国富

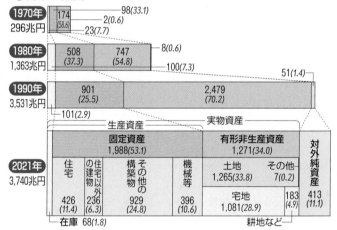

1970年 296兆円	174(58.6) 98(33.1) 2(0.6) 23(7.7)
1980年 1,363兆円	508(37.3) 747(54.8) 8(0.6) 100(7.3)
1990年 3,531兆円	901(25.5) 2,479(70.2) 51(1.4) 101(2.9)

2021年 3,740兆円
生産資産
固定資産 1,988(53.1)：住宅 426(11.4)，の住宅以外の建物 236(6.3)，構築物 929(24.8)，その他の固定資産，在庫 68(1.8)
実物資産
有形非生産資産 1,271(34.0)：機械等 396(10.6)，土地 1,265(33.8)，宅地 1,081(28.9)，その他 7(0.2)，183(4.9)，耕地など
対外純資産 413(11.1)

〈注〉（　）内は％。四捨五入のため合計は合致しない。（『国民経済計算年報』2021年度）

解説 日本の国富の構成で最も大きいのは土地である。バブル崩壊後，土地価格が下がり国富も減少した。

新たな指標の模索

●**グリーンGDP**（＝GDP－環境破壊による経済的損失）
1993年に国連が提唱。しかし，環境破壊による経済的損失を金銭換算することが難しいなどの問題点が挙げられている。

●**人間開発指数**
1990年に国連開発計画が提唱。出生時平均余命，識字率，1人当たりGDPの3分野を評価する。

●**国民純福祉（NNW）**
GNPから望ましくない価値を引き，家事労働やボランティアなどを金銭に換算して加えた指標。ただし，定評ある金銭換算が確立されていない。

●**より良い暮らし指標**
2011年にOECDが提唱。住居，所得，雇用，社会的なつながり，教育，環境，市民参加，健康，主観的幸福，安全，ワークライフバランスの11分野を各10点満点で評価する。複数の指標によって「豊かさ」「幸福度」を測定しようという手法。

日本経済

チェック&トライ

チェック GDP　三面等価　GNI　フロー　ストック

トライ ・国民所得の三面等価とは，どのような原則なのか？
・GDPは国民生活の豊かさをそのまま反映しているとは限らない。なぜだろうか？

景気変動と経済成長

Introduction 景気を判断する4つのモノサシ（指標）

なぜ景気を判断し予測するのだろうか？

　経済は，「現在」だけでなく1年後，数年後の「未来」を含む活動。家計・企業・政府の経済主体にとって，景気の判断と予測がそれぞれの活動を決める大きな要因となる。

4つのモノサシ（指標）

- ●**経済成長率**…本年度のGDPが前年度GDPよりどれだけ増加したかという割合（％）。
- ●**景気動向指数**…月ごとに内閣府が発表する。生産・雇用・消費など景気に敏感に反応するいくつかの経済指標を統合して，景気の状況を示した指数。この景気動向指数には，右のような3種類の系列がある。
- ●**日銀短観**…日本銀行が3か月ごとに発表する「全国企業短期経済観測調査」のこと。わが国の景気動向を把握するために，全国約1万社の企業を対象に，実施される統計調査。日銀から企業への調査は，「最近の景気動向は？一良い　さほど良くない　悪い」という内容で，調査への回答率は99％を超えるという。海外では"TANKAN"の名称で知られており，指標の中では重要視されている。
- ●**景気ウォッチャー調査**…タクシー運転手やコンビニの店長など，仕事を通じて地域の景気動向を観察できる立場にある全国12地域の計2,050人を対象に，内閣府が実施する調査。数字ではなく景気の「実感」を測るのがねらい。

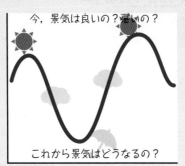

今，景気は良いの？悪いの？
これから景気はどうなるの？

家計	貯蓄を…増やす or 減らす
	ローンを…組む or 組まない
企業	設備投資を…する or しない
	採用を…増やす or 減らす
政府 財政政策	公共投資を…増やす or 減らす
	税金…増税 or 減税
	金融政策…緩和 or 引き締め

景気動向指数の種類

先行指数	景気に先行して動く→新規求人数，東証株価指数など
一致指数	景気とほぼ一致して動く→有効求人倍率，鉱工業生産指数，耐久消費財出荷指数など
遅行指数	景気に遅れて動く→家計消費支出，法人税収入，完全失業率，消費者物価指数など

政府の月例経済報告の表現

- ●**良くなっていく場合**
「悪化」→「下げ止まり」→「底入れ」→「持ち直し」→「強含み」→「回復」→「拡大」
- ●**悪くなっていく場合**
「減速」→「弱含み」→「低迷」→「調整局面」
- △**どちらでもない場合**
「足踏み」「横ばい」

景気ウォッチャー調査
景気に敏感な職業の人たち（全国12地域の計2,050人）を対象に調査を行う。

1 景気変動の四局面

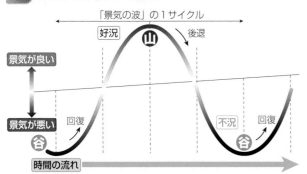

「景気の波」の1サイクル
好況　後退　不況　回復
景気が良い　景気が悪い
回復　谷　不況　谷　回復
時間の流れ

	好況	後退（恐慌）	不況	回復
経済活動	最大	減退	最小	増大
賃金	高水準	下降	低水準	上昇
倒産・失業者	わずか	増大	激増	減少
利子率	高水準	下降	低水準	上昇
物価	最高	下降	最低	上昇

2 経済成長率

	1年目	2年目	
	名目＝実質	名目	実質
PC	10万円×10台 ＝100万円	11万円×11台 ＝121万円	10万円×11台 ＝110万円
GDP	100万円	121万円	110万円

経済成長率の求め方

$$実質経済成長率（\%）=\frac{本年の実質GDP^{*}-前年の実質GDP}{前年の実質GDP}\times100$$

＊実質GDPは，物価変動の影響を取り除いたGDP

　上の式を使って2年目の経済成長率を計算してみると，
名目経済成長率…（121−100）÷100×100＝21％，
実質経済成長率…（110−100）÷100×100＝11％，となる。

Seikei マニア　不景気になると流行る色は黒。黒には人に威厳や安心感を感じさせる作用があり，漠然とした不安を抱える不景気のときに好まれるようだ。また，黒は着まわしのきく色で，経済的ともいえる。好景気のときはカラフルな色が流行る。

③ 景気循環の４つの波

Ⓐ主な景気循環

ナビ 技術革新は，今までの古い経済体制を破壊し，新たな経済体制を生み出すことから「創造的破壊」とよばれた。

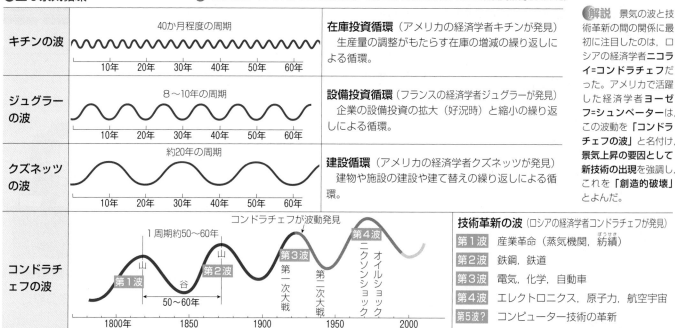

キチンの波	40か月程度の周期 10年 20年 30年 40年 50年 60年	**在庫投資循環**（アメリカの経済学者キチンが発見） 　生産量の調整がもたらす在庫の増減の繰り返しによる循環。
ジュグラー の波	8〜10年の周期 10年 20年 30年 40年 50年 60年	**設備投資循環**（フランスの経済学者ジュグラーが発見） 　企業の設備投資の拡大（好況時）と縮小の繰り返しによる循環。
クズネッツ の波	約20年の周期 10年 20年 30年 40年 50年 60年	**建設循環**（アメリカの経済学者クズネッツが発見） 　建物や施設の建設や建て替えの繰り返しによる循環。
コンドラチェフの波	コンドラチェフが波動発見 1周期約50〜60年 第1波 山 谷 第2波 山 第3波 第一次大戦 第二次大戦 第4波 ニクソンショック オイルショック 50〜60年 1800年 1850 1900 1950 2000 産業革命 鉄道ブーム 電気の時代 自動車工業の進展 軍事技術の開発 日本の高度成長 未来技術	**技術革新の波**（ロシアの経済学者コンドラチェフが発見） 第1波 産業革命（蒸気機関，紡績） 第2波 鉄鋼，鉄道 第3波 電気，化学，自動車 第4波 エレクトロニクス，原子力，航空宇宙 第5波？ コンピューター技術の革新 AI，ロボット，ライフサイエンスなど

解説 景気の波と技術革新の間の関係に最初に注目したのは，ロシアの経済学者ニコライ＝コンドラチェフだった。アメリカで活躍した経済学者ヨーゼフ＝シュンペーターは，この波動を「**コンドラチェフの波**」と名付け，**景気上昇の要因として新技術の出現を強調し，これを「創造的破壊」**とよんだ。

日本経済

④ 日本の景気変動と経済成長

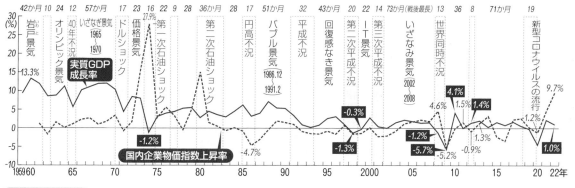

〈注〉実質GDP成長率は，1980年以前は68SNAによる1990年基準の固定基準年方式の値。1981〜94年は93SNAによる2005年を，1995年以降は08SNAによる2015年を連鎖価格の参照年とする連鎖方式。最新年は2次速報値。

（内閣府資料による）

経済成長の要因
経済をマクロ的にみると，総供給（総生産）＝総需要（総消費）である。経済成長率を上げるには，総供給ないしは，総需要を増やすことが必要となる。

総供給を 増やすには	❶十分な労働力　❷生産のための十分な資本 ❸生産技術の進歩
総需要を 増やすには	総需要＝消費＋投資＋政府支出＋（輸出－輸入） ❶企業の設備投資の活発化　❷個人消費の増加 ❸政府の財政金融政策

戦後日本の主な好景気
○ 神武景気・岩戸景気…三種の神器（白黒テレビ，洗濯機，冷蔵庫）
○ オリンピック景気・いざなぎ景気…３Ｃ（カラーテレビ，クーラー，自動車）
○ いざなみ景気…新三種の神器（薄型テレビ，デジタルカメラ，ＤＶＤプレーヤー）

Ⓐ支出面からみたGDP

名目GDP （国内総生産） **550.5兆円** （2021年度）	公共事業 5.4　民間住宅投資3.8 在庫変動 0.2　民間企業設備投資 民間最終消費支出 （個人消費）**53.8%**　16.4　政府最終消費支出 21.6 総資本形成 25.8 純輸出 -1.2

（『日本国勢図会』2023/24）

解説 **総供給＝総需要** 経済をマクロ（巨視的）にみると，三面等価の原則がみえてくる。それは，「総生産（総供給）＝総支出（総需要）」という方程式が成り立つことでもある。これを具体的な式にすると，『**GDP（国内総生産）＝消費＋投資＋政府支出＋（輸出－輸入）**』となる。「総需要」面から経済をみると，GDPを上げて，経済成長率を伸ばすには，上の式のいずれかの項目を増やせばいいということになる。政府の財政金融政策もこの式から説明できる。さて，上のグラフに注目すると「個人消費」が全体の約５割を占めている。経済成長と景気回復には「個人消費」の伸びが不可欠なのだ。

チェック＆トライ

チェック	景気変動（景気循環） 経済成長率　景気動向指数	トライ	・名目GDPと実質GDPの違いは何だろうか？ ・総需要面で，経済成長をもたらす要因となるのは何だろうか？

効率性　イノベーション　グローバル化

Introduction 資金を融通する──預金と融資の広大なネットワーク

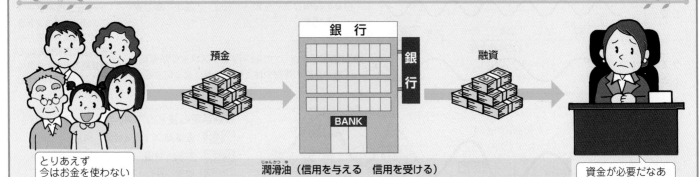

銀行

預金　→　銀行　→　融資

とりあえず今はお金を使わない

潤滑油（信用を与える　信用を受ける）

資金が必要だなあ

金融が存在しなかったら…

家計 買えない

企業 設備投資と生産拡大

社会基盤の整備　橋　道路

政府

企業育て

豊田織機→世界のトヨタ
山口県宇部市の紳士服店→ユニクロ
多くの企業が銀行の応援で成長した。

（『改訂新版　日銀を知れば経済がわかる』平凡社新書を参考に作成）

あなたはお金を銀行に貸している？
　一般にお金を貸し出す際には担保を取る。あなたは無意識のうちに，銀行から信用という担保をとってお金を貸している。

Ⓐ現金通貨と預金通貨の割合（2023年6月）

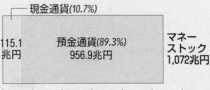

現金通貨(10.7%)
115.1兆円
預金通貨(89.3%)
956.9兆円
マネーストック 1,072兆円

0　200　400　600　800　1,000　1,200(兆円)

（日本銀行資料による）

Ⓑ信用創造（お金がお金をうむ）

	預金	支払い準備	貸出し	
A銀行	100万円	10万円	90万円	〈企業ア〉
B銀行	90万円	9万円	81万円	〈企業イ〉〈企業ウ〉
C銀行	81万円	8.1万円	72.9万円	〈企業エ〉〈企業オ〉
合　計	1,000万円	100万円	900万円	

※支払準備率…上の場合は10%

計算式

$$預金合計 = \frac{最初の預金額 \times 1}{支払準備率}$$ で求められる。

〈注〉手形，小切手を除いた現金の支払い（預金）準備率は，実際には1％程度である。

1 貨幣の機能

交換手段	価値尺度
等価の財貨・サービスなどを交換する仲立ちの役割	商品（財やサービス）の価値をはかる（評価）する役割

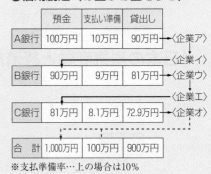

支払い手段	価値貯蔵の手段
債務の決済，納税など一般的な支払いに用いる	貨幣の貯蔵によって等価値の商品貯蔵と同じ役割

2 主な金融機関の種類

分類		金融機関の種類	主な貸出対象先
中央銀行		日本銀行	（政府，銀行）
民間金融機関	預金取扱金融機関 普通銀行	都市銀行，地方銀行，第二地方銀行，外国銀行など	個人，企業
	信託銀行	信託銀行	企業
	協同組織金融機関	信用金庫，信用組合，労働金庫，農業協同組合，漁業協同組合など	中小企業，個人勤労者，農林漁業の従事者など
その他の金融機関	証券会社等	証券会社，証券金融会社	
	保険会社	生命保険，損害保険会社	個人，企業
	ノンバンク	消費者金融会社，クレジットカード会社，リース会社など	個人，企業

（金融庁資料による）

3 主な銀行業務

預金	預金として資金を預かる。**預金のメリット** ❶安全 ❷便利（ATMなどで引き出し簡単，公共料金の支払い，通帳は家計簿代わりなど）❸有利（利息がつく）
貸出	預金をもとにして，貸付や手形割引を行う（融資）。**銀行の利益**＝貸出利息－預金利息
為替	振込による送金や手形・小切手を使った支払いなど資金の決済を行う。

Seikei マニア　名前に数字がついた銀行を「ナンバー銀行」と呼ぶことがある。現存する日本最古のナンバー銀行は第四銀行（本店の所在地：新潟市）。1873年，東京の第一国立銀行，横浜の第二国立銀行に次いで開業した。

4 金融の循環と資金調達

Ⓐ直接金融と間接金融

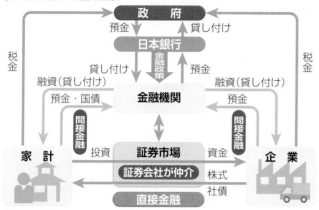

解説 金融には，①銀行などの金融機関が，家計から預金・信託・金融債などでお金を預かり，資金を必要としている企業や国・地方公共団体に貸し出す**間接金融**，②国・地方公共団体は国債・地方債を発行し，企業は株式・社債を発行して，家計・企業が証券市場からこれらを買うことで資金調達をする**直接金融**の2つの方式がある。

Ⓑ資金調達

	資金調達方法	分 類	
①	銀行から借りる	間接金融	他人資本（返す義務がある）
②	社債を発行する	直接金融	他人資本（返す義務がある）
③	株式を発行する	直接金融	自己資本（返す義務がない）
④	内部留保（社内留保）	自己金融	自己資本（返す義務がない）

5 貯蓄から投資へ

Ⓐ投資のリスクとリターン

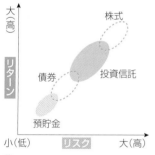

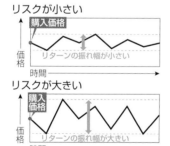

解説 リターンとは投資による収益，リスクとはリターンの振れ幅のことを指す。リターンとリスクは比例の関係にある。

Ⓑ債券投資の利率と利回り

利率：額面金額に対する毎年受け取る利息の割合

例 債券を100万円で購入。1年後に5万円の利息を受け取る。
→利率＝5万円÷100万円×100％＝5％

利回り：購入金額に対する利息も含めた年間収益の割合

例 運用期間1年 額面金額100万円 利率／年5％

101万円で購入した場合

$$\frac{利息\ 5万円 + (額面金額\ 100万円 - 購入金額\ 101万円 = 償還差損\ -1万円)}{101万円} \times 100(\%) ≒ 3.96\%$$

99万円で購入した場合

$$\frac{利息\ 5万円 + (額面金額\ 100万円 - 購入金額\ 99万円 = 償還差益\ 1万円)}{99万円} \times 100(\%) ≒ 6.06\%$$

Ⓒ家計の金融資産構成

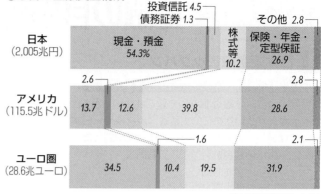

（日本銀行資料による）

解説 日本の個人金融資産に占める現預金比率は，欧米と比べると50％を超えている。そこで日本では，「貯蓄から投資へ」というスローガンの下，2014年からNISA（小額投資非課税制度）がスタートしている。通常，投資で得た利益には約20％の税金がかかるが，NISAを利用した投資ならば非課税になる。2024年からは非課税期間が無期限になり，また年間投資枠も拡大される。

6 フィンテック

ナビ 金融（Finance）＋技術（Technology）の造語。金融サービスが技術の進化と結びついて「新しい金融」の時代が到来している。

フィンテックの具体例

❶キャッシュレス決済…情報技術により，**現金なし**での決済が可能。
❷暗号資産（仮想通貨）…インターネット上の**無国籍**の通貨。
❸クラウドファンディング…起案者が達成したい事業をインターネット上で発表し，広く賛同者から資金を集める仕組み。
❹AIを活用した保険に加入できるサービス
❺個人間で送金ができるサービス
❻インターネットを通じて融資（資金調達）や投資（資産運用，ネット証券）ができるサービスなど

フィンテックの特色

❶金融機関に加え，**他業種やベンチャー企業**が進出してきている。
❷従来のサービスと比べ，誰もが「簡単に安く早く」サービスが利用できるようになった。

広まってきた背景——2000年代に入ってから

❶iPhoneの発売以降，世界でスマホが爆発的に普及し始めたこと。
❷2008年の**リーマンショック**が銀行に融資の引き締めをもたらし，多くの企業や市民から，銀行に代替する金融サービスへの期待が高まったこと。
❸幼い時からスマホを使いこなしてきている世代の人たちが，新しい金融サービスを創り出していること。

解説 フィンテックは，金融の概念を変えつつある。銀行に出向くことなく，様々なサービスがスマホを通して利用可能となっている。社会インフラの整備が遅れている発展途上国では，スマホの普及やモバイル通信基地の設置だけで，先進国に近い金融サービスを受けることができるようになった。しかし新たなサービスの創出とともに，不正ログインなど「安全性」の確保が大きな課題となっている。金融は，「信用」が大前提であることには変わりない。

↑①スマホ決済サービス「PayPay」を使って支払いができるお店。スマホひとつで簡単に支払いができる。

チェック＆トライ

チェック 信用創造（預金創造）
直接金融　間接金融
ペイオフ

トライ ・企業は資金をどのように融通しているのか？
・マネーストックの内訳で，預金通貨が現金通貨よりも多くなっているのはなぜだろうか？

日本版金融ビッグバンとは？
金融の自由化・国際化

1990年代，金融機関は海外からの強い要求と国内でのバブル経済の崩壊で，大きく変貌を遂げたんだよ。その内容を理解してみよう。

1 日本版金融ビッグバン

護送船団方式—最も遅い船にあわせて航行する

戦前のような金融恐慌を引き起こさないよう，すべての金融機関を倒産させないために，大蔵省（現財務省）・日本銀行が中心となって保護し，金融機関どうしの競争を抑制した。

例えば…銀行の預金金利はどこでも同じ
　　　…振込手数料も同じ
　　　…営業時間も同じなど

日本版金融ビッグバン

金融自由化・国際化の内容

● 金利（銀行の預金利子など）の自由化…各銀行が自由に金利を設定
● 銀行，保険会社，証券会社がお互いの分野に進出
● 金融以外の企業が金融に進出
● 保険料の自由化…保険会社が自由に保険料を設定
● 外国の金融機関の進出　　● 持株会社の解禁

A 護送船団方式のイメージ（銀行業界の例）

アメリカ型自由競争とは異なり，横並び意識を強くさせ，経済的格差が大きくなりにくいなかで，安定的に全体を進められる構造であった。

海外からの国際化を望む声

日本の金融界は閉鎖的だ！

特にアメリカからの金融市場開放の要求

日本版金融ビッグバン

金融自由化の影響—三大メガバンクの誕生

金融機関どうしの競争の激化→再編・統合

↑① みずほ銀行　　↑② 三菱UFJ銀行
　　　　→③ 三井住友銀行

2 金融の安定化

① 1990年代　バブル経済の崩壊

不良債権*が大量に発生。金融機関の破綻が相次ぐ。

＊不良債権…貸出先の企業が倒産して回収不能となった貸出金

② 金融機関の経営安定に向けた対策

A BIS規制

国際決済銀行（BIS）が国際金融業務をおこなう銀行に対して，健全な経営を維持するために自己資本比率の維持を義務付けている。

$$\frac{自己資本}{自己資本＋他人資本} \times 100 = 8\%以上$$

バブル期において多くの金融機関は，地価と株価の高騰で過剰な融資と投機をしてしまった。

B ペイオフ（預金保険制度）

預金を守るしくみ

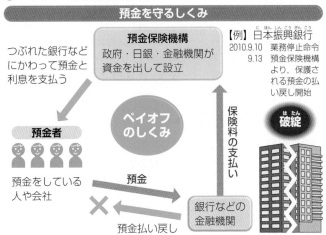

つぶれた銀行などにかわって預金と利息を支払う

預金保険機構
政府・日銀・金融機関が資金を出して設立

ペイオフのしくみ

預金者

預金をしている人や会社

預金

預金払い戻し停止

保険料の支払い

銀行などの金融機関

破綻

【例】日本振興銀行
2010.9.10 業務停止命令
9.13 預金保険機構より，保護される預金の払い戻し開始

（預金保険機構資料による）

ペイオフとは，金融機関が破綻した場合，預金者に保険金を預金保険機構が直接支払う方式で，2005年4月から完全実施。預金者1人あたり「元本1千万円＋利息」までしか保護されない。

解説 ペイオフの目的は，金融機関の経営者が，常に危機感をもって経営にあたるようにするため。1千万円を超える大口預金者（大半は企業）からは，常に厳しい視線が銀行に向けられることになった。

ペイオフの対象は，銀行や信用金庫など預金保険機構に加盟している金融機関。日本の銀行でも海外の支店や日本にある外国銀行の支店は対象外になっているよ。

グローバル化とはヒト・モノ・カネが国境を越えて活発に活動することだよ。金融の自由化・国際化とは，「資金のグローバル化」を意味しているよ。

今の経済状況は，どっち？
インフレとデフレ

経済は「インフレ」と「デフレ」を繰り返す。ただ，極端な変動や長期にわたるインフレ・デフレは避けなければならない。今の経済状況は，どっちなのだろう？

1 消費者物価指数の推移

④日本の消費者物価指数の推移

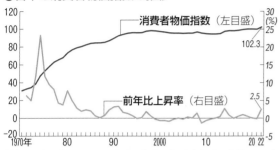

〈注〉2020年の値を100としたときの指数。（総務省統計局資料による）

⑧G7各国の消費者物価指数の推移

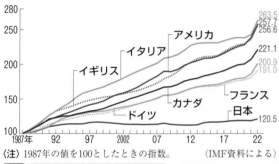

〈注〉1987年の値を100としたときの指数。（IMF資料による）

インフレ 物価が持続的に上昇する。➡お金の価値が下がる。

これでアイスを買ってきて　母

1個100円のアイス　＝　アイスは3個買える

物価上昇　1個150円のアイス　＝　アイスは2個しか買えない

➡つまり，お金の価値が下がった

長く続いたインフレ 戦後の日本が豊かになるとともにインフレが続いた。

その原因は，
● 所得が増え，購買欲が高まり，三種の神器（洗濯機・冷蔵庫・白黒テレビ）・3C（カー（自動車）・クーラー・カラーテレビ）の需要が高まったためである。

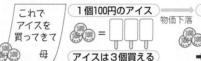

デフレ 物価が持続的に下落する。➡お金の価値が上がる。

これでアイスを買ってきて　母

1個100円のアイス　＝　アイスは3個買える

物価下落　1個50円のアイス　＝　アイスは6個も買える

➡つまり，お金の価値が上がった

長く続くデフレ バブル崩壊（1991年）とリーマンショック（2008年）を経て，日本経済はデフレが続いた。2009年に政府も「デフレ状況」であることを認定。2023年現在も政府から「脱却宣言」は出されていない。

2 ハイパーインフレ

パン1個1兆マルク？

第一次世界大戦後のドイツは，膨大な賠償金を支払うために，中央銀行が大量に紙幣を印刷。そのために猛烈な勢いでインフレが起こり，パン1個1兆マルクというような「スーパー」ではない「ハイパー」なインフレが起こってしまった。

○①マルクの札束をおもちゃにして遊ぶ子ども（第一次世界大戦後のドイツ）。

3 デフレ・スパイラル

螺旋（スパイラル）階段を転げ落ちるようにデフレと不況が相互に悪循環する現象

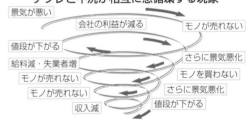

景気が悪い → 会社の利益が減る → モノが売れない → 値段が下がる → 給料減・失業者増 → さらに景気悪化 → モノを買わない → モノが売れない → さらに景気悪化 → モノが売れない → 値段が下がる → 収入減

4 「良いインフレ？」それとも「悪いインフレ」？

「安いニッポン」

「安いニッポン」現象…欧米諸国と違い，日本は1990年代後半以降，物価も賃金も凍結したような慢性デフレ現象が続いていた。

世界インフレ

④OECDのインフレ率予測

（共同通信社資料による）

	2021年	22年	23年
OECD	3.7	8.5	6.0
アメリカ	3.9	5.9	3.5
ユーロ圏	2.6	7.0	4.6
日本	-0.2	1.9	1.9

解説 インフレの原因として，ロシアによるウクライナ侵攻や新型コロナウイルス感染症の拡大などが考えられる。

良いインフレ

2%程度の物価上昇とともに賃金も上がる現象。

悪いインフレ

物価は上がるが賃金は上がらない現象。1970年代の石油危機後に起こったスタグフレーションと呼ばれる現象がこれにあたる。スタグフレーションとは，景気後退（スタグネーション）と物価上昇（インフレーション）の合成語。

デフレ脱却のための金融緩和政策が進められてきたけれど，新たな国際経済の変動で世界的にインフレが起こってきている。「良いインフレ」か，それとも「悪いインフレ」の始まりとなるのか，今日本は分かれ道に立っているよ。

ゼミナール

中央銀行と金融政策

民主主義　権力分立

Introduction 日本銀行の３つの顔＋もう１つの顔

普通銀行と違って，日本銀行は個人や企業からの預金を受け入れていない。預金口座を開設しているのは，主に政府と金融機関である。私たちがもし日本銀行に行くとしたら，誤って紙幣を破ってしまった時などである。日本銀行の本支店で新しい紙幣と交換してもらえる。

↑② 上空から撮影した日本銀行本店（旧館）。

1 発券銀行

日本銀行は，「お札」を独立行政法人国立印刷局から１枚約22円で買い取る。2020年12月の日銀券の発行残高は，118.3兆円。紙幣の寿命は１万円札で４〜５年。世の中を出回ったあと，日本銀行に戻ってきて傷み具合やニセ札が混じっていないかチェックする。

2 銀行の銀行

❶金融機関どうしの取引の決済手段

日本銀行金融ネットワークシステムには，約400の金融機関が参加。１日平均約150兆円の資金決済が行われている。

❷最後の貸し手

金融機関が経営危機に瀕しているとき，担保なしで貸し出すのが「特別金融」である。

3 政府の銀行

❶国庫金の管理

市中銀行（「日本銀行代理店」の掲示あり）を通じて，税金・社会保険料が日本銀行に集まり，年金の支払いなどが市中銀行を通じて支払われる。

❷国債の発行事務

＋ 日本一の国債保有と株式保有

◆2013年からの「異次元金融緩和」政策が始まる。

❶国債保有残高（2019年12月末時点）

495兆円で国債の買いオペレーションの結果である。

❷株式保有残高（2020年12月末時点）

金融緩和の一環としてETF（上場投資信託）を買い入れている。時価ベースで約45兆円。

国債　株式

↑① 2024年度上期から発行予定の新１万円札。❶光に透かすと浮かび上がる渋沢栄一の肖像，❷角度を変えると文字が見える潜像模様，❸コピー等での再現が困難なマイクロ文字，❹傾けるとピンク色の光沢が見えるパールインキなど，11の偽造防止技術が公開されているが，これらが全てではない。

---

1 通貨制度

金兌換制度	「金本位制」ともいう。中央銀行の保有する金との交換を約束した紙幣が流通する。	
	長所	通貨価値＝金の価値であるため，物価が安定しやすい。
	短所	貿易の赤字により金が国外に流出する。
管理通貨制度	金との交換を約束せず，法により強制通用力を持たせた紙幣（不換紙幣）を流通させる。	
	長所	通貨量管理による金融政策が行いやすい。
	短所	通貨の過剰な発行でインフレを招きやすい。

↓③ 1899（明治32）年の兌換紙幣（10円券）

解説　**金本位制の限界**　金兌換制は，金価値に信用の基礎を置くもので，安定した制度と考えられたが，1930年代の大不況を前に，投資から金への資産逃避が起こったり，通貨当局が思い切った金融政策をとれないなどの理由により，各国で相次いで停止された。

2 日本銀行の機能

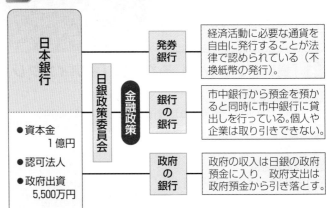

解説　**日銀は日本経済の調整役**　日本の中央銀行である日銀は，「日本銀行法」という法律に基づいて設置された認可法人で，資本金１億円のうち政府が55％出資し，残りを個人や金融機関などが出資している。日銀は３つの役割を通して，景気対策やインフレ対策など日本経済全体の調整を行っている。

3 日本銀行の金融政策

Ⓐ公定歩合からコール市場へ　　　Ⓑ無担保コールレート

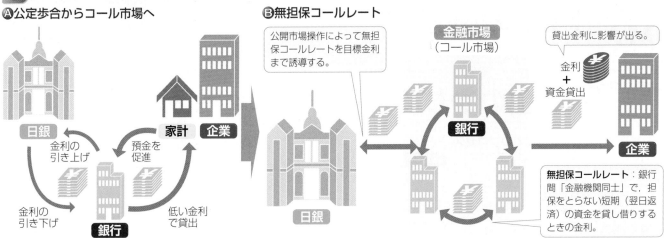

公開市場操作によって無担保コールレートを目標金利まで誘導する。

金融市場
（コール市場）

貸出金利に影響が出る。

金利
＋
資金貸出

銀行

企業

無担保コールレート：銀行間「金融機関同士」で，担保をとらない短期（翌日返済）の資金を貸し借りするときの金利。

金利の引き上げ
預金を促進
金利の引き下げ
低い金利で貸出

日銀　家計　企業　銀行

Ⓒ公開市場操作

日本銀行	金融緩和	不況期	金融引締め	好況期
日本銀行	金融緩和	国債・手形の買い上げ（買いオペレーション）	金融引締め	国債・手形の売却（売りオペレーション）
市中銀行		マネタリーベースの増加 ➡無担保コールレートの低下 ➡貸出増加・貸出金利の低下		マネタリーベースの減少 ➡無担保コールレートの上昇 ➡貸出減少・貸出金利の上昇
企業		借入金増加 ⇨ 投資増加		借入金減少 ⇨ 投資減少
景気に与える影響		景気を刺激 ＝ 金融政策 ＝ 景気を抑制　財政政策		

公定歩合	中央銀行（日本銀行）が市中銀行に貸し出しを行う際の金利。以前は，預金金利・貸付金利が公定歩合に連動していたため，公定歩合操作は直接的な効果があった。しかし，**金利の自由化**で連動性がなくなり，かつての政策金利としての意味合いはなくなった。日銀は，2006年8月以降「**基準割引率および基準貸付利率**」に名称変更した。現在の政策金利は無担保コールレートである。
預金準備率	預金者保護のため，日本のすべての金融機関は，預金の一定割合を日銀に預けなければならず，この比率を**預金準備率**という。この率を上下する**預金準備率操作**は強力な政策手段であるが，現在は行われていない。

解説 日銀が供給する通貨の総額を**マネタリーベース**，企業や家計などが保有する現金通貨と預金通貨の総額を**マネーストック**という。両者には，マネタリーベースの増加（金融緩和）→マネーストック（銀行から企業への融資）の増加，という関係が期待されている。

日本経済

4 金融政策の動向—2008年リーマンショック以降の金融政策

2013年，日本銀行はデフレからの脱却をめざして，消費者物価指数を2年間のうちに上昇率を2％にするという目標を立てたが…

インフレターゲット

…日銀が設定する，景気を回復させるために軽いインフレをおこす政策を打つこと。日銀が2％の物価上昇を目標にし，物価が2％上がったらどうなるだろう？

①為替レートとの関係
インフレ
↓
円の価値が下がる
↓
円が売られる
↓
円安

②株価との関係
インフレ
↓
景気上昇への期待
↓
株価上昇

デフレ脱却をめざし、日銀は金融政策をおこなってきたが…

第1弾
異次元金融緩和政策…毎年数十兆円にわたる買いオペを実施
➡ しかし，効果現れず，そこで次の政策を実施

第2弾
マイナス金利政策を実施…金融機関が日本銀行に預金すると−0.1％の金利をつける。つまり，金融機関の企業や個人への貸付を活発化させようという金融緩和政策。

急激な円安の進行（2022年） アメリカの連邦準備制度理事会（FRB）は，ウクライナ危機で進むインフレに対し，金利を上げる金融引き締め策に転換。金融市場では「円売り・ドル買い」がおこなわれ，急激な円安が進行した。輸入価格の上昇による「悪いインフレ」に対し金融政策の変更が迫られているが，国債と株式を日本一保有している日本銀行は，金利を引き上げると金融機関に支払う利息が膨らんでしまうため，金融引き締め策に転換しにくい状況が続いている。

チェック＆トライ

チェック 通貨制度　管理通貨制度　公開市場操作（オペレーション）　預金準備率操作

トライ ・不況期におこなわれる公開市場操作は，どのようにしてマネタリーベースを増加させるのか？
・2013年から始められた金融緩和政策の目的は何だろうか？

Introduction お金のやりくり —家計も企業も政府も，みな同じ？

Ⓐ2024年度予算が決まるまでのプロセス

2023年7月	概算要求基準を決定
8月末	概算要求を締め切り
通常12月末	政府予算案を決定
通常3月下旬	翌年度予算が成立
2024年4月	新年度予算の執行開始
7月	前年度予算が確定
11月	会計検査院による検査報告

概算要求基準
各省庁の予算要求額の上限のこと。

予算の成立
通常国会の予算委員会と本会議で審議し成立する。

Ⓑ財政のサイクル

	2023年度予算	2024年度予算	2025年度予算	2026年度予算
2024年度	決算	執行	予算編成	
2025年度		決算	執行	予算編成
2026年度			決算	執行

予算編成→執行→決算という財政のサイクルは，約3年間かけて1回転する。最後の決算は，内閣から完全に独立している行政機関である会計検査院によって決算の検査が行われ，政府に報告が提出される。

「収入」と「支出」のどちらが先か？

	収入	支出
家計	給料など　➡	生活費，教育費，医療費など
企業	売上金など　➡	人件費，売上原価，製造原価，税金など
政府	税収，国債発行など　⬅	社会保障費，地方交付税，国債費など

　家計も企業も収入の方が先に決まるが，財政（政府）の場合は，反対に支出が先に決まり，収入が後から決まる。だからこそ国民経済の動きを財政がコントロールすることができると考えられている。

不景気の場合：家計も企業も収入が減る→支出を抑制
　　　　　　　財政は支出を増やす　　→景気の後退を抑制
例…コロナ禍での各国がおこなった財政出動（現金給付，休業補償など）

「ニーズ」と「ウォンツ」の違い

市場経済 （家計と企業）	財政 （政府）
財布に例えると…	財布に例えると…
私の財布	みんなの財布
個人のニーズ（欲望）を満たす領域	社会を構成するすべての人たちのニーズ（基本的必要）を満たす領域

（神野直彦『財政のしくみがわかる本』岩波書店を参考に作成）

1 財政のしくみと機能

（財務省資料などによる）

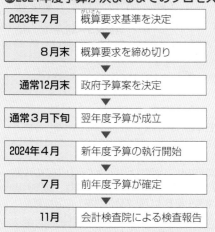

財政（2022年度歳出予算）

予算

国 — 租税	一般会計 107.6兆円
料金 代金	特別会計（純計）218.5兆円
料金 代金	政府関係機関等 2.5兆円
民 — 財投債 政府保証債	財政投融資計画 18.9兆円

財政の三機能	資源配分の調整	国民生活に必要な財貨・サービスの中には，利潤追求を目的とする民間企業では生み出せないものがある。たとえば，警察・消防・国防など国民の安全を守る仕事や，道路・橋の建設などである。これらの公共財・公共サービスを政府が供給する機能のこと。
	所得の再分配	自由競争の社会で生じてしまう所得格差を政府が是正する機能のこと。 〈その具体的な手段〉 ・税制等の歳入面…所得税や相続税等への累進課税制度 ・社会保障支出等の歳出面…低所得者により多く給付
	景気の調整	資本主義経済は，本来，不安定な景気変動を繰り返し，その過程でインフレや失業といった現象を引き起こす。財政は2つの方法で景気を調整する機能をもっている。 ①**自動安定化装置（ビルトイン・スタビライザー）**…財政に制度として組み込まれている機能。累進課税と社会保障によって自動的に景気が調整される。 ②**裁量的財政政策（フィスカル・ポリシー）**…政府がそのときの経済状況に応じて実施する財政政策。公共投資の増減や増減税などである。

2 財政政策による景気調整

	不況期	景気過熱期
フィスカル・ポリシー（裁量的財政政策）	減税する→個人消費増 公共投資促進（公債発行）	増税する→個人消費減 公共投資削減（公債償還）
ビルト・イン・スタビライザー（自動安定化装置）	累進所得税で税収急減 生活保護費 雇用保険費 }支出増→個人消費増	累進所得税で税収急増 生活保護費 雇用保険費 }支出減→個人消費減
総需要（＝投資＋消費）	増　大	減　少

景気を刺激 ＝財政政策＝ 景気を抑制

金融政策

景気

> **ナビ** 「ポリシー・ミックス」 景気調整政策は、政府がおこなう財政政策だけでなく、日本銀行がおこなう金融政策や為替政策などを組み合わせておこなわれる。

3 一般会計歳入・歳出の戦前・戦後の比較

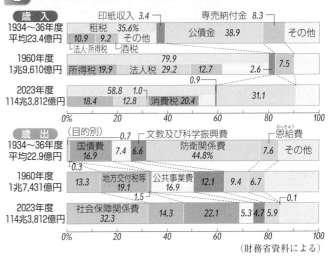

歳　入

1934〜36年度 平均23.4円	租税 35.6% 法人・所得税 10.9　酒税 9.2　その他		印紙収入 3.4	公債金 38.9	専売納付金 8.3	その他
1960年度 1兆9,610億円	所得税 19.9	79.9 法人税 29.2　12.7　2.6				7.5
2023年度 114兆3,812億円	18.4　12.8	58.8　1.0 消費税 20.4	0.9		31.1	

歳　出（目的別）

1934〜36年度 平均22.9円	国債費 16.9　7.4　6.6	0.7　文教及び科学振興費	防衛関係費 44.8%	恩給費 7.6	その他	
1960年度 1兆7,431億円	13.3　地方交付税等 19.1	0.3 公共事業費 16.9　12.1　9.4　6.7				
2023年度 114兆3,812億円	社会保障関係費 32.3	1.5 14.3　22.1　5.3 4.7 5.9	0.1			

（財務省資料による）

> **解説** 戦前の財政の特色として、公債金（約40%）で防衛関係費（約45%）が賄われていた。戦後の財政には、公債金の割合が増えて財政規模が大きくなったり、社会保障関係費と国債費が増加したりといった変化がみられる。

4 財政投融資のしくみ──第二の予算

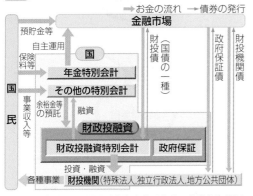

〈注〉2008年度から、財政融資資金特別会計は産業投資特別会計と統合され、名称を財政投融資特別会計と改めた。

Ⓐ財政投融資の使途別内訳
（2023年度当初計画）

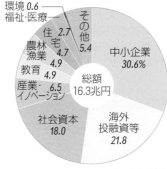

環境 0.6　福祉・医療
その他 5.4
住宅 2.7
農林漁業 4.7
教育 4.9
産業・イノベーション 6.5
社会資本 18.0
海外投融資等 21.8
中小企業 30.6%
総額 16.3兆円

（財務省資料）

> **財政投融資**…国の信用によって集められる各種の公的資金を財源に、国の景気調整策のために行われる政府の投資・融資。償還が借り手に義務付けられているのが特徴。
> **第二の予算**…国会で予算とともに議決される。
> **財投債**…国の信用で発行する国債の一種。
> **政府保証債**…特殊法人等が発行する債券で、国債に準ずる。
> **財投機関債**…政府保証がなく、特殊法人の信用力で発行する債券。
> **新しい財投（2001年〜）**…郵便貯金・年金の預託を廃止。特殊法人は債券を発行して自主的に資金調達するよう改められた。

5 特別会計

特別会計
特定の事業や特定の資金を運用する場合などに設置され、個別に経理される。

年金特別会計
歳入…保険料など
歳出…年金など

国債整理基金特別会計
歳入…公債金など
歳出…債務償還費など

このほかに、財政投融資特別会計、エネルギー対策特別会計、自動車安全特別会計など、全部で13種類の事業会計がある。

> **解説** 財政を民主的に決めるために「予算は1つでなければならない」という原則がある。しかし、国の行政活動が拡大し複雑化してきたことが背景となって、事業や資金の運営を効率的に処理するため、一般会計とは別に特別会計が設置されている。だが、監視の目が行き届きにくく無駄な支出などに気づきにくいなど問題点が指摘されている。

6 均衡予算が原則　しかし…

財政法

> **第4条** 国の歳出は、公債又は借入金以外の歳入を以て、その財源としなければならない。但し、公共事業費、出資金及び貸付金の財源については、国会の議決を経た金額の範囲内で、公債を発行し又は借入金をなすことができる。

財政法第4条は国債発行を原則として禁止しているが、但し書きは例外的に建設国債の発行を認めている。

→〇「**建設国債**」の発行は認められている。
…道路・港湾・住宅などの社会資本は将来世代も利用できるので、彼らにその費用を部分的に負担してもらうという考え方
→✕「**赤字国債**（特例国債）」の発行は認められていない。
…年金や医療費のような効果が一時的でしかない支出については負担を将来世代に先送りすることを認めていない。しかし、1990年代後半から、毎年1年限りの「特例法」を制定して現在まで発行し続けてきている。

チェック&トライ

チェック 所得の再分配
ポリシー・ミックス
財政投融資

トライ ・戦前の一般会計について、歳入と歳出の最大の特色は何か？
・戦後の一般会計について、歳入面と歳出面でそれぞれ増えてきている項目は何か？

租税のしくみ

民主主義　公平性

Introduction　消費税の増税は避けられないのか？

Ⓐ一般会計税収の推移

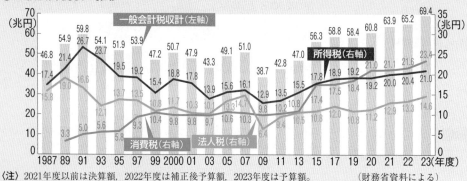

〈注〉2021年度以前は決算額，2022年度は補正後予算額，2023年度は予算額。（財務省資料による）

Ⓒ「全世代型」の社会保障制度へ

増税の背景

❶少子高齢化による社会保障費の増加
❷歳出増加に伴い，国債発行額の増加
❸税収増加を図るために，消費税の導入（1989年に３％）と税率の段階的な引き上げ（５％→８％→10％）が行われてきた。

政府の説明　なぜ消費税か？

❶高齢化が進み現役世代が減少していく中で特定の世代に負担が偏らない財源
❷景気動向などの変化に左右されにくい財源
❸経済活動に対する影響が相対的に小さい財源で社会保障制度を支える必要がある。
（財務省HPによる）

Ⓓ消費税増税への疑問

・トイレットペーパーのような日用品もダイヤのような高級品も，同じ10％というのは，公平性に欠けるのではないか？
・このまま消費税だけが増税されていくと，低所得者はより一層生活が苦しくなってしまうのではないか？
・消費税だけでなく，所得税や法人税を検討する必要はないのか？

Ⓑ消費税「増税分」の使いみち

合計5.7兆円

1.1兆円
○低所得者・高齢者の暮らし支援
○低所得者の介護保険料軽減

1.7兆円
○幼児教育の無償化
○高等教育の一部無償化
○保育士・介護職員の処遇改善

2.9兆円
○国の借金膨張抑制

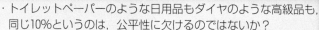
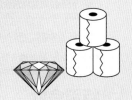

1 租税の種類

		直接税	間接税
		納める人と負担する人が同じ税金	納める人と負担する人が別の税金
国税		(A)所得税，(A)法人税，(C)相続税，(C)地価税，(C)贈与税	(B)消費税，(B)酒税，(B)たばこ税，(B)揮発油税，(B)自動車重量税　など
地方税	道府県税	(A)道府県民税，(A)事業税，(B)自動車税，(C)不動産取得税	(B)道府県たばこ税，(B)ゴルフ場利用税，(B)地方消費税（1997年４月より実施，消費税10％のうちの2.2％分）　など
	市町村税	(A)市町村民税，(C)固定資産税，(B)軽自動車税，(C)事業所税，(C)都市計画税	(B)市町村たばこ税，(B)入湯税　など

表中，(A)は所得課税，(B)は消費課税，(C)は資産課税を表す

2 租税の三大原則

公平	**垂直的公平性** …高所得者には，より大きい税負担を求める。※累進課税（所得税，相続税，贈与税）
	水平的公平性 …ほぼ同じ所得を得ている人には，同じ水準の税負担を求める。
中立	税制が個人や企業の経済活動を阻害しないようにする。
簡素	税制の仕組みを簡素なものにし，納税者が理解しやすいものにする。

解説　租税負担の公平性については，納税者はその支払い能力に応じて納税すべきである，という**応能原則**と，国や地方自治体が各人に与えている利益に応じて負担すべきである，という**応益原則**の２つの考え方がある。

Seikei マニア　天皇陛下も税金を納めている。区民税や住民税，著作の印税収入や配当収入があったら所得税を納める。ただし，税金がかからない場合もある。例えば，天皇陛下は私有の土地や建物を所有していないので固定資産税はかからない。

3 直間比率

Ⓐ主な国の直間比率

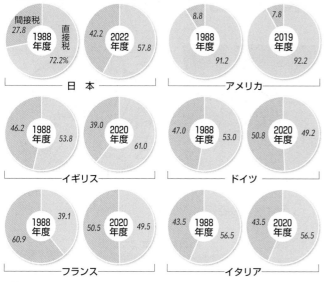

〈注〉日本の2022年度は当初予算。ドイツの1988年度は西ドイツの予算。
（財務省資料による）

Ⓑ租税の公平性と中立性

	メリット	デメリット
直接税	垂直的公平性が実現できる	中立性が損なわれる
間接税	中立性が実現できる	垂直的公平性が損なわれる

解説 戦後の日本の税制は，ＧＨＱのシャウプ勧告により，負担の公平性の原則から直接税中心のものとなった。その後，消費税の導入により間接税の割合が増えてきており，アメリカの税制からヨーロッパ諸国の税制に近づいてきている。

4 各国の付加価値税率（消費税）

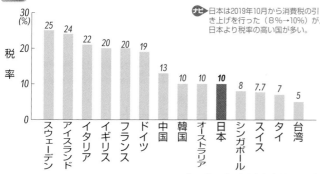

ナビ 日本は2019年10月から消費税の引き上げを行った（8％→10％）が，日本より税率の高い国が多い。

2023年1月現在。（財務省資料による）

イギリスの軽減税率

非課税	ゼロ税率	5％軽減税率
医療，教育，郵便，福祉など	食料品，水道水，新聞，書籍，国内旅客輸送，医薬品など	家庭用燃料，電力など

解説 2019年に10％に引き上げられた消費税は，逆進性を軽減するために，飲食料品（外食を除く）や新聞の定期購読には8％の軽減税率が適用されている。ただ，ヨーロッパ諸国では，日本よりも幅広く軽減税率が設定されていて，一般庶民の税負担が大きくならない設定になっている。

5 所得税

Ⓐ所得税の計算方法

課税所得額*	税率	年収1億円（課税所得9,464万円）の税額
195万円以下	5%	195万円× 5％＝ 9.75万円
195万円超～330万円以下	10%	（330－195）万円×10％＝ 13.5万円
330万円超～695万円以下	20%	（695－330）万円×20％＝ 73万円
695万円超～900万円以下	23%	（900－695）万円×23％＝47.15万円
900万円超～1,800万円以下	33%	（1,800－900）万円×33％＝ 297万円
1,800万円超～4,000万円以下	40%	（4,000－1,800）万円×40％＝ 880万円
4,000万円超	45%	（9,464－4,000）万円×45％＝2,458.8万円

＊所得から控除を引いた額。　　　税額合計 **3,779.2万円**

Ⓑ所得税の再分配効果

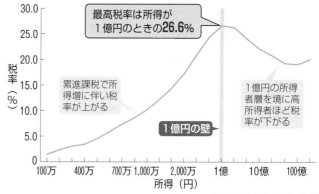

2021年。（国税庁資料による）

解説 国民の所得格差を和らげるため，累進課税制度により徴収されたお金が社会保障制度を通して分配されている。

Ⓒ所得税の「抜け穴」？―1億円の所得者層から税率が下がる

最高税率は所得が1億円のときの**26.6%**

累進課税で所得増に伴い税率が上がる

1億円の壁

1億円の所得者層を境に高所得者ほど税率が下がる

（国税庁資料を参考に作成）

解説 高額所得者の場合，給与所得ではなく株式の配当所得，不動産所得などの資産所得が多いが，これらは分離課税といい，累進課税から適用除外されている。

6 所得税・法人税の減税

	1974年	1990年	2020年
法人税率	40%	37.5%	23.2%
所得税最高税率	8,000万円超75%	2,000万円超50%	4,000万円超45%
消費税	0%	3%	10%

解説 日本の租税政策は，今まで消費税の増税と所得税・法人税の減税がセットとして実施されてきた。全体としては，減税となっている。

チェック＆トライ

チェック 所得税　消費税　直間比率　累進課税
トライ ・税収のうち最も多い税金は，この数年でどのように変化してきているか？
・所得税（相続税や贈与税）に累進課税制度が採用されているのはなぜか？

日本経済

事例 水道事業が危ない!?

↑①劣化した水道管

↑②水道管の破裂で陥没した道路

1．水道管の老朽化

日本の水道管の全長は，約68万km（地球17周分）。高度経済成長期の1960年から1970年にかけて多くが整備されたため法定耐用年数の**40年**を超えて老朽化し始めている。その長さは，2021年時点で約13.8万km（**地球3周分以上**）。全国各地で老朽化が原因となって水道管の破裂・漏水・断水という事故が増えてきている（年間2万件を超える）。

2．進まない更新（取り替え）

❶工事期間中に断水が起きないための仮設の水道管設置→取り替え工事→仮設の取り除き，という工程の多い工事となる。

❷取り替え工事は1km1億円以上かかり，一気に替えるには膨大な費用がかかる。

3．水道法の改正（2018年12月成立）

水道事業は原則として市町村が経営しているが，老朽化と人口減少そして人材不足という課題に対応するために，水道法が改正された。

❶**広域連携**の推進…都道府県は市町村の枠を越えて，水道施設の最適化や維持管理などに取り組むこと。

❷**官民連携**の推進…水道施設に関する公共施設等運営権を民間事業者に設定する仕組みを導入する。＝水道事業の一部「**民営化**」

Ⓐ水道管の老朽化

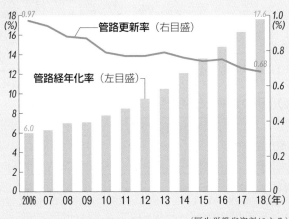

管路更新率（右目盛）
管路経年化率（左目盛）

（厚生労働省資料による）

課題 水道事業の望ましいあり方とは何だろうか。

① 水道事業とは？

家庭・店舗など
政府・公営企業金融公庫・銀行
給水サービス
水道料金
借入金
元金・利息
上下水道局
設備投資
運営費
水源開発・配水管整備など
人件費・電気代・薬品代など

問 水道事業の赤字化が問題になっている。この原因はなんだろうか。

② 民営化の具体的な方法—コンセッション方式

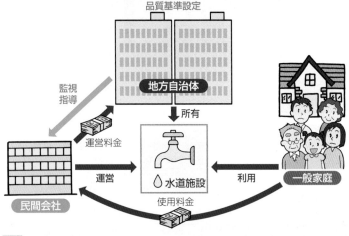

品質基準設定
地方自治体
監視指導
所有
運営料金
運営
水道施設
利用
使用料金
民間会社
一般家庭

問 この方式は地方自治体にどのようなメリットとデメリットをもたらすことが考えられるだろうか。

③ 大きな政府　小さな政府——政府の役割の大小

	大きな政府	小さな政府
経済学者	ケインズ 政府は積極的に経済活動に介入することによって，社会資本を整備し，国民の生活安定と格差の是正を目指すべし。	フリードマン 政府の市場への介入（経済政策など）を最小限にし，市場メカニズムによる自由競争によって経済成長を目指すべし。
財政規模	拡大傾向	削減傾向
税金	負担大	負担小
社会保障	支出大	支出小
生活	手厚い保護	格差拡大

解説 水道事業の民営化は，小さな政府をめざす考え方に近い。また税金と社会保障は，トレード・オフの関係にある。

④ 「小さな政府」の実現をめざした政策

政策名	内容
1980年代（英）サッチャー首相「サッチャリズム」	社会保障制度の見直し「ゆりかごから墓場まで」を撤廃電話，ガス，航空などの国有企業の民営化
1980年代（米）レーガン大統領「レーガノミクス」	財政赤字解消のために財政支出を削減大幅減税政府の規制緩和
1980年代中曽根内閣の政策	3公社の民営化（日本電電公社→NTT，日本専売公社→JT，日本国有鉄道→JR）
2000年代小泉内閣の「構造改革」	郵政民営化，行政のスリム化（3府22省庁から1府12省庁へ）規制緩和（構造改革特区の創設）

解説 大きな政府は「公平性」を，小さな政府は「効率性」を優先する政策を実施している。

⑤ 社会的共通資本という考え方

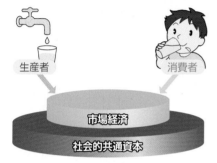

生産者　消費者
市場経済
社会的共通資本

問 水道事業の「民営化」は，水の「商品化」につながる。これは，どのようなリスクを発生させる可能性があるだろうか。

社会的共通資本とは？

❶社会資本…堤防，道路，鉄道，運輸・通信，電力，ガス，上下水道など

❷制度資本…医療，教育，文化施設，司法，行政，金融など

❸自然資本…大気，森林，河川，海洋，海辺，土地，土壌など

社会的共通資本と市場経済（商品経済）の関係

❶社会的共通資本の1つである医療が市場経済での取引になると，医者と患者が治療と薬の売買関係になる。つまり社会が不平等化してしまう。

❷社会的共通資本が市場経済を支える土台となることによって，私たちは豊かな生活を送ることができる。

⑥ 「民営化」や「再公営化」の実例

日本の「民営化」

2021年から宮城県は，施設の所有権を保有したまま上下水道と工業用水の運営権を民間企業に売却するコンセッション方式を取り入れている。

フランスの「再公営化」

1985年に民営化のための水道法が改正されたが，水道料金の値上げや水質管理面の問題が深刻化し，2010年「再公営化」された。

Ⓐフランスの水道価格指数の推移

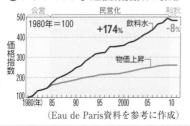

公営　民営化　再公営化
1980年＝100　+174%　-8%
飲料水
物価上昇
価格指数
500 400 300 200 100
1980(年) 85 90 95 2000 05 10
（Eau de Paris資料を参考に作成）

⑦ 岩手県矢巾町の実践例——フューチャーデザインで「未来人」の声を施策に反映させる

●県都・盛岡市の南に隣接する小さな町（人口約2万8,000人）

矢巾町では，7年にわたり様々な住民参加の手法を導入し，住民との双方向のコミュニケーションを大切にしながら2014年度に水道施設整備計画を作成した。住民にとって，水道は蛇口をひねれば出て当然の存在で，あまり意識されることはなかったが，水道サポーター（公募）たちを中心に何回もワークショップを重ねた。現役世代と将来世代に分かれて水道事業のあり方を検討するフューチャーデザインも実施。サポーターたちから考えを得ながら説明会を経て，合意形成の実現に至った。町職員からの70年サイクルで水道管を更新するという提案とともに，公民館数か所で説明会が行われ，住民の合意形成を実現することができた。つまり，矢巾町上水道職員と住民の連携プレーによって，持続可能性のある水道政策・水道計画を策定したのである。

Ⓑ「矢巾町水道ビジョン」の基本理念を表現したポスター

Ⓐフューチャーデザインによる水道事業の検討

現在の世代（計画策定に携わる人）

料金は安い方が良い
おいしい水が飲みたい
水道管の更新はお金がかかるから，少しずつ

交渉

仮想将来世代（将来世代が大人になり，計画策定に携わっていると仮定）

将来世代

値上げは必要！
水道管の更新は早めに！

問 公営化・民営化を超えた，当事者全体で将来を見据えた取り組みについて，自分の考えをまとめてみよう。

探究

Ⓐ一般会計の歳出と歳入の推移及び国債発行額の推移

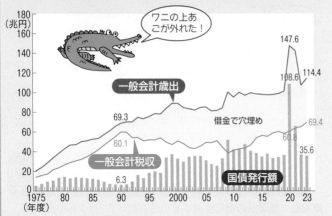

ワニの上あごが外れた！

一般会計歳出
一般会計税収
借金で穴埋め
国債発行額

147.6　108.6　114.4　69.3　60.1　69.4　60.8　6.3　35.6

〈注〉2021年度までは決算，2022年度は第3次補正後予算，2023年度は当初予算による。　　　　　　　　　　　　　（財務省資料を参考に作成）

Ⓑ政府債務残高の推移と国際比較（対GDP比）

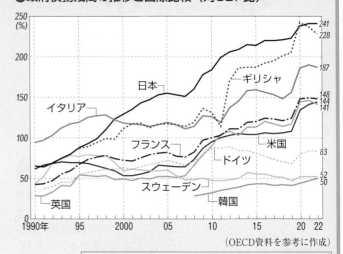

日本　ギリシャ　イタリア　フランス　米国　ドイツ　スウェーデン　韓国　英国

241　228　187　148　144　141　83　52　50

（OECD資料を参考に作成）

Ⓒ国家予算を家計に例えると…

1年分の家計に例えた場合

内容	収入	支出
給与	707万円	—
家計費（生活費や教育費など）	—	833万円
ローン返済	—	243万円
不足分（借金）	369万円	—
合計	1,076万円	1,076万円

ローン残高約1億260万円

令和4年度財政状況

内容	収入	支出
税収＋税外収入	70.7兆円	—
一般歳出・地方交付税交付金等	—	83.3兆円
国債費	—	24.3兆円
公債金	36.9兆円	—
合計	107.6兆円	107.6兆円

公債残高約1,026兆円

【用語解説】
政府債務残高　政府が返済しなければならない借金。
公債金　国の歳入のうち，国債に充てられる予算。
国債費　国の歳出のうち，国債の利払い・償還などに充てられる予算。
財政健全化　歳入と歳出の差である財政状況（赤字）を改善すること。
ワニの口　90年代後半以降，歳出と税収の差がワニの口のように拡大してきている。

課題　持続可能な財政とは，どのような財政なのだろうか？

① 国家予算の内訳と推移

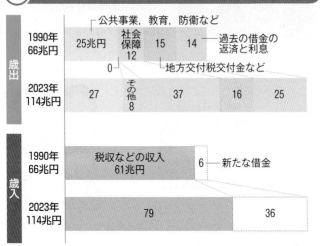

公共事業，教育，防衛など

歳出
1990年 66兆円：社会保障12／25兆円／0／15／14／過去の借金の返済と利息
地方交付税交付金など
2023年 114兆円：27／その他8／37／16／25

歳入
1990年 66兆円：税収などの収入61兆円／6／新たな借金
2023年 114兆円：79／36

（財務省資料による）

② 世界の高齢化率の推移

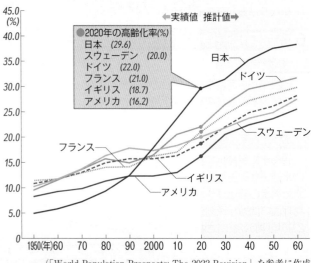

◀実績値　推計値▶

●2020年の高齢化率(%)
日本　　　　（29.6）
スウェーデン（20.0）
ドイツ　　　（22.0）
フランス　　（21.0）
イギリス　　（18.7）
アメリカ　　（16.2）

日本　ドイツ　スウェーデン　フランス　イギリス　アメリカ

（「World Population Prospects; The 2022 Revision」を参考に作成）

問　日本は，なぜ国際社会の中でも抜きん出て債務残高が高いのか？

③ 日本の国債

Ⓐ日本国国債（長期）保有者内訳

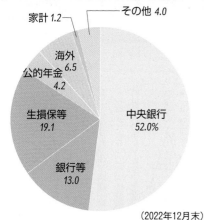

家計 1.2 — その他 4.0
海外 6.5
公的年金 4.2
生損保等 19.1
中央銀行 52.0%
銀行等 13.0

（2022年12月末）
（日本銀行資料を参考に作成）

解説 国債の9割近くが国内で買われている。つまり，政府の負債の多くは国民の資産の元であり，国全体で見れば海外から借金しているわけではない。いわば家庭内でお金の貸し借りをしているようなものと考えることもできる。

Ⓑ日銀の国債保有残高推移

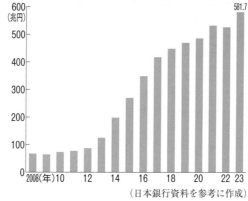

（日本銀行資料を参考に作成）

問 50年近く前から政策課題となっていたにもかかわらず，なぜ先送りされ続けてきたのか？

【用語解説】
財政ファイナンスの禁止 財政ファイナンスとは，中央銀行が通貨を発行して国債を直接引き受けること。

Ⓒ日本国債のやりとりのしくみ

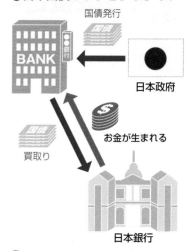

国債発行
BANK
日本政府
買取り
お金が生まれる
日本銀行

解説 異次元の金融緩和政策により，日本銀行は民間金融機関を通じて丸々吸収するだけではなく，過去に発行された分も買い取っている。つまり，国債を日銀が買い支えている。

④ 財政硬直化

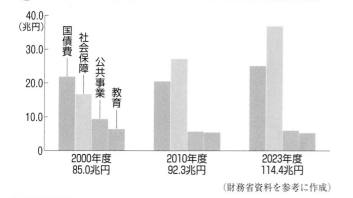

国債費 社会保障 公共事業 教育

| 2000年度 85.0兆円 | 2010年度 92.3兆円 | 2023年度 114.4兆円 |

（財務省資料を参考に作成）

【用語解説】
財政の硬直化 国債費が歳出を圧迫して本来の財政の機能が働かない状態のこと

⑤ OECD諸国の社会保障支出と国民負担率の推移

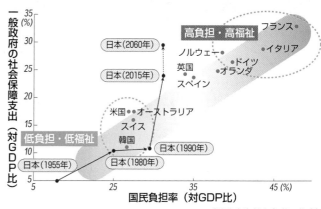

一般政府の社会保障支出（対GDP比）

高負担・高福祉
フランス
ノルウェー イタリア
英国 ドイツ
スペイン オランダ
日本（2060年）
日本（2015年）
米国 オーストラリア
スイス
低負担・低福祉 韓国
日本（1955年） 日本（1980年） 日本（1990年）

国民負担率（対GDP比）

（財務省資料を参考に作成）

問 日本の社会資本支出と国民負担率には，どのような関係がみられるだろうか？

探究

⑥ プライマリーバランス

Ⓐプライマリーバランスのしくみ

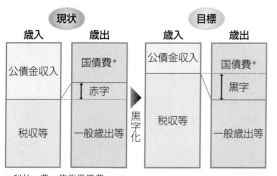

現状
歳入 歳出
公債金収入 国債費*
赤字
税収等 一般歳出等

黒字化

目標
歳入 歳出
公債金収入 国債費*
黒字
税収等 一般歳出等

＊利払い費・債務償還費

Ⓑプライマリーバランスの推移

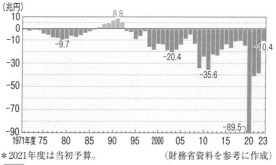

（兆円）
8.8
-9.7
-20.4
-35.6
-89.5
-10.4

1971年度 75 80 85 90 95 2000 05 10 15 20 23

＊2021年度は当初予算。
（財務省資料を参考に作成）

【用語解説】
プライマリーバランス 政策に必要な経費を，借金に頼らずにその年度の税収で賄えているかどうかを示す指標のこと。

問 プライマリーバランスを黒字化するために必要なことは何だろうか？

戦後日本経済の発展と高度経済成長

幸福　効率性

1 戦後日本経済のあゆみ（1945〜2023年）

（総務省資料などによる）

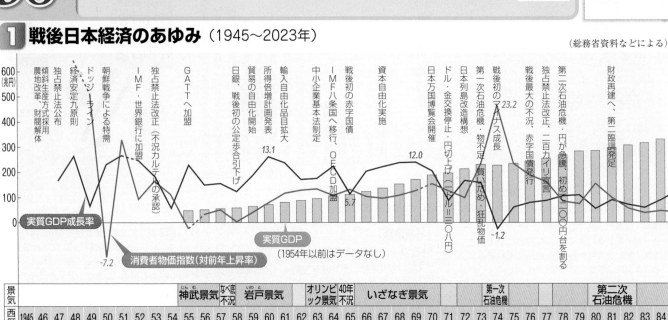

- 農地改革・財閥解体
- 傾斜生産方式採用
- 独占禁止法公布
- 経済安定九原則
- ドッジ・ライン
- 朝鮮戦争による特需
- IMF・世界銀行に加盟
- 独占禁止法改正（不況カルテルの承認）
- GATTへ加盟
- 日銀、戦後初の公定歩合引下げ
- 貿易の自由化開始
- 所得倍増計画発表
- 輸入自由化品目拡大
- 中小企業基本法制定
- IMF八条国へ移行、OECD加盟
- 資本自由化実施
- 戦後初の赤字国債
- 日本列島改造構想
- 日本万国博覧会開催
- ドル・金交換停止・円切上げ（一ドル＝三〇八円）
- 日本初のマイナス成長
- 第一次石油危機・物不足
- 買いだめ・狂乱物価
- 戦後最大の不況、赤字国債発行
- 独占禁止法改正、二百カイリ宣言
- 第二次石油危機・円が急騰、初めて二〇〇円台を割る
- 財政再建へ、第二臨調発足

実質GDP成長率　-7.2　消費者物価指数（対前年上昇率）　13.1　5.7　12.0　23.2　-1.2
実質GDP（1954年以前はデータなし）

景気	神武景気	なべ底不況	岩戸景気	オリンピック景気	40年不況	いざなぎ景気	第一次石油危機	第二次石油危機

西暦	1945 46 47 48 49 50 51 52 53 54 55 56 57 58 59 60 61 62 63 64 65 66 67 68 69 70 71 72 73 74 75 76 77 78 79 80 81 82 83 84

時代	戦後復興期	高度経済成長期	安定成長期

A 耐久消費財普及率

テレビ（白黒）　電気洗濯機　カラーテレビ　電気冷蔵庫　乗用車　ルームエアコン　国民所得
（経済企画庁「消費動向調査」）

台所風景の変化

↑①戦後復興期は、炊飯・料理はかまどが中心であった。

↑②高度経済成長期には電気釜などが普及し、女性の家事労働の負担は軽くなった。

2 経済の民主化—戦後日本の出発点

事項	財閥解体	労働関係民主化	農地改革
措置	●財閥の解体 三井・三菱・住友・安田の四大財閥を含む83社を解体 ●集中排除措置（下は主な例） 日本製鉄：八幡、富士製鉄の2社に分割（現在、新日鉄） 東京芝浦電気：43工場中27工場1研究所を処分 日立製作所：35工場中19工場を処分 三菱重工業：東、中、西日本重工業の3社に分割（現在、三菱重工） 大日本麦酒：日本麦酒、朝日麦酒に分割 （持株会社整理委員会『日本財閥とその解体』）	●労働三法（労働関係調整法・労働基準法・労働組合法）を制定 **戦後解放期組合結成状況** 組合数（上目盛）　組合員数（下目盛） 昭和20年 10月11月12月　昭和21年 1月2月3月4月5月6月7月 （末弘厳太郎『日本労働運動史』による）	●不在地主の小作地、在村地主の1haを超した小作地を強制買収し、小作農へ売却。 **自作・小作別農家割合** 1946年（改革前）32.9% 19.8 18.6 28.7 自作　自作が主　小作が主　小作 1950年（改革後）62.5% 25.8 6.6 5.1 （『昭和経済50年史』朝日新聞社）
影響	●自由競争経済を生み出し、経済発展の条件を整備	●労働組合、加入者が急増し、労働者賃金が上昇、国内市場を拡大した。	●多数の自作農が創設され、農民の所得が向上し、国内市場を拡大した。

Seikeiマニア　日本で初めてカラーテレビを完成させたメーカーは東芝。ちなみに白黒テレビは早川電気（現在のシャープ）が国産の第1号。

❸朝鮮特需
工場
照明弾の製造

❹集団就職列車
人手不足が深刻化した当時，農村部の中学・高校卒業生は「金の卵」と呼ばれ，県外就職のため東京などの都市部へ流入した。

❺東京オリンピック開会式（1964年）

（グラフ上のラベル）
プラザ合意
男女雇用機会均等法公布
急激な円高進行
株式市場空前の大暴落・狂乱、東京地価高騰
好景気続く，消費税スタート
日米構造問題協議決着
バブル経済崩壊，地価下落
株価と地価のバブル崩壊の複合不況
先行き不透明な景気観続く
円高がさらに進行し，一ドル＝九〇円台
消費税率引き上げ
「日本列島総不況」
二千円札発行
郵政民営化法成立
リーマンショック
民主党に政権交代
東日本大震災
自民党に政権交代
アベノミクス
新型コロナウイルスの流行
東京2020オリンピック・パラリンピック開催

実質GDP
実質GDP成長率
消費者物価指数（対前年上昇率）
-5.7　-4.3　0.0

〈注〉消費者物価指数の1960～70年は2015年基準。71年以降は2020年基準。

世界同時不況

| 円高不況 | バブル景気 | 平成不況 | 第二次平成不況 | いざなみ景気 |

85 86 87 88 89 90 91 92 93 94 95 96 97 98 99 2000 01 02 03 04 05 06 07 08 09 10 11 12 13 14 15 16 17 18 19 20 21 22 23

| バブル経済期 | バブル崩壊・デフレ不況（失われた10年） | 低成長期 |

日本経済

❸ 朝鮮特需—息を吹き返した日本経済

Ⓐ 特需の動き

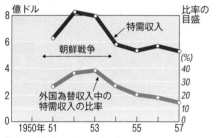

億ドル / 比率の目盛
特需収入
朝鮮戦争
外国為替収入中の特需収入の比率
朝鮮特需
1950 51 53 55 57
（%）40 30 20 10 0

Ⓑ 主要物資の契約高（1950.7～55.6）

物資：兵器／石炭／麻袋／綿布　3,472（10万ドル）／自動車部品
サービス：建物の建設／自動車修理／荷役倉庫／電信・電話／機械修理　3,860（10万ドル）
（Ⓐ・Ⓑとも日本銀行，経済産業省資料）

解説　朝鮮半島で起こった戦争は，海峡一つへだてただけの日本に，大きな影響を及ぼした。日本にいた米占領軍がそのまま国連軍の名のもとに朝鮮に出動し，その補給基地となったことは，日本に時ならぬ活力を与えた。この朝鮮戦争による特需景気は，繊維・鉄鋼製品を中心としたため，「糸ヘン・金ヘン景気」と呼ばれた。

❹ 高度経済成長の要因

Ⓐ 企業による技術革新と設備投資

日 本	GNPに占める投資的支出の割合		
1960～65年	18.5%　民間	公的	32.0%
66～70	民間設備投資 19.4　住宅	固定	33.9
71～78	16.0　投資	資本 形成	32.3

アメリカ		総固定資本形成 GNP
1960～65年	9.4	19.8%
66～70	10.4	19.2
71～78	10.1	18.3

イギリス		
1960～65年	8.2	17.1%
66～70	8.3	18.4
71～78	8.0	15.9

（『図説経済教育資料』No.53）

解説　1960年代の日本の技術者の課題は，新しい技術の開発よりも，欧米のモノづくりの方法を忠実にまねることにあった。したがって，企業は外国（特にアメリカ）から技術の導入を進めるとともに，高い貯蓄率を背景として，重化学工業を中心に設備投資を行ったのである。

Ⓑ 主要国の個人貯蓄率の推移 　（『国際比較統計』1997）

年　次	日 本	ドイツ	アメリカ	イギリス
1966～70	16.6%	16.3%	7.5%	5.5%
71～75	20.6	15.3	8.2	7.4
76～80	20.1	12.6	8.7	8.3
81～85	16.6	11.9	8.2	6.9

Ⓒ 教育の普及と安くて豊富な労働力
（写真④　集団就職列車）

Ⓓ 貿易に有利な条件

輸入	1バーレル＝2ドル以下という低価格の石油を輸入できたこと。
輸出	固定円レート（1ドル＝360円）により日本製品の輸出に有利だったこと。

解説　1960年代に「貿易の自由化」・「資本の自由化」に踏み切った日本は，加工貿易国として，繊維製品を中心に順調に輸出が伸び，貿易黒字国になってゆく。
　1970年代に入り高度成長に終止符が打たれるのは，貿易に有利な2つの条件が外からの衝撃によって消え去るからである。つまり，石油危機（石油ショック）（→p.116）とニクソン・ショックによる通貨危機である（金・ドル交換停止）。
　ニクソン大統領は1971年8月15日，議会への事前説明もなく，「金・ドル交換停止」をメインとする声明をテレビで発表した。この結果，ブレトンウッズ体制（→p.185）は崩壊し，外国為替相場は変動制へと移行することとなった。

チェック＆トライ
チェック　神武景気　岩戸景気　高度経済成長　バブル経済　財閥解体　農地改革
トライ　・最も実質GDP成長率が高かったのは，何という好景気だったか？
・高度経済成長をもたらした企業による技術革新のための設備投資と高い貯蓄率は，どのように関係しているのか？

Introduction 危機から安定，そしてバブルへ

実質経済成長率の推移

約10%前後	-1.2%		約4％前後	約7％	
1955〜73	1973	1979	1973〜	1986〜	〜1991
高度経済成長期	第一次石油危機	第二次石油危機	安定成長期	バブル経済	

「Made In Japan」の商品が世界を席巻する→日本経済は，危機からどのように立ち直ったのだろうか？

Japan as No.1
1979年に発刊された，アメリカの社会学者エズラ・ボーゲル博士の著書。日本の高度経済成長の要因を分析し，日本的経営を高く評価して，日本で大ベストセラーとなった。「ジャパン・アズ・ナンバーワン」は，この時期を象徴する言葉となる。

日本企業のアメリカ進出
1980年代のニューヨーク，タイムズスクエア。日本企業の看板が目立つ。❶Cannon（左奥），❷SONY（正面奥），❸SUNTORY（正面），❹JVC（日本ビクター），❺PANASONIC（JVCの左横），❻mita（現京セラ）。

高級品が飛ぶように売れたバブル景気→この景気は，どのように発生したのだろうか？

資産効果による消費熱の高まり
日産が発売したシーマを中心に高級車が売れる状況は，「シーマ現象」と呼ばれ，高級ブランドも飛ぶように売れた。またこの景気の高揚感からブームとなったのがディスコである。

↑❶日産の高級車シーマ。

←❷高級腕時計のロレックス。

→❸大勢の若者でにぎわう東京のディスコ（ジュリアナ東京）。

1 石油危機から安定成長へ

Ⓐ直接の動機
❶**第一次石油危機**…第四次中東戦争で石油輸出国機構（OPEC）が原油価格を4倍に引き上げる。
❷**第二次石油危機**…イラン革命の混乱によって原油生産が激減した。

Ⓑ原油国際価格の推移

（総務省資料などにより作成）

Ⓒ狂乱物価
❶消費者物価指数が20％以上上昇。
❷根拠のない噂が流れ，トイレットペーパーの買い占め騒動が広がる。
❸不況下で物価が上昇する，スタグフレーションが起こる。

↑❹スーパーのトイレットペーパー売り場に殺到する買い物客。集団心理による買い占め騒動というパニックは，東日本大震災（2011年）や新型コロナウイルス感染症の流行（2020年）においても発生した。

Ⓓ危機を乗り越えて安定成長へ
❶社会全体に省エネの取り組み…夜の街から明かりが消える。
❷企業の取り組み→構造の転換
■「資源浪費型」産業から「省エネ型」・「知識集約型」産業への転換が図られる…コンピューター技術によるME（マイクロエレクトロニクス）化，ロボット化など。
■人員整理等によるコスト削減…雇用調整された人々は次第にサービス産業分野に吸収された。

日本は色々な取り組みを通じて石油危機を乗り越えたんだね。

2 産業構造の転換

Ⓐ産業構造の高度化（ペティー・クラークの法則）

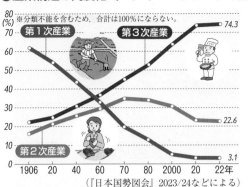

（『日本国勢図会』2023/24などによる）

解説 産業構造の高度化や経済発展に伴い，業種別の就業人口が第1次産業から第2次産業，第3次産業へと移っていく現象。また，**ペティー・クラークの法則**ともいう。

Ⓑ重厚長大型産業から軽薄短小型産業へ

重厚長大（資本集約）型産業 ⟹	軽薄短小（知識集約）型産業
鉄鋼，造船，プラントなど資源を多く消費し，重くて大きなものを製造する産業。「鉄は国家なり」「造船日報」という言葉が象徴だった。	家電をはじめ，コンパクトにする軽薄短小化，技術革新による知識集約化，ハードよりもソフトに価値を見いだすソフト化を中心とする産業。商品開発によって自動車とともに海外に輸出され，貿易黒字は激増した。

↑⑤高度経済成長を支えたコンビナート。

←⑥80年代に誕生したヒット商品「ウォークマン」。（ソニー提供）

3 日米経済摩擦

Ⓐ摩擦の始まり

■ アメリカの対日貿易赤字の大幅な増加（日本は大幅な黒字）
■ 日本の集中豪雨的輸出…自動車，カラーテレビ，半導体など

Ⓑアメリカの要求と圧力

■ 輸出を自主規制すべし！
■ 外需主導型経済から内需主導型経済へ転換すべし！
■ 保護主義的な包括通商法（スーパー301条）を制定
　不公正貿易による損害に対して報復措置をとれるようになる。

Ⓒ日米の協議

■ 1989年日米構造協議
■ 1993年日米包括経済協議
　→日本国内の法律・制度の改正（大規模小売店舗法の廃止など）や数値目標の設定まで求めるアメリカと，その要求を「管理貿易」として批判する日本とのせめぎ合いの協議となった。

Ⓓアメリカへの自動車輸出と，日系メーカーの現地生産の推移

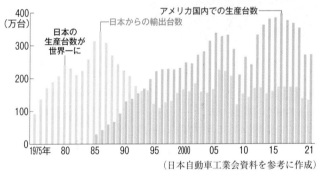

（日本自動車工業会資料を参考に作成）

日本経済

4 バブル景気

Ⓐバブル前後の地価と株価の推移

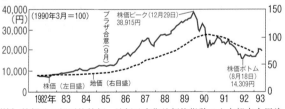

〈注〉株価は日経平均株価，地価は市街地価格指数の六大都市全用途平均。
（『経済白書』1993）

Ⓑプラザ合意と為替レート

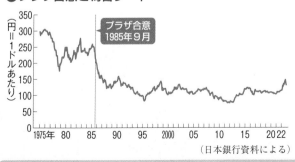

（日本銀行資料による）

Ⓒバブルとは？

■ モノの価格が，適正な価格を超えて異常に高くなること。
■ 株や土地など資産価格が，投機目的で異常に上昇して発生する。

土地神話（土地価格は必ず上がる）

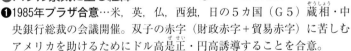

Ⓓバブル景気に至る経緯

❶ 1985年プラザ合意…米，英，仏，西独，日の5カ国（G5）蔵相・中央銀行総裁の会議開催。双子の赤字（財政赤字＋貿易赤字）に苦しむアメリカを助けるためにドル高是正・円高誘導することを合意。

❷ 円高不況（1ドル＝240円→120円台）…輸出産業に不利→輸出依存の日本経済に打撃。工場の海外移転が進み始める**→産業の空洞化**の懸念。

❸ 政府と日本銀行による不況対策…政府→法人税と所得税の減税。日銀→公定歩合を5％から2.5％に段階的に引き下げる。

❹ 「財テク」（財産を増やす）ブーム…全国的な都市開発ブーム発生（民営化後のNTT株の高騰など）。企業は土地や株式に投資し，本業以外で資産を増やそうと躍起になった。

❺ 資産効果…資産価格（地価・株価）の上昇によって，消費熱が高まり高級品が飛ぶように売れる現象が起こった。

チェック&トライ

トライ ・産業の空洞化という現象は，日米経済摩擦の中でどのように現れているだろうか。
・バブル前後の地価・株価の変動と公定歩合の変動は，どのように連動しているだろうか。

テーマ 40 バブル経済の崩壊と低成長期の日本経済

効率性　公平性　物価と貨幣　8 働きがいも 経済成長も

Introduction 失われた10年→20年→30年？

実質経済成長率の推移

約7%	-0.5%	平均約1%				-5.7%	0.1%	平均約0.4%	-4.8%
					低成長期				
1986	1991	1991〜	1997〜	2000〜	2001〜06	2008	2011	2012〜19	2020
バブル経済	バブル崩壊	平成不況			構造改革	リーマンショック	東日本大震災	アベノミクス	コロナ・ショック

相次ぐ金融機関の倒産！→バブル経済の崩壊が，なぜ金融機関の倒産を招いたのだろうか？

↑① 号泣し，謝罪する当時の野澤正平社長。当時四大証券の一社であった山一証券の倒産は異例の事態であった。

Ⓐ 経営破綻した金融機関

銀行	●北海道拓殖銀行
	●日本長期信用銀行
	（現　新生銀行）
	●日本債券信用銀行
	（現　あおぞら銀行）
	●京都共栄銀行
	●徳陽シティ銀行
証券	●山一証券
	●三洋証券

Ⓑ 企業の倒産件数と負債総額の推移

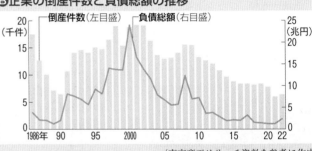

（東京商工リサーチ資料を参考に作成）

「構造改革」からの「アベノミクス」→それぞれの内閣が進めた政策の"狙い"と功罪は？

小泉内閣の「構造改革」‥‥‥‥‥‥‥‥‥

抜本的な改革を断行するためのスローガン
- 「聖域なき構造改革」
- 「構造改革なくして景気回復なし」
- 自由化
- 規制緩和
- 民営化

→② 2005年 小泉 純一郎首相は，衆議院を解散して「郵政民営化」を問う「郵政選挙」を実施。その時のキャッチフレーズが「改革を止めるな。」である。

安倍内閣の「アベノミクス」‥‥‥

アベノミクス「三本の矢」
第一の矢
　→大胆な金融緩和
第二の矢
　→機動的な財政政策
第三の矢
　→民間投資を喚起する成長戦略

→③ 東京証券取引所の大納会で鐘を鳴らす安倍首相。
（2013.12.30）

1 バブル崩壊

Ⓐ崩壊の原因

株価と地価 異様な高騰

| 政府 | 総量規制　地価税の導入 |
| 日銀 | 公定歩合の引上げ |

総量規制　企業や個人に対する金融機関の融資（土地関連）を規制すること。

地価税　一定以上の土地を所有する企業や個人に課せられた国税。1998年に停止されている。

Ⓑ平成不況へ

❶株価の暴落→株売買の減少→証券会社（株の売買取引）の経営破綻。
地価の暴落→融資していた金融機関の損失→多額の不良債権（回収困難となった債権）の発生。

❷政府は金融機関へ公的資金を注入（財源は税金など）。

❸経営悪化する金融機関は企業への融資を貸し渋るようになる。

❹企業の倒産やリストラが増加→不良債権の一層の増加。

❺あったもの（経済成長）が無くなる（失われた）→平成不況が始まる。

お金を使ってお金を増やすことで成長し豊かになったと勘違いして，巨額のお金（借金）だけが残ってしまったんだ。

不良債権の激増

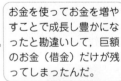

Seikei マニア　資産価格（株式や不動産）の高騰による好景気が「バブル」だったと認知されたのは，バブル崩壊後でした。このことは，日本経済の大きな教訓としなくてはいけません。

2 平成不況

Ⓐ日本のモノ価格・サービス価格・賃金

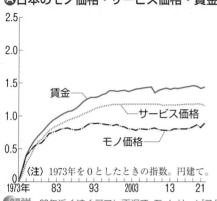

〈注〉1973年を0としたときの指数。円建て。

Ⓑ米国のモノ価格・サービス価格・賃金

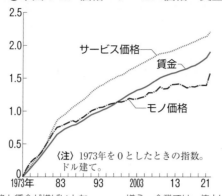

〈注〉1973年を0としたときの指数。ドル建て。

Ⓒ日本版賃金・物価スパイラル

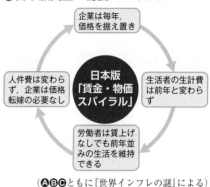

（ⒶⒷⒸともに『世界インフレの謎』による）

解説 30年近く続くデフレ不況で，モノ・サービス価格と賃金が横ばいとなっている。家計では，消費者は価格が変動しないことに慣れてしまい，値上げを嫌う。企業では，値上げすると消費者に逃げられてしまうため，値上げを避ける傾向にある。値上げをしないことから，賃金の改定も行われない。

3 デフレ不況からの脱却をめざした2つの政策

Ⓐ構造改革

特徴	「小さな政府」の実現を図る新自由主義的な政策。民営化・自由化・規制緩和の3本柱を断行して，企業間の競争原理を働かせて経済再生を図る。
代表的な政策	❶民営化　郵政民営化（郵便・郵便貯金・簡易生命保険の三事業），特殊法人（道路公団） ❷自由化と規制緩和　医療・介護・福祉・教育などの分野に競争原理を導入，労働者派遣法の改正，構造改革特区の創設など ❸中央から地方　三位一体の改革（→p.64）
政策の功罪は？	企業間競争の激化によって，企業はコストを切り詰めるために人件費の抑制に力を入れるようになった。また，小泉内閣が退陣して2年後，世界金融危機が日本経済に大きな衝撃を与えたが，2008年12月に一時的に設置された派遣村は，構造改革で行われた派遣労働の規制緩和が生み出したものと言える。

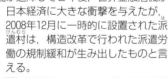

◀4「派遣切り」によって仕事や住む場所を失った非正規労働者を支援するための避難所。(2008年，東京日比谷公園)

Ⓑアベノミクス

特徴	2011年3月11日に発生した東日本大震災の衝撃から間もない2012年12月に発足した第二次安倍内閣が打ち出した「3本の矢」政策。
代表的な政策	「大胆な金融緩和」（→p.104）
政策の功罪は？	円安と株高によって企業の利益は増えたが，人件費は増えなかった。また，金融緩和による企業の投資も増えていない。その上に消費税率が8％（2014年），10％（2019年）に引き上げられている。つまり投資も消費も増えていないので，当然経済成長率を伸ばすことはできなかった。

Ⓒマネタリーベースの推移

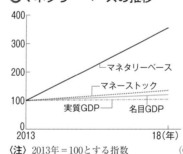

〈注〉2013年＝100とする指数

Ⓓ人件費の変化

	2012年度	2017年度	12年度比
経常利益	48.8兆円	83.5兆円	73％
支払配当金	14.0兆円	23.3兆円	66％
支払人件費	197.0兆円	206.5兆円	5％

（Ⓒは日本銀行資料，Ⓓは財務省資料による）

4 日本経済の大きな課題

Ⓐ日本の生産年齢人口と高齢化率

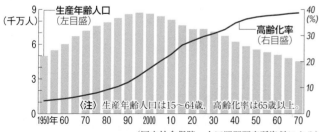

〈注〉生産年齢人口は15～64歳，高齢化率は65歳以上。

（国立社会保障・人口問題研究所資料による）

解説 2010年代に日本は人口減少社会に突入している。つまり，高度経済成長期の**人口ボーナス**（生産年齢人口＞子ども・高齢者人口）とは反対の，経済成長にマイナスをもたらす**人口オーナス**（上記の反対）の状態に入っている。

Ⓑ各種統計によるジニ係数の推移

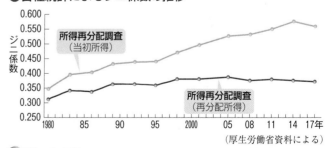

（厚生労働省資料による）

解説 **ジニ係数**は社会格差を示す数値。0は全ての所得が均等配分された社会，1は全ての所得が1人に独占された状態。通常0.3～0.4が望ましいとされる。アメリカでは上位20％の富裕層が消費の60％を担うという。

チェック&トライ

トライ
・アベノミクスの金融政策に関するグラフから，どんなことが読み取れるだろうか。
・ジニ係数のグラフの中で，所得再分配とはどのようなしくみのことをいうのか。

日本経済

探究 事例 町工場から世界的企業へ

↑①1948年に本田技研工業株式会社創立。従業員34人で出発。

戦後間もない1946年，本田技研工業の創業者である本田宗一郎は，自転車で遠くまで買い物に行く妻を見て，旧日本陸軍の発電用エンジンを自転車用補助エンジンにつくり変えて発売した。

●本田技研工業株式会社

■資本金860億円
■従業員20万4,035人
■グループ会社406社
■2021年売り上げ
　14兆5,526万円
（2022年3月時点）

←④2000年，人間型ロボットASIMO発表。

↓⑤2015年より顧客への引き渡しが始まったHondaJet。

↑②1947年，社長の本田宗一郎が自転車用補助エンジンを開発。

↑③軽自動車販売台数1位（2022年）のN-BOX。

課題　中小企業が存続するために必要なことは何だろうか？

① 中小企業の定義と地位

Ⓐ中小企業の定義

次の表の「従業員規模」又は「資本金規模」のいずれか一方に該当すれば中小企業に該当する。

業　種	従業員規模	資本金規模
製造業・建設業・運輸業その他	300人以下	3億円以下
卸売業	100人以下	1億円以下
サービス業	100人以下	5,000万円以下
小売業	50人以下	5,000万円以下

Ⓑ中小企業の地位

*企業数（2016年）　中小企業 99.7%　大企業 0.3

製造業の従業者数（2016年）　65.3　34.7

製造業の売上高（2015年）　37.8　62.2

卸売業の売上高（2015年）　46.9　53.1

小売業の売上高（2015年）　46.7　53.3

0 (%)　20　40　60　80　100

*非1次産業計。製造業は従業者300人以下，卸売業は100人以下，小売業は50人以下を中小企業とする。
（中小企業庁資料による）

② 下請け

Ⓐ中小企業の形態

独立企業	下請企業	系列企業
特殊技術を生かしている企業やベンチャー・ビジネス，地域の特性を生かした地場産業など。	大企業の注文をうけ生産工程の一部を分担。	大企業が，資金面や経営面まで参加し，その支配下にある企業。

Ⓑ自動車産業の下請け構造

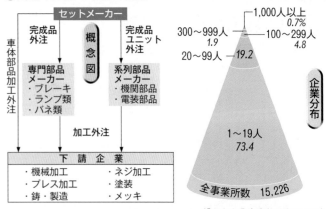

（『中小企業白書』1995による）

解説　自動車は様々な部品を必要とし，すそ野の広い下請け構造を構築してきた。下請け企業のうち資金・技術指導・人員派遣などを通じて大企業の傘下にあるものを系列企業という。

③ 企業間の格差

Ⓐ 賃金・生産性・設備投資率の規模別格差 （製造業・従業員1人当たり）

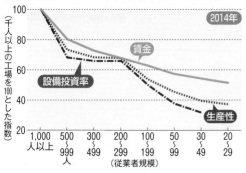

（千人以上の工場を100とした指数）

2014年

賃金
設備投資率
生産性

1,000人以上／500〜999人／300〜499／200〜299／100〜199／50〜99／30〜49／20〜29
（従業者規模）

（『日本国勢図会』2017/18）

解説 大企業と中小企業の様々な格差を「**二重構造**」と呼ぶ。

問 規模が小さい中小企業は，大企業と比較して，賃金や生産性などにおいてどのような特徴があるか。

【用語解説】
生産性 モノやサービスをどれだけ少ない資源で効率的に生み出すかを示す指標。一般的には「労働生産性」のことで，投入した労働量に対する産出量の割合のことである。一言でいえば，労働者1人当たりの生産額のこと。
設備投資率 労働者1人当たりの機械などの投資総額。最新鋭の設備が充実していれば高くなる。

④ 中小企業の保護政策

法律	内容
中小企業基本法	1963年制定。中小企業にかかわる国の基本方針を定めた法律。具体的な施策は個別立法により実行。1999年に大きく改正され，国による救済型から自立支援型へと移行した。
中小企業金融公庫	中小企業向けの長期融資を行う金融機関として1953年設立。2008年解散，日本政策金融公庫に統合された。
大規模小売店舗法（大店法）	1974年制定。中小小売店を保護するため，大規模小売店舗の売り場面積，閉店時刻，年間休業日数などを規制した。
大規模小売店舗立地法（大店立地法）	海外の大規模店舗の日本進出にかかわり旧来の大店法による規制が問題となり，2000年大店法に代わって制定。駐車場台数や騒音対策について数値基準を設定した。

⑤ 中小企業の課題

Ⓐ 従業員規模別の求人倍率の推移

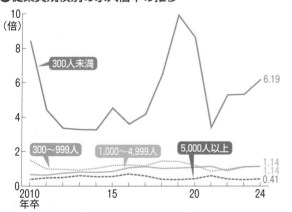

（倍）

300人未満
6.19
300〜999人
1,000〜4,999人
5,000人以上
1.14
1.14
0.41

2010年卒／15／20／24

〈注〉該当年3月に卒業・卒業予定の大学生・大学院生を対象とする。
（リクルートワークス研究所資料による）

Ⓑ 中小法人の業種別構成比
（資本金1,000万円以下）

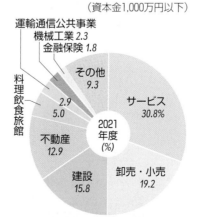

運輸通信公共事業
機械工業 2.3
金融保険 1.8
その他 9.3
料理飲食旅館
2.9
5.0
不動産 12.9
2021年度（%）
サービス 30.8%
卸売・小売 19.2
建設 15.8

Ⓒ 資本階級別赤字法人数の割合

1億円超 0.2
1,000万円〜1億円 10.1
2021年度（176万社）
1,000万円未満 89.7%

（国税庁資料による）

問 中小企業が抱える課題とは何だろうか。

⑥ イノベーションとベンチャー

Ⓐ 大学発ベンチャー

　株式会社ユーグレナは，2005年に東京大学の関係者によって設立された大学発のベンチャー企業である。世界で初めて微細藻類ユーグレナ（和名：ミドリムシ）の屋外大量培養に成功した。ユーグレナは栄養豊富で，食品や化粧品に使用されており，バイオ燃料の研究開発も行われている。2014年に東証1部に上場するなど，大きな成功を収めている。

■資本金139億円
■従業員883人
（2021年時点）

↑❻→❼ユーグレナ（上）と，ユーグレナを使った飲料（右）。

【用語解説】
イノベーション 20世紀初めのオーストリアの経済学者シュンペーターが提唱した概念で，「価値の創出方法を変革して，その領域に革命をもたらすこと」を意味する。一般的には「技術革新」と訳され，狭義には「従来にはない革新的な技術・サービス」の意味で使われる。
起業 新たに事業を起こすこと。2006年会社法改正で資本金1円から設立可能になった。
ベンチャー企業 革新的な技術・製品・サービスを開発し，それまでにない新しい事業を展開する企業のこと。
→❽1953年の自動式壁掛け電話。電話機の登場はそれまでのコミュニケーションを大きく変えた。

問 あなたが世界を変えたと思うイノベーションの例を挙げてみよう。

探究

Introduction 「お〜いお茶」が農地を再生

↑①大手飲料メーカーの伊藤園は，契約した茶園で収穫される茶葉をすべて買い取るなど，お茶農家を支えている。

A 茶園面積と耕作放棄地面積

（万ha）／（万ha）

- 茶園面積
- 耕作放棄地面積

茶園面積：7 6 5 4 0　　耕作放棄地面積：50 40 30 20 10 0

1985　90　95　2000　05　10　15　20（年）

伊藤園の取り組み

茶飲料の消費拡大の一方で，茶葉の生産現場では就農人口，茶園面積ともに減少傾向にある。また，耕作放棄地の増加が深刻な地域もある。

日本の緑茶生産量のうち，株式会社伊藤園の取扱量は約4分の1を占めており，耕作放棄地の増加や後継者問題などの農業課題の解決と原料の安定調達の両立を目指して，1976年より「茶産地育成事業」を行ってきた。個々の茶農家と全量買い取りの契約を結び，農家の安定的な経営を可能にし，さらには後継者の育成を目指している。また，良質の茶葉の安定的な調達のため，耕作放棄地などを活用しての新産地事業に取り組んでいる。耕作放棄地を大規模な茶園に造成し，伊藤園が茶葉生産に関する技術・ノウハウを全面的に提供することで新規事業者の育成につとめている。

（伊藤園HPを参考に作成）

→②「お〜いお茶」などの茶飲料はアメリカをはじめ海外にも浸透しており，人気の飲み物。

1 農家戸数の推移

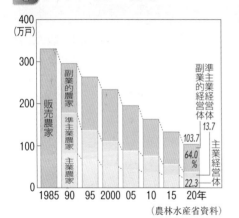

（万戸）400 300 200 100 0

- 販売農家
- 副業的農家
- 準主業農家
- 主業農家

副業的経営体 13.7
準主業経営体 103.7
主業経営体 64.0% 22.3

1985　90　95　2000　05　10　15　20年

（農林水産省資料）

〈注〉2020年から販売農家のうち，法人化した世帯を除く数値に変更。**販売農家**＝経営耕地30a以上または農産物販売50万円以上　**主業経営体**＝農業所得が主　**準主業経営体**＝農外所得が主　**副業的経営体**＝65歳未満の農業従事60日以上の者がいない

2 農業就業人口の内訳

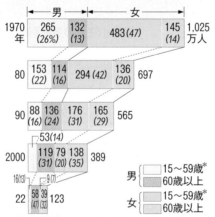

	男		女	
1970年	265(26%) 132(13)		483(47)	145(14)	1,025万人
80	153(22) 114(16)		294(42)	136(20)	697
90	88(16) 136(24) 176(31)			165(29)	565
2000	53(14) 119(31) 79(20) 138(35)				389
22	16(13) 9(7) 58(47) 39(32)				123

男　☐ 15〜59歳*　▦ 60歳以上
女　▨ 15〜59歳*　▩ 60歳以上

＊1990年以前は16〜59歳（農林水産省資料などによる）

解説 高度経済成長で父や男子が労働者として工業に吸収されたので，農家の働き手が主に老人と主婦の手にゆだねられる結果となった。

3 品目別農業産出額の推移

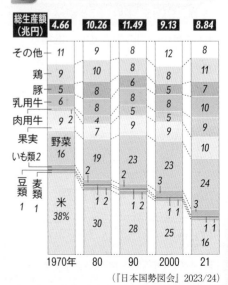

総生産額（兆円）	4.66	10.26	11.49	9.13	8.84
その他	11	9	8	12	8
鶏	9	10	8	8	11
豚	5	8	6	5	7
乳用牛	6	8	8	8	10
肉用牛	9 2	4	9	9	10
果実	7	7			10
野菜	16	19	23	23	24
いも類	2	2	2	3	
豆類	1	1 2	1 2	1 1	3
麦類	1				1 1
米	38%	30	28	25	16

1970年　80　90　2000　21

（『日本国勢図会』2023/24）

4 戦後の農業政策と食糧管理制度

政府による管理・保護		規制緩和・自由化
1942年 食糧管理制度 →		1995年 新食糧法
米の生産・流通を政府が管理		食管制廃止
	1993年　ガット=ウルグアイ・ラウンド合意	
1961年 農業基本法 →		1999年 食料・農業・農村基本法
機械化・大規模化をめざす	大規模化失敗 過剰米→減反政策	自給率向上，法人化推進
		2009年 農地法改正

Ⓐコメの生産量の推移と過剰米

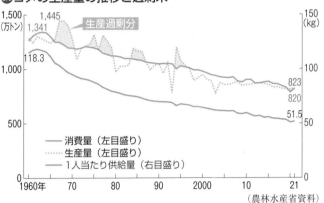

- 消費量（左目盛り）
- 生産量（左目盛り）
- 1人当たり供給量（右目盛り）

（農林水産省資料）

食糧管理制度
戦時中の1942年に制定され，戦後の食料不足を背景に存続。販売店は許可制，生産者からの買い入れ価格，消費者への販売価格は政府が決定。

農業基本法
農業の国際競争力を高めるため，**機械化・大規模化**，コメ以外への転作などをめざした。機械化は進んだが，大規模化は進まず兼業農家が増えた。

過剰米
1970年代より生産増大，食生活の変化による消費量減少により，生産過剰となる。農家保護のため，米価は下がらず，生産者米価＞消費者米価となり，**食管会計は赤字**が続いた。

減反政策
過剰米対策として，農家に補助金を支出して，生産調整を実施した。2018年廃止。

ガット=ウルグアイ・ラウンド合意
農産物の原則輸入自由化が決定し，聖域とされたコメも95年より**数量限定で輸入**することとなった。

新食糧法
ウルグアイ・ラウンド合意を受け，食管制廃止。販売店は登録制，**価格は市場で決定**となる。政府は輸入米の管理のみ行う。2004年に改正され，自由化がより進む。

農地法改正
大規模化を進めるため，農家以外の**一般企業にも農地利用を開放**する。

5 地産地消

地産地消とは，地域で生産されたものをその地域で消費すること。国は，①農業者と消費者を結びつけ，②「顔が見え，話ができる」関係で地域の農産物・食品を購入する機会を提供し，③地域の農業と関連企業の活性化を図ることと位置づけている。地産地消が拡大し，地場農産物の消費が増えると地元農業者の営農意欲が高まり，農地の荒廃を防ぐことにつながる。

農業・農産物（食べ方，旬，栄養・機能性等）の消費者への普及・啓発を進める必要や，食に関する知識や健全な食生活への関心が高まる中，2005年に**食育基本法**が施行。**食育**の取り組みと連携し地産地消の推進を図ることが求められている。

6 種苗法改正

2020年12月，種苗法が改正された。種苗法は野菜・果物などのすべての農作物の苗や種子について，その品種の開発者の権利を保護する法律である。新品種が「登録品種」と認定されると，開発者には独占的販売権が25年（樹木は30年）認められる。近年，ぶどうの「シャインマスカット」などの高級果実の種子が海外に流出し，中国や韓国などで栽培され，日本から輸出された「シャインマスカット」が価格の安い中国・韓国産におされるという事態がおきていた。

他にも大粒のイチゴ「レッドパール」，甘さが人気のサツマイモ「紅はるか」なども海外で無断で栽培されているという。「シャインマスカット」は国の研究機関が開発し2006年に品種登録されたが，その開発には33年の歳月がかかっている。法改正により，開発者が種苗の輸出先国や栽培する地域を指定でき，海外流出を防ぐことができるようになる。知的財産である貴重な品種の海外流出を防ぐと同時に農産物の輸出を促進することにつながる。一方，開発者の権利強化により，農家の「自家増殖」には開発者の許諾が必要となるなど，巨大な多国籍企業による種子の支配がすすむのではという懸念もある。

❸国産の高級品種「シャインマスカット」。長野県などで多く生産されている。旬は夏から秋にかけての時期。

チェック＆トライ

チェック	食糧管理制度
	新食糧法　農業法人

トライ
・2020年時点で販売農家のうち最も多い経営形態は何か。
・2020年の品目別農業産出額で，1970年と比べてその割合が2倍以上になった品目は何か。

123

探究 事例 日本に食料危機は来ない!?

↑①戦後の給食で出た脱脂粉乳

↑②1993年のコメ不足による緊急輸入

←③売れ残り、廃棄されたパン

食料自給率 35%

↑④食料自給率が35％のとき、左の献立のうち35％を国内で生産することができる。

現在日本の食卓には食べ物があふれ、「フードロス」が社会問題になっている。しかし、戦後間もないころは食料難で、子どもたちの栄養不足を補ったのはアメリカの援助による給食での脱脂粉乳だった。1993年には冷夏の影響で米の作況が例年の7割（東北では3割）となった。そのため米不足となり、海外から米が緊急輸入された。輸入米は慣れないインディカ米で評判が悪く、国産米をめぐり「平成の米騒動」となった。今もスーパーには輸入食品が並び、外国に依存している食品も多い。食料の安定的供給はいつの時代も大きな課題である。

（農林水産省「料理自給率計算ソフト」による）

課題 食料の安定的供給に必要なことは何だろうか。

① 食料自給率の変化

Ⓐ品目別自給率の変化

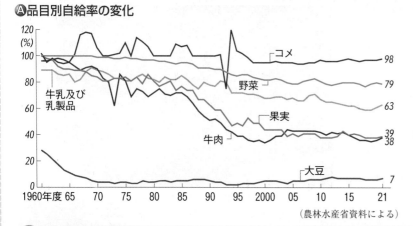

（農林水産省資料による）

Ⓑ主要国のカロリー自給率

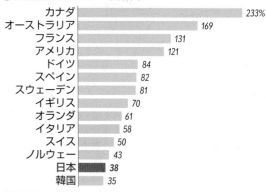

国	%
カナダ	233%
オーストラリア	169
フランス	131
アメリカ	121
ドイツ	84
スペイン	82
スウェーデン	81
イギリス	70
オランダ	61
イタリア	58
スイス	50
ノルウェー	43
日本	38
韓国	35

〈注〉数値は2019年。　（農林水産省資料による）

② 輸入自由化

Ⓐ輸入制限品目数の推移

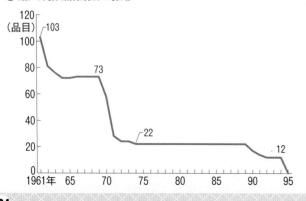

Ⓑおもな輸入自由化品目

年	品目
1962	タマネギ，クルミ
1963	蜂蜜，バナナ
1964	レモン，イグサ
1970	マーガリン
1971	ブドウ，豚肉，紅茶
1972	ハム，ベーコン
1990	フルーツジュース
1991	牛肉，オレンジ
1995	小麦，こんにゃく芋

（Ⓐ・Ⓑとも農林水産省資料による）

Ⓒ日本のコメ市場開放をめぐる動き

1993年	ウルグアイ・ラウンド合意 →農作物の輸入制限なし（関税化），しかしコメは「聖域」とされた
1995	コメの数量制限付きで輸入（国内消費量の4％）
1999	コメの関税化開始

問 1980年代半ば以降、果実・肉類の自給率が急減しているのはなぜだろうか。

③ 農地の規模とコメの生産コスト

Ⓐ農家一戸当たりの農用地面積（2014年）

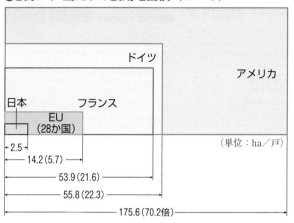

ドイツ

アメリカ

日本　フランス

EU
（28か国）

（単位：ha／戸）

-2.5
14.2（5.7）
53.9（21.6）
55.8（22.3）
175.6（70.2倍）

〈注〉（　　）は日本に対する倍率。　（農林水産省資料による）

Ⓑ日米のコメの生産コスト比較

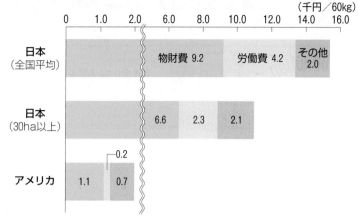

（千円／60kg）

	0	1.0	2.0	6.0	8.0	10.0	12.0	14.0	16.0

日本
（全国平均）　物財費 9.2　労働費 4.2　その他 2.0

日本
（30ha以上）　6.6　2.3　2.1

アメリカ　1.1　0.7　0.2

〈注〉2018年時点。1ドル＝110.42円。　（農林水産省資料などによる）

④ 食生活の変化

Ⓐ1人当たりの食品年間消費量

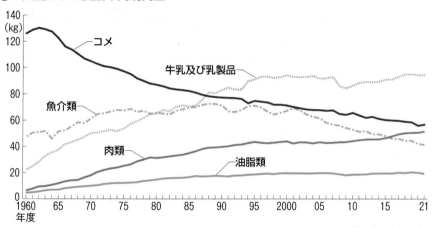

コメ
牛乳及び乳製品
魚介類
肉類
油脂類

（農林水産省資料による）

現在でも「主食」といえば「コメ」というイメージが強いが，1960年代初めまでは，1人当たりのコメの消費量は現在の2倍以上であった。1965年から30年間で，「牛乳及び乳製品」は消費量が約2.5倍，肉類は約3倍と短期間に国民の嗜好が大きく変化した。

Milk　OLIVE OIL

問　日本の食料自給率が減少した要因について，50字程度で説明してみよう。

探究

⑤ 近年の食品値上げの動向

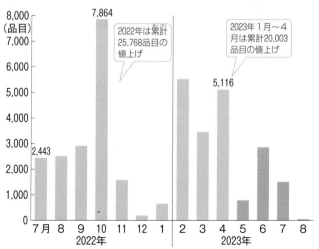

2,443
7,864
5,116

2022年は累計25,768品目の値上げ

2023年1月〜4月は累計20,003品目の値上げ

7月　8　9　10　11　12　1　2　3　4　5　6　7　8
2022年　　　　　　　2023年

〈注〉2023年4月18日時点。複数回値上げを行った品目も別品目としてカウントしている。2023年5月以降は値上げが予定されている品目数。
（帝国データバンク資料による）

⑥ 食の安全への意識

Ⓐ食の安全に関して不安を感じている事柄

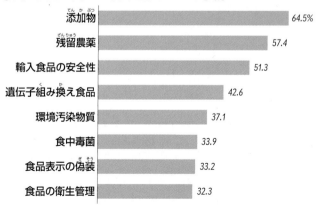

添加物	64.5%
残留農薬	57.4
輸入食品の安全性	51.3
遺伝子組み換え食品	42.6
環境汚染物質	37.1
食中毒菌	33.9
食品表示の偽装	33.2
食品の衛生管理	32.3

〈注〉2021年6月時点。回答者は10,180人，複数回答可。
（マイボイスコム株式会社調査を参考に作成）

問　輸入食品に対してあなたが考える，メリット・デメリットをそれぞれ挙げてみよう。

公害防止と環境保全

正義　持続可能性　3 すべての人に健康と福祉を　12 つくる責任つかう責任

Introduction 水俣病—悲劇を繰り返さないために

年	できごと
1953	第1号患者発生
56	**水俣病の公式発見**（「水俣に奇病発生」と報道）
58	熊本県，水俣湾での漁獲禁止
59	チッソ付属病院長がネコ実験により，チッソ排水が原因であることを確認
	チッソと患者の間で和解成立
68	**政府，チッソ排水の有機水銀が原因と認める**
69	患者112人，チッソを提訴
73	↳判決　**患者原告全面勝訴**
74	水俣湾に汚染魚拡大防止の仕切り網設置
79	チッソ幹部刑事訴訟で有罪判決
80	被害者の会，チッソ・国・県を相手に損害賠償請求訴訟を提訴
87	↳判決　**国・県の責任を認める**。各地で訴訟起きる
95	**村山首相，国の責任を認め遺憾の意を表明**
96	被害者団体，各地の行政訴訟の取り下げ決定
97	仕切り網撤去。チッソによる汚染魚の買取終了
2004	関西訴訟，**最高裁判決**（国・県の責任を認める）
10	政府，未認定患者3万人を救済する方針決定
11	未認定をめぐる東京訴訟和解
	チッソ，事業部門と賠償部門とを分社化
13	最高裁，水俣病患者の認定を緩和
22	「胎児性患者」などが原告となった水俣病認定訴訟で，熊本地裁は「メチル水銀との関連性が低い」として訴えを退けた

水俣病　熊本県水俣湾に排出された工場からの有機水銀が，魚介類を通じて人畜の体に入り，大勢の人の神経が冒された病気。有機水銀は母親のお腹の中の胎児にも蓄積し，被害は広範囲に及んだ。発生当初，企業や国の対応が遅れたため被害はより広がった。特に国の責任を問う訴訟は，発生から40年後の1996年にようやく国と原告団との和解が成立した。

➡①2006年4月30日，水俣病公式確認から50年目の節目に建立された「水俣病慰霊の碑」。慰霊碑に刻まれている言葉のなかに「二度とこの悲劇は繰り返しません」とある。

水俣市

不知火海　熊本県　水俣市　水俣川　鹿児島県　チッソ水俣工場　水俣病発生地域

⬆②1973年3月20日，熊本地裁はチッソの過失責任を認め，患者側の主張を全面的に認めた。涙する原告たち。
写真提供：共同通信社

1 公害関連年表

年	できごと
1878	足尾銅山の鉱毒被害が発生
91	田中正造，衆議院で足尾問題を追及
1956	水俣病の存在が社会問題化
58	「工場排水法」，「水質保全法」，「下水道法」制定
61	コンビナート周辺で四日市ぜんそく発生
65	阿賀野川(新潟県)流域で**新潟水俣病**発生
	阿賀野川水銀中毒被害者損害賠償請求をおこす（**四大公害訴訟第1号**）
67	「**公害対策基本法**」制定
68	**イタイイタイ病患者**が訴訟をおこす
69	「公害被害者救済法」制定
	水俣病被害者が訴訟をおこす
70	東京で鉛公害，光化学スモッグ発生問題化
71	環境庁設置

年	できごと
73	「**公害健康被害補償法**」制定（汚染者負担の原則）
	水俣病公害訴訟，患者側勝訴，判決確定
75	千葉で製鉄所周辺の大気汚染被害が問題化
81	大阪空港騒音公害訴訟で最高裁が「飛行差止め請求」を却下
89	IC産業などが生み出す**ハイテク汚染**が問題となる
93	**環境基本法**制定（⟶p.216）
95	**水俣病訴訟終結**（政府，最終解決策決定）
97	環境アセスメント法制定
99	ダイオキシン類対策特別措置法制定
2008	生物多様性基本法制定
09	水俣病被害救済法成立
11	東京電力福島原発事故による放射能汚染
12	地球温暖化対策税（環境税）導入

2 公害の苦情受理件数

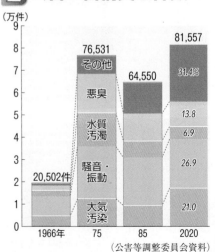

（万件）

その他　悪臭　水質汚濁　騒音・振動　大気汚染

1966年　20,502件
75　76,531
85　64,550
2020　81,557　31.4%　13.8　6.9　26.9　21.0

（公害等調整委員会資料）

Seikei マニア　**ダイオキシン**　ごみの焼却で発生したり，農薬に含まれたりする発がん性や生殖障がい（環境ホルモン作用）を引き起こす有害物質。1999年，ダイオキシン類対策特別措置法が制定され，ダイオキシンの主要発生源であるごみ焼却場の規制を強化し，10年弱の間に排出量は20分の1以下となった。

3 四大公害訴訟

		新潟水俣病	四日市ぜんそく	イタイイタイ病	水俣病（熊本県）
	発生地域	1964年頃から，新潟県阿賀野川流域	1961年頃から，三重県四日市のコンビナート周辺	大正年間から，富山県神通川流域	1953年頃から，熊本県水俣湾周辺
	症状	手足がしびれ，目や耳が不自由になり，苦しみ死ぬ	気管支など呼吸器が冒され，ぜんそく発作が襲う	腎臓が冒され骨がボロボロになり「痛い痛い」と叫んで死ぬ	新潟水俣病と同じ
訴訟	提訴日	1967.6.12	1967.9.1	1968.3.9	1969.6.14
	原告数	76人	12人	33人	138人
	被告	昭和電工	四日市コンビナート6社	三井金属鉱業	チッソ
	判決	1971.9.29（新潟地裁）	1972.7.24（津地裁）	1972.8.9（名古屋高裁）	1973.3.20（熊本地裁）
	判決内容	原告が全面勝訴 疫学的に因果関係が推認・立証できる。企業責任あり	原告が全面勝訴 コンビナート各企業の共同不法行為で責任あり	原告が全面勝訴 疫学的因果関係の証明で賠償請求は可能	原告が全面勝訴 工場排水の安全確認を怠った企業に責任
	〈原因〉	工場排水中の有機水銀	コンビナートの亜硫酸ガス	鉱山から放流されたカドミウム	工場排水中の有機水銀
	賠償額	約2億7,800万円	約8,800万円	約1億4,800万円	約9億3,700万円

公害防止の諸原則

PPPの原則（汚染者負担の原則）公害防止費用や企業が与えた損害の補償は企業が負担すべきという考え。**公害健康被害補償法**に採用。

無過失責任制度　企業に故意や過失がなくとも被害者への賠償責任を義務づける制度。大気汚染防止法やPL法に採用。

環境アセスメント　大規模公共事業を行う場合，自然環境にどのような影響を与えるかを調査すること。1997年環境影響評価法が制定され，高速道路・ダムなどが対象とされた。

4 足尾鉱毒事件—公害の原点

江戸時代に採掘された足尾銅山（栃木県日光市）は，1877年から古河氏が経営を始めた。近代的経営で日本有数の鉱山となり，銅は主要輸出品であった。しかし，精錬時のガスは近隣の山林を枯らし，排水は渡良瀬川流域の水田に被害をもたらした。1891年，開会間もない国会で，衆議院議員の田中正造は住民の苦境を訴えるが，殖産興業を進める政府は鉱毒対策には消極的だった。洪水のたびに被害が拡大するなか，1901年，田中は天皇の馬車に駆け寄り直訴に至った。これにより鉱毒問題は広く知られることとなり，政府は対策として，鉱毒を沈殿させる遊水池を計画する。その後も住民の反対運動は続き，1974年には住民と古河側との間で調停が成立した。これは鉱毒発生から100年後のことであった。銅山は1974年に閉山した。

↑3 田中正造（1841〜1913）。

↑4 渡良瀬遊水池周辺のようす。現在は，スポーツやレクリエーションの場として親しまれている。

5 アスベスト—最高裁判決，被害者救済へ

↑5 アスベスト（石綿）。　髪の毛の数千分の1程度の細い鉱物繊維。耐火，防音，保温性にすぐれ，安価だったため，建材などに使用された。吸い込むと肺がんや中皮腫（がんの一種）になりやすい。

A 肺がん・中皮腫労災認定件数および中皮腫死亡者数

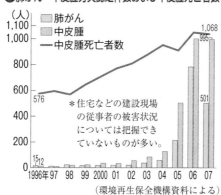

（人）
- 肺がん
- 中皮腫
- 中皮腫死亡者数

1,100
1,000
800
600
400
200
0

576
15 12
1,068
995
501

*住宅などの建設現場の従事者の被害状況については把握できていないものが多い。

1996年 97 98 99 2000 01 02 03 04 05 06 07
（環境再生保全機構資料による）

アスベストの危険性は1960年代に指摘され，日本では1975年に吹き付けアスベストの使用が禁止され，2004年からアスベストを含む製品の出荷が禁止された。健康被害への対応としては，2005年アスベストを使用した資材を製造していた工場周辺の住民の健康被害の疑いが問題視され，2006年石綿救済法が制定された。これによりアスベストにより健康被害を受けた患者に医療費が支給されることとなった。建設作業員やその遺族がおこした損害賠償訴訟で，2021年に最高裁は判決で国やメーカーの責任を認めた。

チェック＆トライ

チェック 環境基本法　産業廃棄物　四大公害訴訟　PPPの原則（汚染者負担の原則）　環境アセスメント　アスベスト

トライ ・水俣病の公式確認から政府が責任を認めるまでに何年かかったか。
・2020年の公害の苦情受理件数で，その他を除いて最も多いものは何か。

Introduction レジ袋・スプーン有料化―プラスチックゴミ問題

2020年7月，全国のスーパーやコンビニでレジ袋の有料化が義務化され，消費者の多くがマイバッグを持参するようになった。有料化のねらいの1つはプラごみの減量である。かつてプラごみは処分場に埋め立てられていた。その後，容器包装リサイクル法により，埋め立てからリサイクルへと転換がはかられた。年間900万トン近いプラごみのうち，8割以上が再利用されているとされるが，プラスチックへの再生であるマテリアルリサイクル*はその40％程度で，多くは燃料として燃やされているのが現状である（この「熱回収**」は国際的にはリサイクルとはみなされない。）。近年，海のプラごみ問題が注目されている。海洋プラごみの発生国の上位は東・東南アジアといわれており，日本の海岸での

↑①バッグの持参を勧めるパネル。

漂着ゴミも問題となっている。海洋プラごみは，観光や漁業への影響だけでなく，マイクロプラスチック（5mm以下の微細なプラごみ）による生態系への影響も懸念されている。2021年には「プラスチック資源循環促進法」が成立，コンビニなどに対し使い捨てスプーンなどの有料化や代替を義務づける。私たちの身の回りにはプラスチック製品があふれている。プラごみを減らすには生活様式や意識を大きく変えなければならないだろう。

* 「マテリアルリサイクル」はプラスチックへの再生のこと。
** 「熱回収」は発電などの燃料として燃やすこと。

↑②プランクトンの標本と並べられたマイクロプラスチックの大きさは，1mmほどしかない。

Ⓐ 廃プラ総排出量（824万t）の内訳（2021年）

- 農林・水産 1.4
- 輸送 1.9
- その他 6.2
- 生産・加工ロス 7.9
- 包装・容器等コンテナ類 48.7%
- 建材 7.1
- 家庭用品／衣類履物／家具／玩具等 8.9
- 電気・電子機器／電線・ケーブル／機械等 17.9
- 使用済製品 92.1%

〈解説〉私たちは豊かな生活と引きかえにゴミを発生させている。金属やプラスチック類は，埋め立てても自然界で分解されることはない。大量のゴミによる処分場不足や有害物質の不適正な処理などが課題とされている。

Ⓑ 廃プラの総排出量

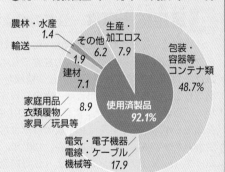

（縦軸：万t, 1,200/1,000/800/600/400/200/0）
2005 / 10 / 15 / 20 / 21年
824

（ⒶⒷともにプラスチック循環利用協会HPによる）

↰③焼却灰の埋め立てが進む東京・日の出町のゴミ処分場

産業廃棄物処理の流れ

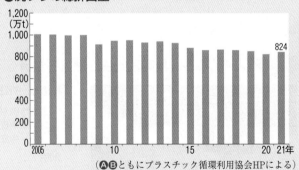

直接リサイクル

排出量 3億9,214万トン → 中間処理量 → 処理残さ量 → 再生利用量 2億941万トン（53%）

中間処理量 → 減量化量 1億7,332万トン（44%）

直接最終処分 → 最終処分量 941万トン（2%）

〈注〉2020年度数値。

（環境省資料による）

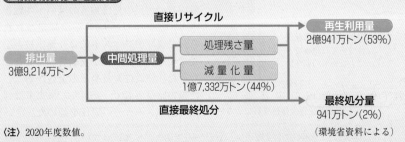

産業廃棄物 製造業や建設業などの事業活動にともない生じた廃棄物で，その事業者に処理責任がある。監督権は都道府県。

中間処理 廃棄物を焼却・粉砕・中和・脱水することにより，廃棄物を減量・安定化・無害化・資源化すること。

最終処分場 焼却場の焼却灰，工業排水を処理した汚泥などの廃棄物を永久的に埋め立てる。

Seikeiマニア 暖かく，気軽に着られるフリースは，羊1頭分の羊毛をそのまままとめたもの。一般にいうフリースは，羊毛のように厚く起毛した織物。ペットボトルを再利用していることでも有名だ。

1 ハイブリッド・電気自動車の普及

Ⓐ販売台数（乗用車）*

* 自動車検査登録情報協会等へのヒアリングにより算出した推定値

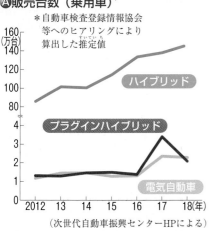

（次世代自動車振興センターHPによる）

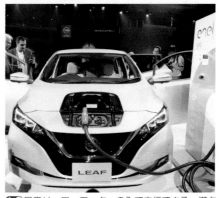

↑❹日産リーフ。モーターのみで走行できる。満タン充電（電気代約550円）で約450km走行できる。

Ⓑ充電スタンドの普及状況

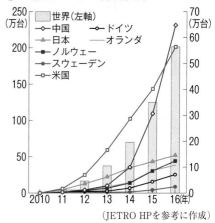

凡例：世界（左軸）、中国、ドイツ、日本、オランダ、ノルウェー、スウェーデン、米国

（JETRO HPを参考に作成）

2 リサイクル関連法令

Ⓐ基本法の体系

環境基本法（1994.8施行）
自然環境や地球環境を保全するための基本となる考えを示す。

↓

循環型社会形成推進基本法（2001.1施行）
循環型社会をつくるための基本的しくみを示す。

――（一般的しくみの確立）――

廃棄物処理法（2001.4施行）
ゴミの捨て方・ゴミ処理方法を示す。

資源有効利用促進法（2001.4施行）
ゴミを出さなくする・物をリサイクルするしくみを示す。

――（個別物品の特性に応じた規制）――

容器包装リサイクル法（2000.4施行）
びん、ペットボトルなどの分別収集・再資源化

家電リサイクル法（2001.4施行）
テレビ、冷蔵庫、洗濯機、エアコンの家電製品の再資源化

建設リサイクル法（2002.5施行）
コンクリート、木材などの建築物の廃材の再資源化

食品リサイクル法（2001.5施行）
食品の製造・加工・販売業者が食品廃棄物の再資源化

自動車リサイクル法（2005.1施行）
自動車のエアバッグやシュレッダーダストなどの再資源化

小型家電リサイクル法（2013.4施行）
ゲーム機、携帯電話等に含まれるアルミ、レアメタルを再資源化

グリーン購入法（2001.4　施行）再生品の調達を推進

（経済産業省資料により作成）

Ⓑ循環型社会をめざす取り組み

☆**3R**（3つのR）
Reduce　［ゴミを減らす］（リデュース）
Reuse　［再利用］（リユース）
Recycle　［再生利用］（リサイクル）

↓❺リユースカップ　日産スタジアムで導入されたリユースカップ。洗って何度でも使えるもので、回収率は95％を上回っている。

3 「地球にやさしい」消費者をめざせ

量り売り専門スーパー――斗々屋

　2021年7月、京都市に日本初のゴミを出さない、全商品量り売りのスーパー「斗々屋」がオープンした。量り売りは、消費者が容器を持参して必要な量だけ購入するもので、日本でもかつて行われていた。無駄がなく、ゴミも出さず地球に

↑❻購入した分の野菜の重さを量る。

も人にも優しいが、パック売りに慣れた消費者が簡単に受け入れられるものではなかった。そのため斗々屋では、ヨーロッパ向けに量り売りのサービスを提供してきた寺岡精工と共同で、あらゆる食品のセルフ量り売りを可能にするシステムを開発した。量り売りを行うには、個別包装なしで商品を販売することが不可欠だが、そのためには消費者に容器を持参してもらう必要がある。様々な容器に対応するため、消費者が持参した容器の重量（風袋重量）をあらかじめRF IDタグに記録しておくことで、容器をはかりに乗せるだけで容器の重さが自動的に減算される自動風袋引きを可能にした。消費者はコーヒー豆やオリーブ油などの商品を持参した容器に購入したい量を入れ、はかりに乗せれば正味重量が示され簡単に購入できる。事前に準備していない場合でも、店内で販売している巾着やビンを利用して買い物ができる。

↓❼店内には様々な商品が並び、購入する分だけ持参した容器に入れる。

日本経済

消費者問題と消費者保護

公正 正義 16 平和と公正をすべての人に

Introduction 民法改正 18歳成年 （2022年4月から）──契約は自分の意思で

契約とは 売買，貸借，雇用など，二人以上の**当事者の意思が合意する**ことに **よって成立**する，法的責任を伴う約束のこと（そこには権利と義務が発生する）。売買契約の場合，「売ります」というお店の意思と，「では買います」という消費者の意思との合意で契約は成立する（口約束でも契約は成立）。

A契約に関連した最近の法改正

	改正前	改正後	ポイント
契約全般（ローンやクレジットカードなど）	18，19歳は保護者の同意が必要	18，19歳も保護者の同意は不要	「大人」の定義が変わり，18歳から成年の扱いとなる。社会的責任が大きくなる
ネットで購入した商品に欠陥	売買契約の解除，または損害賠償を請求できるのみ	修補，代替物の引き渡し，代金の減額が請求できる	消費者は品物が欲しいわけなので，消費者の立場での改正といえる
連帯保証人の制限	知人に頼まれ中小企業の連帯保証人となるが，倒産により自己破産に追い込まれる	連帯保証人となる際は公証人（契約を証明する公務員）の手続きが必要	公の手続きにより安易に保証人となることを避ける
アパート等敷金の定義・返還の明確化	契約時に敷金3か月分を支払い，破損修理にあてるとされてきた。民法上の規定がなかったことがトラブルの原因だった	退去時，原状回復費用を差し引き返金される。経年劣化の費用は貸主側が負担する	法的位置づけ明確化で年間1万件以上のトラブル防止へ

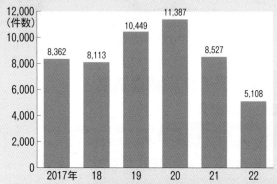

BPIO-NETにおける契約当事者が18歳・19歳の相談件数の推移

〈注〉PIO-NET（全国消費生活情報ネットワークシステム）とは，国民生活センターと全国の消費生活センター等に寄せられる相談情報を蓄積しているデータベースのこと。消費生活センター等からの経由相談は含まれていない。2022年は10月末までの相談件数。（国民生活センターHPによる）

●2022年度（4〜10月）に相談件数の多かった内容
1位…脱毛エステ　　　2位…出会い系サイト・アプリ
3位…商品一般　　　　4位…他の内職・副業
5位…賃貸アパート　　など

1 消費者問題関連年表

年	できごと
1948	**主婦連合会(主婦連)結成**
55	**森永ヒ素ミルク事件発生**●
62	**サリドマイド事件発生**●
68	**カネミ油症事件発生。消費者保護基本法制定**●
69	**欠陥車問題**。人工甘味料チクロ使用禁止
70	カラーTV二重価格問題。**スモン病問題**。国民生活センター発足
73	AF₂(防腐剤)の安全性問題化。石油ショック。**狂乱物価**
74	日本消費者連盟発足。灯油訴訟
79	各地で合成洗剤追放運動。第2次石油ショック
82	**サラ金による悲劇続発**
83	サラ金規制法成立。食品添加物規制大幅緩和
85	豊田商事などの**悪徳商法による被害**が多発
89	薬害エイズ訴訟
94	松下電器，欠陥TV訴訟で製造物責任を初めて認める
95	**製造物責任(PL)法施行**（クーリング・オフの期間延長）
96	**HIV訴訟(薬害エイズ事件)和解**。訪問販売法改正
2000	**消費者契約法成立**。雪印の低脂肪乳で1万人を超す食中毒発生
02	食品の不正(偽装)表示が問題
04	**消費者基本法**成定
09	**消費者庁**設立（◆p.131）
11	生肉(ユッケ・レバー)規制←食中毒事件頻発

●**森永ヒ素ミルク事件** 1955年6月ころ，西日本を中心として1万人を超える乳幼児が特異な症状を訴える。8月，岡山県衛生部は原因がドライミルクに混入したヒ素中毒と断定。
1972年8月，森永乳業が因果関係を認め，患者・家族の恒久救済を認める。和解成立。

●**サリドマイド事件** 1957年ころから，西ドイツで重症の四肢障害児が多発。
1961年11月，睡眠剤サリドマイドが障害の原因とする学説を発表。
1974年，会社も国も因果関係・過失を認め，11月までに和解成立。

●**カネミ油症事件** 1968年，カネミ油の使用により家族全員が次々に全身に吹き出物が出るなどの症状を訴える。原因は製造過程で混入したダイオキシン類・PCB類と判明。
1984年3月，福岡高裁，企業責任と国の行政責任を認め賠償を命令。企業・国は上告。87年和解成立。

解説 購入した商品やサービスで消費者が損害を被ることを**消費者問題**という。消費者運動は販売した企業の責任を問い，不利な立場である消費者を救済するところから始まった。また，よりよい商品を安く買うという消費者の行動に応えて生産者間の競争が行われ，商品や企業が淘汰（選択）される。このように，生産と消費の最終的な決定が消費者にならなければならない消費者主権という考え方が重視されている。

Seikei マニア 独立行政法人「国民生活センター」のホームページには多くの相談事例と解決結果が掲載されている。悪質商法やトラブルにあわないために，多くの事例を知ることが重要である。

2 PL法

ⒶPL法とは？

Product Liabilityの略。「製造物責任法」ともいう。1995年7月1日施行。製品の欠陥によって生じた被害については，過失（ミス）の有無にかかわらず，製造業者（メーカー）に損害賠償の責任を負わせる画期的な法律。1960年代にアメリカで確立，ほとんどのEU加盟国も導入している。

ⒷPL法による訴訟の例

事件名	相手	訴訟額	事件概要
こんにゃくゼリー一死亡事件	食品製造販売会社	5,945万円	こんにゃく入りゼリーをノドにつまらせ，男児が死亡
エアバッグ破裂手指骨折事件	自動車輸入業者	2億1,096万円	停車して点検中，エアバッグが噴出，破裂して手指を骨折

3 消費者基本法——暮らしのなかのマーク

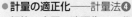

危害防止	❶ ❶ ❷ ❸	● **食品の安全確保**——食品衛生法・農薬取締法 ● **医薬品等の安全確保**——医薬品医療機器等法・毒物及び劇物取締法 ● **家庭用品等の安全確保**——消費生活用製品安全法❶・電気用品安全法❷・ガス事業法❸ ● **住居・自動車の安全確保**——建築基準法・消防法・道路運送車両法
適正な選択の確保	❹ ❺ ❻ ❼	● **計量の適正化**——計量法❹ ● **規格・表示の適正化**——農林物資規格法（JAS規格）❺・工業標準化法（JIS規格）❻・家庭用品品質表示法 ● **契約の適正化**——割賦販売法・利息制限法・宅地建物取引業法・特定商取引に関する法律 ● **公正自由な競争の確保**——独占禁止法・不当景品類及び不当表示防止法❼
その他		消費生活協同組合法・国民生活センター法

4 クーリング・オフ制度

強引な訪問販売などで行った契約を解除したいとき

訪問販売などは8日以内，マルチ商法などは20日以内に，契約解除をハガキ等で申し出れば，違約金なしで契約を解除できる。

クーリング・オフできないケース

①総額が3,000円未満の商品などを受け取り，代金を全額支払った場合。
②店舗や営業所で契約した場合。
③自動車の契約の場合。

ハガキの場合

①簡易書留で送る。
②証拠として両面をコピーしておく。

ナビ 契約金が高かったり，代金を支払っている場合は，「内容証明郵便」が確実だ。

契約解除（申込み撤回）通知
・契約（申込み）年月日
・販売業者名
・販売員氏名
（販売業者住所・電話番号）
・商品（権利）名
上記日付の契約を解除（申込みを撤回）します。
・契約者住所
氏名

消費者契約法 消費者は悪質な契約の取り消しができる。事業者がウソをついたり，「絶対もうかる」などと断定的な情報を与えた場合，契約の取り消しができる。「だまされた」と気づいてから1年以内。解約手数料はとられない。

5 消費者庁

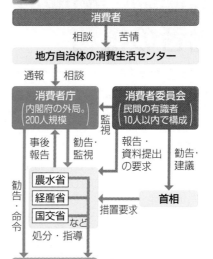

消費者
↓相談 ↓苦情
地方自治体の消費生活センター
↑通報 ↓相談
消費者庁（内閣府の外局。200人規模）
消費者委員会（民間の有識者10人以内で構成）
監視
事後報告／勧告・監視／報告・資料提出の要求／勧告・建議
農水省・経産省・国交省 など
首相
措置要求
勧告・命令／処分・指導
事業者

消費者行政の一元化

消費者行政はこれまで，農林水産省，厚生労働省などそれぞれ個別に対応していた。

消費者行政の司令塔

地方自治体の消費生活センターに寄せられた，悪質商法や食品被害などの情報を分析。事業者への行政処分を行うほか，所管省庁に勧告もできる。

課題

消費者庁を監視する消費者委員会の人選の透明性の確保。

6 消費者の権利

Ⓐ消費者の4つの権利（ケネディ大統領が提唱）

❶**安全の権利**
健康や生命を脅かす商品の販売から保護される権利

❷**知らされる権利**
虚偽や誤った広告・表示・宣伝などから保護され，かつ選択に必要な事実を知らされる権利

▲❶ケネディ大統領

❸**選ぶ権利**
様々な製品やサービスについて，競争的価格に接することが保障され，公正な価格で十分な品質やサービスが保障される権利

❹**意見を聞いてもらう権利**
政府が政策を立案する際に，消費者の利益が十分に考慮され，公正かつ迅速な行政上の対応が保障される権利

解説 消費者の権利については，1962年にアメリカのケネディ大統領が提唱した「消費者の4つの権利」がはじまりである。この権利は様々な消費者行政に大きな影響を与え，日本の**消費者保護基本法**（1968年）のモデルにもなった。
その後，この考え方を背景に消費者運動が展開され，1982年には国際消費者機構（CI）が消費者の8つの権利，❶生活の基本的ニーズが満たされる権利 ❷安全である権利 ❸知らされる権利 ❹選ぶ権利 ❺意見を反映される権利 ❻救済を受ける権利 ❼消費者教育を受ける権利 ❽健全な環境のなかで働き生活する権利，を提唱した。またCIは消費者の権利だけでなく，消費者の負うべき責任についても明示した。

チェック＆トライ

チェック PL法（製造物責任法）
消費者基本法
クーリング・オフ

トライ ・PL法とクーリング・オフ制度の違いをまとめてみよう。

Introduction 日本の賃金はなぜ低いのか

日本の賃金はなぜ伸びないのか

2020年の主要国の実質賃金は，OECD平均で49,000ドル，アメリカ69,000ドル，ドイツ53,000ドル，韓国42,000ドル，日本38,000ドルである。1990年以降日本経済は，バブル崩壊，リーマンショック，東日本大震災，さらにはコロナウイルスの流行と困難に見舞われ，好景気からは遠ざかっている。GAFAの台頭に象徴されるアメリカの好調は別としても，他の主要国は堅調に賃金を伸ばしている。一方で日本は30年間ほぼ横ばいである。なぜ，日本の賃金は伸びないのだろうか。

Ⓐ主要国の実質賃金の推移

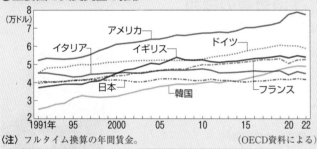

〈注〉フルタイム換算の年間賃金。　　　　　　（OECD資料による）

Ⓐのグラフに関連して，次のようなことを考えてみよう。
①2022年の日本，アメリカの実質賃金は約何ドル？
②アメリカで高い収益を上げている企業をあげてみよう。
③2008年の世界的不況のきっかけとなった出来事はなに？
④1990年代の日本経済の低迷の原因は何だろう？

理由の一つは，賃金の低い派遣労働などの非正規社員の増加である（●p.136）。また正規社員に対して，不況時に雇用維持を最優先し賃金を抑えたことも原因である。事実，日本の失業率はアメリカの２分の１以下である。アメリカでは解雇・転職といった労働力の移動が容易で，成長産業に労働力が移り，それが経済成長，賃金上昇につながってきたのである。つまり雇用安定を最優先とする社会慣行・経済政策など「日本型雇用形態」が低賃金の理由ということになる。他にも以下のような様々な理由が指摘されている。

● GAFAのようなグローバル企業が欠如している
GAFA…アメリカの大手IT企業であるGoogle，Amazon，Facebook（現在のMeta），Appleの頭文字をとったもの。
● ICT（情報通信技術）関連への投資が遅れている
● 企業のガバナンスが不十分である（経営維持のための非正規社員拡大や下請けへの圧迫など，安易なコスト削減に走りやすい）
● 企業の内部留保が多い
内部留保…企業内部に蓄積される利益のこと。現金に加えて，土地や建物，機械設備などの形で保有される。リスクへの備えや将来への投資として重要な反面，蓄積ばかりとなる日本の現状も問題となっている。

（『朝日新聞』2022.3.1などを参考に作成）

1 世界の労働運動のあゆみ

年	できごと
1811	(英)ラッダイト運動おこる
33	(英)工場法制定→最初の労働者保護立法
38	(英)チャーチスト運動おこる
48	共産党宣言発表
64	第１インターナショナル成立（〜76）
71	(仏)パリ・コミューン(英)労働組合法成立
84	(英)フェビアン協会創立
86	(米)**8時間労働制要求スト。メーデーの起源**
89	第２インターナショナル成立
1919	ILO第１回総会。コミンテルン成立
34	(米)ワグナー法成立
45	世界労働組合連盟（WFTU）成立
47	(米)**タフト＝ハートレー法**成立
48	国連，世界人権宣言採択
	ILO87号条約採択。結社の自由・団結権保護
49	国際自由労連（ICFTU）成立
77	(米)ILO脱退。81年に復帰
79	国連，女子差別撤廃条約採択

🔼①日本における第１回メーデー

🔼②産業革命当時の労働者の生活はひどいものであった。綿工業の工場で働く労働者の13%が，13歳以下の少年少女で，低賃金のうえに，労働時間が13〜14時間に達することは日常的で，時には20時間に及んだ。炭坑の狭い坑道で炭車を引く少女は当時の様子を如実に今日に伝えている。

2 日本の労働運動のあゆみ

年	できごと
1911	**工場法**制定（16年実施）
12	鈴木文治ら，**友愛会**を結成
20	**第１回メーデー**（上野公園）
40	大日本産業報国会発足（労働組合は解散）
45	**労働組合法**制定
46	**労働関係調整法**制定。メーデー復活
47	2.1スト中止命令。**労働基準法**制定
48	政令201号公布（公務員の争議権否認）
50	総評（日本労働組合総評議会）結成
51	ILOに復帰（1938年に脱退していた）
55	**春闘**の始まり
59	三井・三池争議おこる（〜60年）
64	同盟（全日本労働総同盟）結成
65	ILO87号条約批准
75	公労協，スト権奪還スト
85	男女雇用機会均等法，労働者派遣事業法成立
89	連合，全労連成立

Seikei マニア お坊さん（僧侶）も労働者として労働組合に加盟して，賃上げ交渉することはできる。2006年２月，長野県の善光寺の僧侶と職員計９名が「長野県一般労働組合」に個人加盟した。

3 労働基準法の主な内容

	規定する主な条	具体的内容（原則・例外のあるものもある）
総則	1条 労働条件の原則	労働条件は，**人たるに値する生活**を営むための必要を満たす**最低基準**。この法律で定める労働条件の基準は最低のものであり，その向上を図るよう努めるべきこと。
総則	3条 均等待遇	国籍・信条・社会的身分を理由とする労働条件の差別的取扱の禁止。
総則	4条 男女同一賃金の原則	女性であることを理由とする賃金の差別的取扱の禁止。
労働契約	15条 労働条件の明示	労働契約締結の際，使用者には**賃金・労働時間**などの労働条件を明示する義務がある。
労働契約	20条 解雇の予告	30日前に予告をする。予告をしない時は30日分以上の賃金を支払う（30日分の収入を保障）。
賃金	24条 賃金の支払	通貨で直接労働者に全額を，毎月1回以上，一定の期日に支払う（口座払い可）。
賃金	28条 最低賃金	賃金の最低基準を，最低賃金法で定める。
労働時間等	32条 労働時間	1週間につき40時間，1日につき8時間以内。
労働時間等	34条 休憩	労働時間が6時間を超える場合は45分，8時間を超える場合は1時間の休憩時間。
労働時間等	35条 休日	毎週最低1回，4週間に4回以上。

	規定する主な条	具体的内容（原則・例外のあるものもある）
労働時間等	36条 時間外及び休日の労働	労働組合または労働者の過半数を代表する者と書面で協定すれば可能（「三六協定」）。
労働時間等	37条 時間外，休日及び深夜の割増賃金	時間外・休日・深夜の労働に対しては，通常の25％以上50％以下の割増賃金を支払う。残業上限は月45時間（休日含むは100時間），年360時間未満。
労働時間等	39条 年次有給休暇	6か月継続勤務した者は10日以上の休暇。10日以上の休暇が付与される労働者に対し，そのうち5日について毎年，時期を指定して与える。
労働時間等	41条の2 労働時間等の適用除外	高度専門知識等を必要とする業務に就くものに対して，労働時間・休憩と割増賃金（時間外・休日・深夜労働）について規定の適用を除外できる（**高度プロフェッショナル制度**）。
年少者	56条 最低年齢	満15歳未満の児童の使用禁止（映画・演劇などは例外）。
年少者	61条 深夜業	満18歳未満の深夜業（午後10時〜午前5時）の禁止。
妊産婦等	65条 産前産後	産前は1子で6週間，多胎妊娠で14週間。産後は8週間の休業を保障。
妊産婦等	67条 育児時間	満1歳未満の子を養育する女性に1日2回，少なくとも各30分。
監督機関	97条 監督機関の職員等	厚生労働省に労働基準局，各都道府県管内に労働基準監督署（労働基準主管局）をおく。

日本経済

4 「機会均等」から活躍推進へ

Ⓐ男女雇用機会均等法

	1985年制定	1997年改正
定年・退職・解雇・教育訓練	男性との**差別禁止規定**（ただし，罰則規定なし）	同左
募集・採用・配置・昇進	事業主が女性に均等な機会を与えるよう努める**努力義務規定**	男性との**差別禁止規定**（ただし，罰則規定なし）
機会均等調停委員会の紛争調停	女性労働者が申請しても事業主の同意がないと調停を受けられない。	一方の申請で調停を受けられる。
制裁措置	なし	禁止規定違反の事業主が是正勧告に従わない場合厚労省は**企業名を公表**できる。
セクシュアルハラスメント	事業主に防止の配慮義務	事業主に防止の措置義務

解説 1972年制定の勤労婦人福祉法を改正する形で，1985年，男女雇用機会均等法が成立。1997年の改正は労基法の女子保護規定の撤廃とセットであった。2006年の改正では間接差別の禁止，セクハラ防止が強化され，2016年の改正では妊娠・出産に対するハラスメント防止措置が企業に義務づけられた。

Ⓑ女性の働きやすさを後押し

年	女性差別を禁止した法律	女性の労働者数・管理職の割合	
1985	**男女雇用機会均等法** 制定	女性労働者数	1,548万人
99	**男女共同参画社会基本法** 施行	女性管理職の割合	1.4%
	（政府に女性の進出を義務づける）		
2016	**女性活躍推進法** 施行	女性労働者数	2,436万人
	（大企業に女性活躍の行動計画を義務づける）	女性管理職の割合	8.3%

5 育児・介護休業法

Ⓐ育児・介護休業法の主な内容

共通	①事業主は，育児・介護休業の申し出を拒否できない。 ②育児・介護休業を理由とする解雇・不利益な取扱いは禁止。 ③勤続1年以上で，雇用の継続が見込まれる期間労働者（パートタイマー等）は，育児・介護休業を申し出ることができる。
育児	①男女労働者は，養育のため子が1歳になるまで1年間の育児休業を請求できる（最長2歳）。 ②小学校就学前の子が病気やケガをした場合は，年5日までの看護休暇を取得できる。 ③3歳未満の子どもがいる労働者を対象に短時間勤務制度。
介護	①男女労働者は，要介護状態にある家族の介護のための，通算93日の介護休業を申し出ることができる。

〈注〉2002年4月から公務員は育休3年間へ延長。2010年4月1日以降育休開始の場合，休業前賃金の50％が当分の間支給。

解説 1991年育児休業法制定，1995年育児・介護休業法となる。休業中は67％相当額の休業給付金が支給される。2002年より公務員は育休3年間に延長される。2009年には，違法行為に対する勧告に従わない場合，企業名を公表するなど改正。2021年の改正では，男女ともに育休取得の意思を確認することが義務づけられ，男性の産休制度も新設された。また，非正規雇用者の育休取得要件も緩和された。

6 新たな労働形態

変形労働時間制…1日8時間以上の労働も認められる。週40時間以内であればよい。繁忙期，閑散期がある職種に適している。

フレックスタイム制…1日の労働時間は8時間だが，出勤時刻・退社時刻を自由に決めることができる。

裁量労働制…何日・何時間働くかを自分で決める。出勤・退社時刻は自由，休日の取り方も自由。1988年より導入，当初は研究開発など職種が限定されていたが，2000年よりホワイトカラー全般に拡大。

チェック&トライ

チェック 労働基準法
男女雇用機会均等法
育児・介護休業法

トライ ・男女雇用機会均等法の改正前と改正後の違いを簡単にまとめよう。

公正　公平性　ルール　8 働きがいも経済成長も

Introduction 苦しい時こそ「団結」

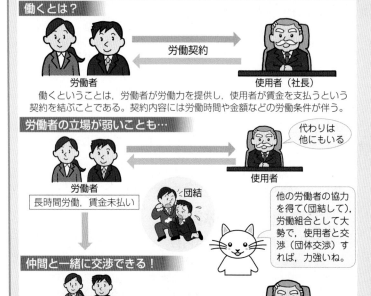

働くとは？

労働者 ←労働契約→ 使用者（社長）

働くということは，労働者が労働力を提供し，使用者が賃金を支払うという契約を結ぶことである。契約内容には労働時間や金額などの労働条件が伴う。

労働者の立場が弱いことも…

代わりは他にもいる

労働者　使用者

長時間労働，賃金未払い

団結

他の労働者の協力を得て（団結して），労働組合として大勢で，使用者と交渉（団体交渉）すれば，力強いね。

仲間と一緒に交渉できる！

労働組合 ←労働協約→ 使用者

労働環境改善へ！

→①Uber Eats本社前で報酬引き下げに抗議するウーバーイーツユニオンのメンバー（2019.12.5）

Uber Eats 配達員が組合結成

Uber Eatsは，飲食店と利用者を仲介する飲食宅配代行サービスを行っている。配達員はUber Eatsと契約し指示を受けて配達を行うが，個人事業主扱いとなる。2019年には，基本報酬の引き下げなどをめぐる問題から，労働組合「ウーバーイーツユニオン」が結成され，Uber Eats本社に対し団体交渉を求めた。しかし，Uber Eats側は「配達員は日本の労働組合法上の労働者ではない」として団体交渉には応じていない。その後も組合では，労災保険の適用や適正賃金の確保など，日本の法制度を含めた労働環境の改善を主張している。

労働組合

労働者が2人以上集まれば労働組合は作れる（届出，許可は不要）。組合としての条件は，「賃金などの労働条件の改善」などを目的としている，自主的に運営され使用者の介入がないなど。労働組合が使用者と結んだ**労働協約は，個人が結ぶ労働契約より優先される。**

1 労働三法と労働基本権

法律	労働者の権利		
憲法第27条	勤労権		労働基本権
憲法第28条	労働三権（団結権・団体交渉権・争議権）		
労働三法	労働基準法	労働条件の最低基準	
	労働組合法	団結権	労働組合をつくり団結する権利
		団体交渉権	労働条件改善のため使用者と対等な立場で交渉する権利
	労働関係調整法	団体行動権（争議権）	労働条件の改善が受け入れられなかった場合に争議行為を行う権利

2 現在の労働組合

Ⓐ戦後日本の労働組合の変遷

（数字は年・月）

全日本産業別労働組合会議（産別会議）　日本労働組合会議（日労会議）　日本労働組合総同盟（総同盟）

46.8　46.10　46.8

50.7 総評　←50.8（GHQ指令で解散）

新産別　総同盟　中立労連　無所属組合

↓51.6

同盟　統一労組懇

56.9改編　74.12

88.10解散　全民労協　旧連合　87.11

87.11

89.11解散

89.12 全労協　89.11 連合　89.11 全労連

解説 連合（日本労働組合総連合会）は，1989年，総評・同盟・新産別・中立労連の4団体が統一され成立した。組織人員712万人（全国の組織労働者の60％）の**史上最大の労働組合**であった。かつて労組は経営陣と激しく対立し，反与党の立場から政治運動にも力をいれていた。支持母体は民進党だったが分裂したため，その後は明確になっていない。

↑②メーデーでデモ行進する人々（東京都・代々木公園）

  「労働」という意味をもつ「ロボット」。この言葉は，旧チェコスロバキアの作家チャペックが戯曲の中で人造人間を指すのに使った用語。チェコ語の労働「ロボータ」と，スロバキア語の労働者「ロボトニーク」を組み合わせた。

3 労働三権とその制約

Ⓐ公務員の労働三権

	区分	団結権	団体交渉権	争議権
民間企業の労働者一般労働者		○	○	○
公務員	国家公務員	特定独立行政法人	○	▲	×
		一般職	○	△	×
		警察職員など	×	×	×
	地方公務員	独立行政法人	○	▲	×
		地方公営企業体の職員	○	▲	×
		一般職	○	△	×
		警察職員など	×	×	×

〈注〉○…あり ×…なし △…団体協約締結権がない ▲…管理運営事項は，団体交渉の対象外。

労働三権

団結権 労働者が組合を結成したり加入する権利。

団体交渉権 労働者が労働組合を通して，使用者と交渉する権利。

争議権 組合と使用者の交渉が不成立の場合，組合が要求を認めさせるため，ストライキやサボタージュなど争議行為を行う権利。

4 労働組合の種類

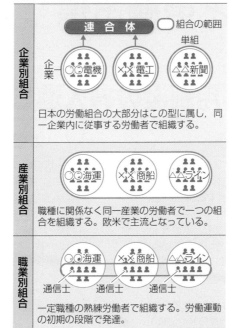

企業別組合
日本の労働組合の大部分はこの型に属し，同一企業内に従事する労働者で組織する。

産業別組合
職種に関係なく同一産業の労働者で一つの組合を組織する。欧米で主流となっている。

職業別組合
一定職種の熟練労働者で組織する。労働運動の初期の段階で発達。

🔵解説 わが国の組合の圧倒的多数は**企業別労働組合**であり，大会社の大組合が主導的地位を占めている。

5 不当労働行為の種類

Ⓐ労働組合法第7条より（➡p.215）

（『口語労働法』自由国民社）

🔵解説 **不当労働行為**とは，使用者が行う労働組合運動に対する妨害行為であり，労働組合法で禁止されている。不当労働行為を受けた場合，労働者または組合は，都道府県労働委員会に救済申し立てができる。

6 労働争議の種類

労働者	ストライキ（同盟罷業）	労働組合の統制のもとで作業を停止すること。単一組合によるストのほか，ゼネスト（各産業の労働者が一斉に行うスト），部分スト（組合の指令に基づき一部組合員のみが行うスト）などがある。
	サボタージュ（怠業）	組合の指示に基づき，作業能率を低下させること。
	ピケッティング	労働者の側が，スト破り防止のためのピケを張る（座り込みで出入口を封鎖する）こと。
使用者	ロックアウト（作業所閉鎖）	使用者が労働者の争議行為に対抗して行う争議行為。労働者を職場から締め出すもので，使用者は賃金支払い義務を免れることができる。ただし労働者の争議行為が労使対等の力関係を確保するために認められていることから，使用者によるロックアウトは防衛的な場合に限られる。

🔵解説 **ストライキの現状**は，1970年代頃まではストライキの件数は非常に多かったが，問題解決に結びつかないことが多く，現在ではかなり減少している。

7 労働争議の調整

ナビ「労使」労働者と使用者

🔵解説 労働争議が発生した場合，あくまでも労使双方の交渉による自主的解決がのぞまれる。それができない場合，労働者代表・使用者代表・公益代表からなる行政委員会である労働委員会が調整にあたる。「斡旋」は指名された斡旋員による仲介，「調停」は調停案を示す（拘束力なし），「仲裁」は労働協約と同じ効力をもつ仲裁裁定をする。

8 労働組合組織率の低下

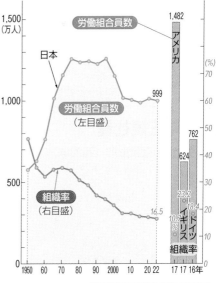

（『労働統計要覧』厚生労働省）

🔵解説 組合組織率・組合員数が低下する原因は，パートタイマー・アルバイトなど非正規従業員の増加，第三次産業の比率が高まっているにもかかわらず，サービス産業の組織率が低いことなどである。労働組合の必要性の意義が問われているともいえよう。

チェック 連合　労働三権
　　　　不当労働行為
　　　　労働組合法

トライ ・労働組合の組織率の低下の原因についてまとめてみよう。

チェック&トライ

日本経済

正義　公正　個人の尊重　グローバル化

Introduction ジョブ型雇用制度の導入進む —日本型雇用制度は変わるか

ジョブ型雇用制度（世界標準型）

仕事がベース

仕事に人がつく

仕事

基本的に欠員募集。職務内容が厳密に定められた具体的な部署・役職に対して，求職者が応募する。職務内容は「ジョブディスクリプション（職務記述書）」に明記され，求めるスキルや賃金が細かく規定されている。採用には能力・資格・経験が重視される。

採用

給与は年齢や勤務年数に関係なく，職務の難度などで決まる。定められた職務を行い，転勤や異動はない。昇給・昇進もなく，高い給与や上位の役職を求める場合は新たに応募しなければならない。

給与

残業や休日出勤を上司が命じることはない。自分の仕事が終われば他人に気をつかわず帰宅でき，休暇取得にも抵抗がない。

昇進・異動

「職務が不要に」「成果を出せない」「人員整理」などは正当な解雇理由となる。アメリカでは明確な理由がなくとも解雇される。

解雇

メンバーシップ型雇用制度（日本型雇用）

人がベース

人に仕事がつく

仕事　仕事

学卒一括採用。業務内容は明確には決まっておらず，採用後に適性などにより配置する。採用で重視されるのはスキルや資格よりも，「意欲，協調性」など。会社の一員になることが本質なので「メンバーシップ」と呼ばれる。

職務にもとづいて給与は定められないので，年齢・勤続年数などを基準に定められることが多い。いわゆる年功序列の賃金。

職務の範囲が明確でないため，担当外の仕事でも柔軟な対応が求められ，人事異動で職務が変わっていく。企業の構成員という帰属意識が高く，自発的な残業など長時間労働に結びつきやすい。

業績が悪化しても解雇せずに配置換えなどで雇用を守り，いきなり解雇することはない。

日本企業のジョブ型雇用制度の導入

　富士通株式会社は2020年1月から国内の幹部社員約1万5,000人を対象に，ジョブ型とされる制度を導入。全社員に広げるべく社内で検討しており，労働組合と合意すれば4月からはじめる。KDDI株式会社は4月から独自の人事制度を全社員に導入する。導入の背景には，グローバル化のなかで外国人を採用する企業が増えたこと，ワークライフバランスが重視されるようになったなど旧来の雇用制度がなじまなくなったことが指摘される。

（『朝日新聞』2022.3.31による）

1 非正規社員

Ⓐ労働者の就業形態（2022年）

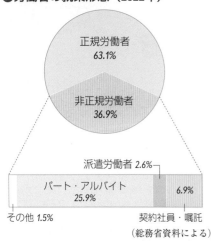

正規労働者 63.1%

非正規労働者 36.9%

派遣労働者 2.6%

パート・アルバイト 25.9%

6.9%

その他 1.5%

契約社員・嘱託

（総務省資料による）

Ⓑ正規労働者と非正規労働者の推移

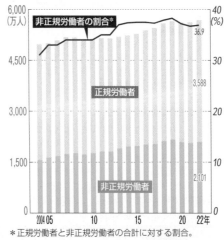

非正規労働者の割合*

正規労働者 3,588

非正規労働者 2,101

36.9

2004 05　10　15　20 22年

＊正規労働者と非正規労働者の合計に対する割合。

（総務省資料より作成）

Ⓒ雇用形態別労働者の賃金格差（2022年）

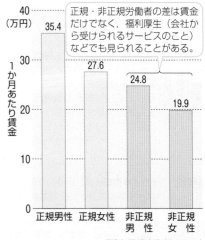

正規・非正規労働者の差は賃金だけでなく，福利厚生（会社から受けられるサービスのこと）などでも見られることがある。

1か月あたり賃金

正規男性 35.4
正規女性 27.6
非正規男性 24.8
非正規女性 19.9

（厚生労働省資料による）

Seikei マニア　「サボる」という言葉の元になったフランス語「サボタージュ」（労働者が使用者への要求を通すために仕事の能率を落とすこと）。「サボ」のもともとの意味は木靴。フランスの労働者が「サボ」で機械を壊して，厳しい使用者に対抗したのが由来。

2 派遣労働者

派遣会社のしくみ

労働者は人材派遣会社Ⓐと労働契約を結び，Ⓐ社から給与を受ける。派遣先企業Ⓑでは，Ⓑ社の指示を受け，正社員同様に働く。Ⓑ社はⒶ社に派遣費用を支払う。

労働者派遣法に関わる主な流れ

1985年	労働者派遣法制定　専門性の高い13業種に限定
96	26業種に拡大
99	製造，建設，医療などを除き，原則自由化
2004	製造業の派遣解禁
12	派遣労働者保護のため規制強化
15	改正後,派遣労働者が1つの職場で働く期間は最長3年

解説 労働者派遣法成立当初，正社員保護のため派遣労働の業種は厳しく制限されていた。その後，緩和され，派遣労働者数は急増。2008年以降，不況下の「派遣切り」などを背景に，派遣労働者保護の改正が行われた。

3 雇用状況

Ⓐ完全失業率・有効求人倍率の推移（季節調整値）

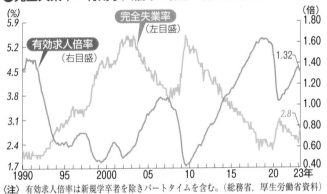

〈注〉有効求人倍率は新規学卒者を除きパートタイムを含む。（総務省，厚生労働省資料）

Ⓑ大学卒業者の男女別就職率

（『学校基本調査』文部科学省）

解説 1980年代末から90年代初頭にかけては「バブル期」で売り手市場であったが，その後，リストラなどで失業率は上昇し，新卒の就職率も大きく落ち込んだ。90年代末から2000年代初めには就職難で「氷河期」と形容された。新卒者は2004年頃から採用状況が一時好転したが，08年のリーマンショック以後再び厳しくなり，「超氷河期」となった。

4 賃金の状況

Ⓐ日本を100とした主要国の賃金比較（2021年）

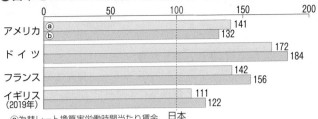

ⓐ為替レート換算実労働時間当たり賃金　日本
ⓑ消費購買力平価換算実労働時間当たり賃金

〈注〉製造業労働者における賃金。　（『データブック国際労働比較』2023）

5 労働時間

Ⓐ労働時間の国際比較（推計値，就業者1人当たり平均）

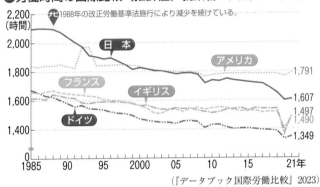

（『データブック国際労働比較』2023）

6 女性をとりまく労働環境

Ⓐ労働基準法女子保護規定撤廃（1997年）

	改正前	改正後
時間外労働の上限	製造業など工業的事業は週6時間，年150時間	規制を廃止。労使協定による。協定の目安は年360時間
休日労働	原則禁止。林業，商業などは4週につき1日	規制を廃止
深夜業	午後10時から午前5時まで原則禁止。保健衛生業，接客娯楽業などを除く	規制を廃止。育児や介護で無理な場合，一定の要件にあえば免除を請求できる

ⒷM型雇用―年齢階層別女性の労働力人口比率

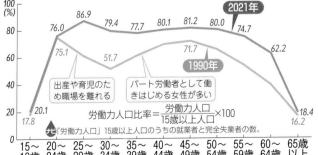

（厚生労働省資料）

チェック&トライ　**チェック** 非正規社員　派遣労働者　パート労働者　**トライ** ・日本の賃金状況や労働時間は，諸外国と比較して，どのような課題があるだろうか。

137

探究 事例 資生堂ショック

資生堂の女性社員の働き方改革

大手化粧品メーカーの資生堂は2015年から，**育児休業中に時短勤務で働く美容部員にも，夜間などの遅番や土日勤務を促す**という，育児支援制度の方針転換を打ち出した。美容部員は，デパートなどにある化粧品売り場を任されており，10時〜18時45分の早番と11時15分〜20時の遅番に分かれて勤務する。この時短勤務制度では，早番の勤務時間を最大2時間短縮でき，1,000人以上が現在利用している。制度を利用している社員は，午後5時ごろ帰宅し，顧客の増える夕方以降は他の社員が勤務を肩代わりしてきた。その結果，**他の社員に遅番・土日勤務が集中し**，士気が後退した。また，かきいれどきに美容部員がいないことが売り上げ減少の一因とも考えられ，今回の方針転換となった。

資生堂といえば，女性が多く働き，20年以上前から育児休暇制度や時間短縮制度を先駆けて行ってきた「女性に優しい」会社の代表格である。その資生堂の今回の改革は，「**資生堂ショック**」ともいわれる。

←①百貨店の化粧品売り場に勤める美容部員。美容部員は顧客から化粧品についての質問や相談を受けたり，実際にメイクをしたりする。

←②『「女性にやさしい」その先へ』の表紙

子育て女性がただ配慮され，特別扱いされるのではなく，出産前と同じように能力をフルに発揮して，キャリアアップしていくにはどうしたらいいか。
働く女性が増えたいま，日本が直面するのは「女性にやさしい」だけではない次のステージです。

「資生堂ショック」の側面

昭和女子大学の分析では，美容部員は，かつて④（➡Ⓐ）に位置する若い女性限定職で，出産や育児の壁を越えられないものであった。しかし，手厚い育児休業制度・時短制度で②へシフトした。今回の改革は次のステップへの移行と考えられる。

かつて女性は男性とは別に採用され，「寿退社」に象徴されるように結婚＝退職→子育て→専業主婦が一般的であった。その後**男女雇用機会均等法**により，女性にも平等な雇用の機会が与えられたが，男女平等ということは，女性が男性の働き方に合わせるということであった。結果として，総合職の女性の多くが企業を去った。次に企業は女性の定着を図るため，競って育児休業や時間短縮など支援を手厚くした。資生堂の方針転換は，一企業の問題ではなく，育児期の女性に限らず男性も含めた「働き方」を今後どうするのかという課題を提起している。

Ⓐ4つに分けた企業の特徴

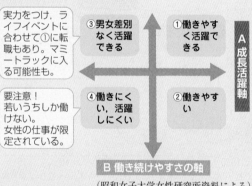

実力をつけ，ライフイベントに合わせて①に転職もあり。マミートラックに入る可能性も。

③男女差別なく活躍できる

①働きやすく活躍できる

Ａ 成長活躍軸

要注意！若いうちしか働けない。女性の仕事が限定されている。

④働きにくい，活躍しにくい

②働きやすい

Ｂ 働き続けやすさの軸

（昭和女子大学女性研究所資料による）

課題 男女共同参画社会の実現に向け，性別にかかわらず，すべての人が能力を発揮できる社会にするためには，どのようにすればよいだろうか。

① 働き方・暮らし方の理想と現実

仕事を優先 3.5%　仕事と家庭生活をともに優先

		家庭生活を優先		その他
女性 希望		33.6	29.7	33.2
女性 現実	15.7	45.3	20.0	19.0
男性 希望	16.8	20.8	31.4	31.0
男性 現実	37.7	18.9	22.3	21.1

0　20　40　60　80　100%

〈注〉集計対象者数は，女性1,601人，男性1,432人。希望と現実に最も近いものをそれぞれ1つ回答した。
（内閣府『男女共同参画社会白書 平成28年度版』を参考に作成）

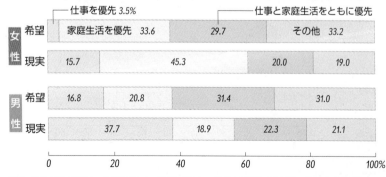

↑③➡④仕事と家庭の両立（イメージ）

問 左のグラフから，働き方・暮らし方の理想と現実では，どのような課題が見られるだろうか。

138

② ジェンダーギャップ指数

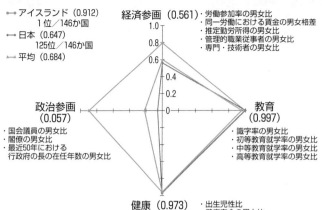

- ┣━ アイスランド（0.912）
  1位／146か国
- ┣━ 日本（0.647）
  125位／146か国
- ┣━ 平均（0.684）

経済参画（0.561）
- ・労働参加率の男女比
- ・同一労働における賃金の男女格差
- ・推定勤労所得の男女比
- ・管理的職業従事者の男女比
- ・専門・技術者の男女比

政治参画（0.057）
- ・国会議員の男女比
- ・閣僚の男女比
- ・最近50年における
  行政府の長の在任年数の男女比

教育（0.997）
- ・識字率の男女比
- ・初等教育就学率の男女比
- ・中等教育就学率の男女比
- ・高等教育就学率の男女比

健康（0.973）
- ・出生児性比
- ・健康寿命の男女比

〈注〉数値は2023年度　　（男女共同参画局資料を参考に作成）

順位	国名	指数
1	アイスランド	0.912
2	ノルウェー	0.879
3	フィンランド	0.863
4	ニュージーランド	0.856
5	スウェーデン	0.815
6	ドイツ	0.815
15	イギリス	0.792
40	フランス	0.756
43	アメリカ	0.748
79	イタリア	0.705
105	韓国	0.680
107	中国	0.678
124	モルディブ	0.649
125	**日本**	**0.647**
126	ヨルダン	0.646

【用語解説】
ジェンダーギャップ指数
（GGI）：世界経済フォーラムが，経済，教育，保健，政治の分野ごとに各使用データをウェイト付けしてジェンダーギャップ指数を算出している。0が完全不平等，1が完全平等を表している。
　日本は，教育や健康について高い評価となっているが，経済分野や政治分野では著しく低い評価となっている。

問 ジェンダーギャップ指数の経済分野・政治分野において，欧米諸国と比較して日本の評価が低い理由は何か考えてみよう。

③ 多様な働き方

テレワーク
情報通信技術（ICT）を活用した，場所や時間を有効に活用できる柔軟な働き方。勤務先から離れて自宅を就業場所とする在宅勤務のほか，外出中にパソコンを使って仕事をするモバイルワークなどがある。

フリーランス／ギグワーカー
会社に所属せず，仕事に応じて会社と業務契約をして仕事を請け負う人のこと。このうち，インターネットを通じて単発の仕事を行う人のことをギグワーカーと呼ぶ。「ギグ」とは音楽用語で，ミュージシャンの「一度限りの演奏」を指す言葉である。

ワークシェアリング／ジョブシェアリング
従業員一人当たりの労働時間を短縮して，より多くの雇用を創出すること。複数の短時間労働者を雇用して1つのフルタイムの仕事を分担させることで，雇用機会を創出することは，ジョブシェアリングといわれる。

ジョブ型雇用
職務内容を限定して労働契約を結び，専門職として採用する雇用形態のこと。非正規雇用に限らず，「ジョブ型正社員」もいる。これに対して，入社時に職種を限定せずに採用し，仕事内容の変更や部署の異動を通じて雇用することはメンバーシップ型雇用といわれる。日本ではメンバーシップ型雇用が多いのに対して，欧米ではジョブ型雇用が主流となっている。

問 多様な働き方が提唱される中で，従来の日本型雇用と比較してどのようなメリット・デメリットが見られるだろうか。

④ ダイバーシティ（多様性）の推進

Ⓐ社員向け企業内託児所

⑤トヨタ自動車が2018年にオープンした企業内託児所「ぶぅぶフォレスト」

解説 政府は，「子ども・子育て支援新制度」に基づいて，企業による従業員のための保育施設の設置・運営費用を助成している。

問 女性をはじめとする多様な人々に活躍の場を与えるために，政府・企業が取り組むべきことは何だろうか。

⑤ ワーク・ライフ・バランスの実現に向けた取り組み

Ⓐイギリスの例

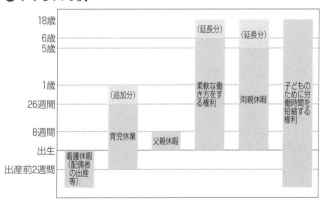

（内閣府少子化対策推進室資料を参考に作成）

解説 イギリスでは，ワーク・ライフ・バランスは重要な課題の1つであり，政府が積極的な支援を行っている。

社会保障制度のあゆみ

幸福　持続可能性　公平性　1 貧困をなくそう

Introduction 世界の社会保障制度

ビスマルク（1815−1898）

プロイセン王国の宰相。1871年からはドイツ帝国宰相も兼務。君主主義の保守的な政治家。社会保障制度を整えた。

Ａアメとムチの政策　**↑①ビスマルク**

「疾病保険法」など
・労働者救済

「社会主義者取締法」
・社会主義思想，労働運動の取締り

Ｂベバリッジ報告書の６つの基本原則

❶ 給付（額）は均一で最低生活費を保障するものでなければならない。
❷ 所得の大小にかかわらず保険料は均一である。
❸ 運営機関の責任を統一する。
❹ 適正な保険給付（給付額と支払い期間）をおこなう。**↑②ベバリッジ**
❺ すべての人に適用し，すべての事故に保障をあたえる。
❻ 全国民を６つに区分する（おかれている生活条件に応じて保障される必要がある）。
　(1)被用者
　(2)その他の有業者
　(3)労働年齢にある既婚婦人たる妻
　(4)その他無職の労働年齢者
　(5)労働年齢に達しないもの
　(6)労働年齢以上の退職者

解説 第二次世界大戦後のイギリスの社会保障政策はベバリッジ構想を骨子としたものである。

Ｃ社会保障財源構成の国際比較

	被保険者拠出	事業主拠出	公費負担	その他
イギリス（2018年度）	11.2	27.6	49.0	12.2
スウェーデン（2020年度）	9.1	36.9	52.4	1.6
フランス（2020年度）	15.8	36.6	44.9	2.8
ドイツ（2020年度）	29.6	34.6	34.3	1.5
日本（2021年度）	24.3%	21.9	40.4	8.8

資産収入—　その他 4.6

（国立社会保障・人口問題研究所資料による）

解説 **三者均一型（日本）**…事業主・被保険者・国や自治体の財源負担がほぼ均一に区分できる。なお，日本の2021年度財源は資産収入の割合が8.8%であり，前年度から15.0ポイント下がった（例：2014年度は15.8%）。

1 世界の社会保障制度のあゆみ

年	ことがら
1601	（英）**エリザベス救貧法**制定（世界最初の公的扶助制度）
1883	（独）疾病保険法制定（世界最初の社会保険制度）〈**社会保険制度の始まり**〉
84	（独）労働者災害保険法制定
89	（独）老齢・疾病保険法制定
1911	（独）ドイツ国保険法制定（各種社会保険の統一）
	（英）国民保険法制定〈**失業保険制度の始まり**〉
35	（米）社会保障法成立（社会保障という言葉が初めて用いられた）
42	（英）**ベバリッジ報告書**公表（国際）
44	（英）ILO第26回総会，「**フィラデルフィア宣言**」採択
46	（英）国民産業災害保険法，国民保険法，国民保健サービス法成立
52	（国際）ILO第35回総会，「社会保障の最低基準に関する条約」（**102号条約**）採択
64	（西欧）ヨーロッパ社会保障法典採択（ILO102号よりも高水準の社会保障制度をめざす）

Ａ社会保障制度の発生図

Ｂ社会保障制度の流れ

第１段階　**貧民救済**　慈善的かつ治安維持が目的

↓

第２段階　**社会保険制度創設**　ビスマルクの社会主義，労働者対策

↓

第３段階　**権利としての社会保障**

ナビ 国家が介入することにより国民が得られる自由，権利を，「国家による自由」という。社会保障はそれを具体化したものである。

2 日本の社会保障制度のあゆみ

年	ことがら
1874	**恤救規則**制定（初の国家的救貧政策，恩恵的）
1922	**健康保険法**制定（最初の社会保険制度）
29	**救護法**制定（恤救規則に代わるもの）
41	**労働者年金保険法**公布（男子のみ対象）
46	**生活保護法**（旧法）制定（戦後社会保障の出発点）
47	**失業保険法**，労働者災害補償保険法，児童福祉法制定
50	**生活保護法**（新法）制定
54	**厚生年金保険法**改正
58	**国民健康保険法**制定（国民皆保険実現）
59	**国民年金法**制定（国民皆年金実現）
73	70歳以上の老人医療費無償化
74	**雇用保険法**制定（失業保険法廃止）
80〜90	**社会保険法**各種改正（自己負担増へ）
2013	**社会保障・税一体改革関連法**制定

解説 社会保障制度のあゆみは，人権獲得の歴史でもある。「人間らしく生きる権利」を社会全体が認めること，ハンディキャップのある人々を社会全体で助け合おうという社会連帯の思想が社会保障の原点である。

　ジェンダー　医学的な男女差ではなく，男女により企業での昇進に差がつくなどの社会的な男女の性差のこと。

3 主要国の社会支出の対GDP比

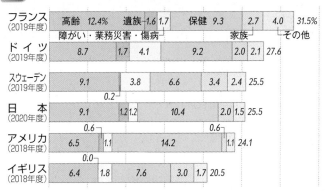

フランス（2019年度）
高齢 12.4% ／ 遺族 1.6 ／ 障がい・業務災害・傷病 1.7 ／ 保健 9.3 ／ 家族 2.7 ／ その他 4.0 ／ 31.5%

ドイツ（2019年度）
8.7 ／ 1.7 ／ 4.1 ／ 9.2 ／ 2.0 ／ 2.1 ／ 27.6

スウェーデン（2019年度）
9.1 ／ 3.8 ／ 6.6 ／ 3.4 ／ 2.4 ／ 0.2 ／ 25.5

日　本（2020年度）
9.1 ／ 1.2 ／ 1.1 ／ 10.4 ／ 2.0 ／ 1.5 ／ 0.6 ／ 0.6 ／ 25.5

アメリカ（2018年度）
6.5 ／ 1.1 ／ 14.2 ／ 1.1 ／ 0.0 ／ 24.1

イギリス（2018年度）
6.4 ／ 1.8 ／ 7.6 ／ 3.0 ／ 1.7 ／ 20.5

（国立社会保障・人口問題研究所資料）

Report オバマケアとトランプ大統領

　日本には，医療費の大部分を国が負担する**医療保険制度**があり，国民全員が加入を義務づけられ（**国民皆保険**），保障内容も一律だ。一方，アメリカは自己責任の国なので，高齢者や低所得者を除き，国民は民間医療保険に加入するかどうかを自ら判断してきた。しかし，無保険者が4,700万人もいることが問題視され，2014年から医療保険加入を義務づける**オバマケア**という制度が開始された。

　医療保険は基本的に民間業者から選ぶが，会社によって保険内容がバラバラなことや，加入者が増えて保険会社の競争が減ったことで保険料が値上げされるなどして，国民からは批判の声が上がっていた。トランプ大統領（当時）は，医療を全国民の手が届く金額で提供することを目標に掲げ，オバマケア撤廃を目指した。

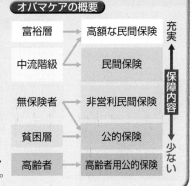

オバマケアの概要

富裕層 →	高額な民間保険
中流階級 →	民間保険
無保険者 →	非営利民間保険
貧困層 →	公的保険
高齢者 →	高齢者用公的保険

充実 ← 保障内容 → 少ない

---

4 社会保障の二つの型

Ⓐ北欧型と大陸型の比較

事項・財源	北欧型（平等主義的均一型） 租税中心	大陸型（能力主義的比例型） 保険料中心
対象	すべての国民に対して，統一的な制度によって，平等に保障する。	商工業者，農家，雇用者など社会階層ごとに異なった制度によって保障する。
保険料	所得に関係なく全国民均一の保険料（生活保護を受ける貧困者を除く）。	所得の額に比例して保険料を納付する。
保険給付	失業，疾病，老齢，死亡などの際は，均一の現金給付となる（医療は原則として無料）。	失業，疾病，老齢，死亡などの際は，納めた保険料の額に比例した給付を支給する。
長所	無差別平等の社会の理想を実現できる。	経済成長により保険料の納付額は増大し，財源が豊かになり，給付水準を高められる。
短所	低所得層の所得水準を基準に保険料を定めるので，財源難で給付水準が低くなる。	給付水準に上下の格差が生じて，保障にあたって差別的になりやすい。

Ⓑ年金制度の立て方

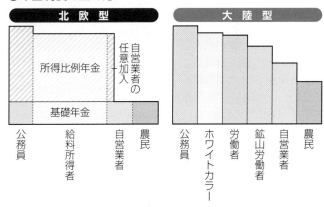

北欧型
所得比例年金／基礎年金／自営業者の任意加入
公務員／給料所得者／自営業者／農民

大陸型
公務員／ホワイトカラー／労働者／鉱山労働者／自営業者／農民

ナビ 「北欧型（生活重視型）」公的負担の割合が多く，同一負担，同一給付を基本とする平等型。

ナビ 「大陸型（生産優位型）」事業主，被保険者の負担率が高く，能力型の負担給付の特徴をもつ。

---

5 ベーシックインカム

Ⓐベーシックインカムの特徴

定期的な現金給付
- 規則的，安定的な配当
- クーポン券や商品券ではなくあくまで現金

個人単位
- 生活保護のような「世帯単位」ではない

無条件
- どこでも・だれでも・いつでも，普遍的な制度

メリット	デメリット
●労働とは異なるところから所得が得られ，労働市場に縛られなくて済む。 ●行政の手続きが簡単。 ●個々人に直接給付される。	●労働しない人が増え，社会が成立しなくなる可能性がある。 ●財政破綻の危険性が増す。

ベーシックインカム（BI） 政府が国民に対して最低限度の生活を保障するための資金を，無条件で，定期的に，金銭で，すべての個人に支給する社会政策。

Ⓑ各国の導入事例

アメリカ
　アラスカ州有地から産出する原油収入の約25％を基金として積み立て，そこから，アラスカ州民個人に，年間1,000〜1,500ドル程度の配当金を支給する。

ナミビア共和国
　教会やNGOが主体となって，月ひとりあたり100ナミビアドルを支給する。

フィンランド
　社会保険庁が，失業給付者に月ひとりあたり560ユーロを2年間にわたって給付する。

オランダやカナダなどで，社会実験として計画された事例もあるよ。

（ⒶⒷともに『朝日新聞』The SDGs ACTIONを参考に作成）

チェック＆トライ

チェック　ビスマルク　アメとムチ　ベバリッジ報告　ベーシックインカム

トライ　・ベーシックインカムと生活保護の違いは何だろうか？

日本の社会保障制度

幸福　持続可能性　公平性

Introduction 76歳，路上からの挑戦—高齢化がすすむ路上生活者

　日本最大級の日雇い労働者の街，大阪市西成区「あいりん地区」。Aさん（76歳）はこの地で半世紀以上，路上生活と日雇い労働で暮らしてきた。最近は年齢のせいで，その日暮らしの生活がしんどくなってきたので，定職に就くことを考えている。しかし，条件の良い求人はほとんどない。Aさんは小学校にもほとんど通わず，10代で広島県から大阪に出てきた。鉄骨の組み立てが得意で，山陽新幹線の工事にも携わった。生活保護も年金ももらっていない。今も月に10日は働きに出る。春〜秋に金をためて，冬は1泊1,300円の簡易宿泊所（ドヤ）に入るが，ほかの季節は路上で寝泊まりする。

　あいりん地区の労働者たちは，路上やドヤなどで寝泊まりする人が多い。西成労働福祉センターによると，一帯の労働者は長くいる人の高齢化が進む一方で，「最近は，前は普通に働いていた会社がつぶれた，といった層もジワジワ増えている」。2008年の調査では，約4割が10年以内に来たと答えた。（『朝日新聞』2013.1.11）

↑①**あいりん地区**　大阪府大阪市西成区北部に位置し，簡易宿泊施設が集中する地区の愛称。旧来の地名である「釜ヶ崎」ともよばれる。「あいりん」は1966年から使われている。この地区は，全国から日雇い労働を希望する人々が集まり，路上生活者が数多く居住している。約20ha（半径300m）の面積に3万人の人口があるといわれている。

↑②簡易宿泊施設のベット番号札

ホームレスの実態（2023年調査）
全国のホームレス数　2,788人

Ⓐ都道府県別人数

大阪府	888人
東京都	661
神奈川県	454
その他	785

Ⓑ生活している場所

都市公園	771人
河川	719
道路	678
駅舎	190
その他の施設	707

Ⓒ年齢別割合の推移

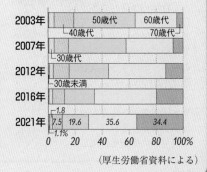

2003年　50歳代　60歳代　40歳代　70歳代
2007年　30歳代
2012年　30歳未満
2016年
2021年　7.5　19.6　35.6　34.4　1.8　1.1%

0　20　40　60　80　100%

（厚生労働省資料による）

1 わが国の社会保障制度の体系

社会保険	**医療保険**	すべての人がどれかの健康保険に入り，病気やけがのとき，安く治療が受けられる。	健康保険（会社員・日雇い労働者） 船員保険（船員） 共済組合（公務員） 国民健康保険（一般）	**公的扶助** **生活保護**	一家の働き手が死んだり，病気などで働けなくなると，収入がなくなり，自分たちだけでは生活できなくなる。こういう人たちに，国が最低限度の保障をする。生活・教育・住宅・医療・介護・出産・生業・葬祭の8項目について扶助が行われる。
	年金保険	すべての人がどれかの年金保険に入り，老齢になったとき，年金が受けられる。	厚生年金＋国民年金 （会社員・船員・公務員） 国民年金（自営業者等）	**社会福祉** **児童福祉** **母子福祉** **老人福祉** **障がい者福祉**	国や地方自治体が，児童・母子・老齢者・障がい者のための施設をつくったり，サービスを提供する。都道府県や大都市には，社会福祉主事，母子相談員などが，また市町村には社会福祉協議会のほか民生委員などがいて，困っている人の相談にのっている。
	雇用保険	雇われて働く人が皆雇用保険に入り，失業したとき，一定の期間保険金がもらえる。	雇用保険（会社員） 船員保険（船員）		
	労災保険	雇われて働く人が皆労災保険に入り，仕事でけがをしたり病気になったとき，保険金が出る。	労働者災害補償保険（会社員） 船員保険（船員）	**公衆衛生など** **公衆衛生**	国や地方自治体が，国民の健康増進や感染症対策などをすすめる。
	介護保険	40歳以上の国民*から保険料を徴収し，介護が必要となったとき，必要度に応じたサービスを受けられる。	介護保険 （第1号被保険者…65歳以上の者） （第2号被保険者…40〜65歳未満の各医療保険加入者）	**環境政策**	国や地方自治体が，生活環境の整備や公害対策，自然保護をすすめる。

* 3か月を超えて適法に在留する40歳以上の外国人は，介護保険の被保険者となり，日本人と同様の扱いとなる（一部例外あり）。

❷ 社会保障関係費の推移

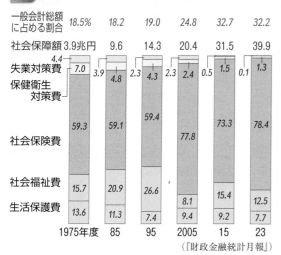

一般会計総額に占める割合	18.5%	18.2	19.0	24.8	32.7	32.2
社会保障額	3.9兆円	9.6	14.3	20.4	31.5	39.9

失業対策費 4.4
保健衛生対策費

	1975年度	85	95	2005	15	23
失業対策費	7.0	3.9	2.3	2.3	0.5	0.1
保健衛生対策費	—	4.8	4.3	2.4	1.5	1.3
社会保険費	59.3	59.1	59.4	77.8	73.3	78.4
社会福祉費	15.7	20.9	26.6	8.1	15.4	12.5
生活保護費	13.6	11.3	7.4	9.4	9.2	7.7

『財政金融統計月報』

2023年度の予算は一般会計歳出が114兆円, そのうち社会保障費は36.8兆円だよ。

❸ 医療保険制度の概要 （2023年4月現在）

制度名		保険者（2022.3末）	被保険者	加入者数（万人, 2022.3末）	財源（※は2017年度）		
					保険料率		国庫負担
					本人	事業主	
被用者保険	健康保険 協会けんぽ	全国健康保険協会[*1]	中小企業被用者	4,027	**5.00%**（全国平均）	**5.00%**（全国平均）	給付費の16.4%
	健康保険 組合	健康保険組合 1,388	大企業被用者	2,838	4.23%（平均, 2021年度）	5.03%（平均, 2021年度）	定額補助
	船員保険		船員	11	4.75%（2023.3）	5.05%（2023.3）	定額補助
	共済組合	共済組合20	国家公務員	869	3.81～5.38%※	3.81～5.38%※	なし
		共済組合64	地方公務員など		3.94～6.14%※	3.94～6.14%※	
		事業団1	私立学校の教職員		4.28%	4.28%	
国民健康保険		市町村 1,716	農業従事者, 自営業者など	市町村 2,537 国保組合 268	1世帯当たり平均保険料 13.8万円（2021年度）	—	給付費等の41%
		国保組合 160					給付費等の28.4～47.4%
		市町村 1,716	被用者保険の退職者				なし
後期高齢者医療制度[*2]（長寿医療制度）		[運営主体]後期高齢者医療広域連合[*3]	75歳以上の高齢者など	1,843	・保険料 10%（公費の内訳 国4：都道府県1：市町村1）・各医療保険からの支援金 約40%	・公費 約50%	

〈注〉 ＊1 社会保険庁の解体に伴い, 2008年から公法人「全国健康保険協会（協会けんぽ）」が引き継いだ。 ＊2 2008年に老人保健と退職者医療制度の廃止後, 新設された。 ＊3 都道府県単位で全市町村が加入する広域連合。
（『厚生労働白書』2023などにより作成）

❹ 介護保険制度

Ⓐ介護保険制度のしくみ

＊一定以上所得者は, **2割負担**（15年施行）または**3割負担**（18年施行）。

Ⓒ要介護認定者数の推移　（Ⓐ・Ⓒとも厚生労働省資料）

年度	0 100 200 300 400 500 600 （万人）700
2000	＊各年とも4月末時点。
05	要支援
10	
15	
20	
21年度	要支援1 要支援2 要介護1 要介護2 要介護3 要介護4 要介護5

解説 高齢社会の到来に備え, 2000年にスタートした介護保険制度だが, 2005年に大幅な法改正がなされた。主な改正点は, ❶「要支援」認定者に対して, 状態の悪化防止のため, 筋力トレーニングや栄養指導などの介護予防サービスを新設。❷地域密接型サービス実施のため「地域包括支援センター」を設立。❸これまで保険金でまかなわれてきた施設入所者の食費や住居費を自己負担とする, などである。改正の狙いは増えつづける保険金給付を抑えることである。

Ⓑ介護サービスの概要

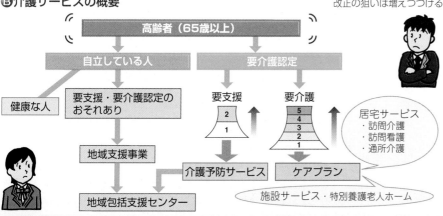

↑❸特別養護老人ホームで風船バレーボールをする高齢者

チェック&トライ

チェック 社会保険　公的扶助　社会福祉　公衆衛生　介護保険制度

トライ ・社会保障額が一般会計総額に占める割合は1965年度, 2015年度それぞれ何％か？
・1965年度に比べると, 2015年度の割合は約何倍になっているか？

Introduction 進む！少子高齢化──史上初，人口減少社会へ

2060年，38%がお年寄り

Ⓐ年齢別人口構成と高齢者比率の将来推計

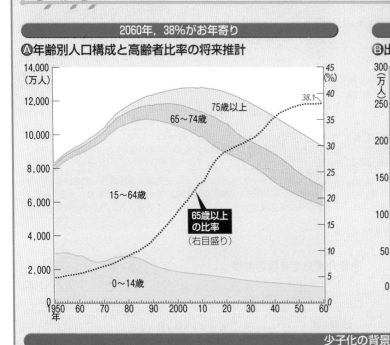

出生率低水準──止まらない少子化

Ⓑ出生数および合計特殊出生率の推移

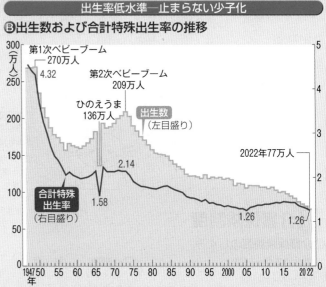

（Ⓐ・Ⓑとも国立社会保障・人口問題研究所資料などによる）

少子化の背景

Ⓒ未婚者の生涯の結婚意思

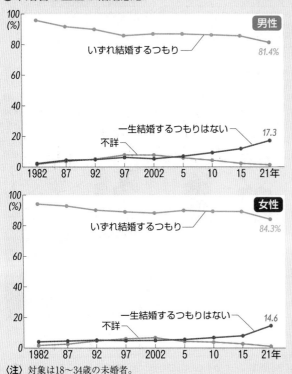

〈注〉対象は18〜34歳の未婚者。

Ⓓ結婚当時の予定子ども数と実際の完結出生率

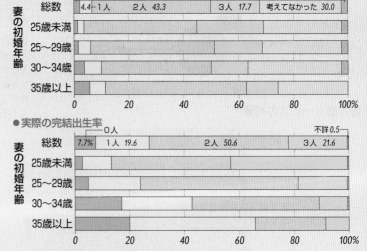

〈注〉対象は結婚持続期間15〜19年の初婚どうしの夫婦。

　理想の数の子どもを持たない理由として，「子育てや教育にお金がかかりすぎる」「高年齢で生むのはいやだから」「子どもが欲しいけれどできないから」「これ以上育児の心理的，肉体的負担に耐えられない」といったことが挙げられている。

（Ⓒ・Ⓓともに国立社会保障・人口問題研究所「出生動向基本調査」による）

20歳になれば国民年金に加入しなければならない。しかし，所得が少ない人や学生などを対象として，納付しなくてもよい「免除制度」と「猶予制度」がある。

1 国民医療費と老人医療費の動向

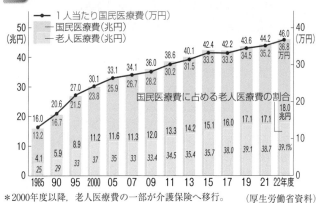

凡例：
- ● 1人当たり国民医療費（万円）
- □ 国民医療費（兆円）
- □ 老人医療費（兆円）

年度	1985	90	95	2000	05	07	09	11	13	15	17	19	21	22年度
1人当たり国民医療費（万円）	16.0	20.6	21.5	27.0	30.1	33.1	34.1	36.0	38.6	40.1	42.4	42.2	43.6	44.2	46.0
国民医療費（兆円）	16.0	20.6	27.0	30.1	33.1	34.1	36.0	38.6	40.1	42.4	42.2	43.6	44.2	46.0
老人医療費（兆円）	4.1	5.9	8.9	11.2	11.6	11.3	12.0	13.3	14.2	15.1	16.0	17.1	17.1	18.0

（各年下部の数値）13.2 / 16.7 / 21.5 / 23.8 / 25.9 / 26.7 / 28.2 / 30.2 / 31.5 / 33.3 / 33.3 / 34.5 / 35.2 / 36.8万円
（％）25 / 29 / 33 / 37 / 33 / 33.4 / 34.5 / 35.4 / 35.7 / 38.0 / 39.1 / 38.7 / 39.1％

国民医療費に占める老人医療費の割合

＊2000年度以降，老人医療費の一部が介護保険へ移行。　（厚生労働省資料）

解説 国民医療費は，医療保険・労災・生活保護の医療扶助などの医療費の合計で，毎年わが国で医療にどれだけの費用が使われたかを示す。高齢化による老人医療費増大などで，国民医療費は着実に伸びており，1965年の約1.1兆円，75年の約6.5兆円と比較すると伸び率の大きさが実感できる。

2 負担と給付

Ⓐ社会保障給付費と国民負担率の推移

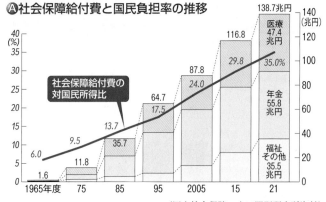

社会保障給付費の対国民所得比

年度	1965年度	75	85	95	2005	15	21
社会保障給付費（兆円）		11.8	35.7	64.7	87.8	116.8	138.7
対国民所得比（％）	6.0	9.5	13.7	17.5	24.0	29.8	35.0

（2021年 内訳）医療 47.4兆円，年金 55.8兆円，福祉その他 35.5兆円

（国立社会保障・人口問題研究所資料）

解説 日本の社会保障費の内訳は，年金約5割，医療約3割，残りが介護といった福祉などに回っている。年金の割合が多く，福祉や育児支援などが少ない。現金が中心で，サービスの現物の提供が少ないといえる。

3 年金制度

Ⓐ年金制度の体系（2022年3月末現在）

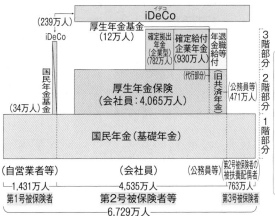

- iDeCo（239万人）
- 厚生年金基金（12万人）
- 確定拠出年金（企業型）（782万人）
- 確定給付企業年金（930万人）
- 年金退職給付等
- 国民年金基金（34万人）
- 厚生年金保険（会社員：4,065万人）
- （代行部分）
- （旧共済年金）公務員等471万人
- 国民年金（基礎年金）
- 3階部分 / 2階部分 / 1階部分
- 15年10月，共済年金が厚生年金に統合された（第2～4号の部分）。

（自営業者等）1,431万人 第1号被保険者
（会社員）4,535万人 第2号被保険者等
（公務員等）763万人 第2号被保険者の被扶養配偶者 第3号被保険者
合計6,729万人

〈注〉人数は加入員数。

解説 1985年に基礎年金制度が導入され，自営業者・会社員・主婦の**国民年金**への加入が義務づけられた。会社員は，**厚生年金**にも加入しており，2階建てとなった。89年には，20歳以上の学生にも国民年金加入が義務づけられた。

Ⓑ各種年金のあらまし（2022年3月末現在）

制度	区分	被保険者	被保険者数	基礎年金受給権者数	保険料・率	老齢基礎年金等平均年金月額
国民年金	第1号被保険者	20歳以上60歳未満の自営業者	1,431（万人）	3,466（万人）	16,590円	5.6（万円）
	第2号被保険者等	会社員・公務員	4,535		—	
	第3号被保険者	会社員・公務員の妻	763			
厚生年金	第1号（旧厚生年金）	会社員	4,065	1,905（万人）	18.30%（2022.9）	14.9（万円）※第2～4号は職域加算部分を除く推計値。
	第2号（国家公務員共済組合）	国家公務員	109			
	第3号（地方公務員共済組合）	地方公務員	304			
	第4号（私立学校教職員共済組合）	私立学校教職員	59		16.83%（2022.9）	

（注） 保険料・率は2022年4月現在，赤字部分は本人と事業主が半額ずつ負担。なお，国庫負担は基礎年金（国民年金）に係る費用の**2分の1**（2009年度より3分の1から引き上げ）。2021年度の支給開始年齢…国民年金：65歳，厚生年金：男63歳・女62歳（厚生年金は段階的に65歳に引き上げ予定）。　（Ⓐ・Ⓑとも厚生労働省資料）

年金制度は，近年たびたび改正がなされてきた。急速に高齢社会が到来し，年金受給者が増え，財源不足が懸念されたからである。

Ⓒ年金制度の課題

● **制度への不信と未納問題**…財政の悪化・長引く不況・複雑な制度が要因で，年金制度への不信感と国民年金の未納率が問題となっている（2021年度約26％）。これにより，まじめに納めている人，特に基礎年金部分を共有する会社員層の不信を招き，年金財政を悪化させている。

● **制度の一元化**…2階建て部分の厚生年金などをなくし単一の制度にすべきとの案もある。制度の複雑さ・制度間の不公平は解消されるが，これまで積み立ててある基金の扱いなどが課題となる。公務員・私立学校教職員は，厚生年金とは別の共済組合に加入していたが，年金制度改革の一環として，2015年10月より厚生年金に統一された。

Report ユニバーサルデザイン─誰にもやさしい社会へ

①②誰もが利用しやすいノンステップバス

ユニバーサルデザインとは

バリアフリー 障がいのある人が社会生活をしていく上で障壁（バリア）となるものを除去するという考え。歩道の段差をなくしたり，駅のホームにエレベーターを設置したりすること。

ユニバーサルデザイン バリアフリーが障がいのある人を対象にしているのに対し，障がいの有無，年齢などにかかわらず，誰もが使えるモノや環境を整えること。

チェック&トライ

チェック　合計特殊出生率　国民年金　厚生年金

トライ　・近年，日本の社会保障給付費で一番多く割合を占めているものは何だろうか？

事例 2025年問題とその先

△1 1人で買い物に行く高齢者。

現在，日本政府が想定している人口問題に「2025年問題」がある。日本の人口は2010年を境に減少を続けており，2025年には約800万人の「団塊の世代（1947～49年生まれ）」が後期高齢者（75歳以上）となる。これは，国民の5人に1人が後期高齢者という計算になる。

こうした人口構造の変化により，医療・介護・年金といった社会保障費がかさむ懸念がある。さらに，「団塊の世代」に次いで人口の多い「団塊ジュニア世代（1971～74年生まれ）」がすべて高齢者となるのが2042年である。平均寿命の延びを考えると，90代半ばに差しかかる「団塊の世代」や，これら2つの世代に挟まれた世代も含めて，高齢者の絶対数がかなりのボリュームとなるだろう。社会保障費の懸念に加え，労働力人口の減少も深刻な問題となっている。人口構造の変化が，今後の日本社会自体を変化させることは避けて通れないのである。

課題 少子高齢社会における望ましい年金制度の在り方とは？

① 日本の年金制度

Ⓐ 人口ピラミッド

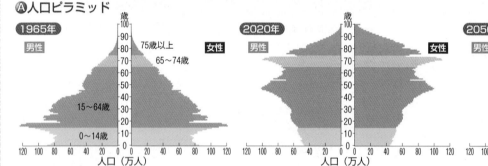

〈注〉100歳には100歳以上を含む。2050年は推計値。

（国立社会保障・人口問題研究所による）

Ⓑ 公的年金のしくみ

20～60歳までの40年間，保険料を払い続ける。

65歳～年金を受け取る。生涯もらえる。

Ⓓ 賦課方式・積立方式

	賦課方式	積立方式
しくみ	その年に納められた保険料で，その年の高齢者への年金給付を行う。	各人が積み立てた保険料に，利息がついて老後に支給される。貯蓄と同じ。
長所	インフレなどによる目減りがない。	給付額は安定。
短所	老齢人口の増大により，若年層の負担が増大。	インフレ等により目減りし，実質減額のおそれがある。

解説 日本の年金制度は，世代間扶養の考え方にもとづく，賦課方式を基本としている。

【用語解説】
国民負担率 国民が税や社会保障をどれだけ負担しているかを示す指標。

Ⓒ 1か月当たりの平均支給額と支給開始年齢 （2021年3月末）

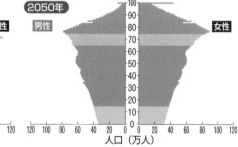

	支給開始年齢	
14.9万円 厚生年金（報酬比例部分）	男性63歳 女性61歳	民間企業の労働者や公務員などが加入。保険料は企業・国などが半分負担する。
5.6万円 国民年金（基礎年金）	65歳	原則20歳以上～60歳未満のすべての人が加入。
自営業者など 民間の会社員や公務員など		

Ⓔ 国民負担率の推移

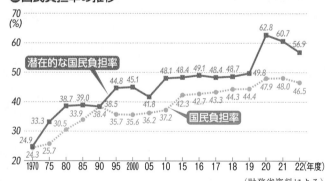

（財務省資料による）

解説 国民負担率＝（国税＋地方税＋社会保障負担）÷（国民所得）なのに対し，潜在的な国民負担率＝（国税＋地方税＋社会保障負担＋財政赤字）÷（国民所得）で算出される。

問 国民負担率が上がる理由として考えられることは何だろうか。

② これから起こりうる問題

Ⓐ貯蓄ゼロ世帯

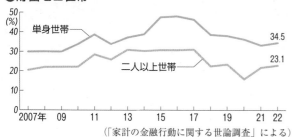

（「家計の金融行動に関する世論調査」による）

解説 「貯蓄ゼロ」とは，運用のため，または将来に備えて蓄えているお金がない状態を指す。

問 社会保障制度に関して，将来起こりうると考えられる問題は何だろうか。

Ⓑ平均寿命の推移と将来推計

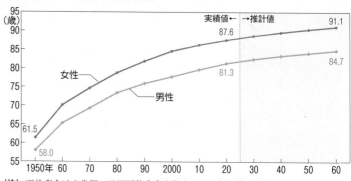

〈注〉平均寿命は0歳児の予測平均余命を指す。1970年以前は沖縄県を除く値。

（内閣府「平成30年版高齢社会白書」による）

③ 年金制度改革法が制定された背景とは

Ⓐ年金制度改革法の主な内容

	改訂前	改訂後
老齢年金制度の見直し（65歳以降に厚生年金に加入して働いた場合）	年金に反映されるのは退職後または70歳	在職中であっても，年1回，年金額が改定される
在職老齢年金の見直し	給与＋賞与＋年金の合計が28万円を超えると，年金が停止される	給与＋賞与＋年金の合計が47万円を超えると，年金が停止される
受給開始年齢の選択肢の拡大（受給開始年齢は65歳で変更なし）	60～70歳までの間で選択可能	60～75歳までの間で選択可能

（厚生労働省資料による）

Ⓑ私的年金

企業年金	個人年金
従業員の退職後の生活をよりゆたかにするために，企業や団体が給付する年金。・確定給付企業年金・確定拠出年金・厚生年金基金	老後の必要な生活資金に備え，各個人で加入する年金。・国民年金基金・iDeCo（個人型確定拠出年金）・財形年金・金融商品，保険商品

解説 公的年金に上乗せして給付される年金を，私的年金という。いわゆる「3階部分」の年金制度のこと。

Ⓒ租税中心と保険料中心の比較

	租税中心	保険料中心（＋租税）
基本的な仕組み	個人の保険料拠出を必要とせず，一律に給付 →**公助**の考え方	一定期間にわたり保険料を拠出し，拠出した程度に応じた額を給付 →**自助・共助**の考え方
給付の安定	政府の財政難で給付制限の可能性あり	比較的安定
保険料未納問題	解決可能	解消できない
企業負担（厚生年金の基礎年金部分）	企業負担なし	保険料を企業と労働者が折半し負担
財源不足への対応	消費税の引き上げ	保険料率の引き上げ

問 年金の財源について，租税中心と保険料中心のメリット・デメリットはそれぞれ何だろうか。

④ 高齢者雇用安定法

少子高齢化が急速に進展し人口が減少する中で，経済社会の活力を維持するため，「高年齢者等の雇用の安定等に関する法律」（高年齢者雇用安定法）の一部が改正され，2021年4月から施行されている。

▶②定年を過ぎても働き続ける高齢者。

Ⓐ高齢者雇用安定法の主な内容

❶70歳までの定年の引上げ
❷定年制の廃止
❸70歳までの継続雇用制度（再雇用制度・勤務延長制度）の導入（特殊関係事業主に加えて，他の事業主によるものを含む）
❹70歳まで継続的に業務委託契約を締結する制度の導入
❺70歳まで継続的に以下の事業に従事できる制度の導入
  a．事業主が自ら実施する社会貢献事業
  b．事業主が委託，出資（資金提供）等する団体が行う社会貢献事業

〈注〉事業主は左の❶～❺のいずれかを講ずるよう努めることとされている。

⑤「異次元の少子化対策」その財源は？

「異次元の少子化対策」について，政府は社会保険料の上乗せと社会保障の歳出改革の二つの軸で財源確保を目指す方針だ。新たに数兆円が必要となるこの政策の財源について，岸田首相は消費税増税を封印し，社会保障分野での歳出を削減することを検討している。しかし，新型コロナウイルス感染症の拡大や物価高で苦しむ医療や介護の現場からは歳出増を求める声が上がっており，このままでは「子どもvs高齢者」の構造になりかねない状況となっている。

| 2024年度 | 25年度 | 26年度 | 27年度 | 28年度 |

集中取り組み期間

加速化プラン
●児童手当の拡充
●「こども誰でも通園制度」（仮称）の創設
●育休給付金の引き上げ …など

実施に時間がかかる施策
雇用保険の適用拡大など
＋
政策をさらに検討
？

財源

●3兆円規模を想定
●社会保険料への上乗せと社会保障の歳出削減が軸
●加速化プランの実施が完了するまでに確保

財源は…？

（『朝日新聞』2023.5.23による）

政治も経済もグローバル化!? 国際社会を学ぶための5つのキーワード

「国際」とは，もともとは国と国とが出会う場所を意味している。英語の「International」という言葉も，国（nation）と国（nation）の間（inter）の，という意味である。つまり，国際社会を学ぶということは，複数の人々が集まって形成された国家と国家とが出会う場所における，秩序の形成や維持にかかわる営み（政治分野），国境を越えたモノ・カネ・ヒト・情報などの基礎的な生産要素や，財が頻繁に移動して内外の境目のない経済のボーダーレス化（経済分野）について考察しようとするものである。

1 国際社会を学ぶための基本的な考え方

▶1 レバノン国境付近に配備されている戦車。

キーワード① アナーキー（無政府状態）

国内政治とは異なり，国際政治においては統治者がいるわけではない。基本的に国内で起きたことは警察や法律などが対処してくれるが，そのような人が誰もいない国際社会を「無政府状態」として，英語ではanarchyと呼ぶ。こうした無政府状態の中では，どうやって自分たちの安全を守ったり，問題に対処したりするのかがポイントになる。

キーワード② バランス・オブ・パワー（勢力均衡）

どこの国が強くて，どこの国が中くらいで，どこの国が弱いのかといった勢力（軍事力や資金力）が，どうやってバランス（均衡）を保っているかということである。もし強い国が力を持ちすぎたら，弱い国に対して戦争をしかけていくかもしれない。そうした国同士の関係を理解することで，「無政府状態」の国際社会ではどのように行動すべきなのか，ということが見えてくる。

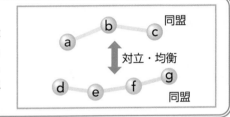

キーワード③ 比較優位

経済用語で，ある国が貿易相手国よりも機会費用を低く抑えて，特定の財やサービスを生産できる能力を意味する言葉である。例えば，以下のような2つの国がある。

A国 みかんの生産は得意だが，りんごはさっぱり
B国 みかんの生産はさっぱりだが，りんごは得意

2つの国が互いに得をする関係を築くには，A国がみかんの生産に注力してB国に輸出し，B国はりんごの生産に注力してA国に輸出するのが良いだろう。こうした関係がどのように実際の国家間で起きているのか，または，どう生産するべきなのか，ということを理解すると，国際社会の関係が見えてくる。

キーワード④ "人"は間違いを犯す

人は愚かで間違いを犯すものだ，ということ。国際政治とはいえ，実際にその政治を行うのは「人」。国家を代表するようなリーダーや，そのリーダーを支える多くの人がいたとしても，間違いはあるのだということを，国際関係を学ぶ上ではよく知っておく必要がある。国際政治，国際経済を学ぶ上で，いろいろな歴史を学習していくが，多くの国々がこの間違いを犯している。

キーワード⑤ 環境（社会構成）に左右される

人は環境によって左右されるので，そのことを考慮に入れて国際関係を見ていく必要がある，というのが社会構成の意味するところである。例えば，時代によっては男性と女性のジェンダーによる格差が当たり前だったが，今では性的マイノリティの結婚も社会的に認められる傾向にある。こうしたグローバルに広がる社会の流れというものを理解するために，人の行動や発言は社会によって構成されている側面があることを知る必要がある。

▶2 オーストリアで行われたLGBTQのパレード。多様性の象徴であるレインボーカラーを使用している。

2 国際レジーム論

国際レジーム論（regime theory） 無政府状態である国際社会において，合理的に利益を追求する国家や非国家主体が，国際的な課題を解決するために協調してつくる，国際レジーム（制度，ルール）について研究する理論。

Ⓐ国際レジームの代表例

国際社会で問題化したことについて，国家同士で協力してルール化や制度化してきたもの。

- 多角的自由貿易体制（GATT・WTO）
- バーゼル合意（BIS）による規制強化
- 対人地雷の禁止
- ODA（政府開発援助）による国際貢献
- ブレトン・ウッズ体制
- 核廃止・核軍縮に向けた条約の制定

Ⓑ国際レジームの問題意識

- 国際社会には，国家や非国家主体（国際機関やNGO，企業など）を規制する権力がないため，各々の主体は合理的に行動する。
- しかし，国際社会には解決すべき課題があり，その解決のために，様々な主体が協調して国際的な制度やルール，機関，規範（国際レジーム）を作ることがある。

Ⓒ国際レジームの定義

オラン・ヤング	国家によって構成される社会で，様々な目標を追求している行為主体（＝アクター：国家，国際機関，NGO，企業など）の必要に応えるために作られた制度的取り決め。
コヘインとナイ	国家間の相互依存の関係に影響を与える，国際社会全体をまとめる枠組みのセット。行動と行動の効果を規制するルール，規範および手続きのセットなど。
エルンスト・ハース	一般に認められたルールのセット，ある問題領域について，それを規制するために合意された，相互的な期待や規範，ルール，そして手続きのセット。
クラズナー	レジームとは，国際関係の特定の分野における明示的（エクスプリシット），あるいは黙示的（インプリシット）な，原理・原則，規範，ルール，そして意思決定の手続きのセットであり，それを中心として行為主体（アクター）の期待が一つにまとまっていくもの，である。

📝**解説** クラズナーの定義が最も包括的なものであり，これ以降，国際レジームの定義は上記のものが一般的に使われるようになった。

Ⓓ国際レジームの類型

国家がつくり，国家や非国家主体を規制するレジーム

例）GATT・WTO体制による多角的自由貿易体制レジーム
→国家がつくり，国際貿易における国家や企業を規制する

国家や非国家主体がつくり，国家や非国家主体を規制するレジーム

例）BIS規制
→BIS（国際決済銀行）によって国際銀行業務の規制（自己資本比率8％）が決められた。

非国家主体が作り，非国家主体を規制するレジーム

例）国際商事仲裁制度

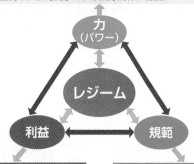

リアリズム
現実主義。主権国家，国籍，国力の強化や行使を重視し，権力闘争による国際関係に着目。

力（パワー） — **レジーム** — **利益** — **規範**

リベラリズム
自由主義。国際的相互依存や機能的協力を重視し，協調的な国際関係に着目。

コンストラクティヴィズム
構成主義。アイデンティティや規範などの主観的認識によって国際関係が左右されることに着目。

Ⓔ国際レジームの形成と変容

❶力（パワー）による形成

アメリカの政治学者A.F.K.オルガンスキーは，国際レジームを作ることによって，他国を間接的に支配し，行動を規制し，自国がより繁栄できるようになると述べている。

- 覇権国は自国の利益のために国際レジームをつくることがある。
- しかし，レジームは他国にとっても利益になる「公共財」としての性質を持つことがある。
- レジームの維持にはコストが必要だが，覇権国はレジームの維持のためにコストを負担し，他国はそれにタダ乗りするという状況が生まれることがある。

❷覇権国による規範の形成

国際政治学の世界では，力や経済的利益など実体的なものではなく，「規範」という非実体的なものを重視する立場（コンストラクティヴィズム／社会構築主義）が存在する。

- 覇権国は特定の問題領域において「〜であるべき」という規範を主張する。
- 覇権国は，その影響力の強さから規範を各国に共有させる。
- その結果，規範からレジームが形成し発展していく。

❸交渉利益・交渉による形成

リベラリストは，国際レジームを，各国が自国の利益に基づいた交渉によって，協調的につくられたものと考えている。つまり，リアリスト的な大国・覇権国の「強制」「支配」ではなく，力に違いがあっても交渉によって協調的に国際レジームがつくられると考える。

❹規範による形成

規範による国際レジーム形成の例としては，経済的自由主義という規範がアメリカを中心に世界各国で受け入れられ，今ではほとんどの国で内面化されていることなどが挙げられる。それに伴って，IMF，IBRD，GATT，WTOなどを中心として国際経済体制もレジームとして強化された。

- 規範起業家（NGOや特定の国家）が問題提起し，特定の問題領域における規範（〜であるべきという理念）を主張する。
- 規範が徐々に各国，各主体に共有されるようになる。
- 各主体が規範を学習し，内面化させていく。
- 規範によって国際レジームが形成される。

参考：山本吉宣『国際レジームとガバナンス』有斐閣，スティーヴン・D．クラズナー編，河野勝監訳『国際レジーム』勁草書房，リベラルアーツガイド「国際レジーム論とは？」HP

正義　法の支配　ルール　国際化

Introduction サミット（主要国首脳会議）

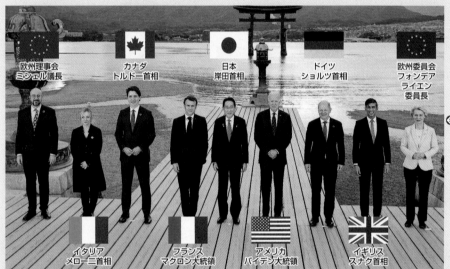

欧州理事会 ミシェル議長　カナダ トルドー首相　日本 岸田首相　ドイツ ショルツ首相　欧州委員会 フォンデア ライエン 委員長

イタリア メローニ首相　フランス マクロン大統領　アメリカ バイデン大統領　イギリス スナク首相

サミットとは？

サミットは，年に１回，参加国のトップ（首脳）が集まる場で，「**主要国首脳会議**」と呼ばれる。参加国は日本，アメリカ，イギリス，ドイツ，フランス，イタリア，カナダの７か国（G7）とEU。

←❶広島県の厳島神社で写真撮影をする首脳たち。2023年に日本で開かれた「G7広島サミット2023」は，５月19日〜21日の３日間にわたって開催され，世界経済，地域情勢，様々な地球規模の課題について意見が交わされた。

（写真提供：ウクライナ大統領府）

きっかけは第一次石油危機（1973年）

サミットは，当時のフランス大統領が石油値上げ・不況を討議する首脳会議を提案したことで，1975年に先進６か国で始まった（翌年カナダが加わり７か国となった）。以後毎年行われ，経済問題以外に政治課題も議論されるようになる。冷戦後はロシアも参加し，「先進国首脳会議」から「主要国首脳会議」となった。主要８か国を**G8**（Group of Eight）と呼び，サミットはG8＋EUで行われる。しかし2014年，ロシアがウクライナのクリミア半島を自国領にしたことで，ロシアは参加資格を停止され，これ以降，再び７か国による**G7**となった。

近年では，中国などの新興国が経済力を伸ばしてきたため，G7が世界経済に占める割合や世界への影響力が相対的に低下してきた。そのため，2008年の金融危機以降は中国やインドなども参加する**G20**も開催されるようになった。

→❷広島空港に到着したウクライナのゼレンスキー大統領。「G7広島サミット2023」では，ゼレンスキー大統領が来日し，原爆資料館の視察，ウクライナ情勢に関するセッションが行われた。

Ⓐ最近のサミットの主な議題

2019	（フランス）ビアリッツ	2020	テレビ会議
●世界経済・不平等との闘い（ジェンダー平等を含む）・外交など。		●新型コロナウイルスに関し，感染拡大防止策，経済状況など。	
2021	（イギリス）コーンウォール	2022	（ドイツ）エルマウ
●世界経済，中国の人権問題，ワクチン支援など。		●世界経済，ウクライナ情勢，デジタル秩序など。	

1 国際政治のはじまり─ウェストファリア条約

世界史史上には，いつも多数の戦争がある。それにしても，17世紀のヨーロッパは極端だ。前半には三十年戦争。そして後半にはルイ14世がしかけた戦争のかずかず。その世紀が面白いのは，戦争の数が多いためばかりではない。興味をひくのは，**戦争がきちんとした終わり方をして，はっきりと決着がはかられていること**。17世紀になって，その終結のやり方に国家間のルールができあがった。これは画期的である。**和平の条約が習慣化された**のだ。最大にして最初の条約は，1648年のウェストファリア条約。関係国がつどい，戦争のやめ方を論じ，あとくされのないやり方で和平が合意された。

国　国
ルール
国　国

第二には，これらの条約が多くの場合，２国間であるどころか，３か国，４か国と複数の国家間で結ばれたこと。さらにはあいつぐ戦争で，条約の当事国の組合せが千変万化したことである。昨日の味方が，明日には敵となる。わずか30年ほどのうちにあいついで国際条約ができた。

多国間の調整としての条約。利害を適度に均衡させて，すくなくとも当座の対立を解消してバランスを実現すること。これこそ17世紀の政治精神であった。

（樺山紘一『世界史への扉』朝日新聞社による）

解説 ヨーロッパを舞台とした三十年戦争の終結のためのウェストファリア条約が，近代的国際関係の起源である。

月面に基地を設置するときは，国連事務総長に報告しなければいけない。「月協定（月その他の天体における国家活動を律する協定，1984年発効）」というものがあって，月における活動はこの国際法に従うことになっているんだよ。

2 国際法と国内法の違い

国際法		国内法
統一された立法機関は存在せず，主権国家が自ら認めた場合に拘束される。	立法機関	議会が決定した法は国民を拘束する。
国連や国際機構が部分的に執行するが，統一的なものはない。	行政機関	政府によって執行される。
国際司法裁判所は当事国が合意した場合のみ裁判を開くことができる。	司法機関	裁判所が強制管轄権を持ち，訴えにより裁判を開始できる。

解説 オランダの法学者**グロティウス**（1583〜1645）は三十年戦争の最中に『戦争と平和の法』を著し，国家相互間の激しい権力闘争を規制するための国際法が必要であることを主張した。それが近代国際法の観念的な基礎をつくるうえで重要な役割を演じることになり，彼は**「国際法の父」**と呼ばれるようになった。

↑❸グロティウス

3 国際法の分類

形式による分類	国際慣習法	国家間に一定の行為が繰り返し行われ，その慣行が国際社会の法的義務だという認識が形成されたもの。例政治犯不引渡しの原則など
	条約	国家間，または国際機構を当事者として創設・文書化された規範。憲章・協定・規約なども広い意味での条約である。例日米安保条約，ラムサール条約など
適用時による分類	平時国際法	平常時の国家間の法的関係を規定したもの。例難民条約（難民の保護を求める）など
	戦時国際法	戦争発生の際，可能な限り人道を維持し，武力による惨害を緩和するため形成されたもの。最近は「国際人道法」として体系化されようとしている。例ジュネーブ諸条約（捕虜の待遇に関する条約，戦時における文民の保護に関する条約）など

4 国連海洋法条約

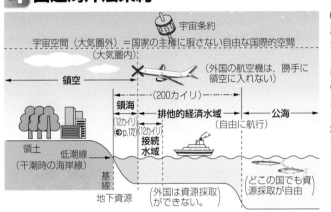

宇宙条約
宇宙空間（大気圏外）＝国家の主権に服さない自由な国際的空間
（大気圏内）
（外国の航空機は，勝手に領空に入れない）
領空
（200カイリ）
領海
（12カイリ）❺p.172
排他的経済水域
公海
（自由に航行）
領土
接続水域
（12カイリ）
低潮線
（干潮時の海岸線）
基線
地下資源
（外国は資源採取ができない）
（どこの海でも資源採取が自由）

解説 この条約により，沿岸から**200カイリ**（海里）以内が**排他的経済水域**（EEZ）とされ，公海の概念が変化した。経済水域やその下部の大陸棚の資源に関しては，沿岸国が主権的権利を有する。

大陸棚に関しては沿岸より200カイリ以上あってもその資源は沿岸国のものとされ，これが近年の日中EEZをめぐる対立原因となっている。

〈注〉1カイリ＝1,852m，200カイリ≒370km。

（国土交通省提供）
↑❹日本の最南端・沖ノ鳥島　この島があるとないとでは経済水域に大きな違いがでるため，沈まぬように護岸工事が施されている。（❺p.173）

国際政治

5 国際的な司法機関

国際司法裁判所（ICJ=International Court of Justice）		国際刑事裁判所（ICC=International Criminal Court）
国家間の紛争を裁く 国連の諮問に応じて，法律問題について勧告的意見を与えることもある。	裁判の対象	**個人の責任を裁く** 対象は，国際社会の懸念となる，4つの重大犯罪（大量虐殺・戦争犯罪・人道に対する罪・侵略）。
1946年　ハーグ（オランダ）	設立年と本部	2003年　ハーグ（オランダ）
当事国間の合意に基づく提訴	訴訟開始	加盟国または国連安保理の要請など
一審制，原則的に再審なし	上訴	二審制
シンガポールとマレーシアが，ペドラブランカ島の領有について提訴。シンガポール領と確定（2008年）。	判例	コンゴ民主共和国の武装勢力指導者が少年兵を使用したとして禁錮14年の判決（ICCが下した初の判決，2012年）。
国際連盟下で設置された常設国際司法裁判所を引き継ぐ。	その他	日本は2007年に加盟。パレスチナは2015年に加盟。

チェック&トライ

チェック 国際法　国際慣習法　排他的経済水域　国際司法裁判所　国際刑事裁判所　　トライ ・国際司法裁判所と国際刑事裁判所の違いを簡単にまとめてみよう。

Introduction　本部はヨーロッパからアメリカへ

旧国際連盟本部（スイス・ジュネーブ）

ハーグ（オランダ）　プラハ（チェコ）　ジュネーブ　ウィーン（オーストリア）　ニューヨーク

←❶旧国際連盟本部ビル（スイス・ジュネーブ）1938年完成。現在は国際連合ジュネーブ事務局として使用

→❷国際連合本部ビル（アメリカ・ニューヨーク）1952年完成。左は総会会議場ビル，右の事務局ビルは39階建て

国際連合本部（アメリカ・ニューヨーク）

国際連合発足前に，本部の場所を巡って大きな対立があった。

本部をヨーロッパにすべき

西ヨーロッパ諸国
　ジュネーブやハーグ，ウィーンやプラハなど，ヨーロッパにあるべきだ（世界の政治の中心地を維持したい）。

中立的立場…アメリカ，カナダ

本部をアメリカにすべき

ソ連・中国・オーストラリア・ラテンアメリカ等ほとんどの国
　アメリカを孤立主義に戻らせず，同国の全面的な支持を獲得するには，アメリカの国境内に設立するのが最善だ。

→❸ロックフェラー2世

　結局，執行委員会がアメリカを推薦した。その後，アメリカのどこにするかでも意見が対立したが，ニューヨークを本部にする条件でロックフェラー2世が8,500万ドルの寄付を申し出て，現在の場所に決定した。（加藤俊作『国際連合成立史』有信堂高文社による）

→❹国際連盟準公式旗

LEAGUE OF NATIONS
SOCIETE DES NATIONS

←❺国際連合旗

1 国際連盟と国際連合の比較

国際連盟 （League of Nations）		国際連合 （United Nations）
第一次世界大戦の悲惨な経験への反省から，ウィルソンの平和原則14か条（1918年）に基づいて成立。	成立の経過	国際連盟が第二次世界大戦を防止できなかった反省から，大西洋憲章（ルーズベルト米大統領・チャーチル英首相が調印）を基本構想として成立。
1920年　ジュネーブ（スイス）	設立年と本部	1945年　ニューヨーク（アメリカ）
原加盟国42か国。最大時（1934年）60か国。アメリカ不参加。ソ連は1934年に加盟。日本・ドイツ（1933年），イタリア（1937年）脱退。	加盟国	原加盟国51か国。2023年7月現在193か国。アメリカ・イギリス・ロシア（旧ソ連）・フランス・中国の五大国が常任理事国として最初から参加，国連の中核をなす。
総会・理事会・事務局，自治的機関として常設国際司法裁判所と国際労働機関。	組織	**総会・安全保障理事会**（5常任理事国と10非常任理事国）・**経済社会理事会**・信託統治理事会・国際司法裁判所・事務局。
総会・理事会とも**全会一致主義**を採用。	表決の方法	総会は**多数決主義**。安全保障理事会は**五大国一致主義**（**拒否権**あり）。
経済的制裁が中心（通商・金融・交通などの関係断絶など）。	制裁措置	経済的制裁のほかに安全保障理事会は**軍事的強制措置**をとることができる。
❶全会一致主義の議決方法で，意思決定が困難。❷アメリカの不参加，ソ連と独を除外して発足。❸制裁措置が経済的制裁のみで不十分。	問題点	❶安全保障理事会の権限が大きく，五大国の拒否権により大国間の対立には効果を上げ得ない。❷財政難。

解説 世界平和の維持をめざした，人類史上初の国際機関だった国際連盟が失敗した最大の原因は，大国の指導力不足・制裁手段の不備であった。国際連合では，国際連盟の欠陥が補われている。最大の違いは❶大国が主導権を握ったこと❷制裁手段として国連軍による軍事的強制力が認められたこと❸旧連合国5か国が安保理の常任理事国となり拒否権を与えられたこと❹それ以外は多数決制が導入されたことである。

2 平和はどう守る？

〈勢力均衡〉

a — b — c 同盟
対立・均衡（きんこう）
d — e — f — g 同盟

↓ 第一次世界大戦

〈集団安全保障〉

e → a
侵略（しんりゃく）
d → f ← b
c
制裁

f 国が a 国を侵略した場合，b〜e の加盟国は f 国に集団的制裁実施。

解説 学校に，仲が悪い二つのグループがあるとする。お互い，相手が手出ししてこないか警戒しているので，一方が仲間を増やせば，もう一方も仲間を増やしてバランスを保ち，相手が手出しできないようにする。こうして平和な状態を保とうとするのが**勢力均衡**の考え方だ。

だが，これではグループ同士がけんかになる可能性をゼロにはできない。そこで，ケンカそのものを一切禁止し，それでも手を出す者がいたら，生徒が全員でやめさせることにする。これが**集団安全保障**の発想だ。勢力均衡は，20世紀欧州の三国同盟・三国協商が有名だが，これが第一次世界大戦につながったという反省から，国際連盟で集団安全保障の仕組みが実現し，国際連合でもそれが引き継がれた。

しかし，集団安全保障は機能するのか。この保障が機能するには，侵略が生じた際に侵略された国以外の全加盟国による制裁が必ず実施されるという見込みが必要となるが，これは国家が国際法や国際組織に従うというきわめて理想主義的な発想に基づいている。ロシアのウクライナ侵攻（しんこう）は集団安全保障の限界を示していると言えよう。

3 国連Q&A

Q1 国連は何のためにできたの？

A1 第二次世界大戦では世界中のほとんどの国が敵味方に分かれて戦争をして，多くの人が死んだり傷ついたりした。そこで「世界の国々が二度と戦争をしないですむような世界的なしくみをつくろう。もし戦争になっても，すぐにストップできるようにしよう」と考えられたのが国際連合＝国連だ。

Q2 似たような名前に，国際連盟というのもあるでしょ？

A2 国際連盟というのは，第一次世界大戦の後に，やはり「二度と戦争を起こさないように」という願いをこめてつくられた。でもアメリカが参加しなかったり，

ドイツ　アメリカ　日本　国際連盟

日本やドイツが途中で脱退したりして，世界中の国が参加するという形にならなかった。また何かを決めるとき，全員一致でないといけなかったので，意見が対立すると何も決められなかったんだ。結局，国際連盟では第二次世界大戦を防げなかった。その反省からスタートしたのが国際連合だ。

Q3 国際連盟に比べてどこが違うの？

A3 一番の違いは「常任理事国」という強い力をもっている5つの国（アメリカ・ロシア・中国・イギリス・フランス）に特別の権利を与えていることだ。また国連の決定を守らない国にはお仕置きをするしくみをつくった。

特　別　の　権　利

Q4 なぜ5つの国は特別なの？

A4 第二次世界大戦では，日本・ドイツ・イタリアの3か国と，それに反対する連合国とが戦争をした。この連合国が国連になった。そして連合国の中で中心になっていたのが5つの国だったんだ。国際連盟のときはどの国も平等だったから，意見が対立すると何も決められなかった。国際連合では5つの国がOKすればいいようにして物事を決めやすくした。国際連盟に比べれば不公平なしくみだが，効果はあがっているんだよ。常任理事国の数も含めた安保（あんぽ）理改革が議論されているけれど，なかなか進まないのが現状。

（『週刊こどもニュースで学ぼう3』汐文社による）

4 国連加盟国数の変遷（へんせん）と歴代事務総長

〈注〉①〜は国連事務総長の代数。　＊ビルマは現在のミャンマー。

（『信濃毎日新聞』1995.2.25などを参考に作成）

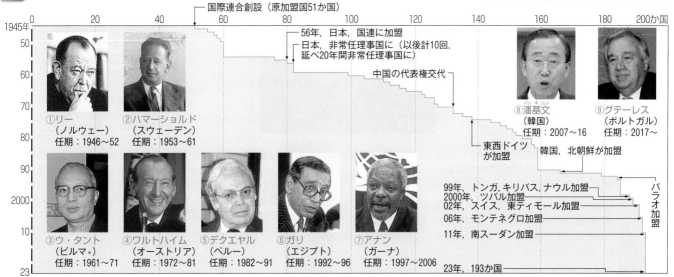

国際連合創設（原加盟国51か国）

- 56年，日本，国連に加盟
- 日本，非常任理事国に（以後計10回，延べ20年間非常任理事国に）
- 中国の代表権交代
- 東西ドイツが加盟
- 韓国，北朝鮮が加盟
- 99年，トンガ，キリバス，ナウル加盟
- 2000年，ツバル加盟
- 02年，スイス，東ティモール加盟
- 06年，モンテネグロ加盟
- 11年，南スーダン加盟
- 23年，193か国
- パラオ加盟

①リー（ノルウェー）任期：1946〜52
②ハマーショルド（スウェーデン）任期：1953〜61
③ウ・タント（ビルマ＊）任期：1961〜71
④ワルトハイム（オーストリア）任期：1972〜81
⑤デクエヤル（ペルー）任期：1982〜91
⑥ガリ（エジプト）任期：1992〜96
⑦アナン（ガーナ）任期：1997〜2006
⑧潘基文（バン・ギ・ムン）（韓国）任期：2007〜16
⑨グテーレス（ポルトガル）任期：2017〜

チェック＆トライ

チェック 国際連盟　国際連合（UN）　勢力均衡　集団安全保障

トライ ・国際連盟と国際連合の違いをまとめてみよう。

Introduction 国連で活躍する日本人

国際連合やその関連機関では，全世界から集まったおよそ83,000人の職員が働いている。職員たちは，安全保障，経済，人権，国際法などの専門分野で活躍しており，その中には956人の日本人も含まれている（2021年末時点）。

外務省は，国連で働く職員の育成や派遣に向けて積極的に活動を行っており，例えば，若手人材の育成プログラムや，国際機関への就職希望者向けのセミナーを開催している。

緒方貞子（2019に死去）

国連難民高等弁務官（1991〜2000）など
　難民支援活動に力を入れた。2003〜12年は国際協力機構（JICA）理事長。曽祖父は犬養毅。東京都出身。

明石康

UNTAC事務総長特別代表（1992〜93），国連事務次長（人道問題担当，1996〜97）など
　カンボジア和平に努めた。初の日本人国連職員（1957年採用）。秋田県出身。

小和田恆

国際司法裁判所所長（2009〜12）など
　元外務省事務次官。長女は皇后（雅子）。新潟県出身。

1 国際連合機構図

（国連広報センター資料などによる）

事務局　信託統治理事会（活動停止）　安全保障理事会 ── 制裁委員会／軍事参謀委員会

国連総会 ── 平和構築委員会

〈注〉●は主要機関

人権理事会
主要委員会
常設，特別，会期委員会
その他の総会下部機関

持続可能な開発に関する
ハイレベル政治フォーラム（HLPF）

総会付属・常設機関
国連パレスチナ難民救済事業機関（UNRWA）
国連貿易開発会議（UNCTAD）
国連児童基金（UNICEF）
国連難民高等弁務官事務所（UNHCR）
国連開発計画（UNDP）
国連環境計画（UNEP）
国連大学（UNU）
国連人間居住計画（UN-HABITAT）
国連人口基金（UNFPA）
世界食糧計画（WFP）
UNウィメン（UN Women）

経済社会理事会
地域経済委員会
機能委員会
国連合同エイズ計画（UNAIDS）

国際司法裁判所
国際原子力機関（IAEA）
世界貿易機関（WTO）
化学兵器禁止機関（OPCW）
国際移住機関（IOM）

←1 国連総会ホール

専門機関
国際労働機関（ILO）
国連食糧農業機関（FAO）
国連教育科学文化機関（UNESCO）
世界保健機関（WHO）
国際開発協会（IDA） ┐
国際復興開発銀行（世界銀行）（IBRD） │ 世銀
多数国間投資保証機関（MIGA） ├ グループ
国際金融公社（IFC） │
投資紛争解決国際センター（ICSID）┘
国際通貨基金（IMF）
国際民間航空機関（ICAO）
万国郵便連合（UPU）
国際電気通信連合（ITU）
世界気象機関（WMO）
国際海事機関（IMO）
世界知的所有権機関（WIPO）
国際農業開発基金（IFAD）
国連工業開発機関（UNIDO）

国連総会	**任務** 国連憲章の範囲内で問題を討議し，加盟国または安全保障理事会に勧告するが，拘束力はない。 **構成** 全加盟国代表で構成。投票は各加盟国1票。
事務局	**任務** 国際連合運営に関するすべての事務を行う。 **事務総長** 事務局の責任者。国連の事務一般を担当し，国際平和を脅かす事項について安保理に勧告する。任期5年。現在，第9代グテーレス（ポルトガル・2017〜）。
経済社会理事会	**任務** 非政治的分野での国際協力のため，国際問題を研究して総会・加盟国・専門機関に報告・勧告する。 **構成** 54の理事国（任期3年，毎年3分の1改選）

安全保障理事会

任務 ❶国連で最も重要な機関。国際平和の安全と維持のため，主要な責任を負う。❷全加盟国に代わって任務を遂行し，その決定は各加盟国に対し拘束力をもつ。

構成 常任理事国（5か国）…**ロシア，アメリカ，フランス，中国，イギリスが拒否権**をもつ。

非常任理事国（10か国）…総会の投票で3分の2の多数を得た国を選出。原則任期2年，引き続きの再選なし。毎年半数を改選。アラブ首長国連邦，ガーナ，ガボン，ブラジル，アルバニア（2023年末まで），日本，モザンビーク，エクアドル，マルタ，スイス（2024年末まで）

Seikeiマニア 日本以外の国連加盟国で，憲法で軍隊の保持を認めていない国はコスタリカ。1949年制定の憲法第12条で，常設機関としての軍隊を禁じている。ただし，米州協定によって（コスタリカは中米の国），国家防衛の目的で軍事力を組織することができるとも規定されている。

2 国連の規模

Ⓐ比較しよう！国連予算 （国連広報センター，SIPRI資料などによる）

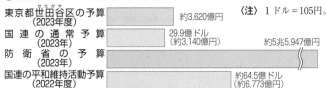

〈注〉1ドル＝105円。

- 東京都世田谷区の予算（2023年度） 約3,620億円
- 国連の通常予算（2023年） 29.9億ドル（約3,140億円）
- 防衛省の予算（2023年） 約5兆5,947億円
- 国連の平和維持活動予算（2022年度） 約64.5億ドル（約6,773億円）

Ⓑ日本の分担金負担割合の推移

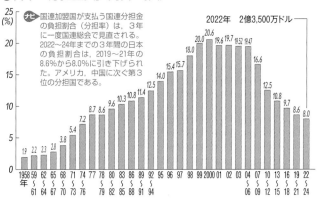

ナビ 国連加盟国が支払う国連分担金の負担割合（分担率）は，3年に一度国連総会で見直される。2022～24年までの3年間の日本の負担割合は，2019～21年の8.6％から8.0％に引き下げられた。アメリカ，中国に次ぐ第3位の分担国である。

（国連広報センター，外務省資料による）

Ⓒ国連のスタッフ （国連広報センター資料による）

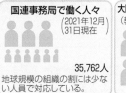

国連事務局で働く人々（2021年12月31日現在） 35,762人
地球規模の組織の割には少ない人員で対応している。

大阪府の一般職に属する職員数（教育・警察含む）（2021年） 73,182人

ナビ 「国連事務局」国連本体と，基金や計画（ユニセフやUNHCRなど），専門機関（UNESCOやWHOなど）の総称

Ⓓ国連事務局職員国籍別人数

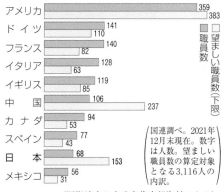

職員数 / 望ましい職員数（下限）

- アメリカ 359 / 383
- ドイツ 141 / 110
- フランス 140 / 82
- イタリア 128 / 63
- イギリス 119 / 85
- 中 国 106 / 237
- カナダ 94 / 53
- スペイン 77 / 43
- 日 本 68 / 153
- メキシコ 56 / 31

国連調べ。2021年12月末現在。数字は人数。望ましい職員数の算定対象となる3,116人の内訳。

（国際連合日本政府代表部資料による）

解説 これまで国連に大きく貢献してきた国連職員として明石 康さん，緒方貞子さんらの名前が挙がるが，現在も国連事務次長として活躍する中満 泉さんなど要職に就いている人々もいる（→p.153）。しかし，国連が求める「望ましい職員数」に対する充足率はまだ低い。

---

3 国連予算の分担率

Ⓐ予算と分担率

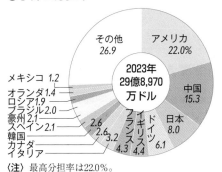

2023年 29億8,970万ドル

- その他 26.9
- アメリカ 22.0％
- 中国 15.3
- 日本 8.0
- ドイツ 6.1
- フランス 4.4
- イギリス 4.3
- イタリア 3.2
- カナダ 2.6
- 韓国 2.6
- スペイン 2.1
- 豪州 2.1
- ブラジル 2.0
- ロシア 1.9
- オランダ 1.4
- メキシコ 1.2

〈注〉最高分担率は22.0％。

（外務省資料による）

Ⓑ国連分担金の未払い状況 （2012年10月現在）

約8.6億ドル

- その他 13.0
- アメリカ 87.0％

（国連広報センター資料による）

解説 アメリカは「わざと」国連分担金を滞納している。「国連の組織は無駄が多く，改善するまで払わない」のだという。だが裏では，圧力をかけることで国連をもっとアメリカ寄りにさせたいというねらいがある。

---

4 拒否権の発動回数推移

Ⓐ安保理における拒否権発動回数の推移 （2023年8月末現在）

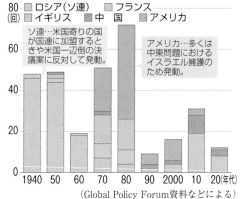

（回）ロシア（ソ連） フランス イギリス 中国 アメリカ

ソ連…米国寄りの国が国連に加盟するときや米国一辺倒の決議案に反対して発動。

アメリカ…多くは中東問題におけるイスラエル擁護のため発動。

1940 50 60 70 80 90 2000 10 20（年代）

（Global Policy Forum資料などによる）

↑2 2022年2月，安保理では，ウクライナに侵攻したロシア軍の即時撤退などを求める決議案がロシアの拒否権行使により否決された。アメリカの国連大使は「常任理事国の権限乱用」と厳しく非難，安保理の機能不全が露呈した。一方で，拒否権の発動がなければ米ソ（ロ）などの大国が衝突し，世界戦争に発展していた可能性もあり，それを防ぐための安全弁として機能している側面もある。

---

5 安全保障理事会の機構

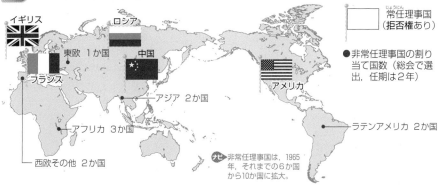

- イギリス
- ロシア
- 中国
- アメリカ
- フランス
- 東欧 1か国
- アジア 2か国
- アフリカ 3か国
- ラテンアメリカ 2か国
- 西欧その他 2か国

□ 常任理事国（拒否権あり）

● 非常任理事国の割り当て国数（総会で選出，任期は2年）

ナビ 非常任理事国は，1965年，それまでの6か国から10か国に拡大。

チェック＆トライ

チェック 国連総会 安全保障理事会 常任理事国 拒否権

トライ 国連安全保障理事会における拒否権発動回数の推移から，その意義と課題点をまとめてみよう。

国際連合の活動

幸福　正義　公平性　グローバル化

Introduction 国連が目指す男女同率——国連事務次長 中満泉さん

⬅①国連事務次長の中満泉さん。ニューヨークにある国連本部の執務室には、娘の描いた絵を掛けている。

女性のリーダーも珍しくなくなった今日、国連では職員の男女同率を目指す動きが強まっている。日本人女性初の国連事務次長である中満泉さんのインタビュー。これを読んでなにを感じるだろう。

「国連の仕事は平和や安全保障、開発など様々な分野でニーズを把握して対応すること。そしてニーズの半分は女性のもの。1989年に国連難民高等弁務官事務所（UNHCR）に入り、クルド難民危機の対応で国連機関が初めてイラクに入国する際、「女性はだめ」と言われましたが、実際に行きました。1992年にはボスニ

ア紛争下のサラエボに行きました。女性の国連職員で初めてでした。「住民の半分は女性だし、女性だからって特に危険はない」と、私としては自然なことだったのですが、UNHCR上層部ではショックをもって受け止められたそうです。現場に出るときに心配してくれる人はいましたが、一番大事なのは成果を見せることです。日本社会では男性も大変な思いをしています。職場などでの男女同率を進めていくのは男性にとってもいいことがあるはず。楽になりますよ。若い人たちに言いたいのは、不可能なことはないということです。長い目で歴史を見ると、女性が参政権を持つというのは100年前は考えられなかった。世界は変わるのです。それを変えてきたのが人間であり、市民なのです。変わらないと諦めることは、絶対にしてほしくないですね。」

（『朝日新聞』2019.3.7による）

Ⓐ主な国の国連事務局職員の男女別人数

国名	男性	女性	国名	男性	女性
アメリカ	155	204	ロシア	31	19
イギリス	69	50	中国	48	58
フランス	70	70	日本	24	44

〈注〉数字は人数、2021年末時点。　　（国連資料による）

1 平和に関する活動——国連平和維持活動（PKO）（➡p.170）

冷戦下、米ソを中心とする東西対立の中、安保理常任理事国間で協調が得られず、国連憲章が本来予定した集団安全保障体制が機能しなかったため、国連の40年にわたる慣行が生み出した。国連憲章にはその明確な規定はないが、紛争の平和的解決を定めた第6章と、「国連軍」について定めた第7章との中間に位置することから「6章半の活動」とよばれる。組織形態には停戦監視団と平和維持軍（PKF）がある。

Ⓐおもな国連PKO（Peace Keeping Operations）

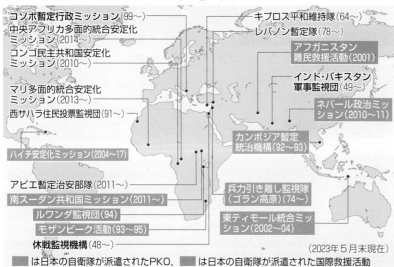

コソボ暫定行政ミッション（99〜）
中央アフリカ多面的統合安定化ミッション（2014〜）
コンゴ民主共和国安定化ミッション（2010〜）
マリ多面的統合安定化ミッション（2013〜）
西サハラ住民投票監視団（91〜）
ハイチ安定化ミッション（2004〜17）
アビエ暫定治安部隊（2011〜）
南スーダン共和国ミッション（2011〜）
ルワンダ監視団（94）
モザンビーク活動（93〜95）
休戦監視機構（48〜）
キプロス平和維持隊（64〜）
レバノン暫定隊（78〜）
アフガニスタン難民救援活動（2001）
インド・パキスタン軍事監視団（49〜）
ネパール政治ミッション（2010〜11）
カンボジア暫定統治機構（92〜93）
兵力引き離し監視隊（ゴラン高原）（74〜）
東ティモール統合ミッション（2002〜04）

（2023年5月末現在）

■は日本の自衛隊が派遣されたPKO、■は日本の自衛隊が派遣された国際救援活動

2 国連軍とPKOの比較

	国連憲章上の国連軍	平和維持活動（PKO）
目　　的	侵略の鎮圧・平和の回復	武力衝突再発の防止
主要任務	侵略者に対し軍事的強制力を行使。平和の回復	停戦、兵力引き離しの監視、現地の治安維持など
設立根拠	憲章43条・特別協定	憲章22・29条
活動根拠	憲章39・42条	明示規定なし（第6章半）
設立主体	安全保障理事会	安全保障理事会・総会
指　　揮	未定（憲章47条3）	国連事務総長
編　　成	安保理常任理事国を中心とした大国の軍隊を中心に構成。一度も組織されたことがない。	大国や利害関係国を除く諸国の部隊・将校を中心に構成。国連軍の代わりとして登場
武　　装	重武装	平和維持軍（PKF）＝軽武装 停戦監視団＝非武装
武器使用	原則として無制限	自衛の場合に限定

紛争のなかには、平和維持軍が出ていくだけでおさまってしまうものもある。そのため、平和維持軍の兵士たちは、ふつうは身を守るための武器を持っているだけだ。しかし、ときには武器を使わなければならず、死者が出ることもある。1948年以降、兵士とそのほかの国連スタッフあわせて、2,000人以上が、平和維持活動の最中に命を落としている。

3 人 権 *HUMAN RIGHTS*

第二次世界大戦での反省から，戦争こそ最大の人権侵害であり，平和と人権問題は切り離せないという認識のもとに，国連はその主要目的として「人権と基本的自由の保障」をかかげた。国連がこの目的を実現するため最初に取り組んだのは，経済社会理事会のもとに人権委員会を設け，国連憲章でうたわれている「人権と基本的自由の尊重」をより具体化した「世界人権宣言」の起草だった。人権のどの部分のどこまでを国際的に保障する必要があるか，まず法的拘束力のない「宣言」という形でアピールし，その後，宣言の内容の実現に向けて強制力を持つ「条約」を作成し，国連総会で採択している。

ⒶＡ国連が採択した宣言と人権条約との関係

宣言・決議・国際年	条約（カッコ内は採択年）
世界人権宣言（1948）	➡国際人権規約（1966）
児童の権利宣言（1959） 国際児童年（1979）	➡子ども（児童）の権利条約（1989）
人種差別撤廃宣言（1963）	➡人種差別撤廃条約（1965）
人種差別と闘う10年　第1次1973-82　第2次1983-92　第3次1993-2002	
女性差別撤廃宣言（1967）	➡女性（女子）差別撤廃条約（1979）
南ア人種差別非難決議（1968）	➡アパルトヘイト犯罪条約（1973）

4 保 健 *HEALTH*

◀❷WHOの旗　国連旗中央に蛇と杖（医学の象徴）

◀❸WHOのテドロス事務局長。エチオピア出身。

WHO（世界保健機関）のテドロス事務局長は，2023年5月5日，新型コロナウイルス感染症の拡大を受けて発出した「国際的に懸念される公衆衛生上の緊急事態」の宣言を終了すると発表した。この宣言は2020年1月に発出されたもので，これを受けて各国は，感染対策やワクチン接種などの対応を強化してきた。この宣言終了についてテドロス事務局長は，「これは新型コロナウイルスがもう世界的な脅威ではないという意味ではない。ウイルスは命を奪い続けている」と強調した上で，「各国は緊急態勢から，新型コロナウイルスを他の感染症と同様に管理するように移行する時期が来た」と述べた。

新型コロナウイルスへの初期対応をめぐり批判を受けたWHO。WHOに勤務し，新型インフルエンザやエボラ出血熱など感染症の危機管理を指揮した進藤奈邦子さんは，「いったんは感染が落ち着く時期がくる。大事なのは次の波をどう抑えるかで，そのためには国際協調が欠かせない。米国がWHOの根本的な対策を疑っているのか，感染が拡大したからスケープゴート（いけにえ）として攻撃しているのかは分からない。ただ，WHOを潰せば問題が解決するかといえば，それは違うだろう。最終的には一人ひとりの行動にかかっている」と述べている。これまでの活動や功績を考えても，WHOのように国を越えて活動を行う組織が果たす役割は大きい。

◀❹WHO本部で記者会見する進藤奈邦子さん。現地では自ら診察を行うこともある。

ⒶＡWHOの主な活動

年	活 動
1979	天然痘撲滅
88～	ポリオ撲滅計画
2003	たばこ条約採択
09	新型インフルエンザ対策
14	エボラ出血熱対策

ⒷＢWHOへの拠出額上位国・財団など（2018～19年）

国・財団など	拠出率
アメリカ	14.7%
ビル＆メリンダ・ゲイツ財団	9.8
GAVIアライアンス	8.4
イギリス	7.8
ドイツ	5.7
国連人道問題調整部	5.1
世界銀行	3.4
ローリーインターナショナル	3.3
欧州委員会	3.3
日本	2.7

（SWI swissinfo.chによる）

5 環 境 *ENVIRONMENT*

ⒶＡ環境問題にかかわる大きな流れ

	ローマ・クラブによる報告書『成長の限界』(1972)
1972年	国連人間環境会議（ストックホルム） 国連環境計画（UNEP）発足（1973）
1992年	地球サミット（国連環境開発会議）（ブラジル・リオデジャネイロ） 成果：①行動計画「アジェンダ21」採択。先進国のODA目標（対GNP0.7％達成へ）など②気候変動枠組み条約採択③生物多様性条約採択
2002年	環境開発サミット（ヨハネスブルグ・サミット）
2012年	リオ＋20（国連持続可能な開発会議） 環境と開発の両立（グリーン経済）めざす

UNEPがつくった国際条約

ワシントン条約 （1973）	野生生物の保護が目的。ワシントンで採択
ウィーン条約 （1985）	有害な紫外線から地球を守るためのオゾン層保護が目的
生物多様性条約 （1992）	多種多様な生物が生きていける地球環境を守るために，世界の国々が協力することを目的とする
バーゼル条約 （1989）	工場から出される産業廃棄物が，違法に外国に持ち出され，捨てられることのないよう規制することが目的

⬆❺2012年に開かれたリオ＋20（国連持続可能な開発会議）の閉幕式に出席した潘基文・国連事務総長（左）と議長国ブラジルのルセフ大統領（ブラジル・リオデジャネイロ　2012.6.22）。

チェック&トライ

チェック　国連平和維持活動（PKO）
世界人権宣言　　国際人権規約
国連環境計画（UNEP）

トライ　・国連軍とPKOの違いをまとめてみよう。

国際政治

世界終末時計から見る 戦後国際政治

核兵器開発から70数年，核兵器廃絶へ向けての世界的な取り組みはなかなか進まない。「核による抑止」が本当に現実的なのか，人類に残された時間から考えてみよう。

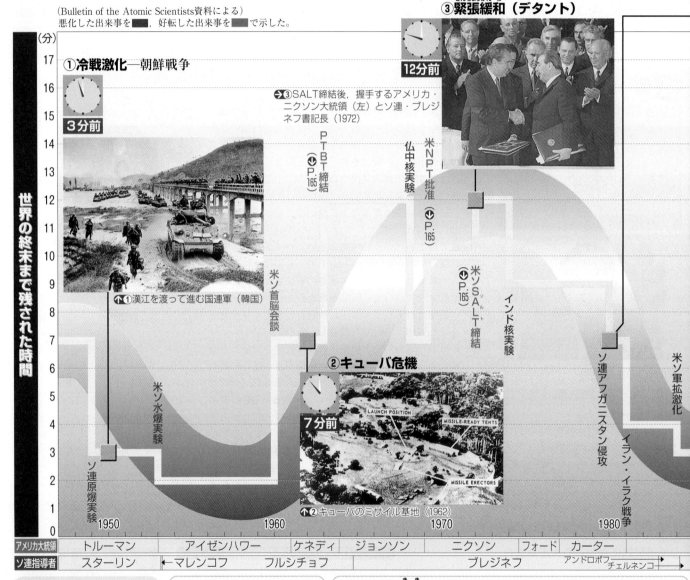

（Bulletin of the Atomic Scientists資料による）
悪化した出来事を■，好転した出来事を■で示した。

（分）

① 冷戦激化—朝鮮戦争

3分前

↑❶漢江を渡って進む国連軍（韓国）

米ソ水爆実験

ソ連原爆実験 1950

➌SALT締結後，握手するアメリカ・ニクソン大統領（左）とソ連・ブレジネフ書記長（1972）

PTBT締結（↓P.165）

米ソ首脳会談

仏中核実験

米NPT批准（↓P.165）

米ソSALT締結（↓P.165）

インド核実験

③ 緊張緩和（デタント）

12分前

ソ連アフガニスタン侵攻

米ソ軍拡激化

イラン・イラク戦争

② キューバ危機

7分前

↑❷キューバのミサイル基地（1962） 1970   1980

1960

アメリカ大統領	トルーマン	アイゼンハワー	ケネディ	ジョンソン	ニクソン	フォード	カーター
ソ連指導者	スターリン	←マレンコフ　フルシチョフ		ブレジネフ		アンドロポフ／チェルネンコ→	

縦軸：世界の終末まで残された時間

世界終末時計
　核戦争による人類滅亡を，午前零時（核爆発）までの残り時間で表す。アメリカの原子物理学者団体が考案し，広島・長崎への原爆投下から2年後の1947年，「原子力科学者会報」の表紙に初めて掲載された。近年は核の脅威以外にも，紛争や環境破壊による人類滅亡も考慮されている。

① 朝鮮戦争（1950）
　東西対立（冷戦）は，アジアでも激化し，第二次世界大戦後，南北に分断されていた朝鮮半島で，1950年6月，北緯38度線で南北両軍が衝突し，**熱い戦争**となった。国連安保理（ソ連欠席）はアメリカを中心とする国連軍を韓国に派遣，一方，中華人民共和国が北朝鮮を助けた。53年7月に休戦協定が成立。

② キューバ危機（1962）—最大の危機から③緊張緩和へ
　アメリカから150kmしか離れていないキューバは，かつて親米独裁政権だった。しかし，1959年のキューバ革命後，アメリカとの対立が生じ，アメリカは経済制裁を実施した。そこで，キューバがソ連に接近すると，アメリカは1961年にキューバとの国交を断絶した。
　1962年，ソ連がキューバに核ミサイル基地を建設していることをアメリカ・ケネディ政権が察知，基地撤去を要求してキューバを海上封鎖，世界は核戦争の恐怖に直面した。ソ連・フルシチョフ政権がこれに応じ，米ソ全面核戦争は回避された。以後，米ソ対話は着実に進展する。
　解説 キューバ危機後，偶発的な危機を避けるため，米ソ間のホットラインが引かれ，**緊張緩和（デタント）**へと向かった。アメリカ・キューバ間の国交は断絶したままだったが，2015年，54年ぶりに国交を回復した。

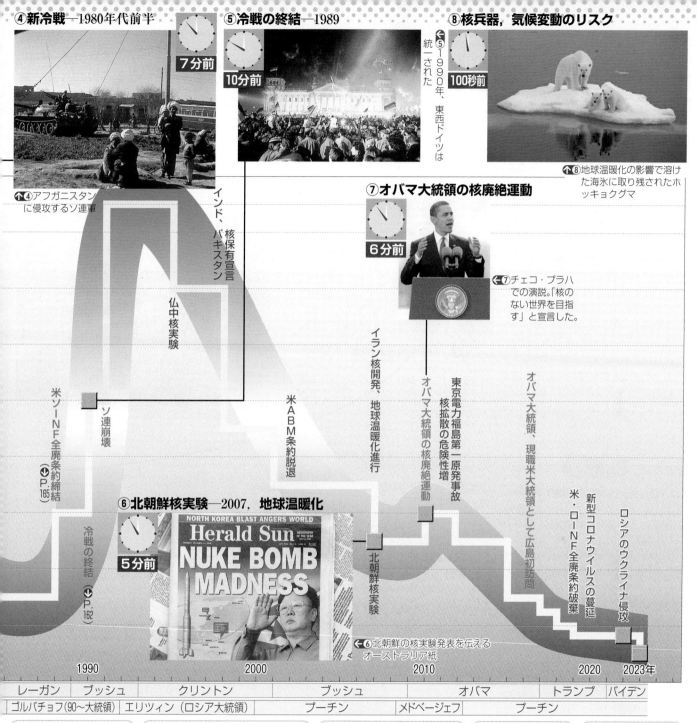

④新冷戦—1980年代前半

7分前

↗④アフガニスタンに侵攻するソ連軍

⑤冷戦の終結—1989

10分前

←⑤1990年、東西ドイツは統一された

⑧核兵器，気候変動のリスク

100秒前

↑⑧地球温暖化の影響で溶けた海氷に取り残されたホッキョクグマ

⑦オバマ大統領の核廃絶運動

6分前

←⑦チェコ・プラハでの演説。「核のない世界を目指す」と宣言した。

インド、パキスタン核保有宣言

仏中核実験

米ソINF全廃条約締結（↓P.165）

ソ連崩壊

冷戦の終結（↓P.162）

米ABM条約脱退

イラン核開発、地球温暖化進行

オバマ大統領の核廃絶運動

北朝鮮核実験

東京電力福島第一原発事故 核拡散の危険性増

オバマ大統領、現職米大統領として広島初訪問

米・ロINF全廃条約破棄

新型コロナウイルスの蔓延

ロシアのウクライナ侵攻

⑥北朝鮮核実験—2007，地球温暖化

5分前

NORTH KOREA BLAST ANGERS WORLD
Herald Sun NEWSPAPER OF THE YEAR
NUKE BOMB MADNESS

←⑥北朝鮮の核実験発表を伝えるオーストラリア紙

1990　2000　2010　2020　2023年

レーガン	ブッシュ	クリントン	ブッシュ	オバマ	トランプ	バイデン
ゴルバチョフ(90〜大統領)	エリツィン（ロシア大統領）		プーチン	メドベージェフ	プーチン	

ゼミナール

---

④新冷戦

　1979年，ソ連のアフガニスタン侵攻にアメリカが反発，両国は対決姿勢を強めた。対立の影響はオリンピックにも及び，80年モスクワ大会は日本を含む西側諸国が参加せず，84年ロサンゼルス大会は，報復として東側諸国が参加しなかった。

⑤冷戦の終結

　1985年に就任したソ連のゴルバチョフ書記長は，国内の経済改革や民主化をすすめ，西側との関係改善をはかった。87年には「INF全廃条約」を締結，米ソ間の信頼は一層高まった。東側諸国でも民主化が広まり，89年の秋には「ベルリンの壁」も崩壊，年末の米ソ首脳会談（マルタ会談，（→p.161））で冷戦が終結した。

⑥北朝鮮核実験，地球温暖化

　冷戦後，世界的な核戦争の危機は低下したが，地域紛争は増えた。今も冷戦構造が残る朝鮮半島では，経済的に追い込まれた北朝鮮が国際関係でも孤立傾向を強め，核実験を実施。また，この翌年から，温暖化などの環境問題も終末時計に考慮されるようになる。

⑦オバマ大統領の核廃絶運動

　2009年に就任したオバマ大統領は，プラハ演説などで核廃絶に向けた積極姿勢を表明し，同年のノーベル平和賞も受賞。ロシアとの間で新START も発効した（2011年）。

⑧核兵器，気候変動のリスク，ロシアのウクライナ侵攻

　核兵器への脅威，気候変動問題，新型コロナウイルスの蔓延，ロシアのウクライナ侵攻などが理由。

Seikei マニア　**Ａ**　1961年　第二次世界大戦後，ドイツは米・英・仏占領による資本主義体制の西ドイツと，ソ連占領による共産主義体制の東ドイツに分断された。ちなみに「ベルリンの壁」は東ドイツの中にあるベルリンを，さらに東西に分断する壁。

自由　正義　国際化

Introduction これが冷戦だ！

壁はなぜできた？

　東ベルリンから西ベルリンへの亡命を防ぐため。

　東西ドイツ成立後も，東西ベルリンの通行はできた。だが，東から西への住民流出が増えたため，1961年，東ドイツが壁の建設を始めた。

　建設後も，壁を越えて西ベルリンへ入ろうとする人が後を絶たず，239人が警備兵に射殺されたといわれる。一方で，5,043人もが西への脱出に成功した。

Ⓐ東西ドイツ地図とベルリンの4国管理

テーゲル空港　東ベルリン
英軍司令部　仏軍司令部　ブランデンブルク門
ガトウ空港　検問所　ソ連軍司令部
西ベルリン　テンペルホーフ空港
米軍司令部　シェーネフェルト空港
ソ連管理区
フランス管理区
イギリス管理区
アメリカ管理区　ベルリンの壁（東西ベルリンの境界）
1945年以後のベルリン市街

↑①1962年当時のベルリンの壁

西側

NATO（北大西洋条約機構）（1949〜）
イギリス・フランス・アメリカなど12か国で発足。55年までにギリシャ・トルコ・西ドイツが加盟

ANZUS（太平洋安全保障条約）（1951〜）
オーストラリア・ニュージーランド・アメリカ。84年ニュージーランドが脱退

SEATO（東南アジア条約機構）（1954〜77）
ANZUS・イギリス・フランス・フィリピン・タイ・パキスタン。73年にパキスタン，74年にフランスが脱退

METO（中東条約機構）（1955〜59）
イギリス・トルコ・イラン・イラク・パキスタン。58年イラクが脱退➡**CENTO（中央条約機構）**（1959〜79）

ANZUS
米比相互防衛条約（1951）
米韓相互防衛条約（1953）
日米安全保障条約（1951）
アメリカ
中ソ友好同盟相互援助条約（1950）
中国
ソ連
SEATO
NATO　METO

ベルリン
東ドイツ
西ドイツ

東側

WTO（ワルシャワ条約機構）（1955〜91）
ソ連・東欧7か国で発足

中ソ友好同盟相互援助条約（1950〜80）
ソ連と中華人民共和国

1 ヨーロッパにおける冷戦体制の形成

↑②アメリカ国旗
横線は建国時，星は現在の州の数。白は純真，赤は勇気，青は忍耐を表す。

自由主義諸国（西側）		社会主義諸国（東側）
トルーマン・ドクトリン（1947）事実上の冷戦の宣戦布告	政治	コミンフォルム（1947〜56）東西欧の共産党連絡組織
北大西洋条約機構（NATO）（1949〜）	軍事	ワルシャワ条約機構（WTO）（1955〜91）
マーシャル・プラン（1947〜51）アメリカによる西欧経済支援	経済	経済相互援助会議（COMECON）（1949〜91）ソ連中心の経済協力機構

↑③ソ連国旗
金づちと鎌の交差で，労働者と農民の団結を表す。星は共産主義のシンボル，赤は革命の色。

2 非同盟主義の台頭 非同盟＝米ソどちらの同盟にも属さないこと

年	できごと
1954	ネルー・周恩来会談 ➡ 平和五原則  ④ネルー（インド） ⑤周恩来（中国）
55	AA（アジア・アフリカ）会議 インドネシア・バンドンで開催 ➡ 平和十原則
61	第1回非同盟諸国首脳会議 ユーゴスラビア・ベオグラード 以降，ほぼ3年に1回開催

Ⓐ冷戦期の東欧民主化運動

ハンガリー事件	1956年，民主化推進・ワルシャワ条約機構脱退を宣言したハンガリーにソ連軍が出兵。首相が処刑される。
プラハの春	1968年，「人間の顔をした社会主義」を合言葉にチェコスロバキアで進められた民主化運動。ワルシャワ条約機構軍の介入で終息。指導者ドゥプチェクは失脚。

Ⓑ多極化の主な例

地域	年	ことがら
中国	1950年代末～	平和共存政策批判，中ソ対立
	1964	原爆実験
	1972	米中接近
フランス	1960	原爆実験
	1964	中華人民共和国承認
	1966	NATOの軍事機構から脱退 ➡ 2009年に復帰
EC	1967	EC発足 西ドイツの経済的発展
日本	1968	GNPが資本主義世界で第2位に

3 代理戦争

⑦ 「代理戦争」 冷戦時代，核兵器をもつ米ソが直接戦わず，各陣営の支援を受けた小国同士が戦った戦争をこうよび，ベトナム戦争や朝鮮戦争がそうだとされる。

ベトナム戦争

どんな戦争？

1954年のジュネーブ停戦協定でインドシナ半島からフランス軍は撤退したが，ベトナムは南北に分断された。北ベトナム（ベトナム民主共和国）を中国・ソ連が，南ベトナム（ベトナム共和国）を主としてアメリカが支援し，1965年から戦争となる。南ベトナム政権の腐敗やアメリカの残虐な攻撃と執拗な介入は世界から非難され，1973年にアメリカが撤退，76年に統一国家のベトナム社会主義共和国が成立した。

今も影響はある？

戦争中，アメリカ軍は密林に潜むゲリラに手を焼き，枯葉剤を散布した。枯葉剤に含まれたダイオキシンには，世代を超え障がいや病気を引き起こす危険性が指摘されており，住民のがん発症や先天的な障がいが多発した。2012年には，ひ孫にあたる「第4世代」の赤ちゃんの障がいが報告されたという。
（『朝日新聞』2013.5.5を参考）

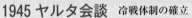
↑⑥「戦争の恐怖」 フイン＝コン＝ウトが1972年に撮影したもの。中央の少女は背中にやけどを負っている。ピュリッツァー賞を受賞

➡⑦南ベトナムのジャングル上空で枯葉剤を散布するアメリカ軍機

4 「ヤルタ」から「マルタ」へ──冷戦終結後の出来事

1945 ヤルタ会談 冷戦体制の確立
チャーチル（英）F.ルーズベルト（米）スターリン（ソ連）

1989 マルタ会談 冷戦の終結
ブッシュ（米） ゴルバチョフ（ソ連）

チェック＆トライ

| チェック | 冷戦　ベルリンの壁 NATO（北大西洋条約機構）　非同盟主義 WTO（ワルシャワ条約機構）　多極化 |

トライ ・ベトナム戦争はなぜ代理戦争といわれるのだろうか？

冷戦終結後の国際社会

自由　正義　国際化　グローバル化

Introduction 「冷戦後」の世界─「テロ」と「地域紛争」

接近する
2機目の
ハイジャック機

17分後

サウスタワーに
2機目が衝突

1機目が
衝突した
ノースタワー

↑①アメリカ同時多発テロ

↑②ブッシュ大統領

アメリカ同時多発テロ

2001年9月11日，4機の旅客機が乗っ取られ，2機が世界貿易センタービルに衝突，1機はアメリカ国防総省ビルに衝突，もう1機は乗客の抵抗で墜落，計3,000人以上が犠牲になった。アメリカのブッシュ大統領はイスラーム系テロ組織アル=カーイダのウサマ・ビンラディンを首謀者と断定，アフガニスタンのタリバーン政権が彼をかくまっているとして攻撃した。

（池上彰『そうだったのか！現代史パート2』集英社による）

↑③ウサマ・ビンラディン氏

「テロ」は「弱者の恐喝」

「誰もテロを支持しているわけではありません。だけど，テロの原因となると…。歴史的に見れば，テロは『弱者の恐喝』なんですね。そうした行動の原因を究明しないで，テロという動きだけを規制することはできません。…原因となっている政治的・経済的・社会的な状況に対応していかなければ，本当の解決はありません。」

（元国連難民高等弁務官　緒方貞子氏）

1 なぜ冷戦は終結したか

Ａ軍事費が民生圧迫→米ソの覇権後退

アメリカ	● 冷戦体制下，世界中に軍隊配備 ● ベトナム戦争への無謀な介入 　　　　　　　　　　（1965〜73） 　➡ドル危機，威信の低下 ● レーガン政権下の軍事費増大 　　　　　　　　　（1980年代前半） 　➡双子の赤字
ソ連	● 同盟国の自由化抑圧➡威信の低下 ● 共産党の一党独裁に対する民衆の不満 ● 技術革新の遅れ➡経済停滞 ● アフガニスタン侵攻（1979〜89） 　➡「ペレストロイカ」，「新思考外交」 　　（ゴルバチョフ）

Ｂ多極化，非同盟運動の台頭

　➡EC（特に西独），日本の台頭，中ソ対立

Ｃ経済，情報のグローバル化の進行

　➡ヘルシンキ宣言による相互浸透の進展

2 21世紀は新冷戦の時代か

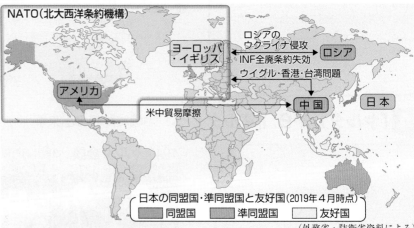

NATO（北大西洋条約機構）

ヨーロッパ・イギリス

ロシアのウクライナ侵攻
INF全廃条約失効

ロシア

ウイグル・香港・台湾問題

アメリカ

米中貿易摩擦

中国

日本

日本の同盟国・準同盟国と友好国（2019年4月時点）
同盟国　　準同盟国　　友好国

（外務省・防衛省資料による）

　1989年のマルタ会談で終結した東西冷戦。しかし，その後は東西陣営の対立構造（冷戦構造）が崩れたことによって民族紛争（➡p.166）やテロが多発するようになり，「新しい戦争」という呼び名も生まれた。さらに2010年代に入ると，急速な経済成長と軍備増強によって覇権を狙う中国とアメリカの対立構造，他方NATOの東方拡大を警戒するロシアとアメリカ・ヨーロッパとの対立構造（新冷戦）が鮮明になり，2022年，ロシアのウクライナ侵攻という形で現実の戦争となってしまっている。（➡p.178）

③ 冷戦終結後の国際政治のトレンドは？

20世紀には二つの世界大戦があった。両者の間はわずか20年である。当初は平和な世界をつくろうと理想主義が盛り上がったが、世界恐慌を機に暗転、破局へと落ちていった。この時代は、イギリスの歴史家E・H・カーの名著にちなんで「危機の20年」と呼ばれる。我々もまた、冷戦終結以来の歩みを「危機の30年」としてとらえ直す必要がある。

今日に至る「危機の30年」は三つの時期に分けられるだろう。

第1の時期は、ベルリンの壁崩壊から世紀の変わり目までの「おごりと油断の時代」である。唯一の超大国となったアメリカの関心は経済に集中し、市場万能の新自由主義が全盛となった。第二次大戦の敗戦国ドイツ（西独）と日本は、アメリカの手厚い援助を得て、経済復興と民主化を実現した。しかしソ連の共産党体制が崩れたとき、民主化は既定路線だとアメリカは安心した。ロシアは過激な市場原理に委ねられ、富が新興財閥に集中し、経済は崩壊した。民主化にも失敗し、旧ソ連の保安機関であるKGB（ソ連国家保安委員会）出身のプーチン氏の体制が生まれた。

第2の時期への転機は2001年の同時多発テロで、アメリカ外交の優先課題は一変した。だがそれは「一極崩壊の時代」の始まりだった。力で世界をつくりかえられると過信したブッシュ政権は、アフガニスタン、イラクへの戦争を始め、泥沼に陥った。市場原理万能の経済は2008年のリーマンショックを引き起こし、こちらも壁にぶつかった。

◆④ イラクの首都バグダッドへ向けて進軍するアメリカの海兵隊（イラク戦争）。

第3の時期は、2010年代以降の「専制と分断の時代」である。アメリカの混迷とグローバル化の失敗を見たロシアと中国の指導者は、専制的支配を強めた。西側民主主義国でも、移民への敵意や格差の拡大からポピュリズムが広まった。イギリスはEU離脱を決め、アメリカには社会の分断をあおるトランプ大統領が生まれた。

（『朝日新聞』2022.3.28を参考に作成）

Report AI兵器　広がる脅威と問われる規制

世界の戦場や紛争地で無人軍用機やドローンによる攻撃が行われたというニュースが盛んに伝えられている。いまやAI（人工知能）の技術を活用した様々な兵器が戦闘に投入されるようになっており、世界各国の軍事企業が競うように開発を進めている。加えて、人間の能力や制御を超えて、自らが標的を選択・追跡・攻撃するような、自律型のロボット兵器が現実のものとなることへの懸念も急速に広がっている。

世界の紛争地では今、遠隔操作によって自国の兵士の安全を確保しながら敵地の奥深くに侵入して攻撃する、無人攻撃機や無人戦車などが実戦に投入され始めている。アメリカやロシア、中国、イスラエルに加え、最近は周辺地域に多くの紛争を抱えるトルコでも、最新鋭の無人機などが開発されている。

このような最先端の無人兵器でも、これまでは人がコントロールするものに留まっていたが、それを超えた自律した「ロボット兵器」が登場することへの警戒が広がっている。

（写真提供：米空軍）

◆⑤ アメリカ空軍の無人攻撃機「プレデター」。機体の下に地上攻撃用のミサイルを搭載している。

AIを使った兵器の中でも、人間の指示も受けずに標的を選択・追跡・攻撃するような究極の兵器のことを、国際社会では「自律型致死兵器システム＝Lethal Autonomous Weapons System（LAWS）」と呼んでいる。人間の能力や制御を超えて攻撃する兵器がひとたび完成してしまうと、もとより非人道的な戦争でも機械の判断で人の命が奪われてしまうほか、人を介さずに安易に武力行使が行われることになりかねない。CCW（特定通常兵器使用禁止制限条約の125の締約国による会合）では、各国ともLAWSを認めない点では一致している。しかし規制のあり方については、日本は「LAWSの製造も使用もしない、AI兵器の国際的なルールづくりに貢献する」という立場をとっているものの、AI兵器の開発を推し進めてきたアメリカやロシア、中国、イスラエルなどと、開発に慎重な中南米やアフリカなどの国々との間で立場に隔たりがあり、世界の足並みはそろっていない。

（写真提供：TASS／アフロ）

◆⑥ ロシアの無人戦闘車両「ウラン-9」。ミサイルや機関銃を装備し、遠隔操作で操縦ができる。

我々の生活に恩恵をもたらすAI技術はこれからも日々進化を続け、同時にそれが兵器に転用される状況も続くだろう。21世紀を通じて人類に問われるこの難題に、世界の英知を集めて臨む必要がある。

（NHK解説委員室を参考に作成）

チェック＆トライ

チェック　マルタ会談
冷戦　多極化

トライ　・同時多発テロを受けて、アメリカが攻撃した国はどこだろうか？

Introduction 核兵器禁止条約発効へ

核兵器禁止条約

第1条（禁止事項）
締約国は，いかなる場合も以下のことを行わない。
- 核兵器の開発，実験，生産，製造，取得，保有，貯蔵
- 核兵器やその管理の移譲（直接，間接）
- 核兵器の使用，使用するとの威嚇
- これらの行為をいかなる形でも援助，奨励，勧誘すること
- 自国内に配置，設置，配備

Ⓐ核兵器禁止条約の批准国と核保有国（2023年1月10日現在）

核兵器禁止条約に批准したおもな国・地域		
オーストリア　コスタリカ　アイルランド　マルタ　フィリピン　タイ　バングラデシュ　キューバ　ジャマイカ　メキシコ　ニュージーランド　ツバル　ベナン　エクアドル　カザフスタン　パレスチナ　ナイジェリア　ウルグアイ　カンボジア　フィジー　モルディブ　パラグアイ　南アフリカ共和国　ベネズエラ　　　　など計68か国・地域		
NPT（核拡散防止条約）加盟の核保有国	**NPT非加盟の核保有国**	
米国　フランス　ロシア　中国　イギリス	インド　イスラエル　パキスタン　北朝鮮	

（『朝日新聞』2021.9.15を参考に作成）

2017年7月7日，国連加盟国122か国の賛成により「核兵器禁止条約」が採択された。核兵器禁止条約（TPNW）は，核兵器を非人道兵器として全面的に禁止し，核兵器を廃絶する道筋を定めた史上初の条約である。2017年9月から各国による署名が開始され，2020年10月に発効要件となる50か国の批准が達成され，2021年1月22日に発効を迎えた。

日本の立場は？

日本政府は核兵器禁止条約に署名・批准しない立場をとっている。その理由について，「核兵器廃絶という目標は共有するが，……核兵器の非人道性と厳しい安全保障の現実の双方を考慮しなければいけない。……日本は核兵器国と非核兵器国の『橋渡し』を担っていく」と述べているが，世界で唯一の被ばく国としてこの条約に参加すべきという声も国内で上がっている。

→①広島県出身の岸田首相。核兵器禁止条約は，核兵器廃絶をめざす上での「出口にあたる大変重要な条約」と述べた。

↑②広島市の松井市長は，「核兵器のない世界」の実現に向け，核兵器禁止条約の締約国会議にオブザーバーとしての参加を岸田首相に求めている。

アメリカによる広島・長崎への原爆投下で，世界は核兵器の恐ろしさを知ったよ。核兵器を保有する国は「核の抑止力」で自国を守るけれど，核兵器のない世界を実現するために解決すべき課題は何だろう。

1 世界の核兵器保有

（SIPRI資料などによる）

スウェーデン 225
イギリス (47) 290
ベラルーシ
ウクライナ
フランス (210)
シリア
イスラエル 90
カザフスタン
ロシア 5,889（738以上）
中国 410（45）
北朝鮮 30(6)
米国 5,244（1,069）
アルジェリア
リビア
イラン
インド 164(3)
パキスタン 170(2)
南アフリカ共和国
イラク
ブラジル
アルゼンチン

□核兵器保有国（赤字の5か国が国連の常任理事国）
□核兵器保有または開発が伝えられる国
□かつての保有国，疑惑国

〈注〉グラフは核兵器の保有数（2023年1月現在），（ ）数字は核実験回数（2020年6月現在）。

解説「核の抑止力」とは，実際のケンカ（戦争）はしなくても，お互いに強い用心棒（核兵器）をもつことで，威嚇しあい，相手国からの攻撃を思いとどまらせようとする考えである。しかしこの論理は，兵器の数を兵器の数で押さえつけることになり，その結果，世界的に核兵器を増やす理由になってしまった。

近年，インドとパキスタンの核保有をきっかけに，露骨に核保有の動きをみせる国が出てきており，また闇ルートで核関連物質を輸出入する動きもテロとの関連で心配されている。

Seikei マニア 陸上自衛隊の任務の一つである不発弾処理を行う部隊に「不発弾処理部隊」がある。地上戦のあった沖縄や空襲を受けた全国の都市などでみつかった不発弾を，安全に処理する。この部隊のOBの中には，カンボジアやラオスに渡って地雷の処理に当たる人もいる。

2 戦後の主な核軍縮条約

〈注〉色字は米ロ2国間の協定

成立年	条約名	内　容
1963	部分的核実験禁止条約（PTBT）	大気圏内外及び水中での核実験の禁止を規定。地下実験は除外。
1967	宇宙天体条約	宇宙空間に核兵器配置を禁止。軍事利用の禁止。通過のみは対象外。
1968	核拡散防止条約（NPT）（1970年発効）	核兵器をもつ国をこれ以上増やさないための条約。核保有が許される国は、米英仏ロ中の5か国（仏、中は1992年に締結）。5か国以外は、ひそかに核開発をしていないか確認するため、IAEA（国際原子力機関）による核査察を受けなければならない。当事国は192か国（2021年1月）。インド、パキスタン、イスラエルなどは非締約、北朝鮮は03年に脱退を宣言。
1972 / 1979	戦略兵器制限交渉（SALT'72）、（SALTⅡ'79）	米ソの戦略兵器制限交渉（SALT）で、主に戦略核の数量の上限を設定。SALTⅡは米議会で批准されず、1985年末で失効。
1987	INF全廃条約	中距離核戦力の廃棄を決定。核兵器削減の最初の条約。1988年発効。
1991 / 1993	戦略兵器削減条約 START（'91）、STARTⅡ（'93）	米ロ両国の保有する戦略核兵器の削減を決定。STARTは1994年発効、2009年失効。
1996	包括的核実験禁止条約（CTBT）（※未発効）（→3）	地下核実験も含め、全ての核実験を禁止する条約。ただし、核爆発を伴わない未臨界核実験、コンピュータによる数値実験等は禁止されていない。
2002	戦略攻撃力削減条約（モスクワ条約：SORT（→A））	米ロ両国保有の6,000発以上ある戦略核弾頭を、2012年までに3分の1に減らす。STARTⅣが発効し、終了。
2010	戦略兵器削減条約（新START：STARTⅣ）	米ロ両国保有の核弾頭や、その運搬手段の削減。モスクワ条約同様、削減した核弾頭の破壊義務はない。2011年発効。
2017	核兵器禁止条約	核兵器の使用および保有などを法的に禁止する条約。

Ⓐゲーム理論で考える安全保障

ゲーム理論とは、相談できない状況の中で相手の立場になって行動を予想し、**自国の利得（得点）を最大限多く、そして損失（失点）を極力少なくする方法**を分析するものである。下の表は国家間の協調政策について表したものである。この表を使って考えてみよう。

「互いに協力し合えるか…？」

	B国	
	協調的	非協調的
A国 協調的	A国に4点 B国に4点	A国に1点 B国に5点
非協調的	A国に5点 B国に1点	A国に2点 B国に2点

A国・B国とも協調的を選択すれば4点獲得することができるけど、互いに相談できない状況である場合、相手国が「**協調的**」を選択する保障はない。その結果、A国・B国とも自国が最大の利得を得られる「**非協調的**」を選択すると考えられるよ。

Ⓑ国際社会を挑発し続ける北朝鮮

2018年、10年半ぶりに南北首脳会談で「板門店宣言」が発表され、同年の米朝韓首脳会談ではその内容が再確認された。しかし2019年末には「侵略兵器」の登場を予告し、2020年5月には、金正恩氏が「核戦争抑止力を一層強化し、核戦略武力を高度の臨戦状態で運営するための新たな方針」を示した。米朝関係のモデルを見てみよう。

アメリカ合衆国との国交がなく、朝鮮戦争は休戦状態であることを考えると、北朝鮮にとって軍事力は必須となってしまうよ。

年	北朝鮮に関連するできごと
2002	日朝平壌宣言
03	NPT脱退宣言
06	テポドン2発射実験と核実験
09	テポドン2改良型発射実験と核実験
12	弾道ミサイル発射実験
17	弾道ミサイル発射実験多発 国連安保理の北朝鮮制裁決議

		北朝鮮	
		軍縮	軍拡
アメリカ	軍縮	アメリカに4点 北朝鮮に4点	アメリカに1点 北朝鮮に5点
	軍拡	アメリカに5点 北朝鮮に1点	アメリカに2点 北朝鮮に2点

3 CTBT実現の条件

CTBTの発効には、核兵器保有国と潜在的に核開発能力があるとみられる国（発効要件国）の計44か国の批准が欠かせず、当面発効の見通しは立っていない。

ⒶCTBT発効のため批准が必要とされる主な国

国　名	署名	批准	国　名	署名	批准
アメリカ	○	×	インド	×	×
ロシア	○	○	パキスタン	×	×
中　国	○	×	北朝鮮	×	×
イギリス	○	○	イスラエル	○	×
フランス	○	○	イラン	○	×

〈注〉署名国185か国（41か国）、批准国170か国（36か国）。（　）内は発効要件国。（2021年3月現在）

戦　略	相手国の中心部を攻撃できる。
核弾頭	ロケットに取り付けた核兵器。
戦略核	米ロがお互いの本土を直接攻撃できる、射程の長い核兵器のこと。米ロ両国の本土間の距離が5,500kmなので、それ以上の射程のもの。距離の短いものは以下のように区別。
戦域核	中距離核ミサイル（INF）＝射程500km〜5,500km
戦術核	短距離核ミサイル＝射程500km以下

4 アジアで進む軍拡

Ⓐ世界の兵器輸出国（2022年）

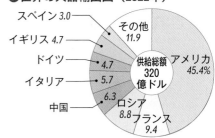

供給総額 320億ドル
アメリカ 45.4%／ロシア／フランス 9.4／中国 6.3／イタリア 5.7／ドイツ 4.7／イギリス 4.7／スペイン 3.0／ロシア 8.8／その他 11.9

Ⓑ世界の兵器輸入国（2022年）

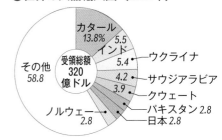

受領総額 320億ドル
カタール 13.8%／インド 5.5／ウクライナ 5.4／サウジアラビア 4.2／クウェート 3.9／パキスタン 2.8／日本 2.8／ノルウェー 2.8／その他 58.8

〈注〉1990年価格。（Ⓐ・ⒷともSIPRI資料により作成）

解説 1960〜70年代、武器製造・輸出を独占していたのは先進国であったが、80年代以降は、かつての途上国が安い武器を生産し、「南」の国々に売り込むケースが増えてきている。また、冷戦の終結で得意先を失った軍需産業も第三世界に目を向けたこと、アメリカ軍が撤退したことなどを背景にアジアでの軍備拡大が進んでいる。

縦書き右: 国際政治

チェック&トライ

チェック 核拡散防止条約（NPT） 戦略兵器削減条約（START） 包括的核実験禁止条約（CTBT）

トライ ・アメリカと北朝鮮を例としたゲーム理論を参考に、軍縮を進めていくためには、どのようにしたらいいだろうか？

幸福　正義　個人の尊重　**16** 平和と公正をすべての人に

Introduction 21世紀の難民問題—なぜ難民は増え続けるのか？

←**①** 東京五輪の開会式で入場する難民選手団。

現在世界では，日本の人口とほぼ同じ１億人近い人々が難民となっている。2021年の東京五輪では，前回大会に続き，２回目の参加となった難民選手団が誇らしげに入場行進した。戦乱が続くアフガニスタンや内戦下のシリアなどの祖国を逃れた選手らは，苦難を感じさせない穏やかな笑みを浮かべ，手を振りながら歩いた。

2010年の「**アラブの春**」をきっかけに，中東・アフリカ諸国は政情不安や内戦に陥り，ヨーロッパを目指す難民が激増。特に，激しい内戦が発生しているシリアや，無政府状態となっているソマリアやリビアなどアフリカ諸国から逃れてきた人々が多い。避難ルートの地中海では難民を満載したボートが転覆して多数の死者を出す悲劇も起こった。

アジアでは，ミャンマー政府による自国内の少数民族**ロヒンギャ**に対する迫害が2010年代に入って激化し，隣国のバングラデシュなどに逃れる難民が後を絶たない。

ほとんどの難民は人種や民族・宗教の対立が原因で発生している。我々人類は，多様性を認め合い，憎しみの連鎖を断ち切ることができるのだろうか？

←**②** ミャンマーから国境を越えてバングラデシュに逃れるロヒンギャの難民。

１ これまでの世界の主な民族紛争・地域紛争

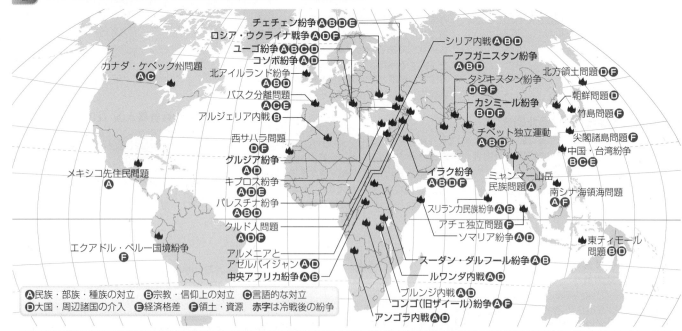

カナダ・ケベック州問題 **Ⓐ Ⓒ**
チェチェン紛争 **Ⓐ Ⓑ Ⓓ Ⓔ**
ロシア・ウクライナ戦争 **Ⓐ Ⓓ Ⓕ**
ユーゴ紛争 **Ⓐ Ⓑ Ⓒ Ⓓ**
コソボ紛争 **Ⓐ Ⓓ**
北アイルランド紛争 **Ⓐ Ⓑ Ⓓ**
バスク分離問題 **Ⓐ Ⓒ Ⓔ**
アルジェリア内戦 **Ⓑ**
シリア内戦 **Ⓐ Ⓑ Ⓓ**
アフガニスタン紛争 **Ⓐ Ⓑ Ⓓ**
タジキスタン紛争 **Ⓓ Ⓔ Ⓕ**
カシミール紛争 **Ⓑ Ⓓ Ⓕ**
北方領土問題 **Ⓓ Ⓕ**
朝鮮問題 **Ⓓ**
竹島問題 **Ⓕ**
チベット独立運動 **Ⓐ**
尖閣諸島問題 **Ⓕ**
中国・台湾紛争 **Ⓑ Ⓒ Ⓔ**
西サハラ問題 **Ⓐ Ⓕ**
グルジア紛争 **Ⓐ Ⓓ**
イラク紛争 **Ⓐ Ⓑ Ⓓ Ⓕ**
ミャンマー山岳民族問題 **Ⓐ**
南シナ海領海問題 **Ⓕ**
メキシコ先住民問題 **Ⓐ**
キプロス紛争 **Ⓐ Ⓒ**
パレスチナ紛争 **Ⓐ Ⓑ Ⓓ**
クルド人問題 **Ⓐ Ⓓ Ⓕ**
スリランカ民族紛争 **Ⓐ Ⓑ**
アチェ独立問題 **Ⓕ**
ソマリア紛争 **Ⓐ Ⓓ**
東ティモール問題 **Ⓑ Ⓓ**
エクアドル・ペルー国境紛争 **Ⓕ**
アルメニアとアゼルバイジャン **Ⓐ Ⓓ**
中央アフリカ紛争 **Ⓐ Ⓑ**
スーダン・ダルフール紛争 **Ⓐ Ⓑ**
ルワンダ内戦 **Ⓐ Ⓓ**
ブルンジ内戦 **Ⓐ Ⓓ**
コンゴ(旧ザイール)紛争 **Ⓐ Ⓕ**
アンゴラ内戦 **Ⓐ Ⓓ**

Ⓐ 民族・部族・種族の対立　**Ⓑ** 宗教・信仰上の対立　**Ⓒ** 言語的な対立
Ⓓ 大国・周辺諸国の介入　**Ⓔ** 経済格差　**Ⓕ** 領土・資源　**赤字**は冷戦後の紛争

シンボルとしての民族・宗教　タイのバンコク郊外では少数者のイスラーム教徒は仏教徒と平和に生活している。しかし，国境地帯でマレーシアのイスラーム系人とタイの仏教系人が国境問題として紛争を起こすことがある。紛争がおきるのは，**宗教**の違いというよりも，政治や経済格差がからんでいる。相手を批判し攻撃するときに民族や宗教はシンボルとして使われやすい。[青木保・政策研究大学院大学教授（当時）・文化人類学]

（『読売新聞』 2002.7.31）

Seikei マニア　欧米は「名・姓」，日本は「姓・名」。実はヨーロッパのハンガリーも「姓・名」。ハンガリーはマジャール人という民族が９割以上を占める。このマジャール人は，もとをたどればアジアの騎馬民族である。

2 旧ユーゴスラビア問題

Ⓐユーゴをめぐる主なできごと

20世紀初頭まで	オスマン帝国の支配 ➡イスラム教の定着
1918	セルビア人・クロアチア人・スロベニア人王国成立（1929年「ユーゴスラビア王国」と改称）
41	ドイツ軍による占領
45	ユーゴスラビア連邦人民共和国成立（大統領チトー）
80	チト―大統領死去
90	**ミロシェビッチ, セルビア共和国大統領に就任**
91	スロベニア, クロアチアが独立宣言
92	ボスニア・ヘルツェゴビナが独立宣言 新ユーゴスラビア連邦（セルビア, モンテネグロ）がボスニアに介入, 内戦へ
95	NATOがボスニアのセルビア人勢力に空爆実施 ボスニア・ヘルツェゴビナ, クロアチア, 新ユーゴの首相がボスニア和平協定調印
98	**コソボ紛争**
2000	コシュトニッツァ, ユーゴ新大統領に就任
03	ユーゴスラビア連邦を改編し,「セルビア・モンテネグロ」として新国家発足
06	モンテネグロ独立
08	コソボ, セルビアより独立宣言

➡❸❹1984年に開催されたサラエボ・オリンピック（左）。その後, オリンピック会場は内戦によって亡くなった人々の墓地となった（右）。

Ⓑ多民族国家ユーゴ

かつてのユーゴスラビア	7つの国境, 6つの共和国, 5つの民族, 4つの言語, 3つの宗教, 2つの文字, 1つの国家
民族	セルビア人・クロアチア人・ムスリム人（イスラム教徒）・スロベニア人・マケドニア人・モンテネグロ人（実際は6つの民族）
言語	スロベニア語・クロアチア語・セルビア語・マケドニア語
宗教	カトリック・ギリシア正教・イスラム教
文字	ラテン文字・キリル文字

Ⓒ分裂前の旧ユーゴスラビア連邦

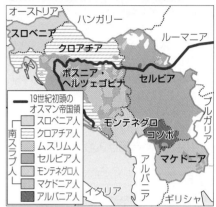

3 世界に広がる難民問題

Ⓐ難民とは？

	意味	難民条約では
難民	○人種, 宗教, 国籍や政治的意見から迫害をされることを恐れて他国へ逃れた人々 ○紛争などのため, 住むところを追われて他国に逃げた人々	保護の対象。難民を受け入れた国（条約締結国）が保護する。
経済難民	○豊かな生活を求めて他国に移住した人々	保護の対象ではない。

「経済難民」と「条約上の難民」とを区別するのは難しい。

解説 難民問題の解決に当たるUNHCR（**国連難民高等弁務官事務所**）は, 国連の機関。近年は, 国内で迫害を受けていても他国に逃げられない国内避難民への保護も行っている。また, 2015年, シリア内戦などによる難民が大量にEUに流入し, 社会や政治の混乱を引き起こした（**欧州難民危機**）。地中海経由の難民は100万人を超え, 数千人が海で亡くなっている。

Ⓑ世界の地域別難民数（2022年末）　（UNHCR資料などによる）

（単位：万人）

- 欧州 1,690
- アジア 3,426
- 北米 263
- 中南米 1,882
- アフリカ 3,969
- 大洋州 26

〈注〉庇護申請者, 国内避難民などを含む。国連パレスチナ難民救済事業機関（UNRWA）が担当するパレスチナ難民約652万人を含む。

探究 「難民鎖国」ニッポン

　難民認定率が先進各国と比べて著しく低い日本。2023年6月9日には, 難民申請中の外国人の送還を可能にする改正入管難民法が成立した。この法改正については, **難民条約**や国際的な人権条約が定める, 迫害の恐れのある国へ送還してはならないという「**ノン・ルフールマンの原則**」に反するとの指摘の声も上がっている。

　出入国在留管理庁によると, 2022年の日本の難民認定者数は202人と, 難民認定制度が始まった1982年以降で最多となったが, 不認定とされた人は, 1次審査での不認定者と, 審査請求（不服申し立て）での不認定者を合わせると1万人を超えた。

　また, 改正入管難民法は新たに「**補完的保護**」が創設された。難民条約上の「難民」に当てはまらない, 紛争から逃れた人たちも難民に準じて保護する制度で, 対象者はウクライナ避難民などを想定しているとされる。難民条約上の難民ではない人も保護しなくてはいけないという国際法の枠組みが広がっている中での制度創設は評価できる一方, 法律にある補完的保護の定義はどこの国も使っていない日本独自のものという指摘もある。

（朝日新聞GLOBE＋　2023.6.19より作成）

Ⓐ難民認定数と認定率のG7各国比較

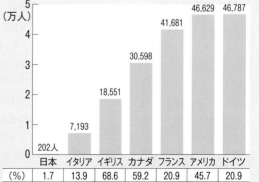

	日本	イタリア	イギリス	カナダ	フランス	アメリカ	ドイツ
（万人）	202人	7,193	18,551	30,598	41,681	46,629	46,787
（％）	1.7	13.9	68.6	59.2	20.9	45.7	20.9

問 日本が難民の受け入れを拡充するために, 必要なことは何だろうか？

国際政治

チェック&トライ

チェック 国連難民高等弁務官事務所（UNHCR）　｜　**トライ** ・難民と経済難民の違いを簡単にまとめよう。

 **事例 入管施設収容中の女性が死亡**

改正出入国管理・難民認定法（入管難民法）

2018年12月8日成立，2019年4月1日から施行された。単純労働分野で働くための在留資格を認めていなかった日本にとって，大きな政策転換となる。背景には，深刻な人手不足がある。技能実習生や留学生によるアルバイトが貴重な労働力になっている実態と法に開きがあった。新たな在留資格「特定技能」が創設され，建設，介護，外食，宿泊など14業種で，外国人が働きながら日本に滞在できるようになった。その一方で，人権の保障が重要な課題となっている。

A 外国人労働者受け入れのしくみ

滞在期間	技能実習生以外で日本で働きたい外国人	技能実習生 外国人が実習生として働きながら技術を習得する
最長5年		

日常会話程度の日本語試験と，技能試験に合格	3年以上の経験がある場合，無試験で移行可能

最長5年	特定技能1号	●比較的簡単な仕事を担う ●家族の帯同は不可

さらに難しい技能試験に合格

期限なし	特定技能2号	●熟練した技能が必要 ●配偶者と子の帯同が可能

（『読売新聞』2019.5.4を参考に作成）

入管施設収容中の女性が死亡

2021年3月，当時33歳だったスリランカ人の女性ウィシュマ・サンダマリさんが死亡した。在留資格を失ったため，名古屋出入国在留管理局の施設に収容中，精神的ストレスから食事や歩行もできないほど衰弱。意識を失い，緊急搬送された病院で亡くなった。同年8月，最終調査報告書が公表された。仮放免すれば回復が期待できるとの精神科医の診断結果が，管理局の幹部に伝えられなかった，衰弱を誇張し仮放免を受けるためのアピールと解釈した等，人命軽視といわざるを得ない内容だった。遺族は，国に賠償請求を訴えるとともに，当時の局長らを刑事告訴した。

在留資格を失った外国人の長期収容と待遇は問題視されていた。国連「恣意的拘束に関する作業部会」も，国外退去命令を拒否した外国人を長期収容している事案に，国連人権規約違反として改善を求める採択をしている。

▲①名古屋出入国在留管理局

▲②記者会見に応じるウィシュマさんの妹らと指宿弁護士。名古屋出入国在留管理局が公開した資料は，大半が黒塗りだった。

（『信濃毎日新聞』2021.4.16などを参考に作成）

課題 世界の多くの国で移民が増加している現在，移民の人々と協働していくために，私たちにできることは何だろうか。

① 世界の移民問題の現状

A 世界の移民の総数

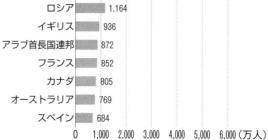

（億人）
- 1990年 1.5
- 2000 1.7
- 2010 2.2
- 2019 2.7

（国連資料による）

B 国別移民数

国	移民数（万人）
アメリカ	5,063万人
ドイツ	1,576
サウジアラビア	1,345
ロシア	1,164
イギリス	936
アラブ首長国連邦	872
フランス	852
カナダ	805
オーストラリア	769
スペイン	684

（国連資料による）

【用語解説】
移民：一般的には，「移民の理由や法的地位に関係なく，定住国を変更した人々」を国際移民としているが，難民とは違い正式には示されていない。例えば，定住先の国籍を取得した（帰化した）場合や，二世・三世などの子孫，永住希望しない者，長期の留学生などが「移民」に含まれるかははっきりしていない。ただし，国連では移民を「本来の居住国を変更したすべての人々」とみなし，この定義に基づいて各国の移民数を推計している。

問 ここ30年で移民総数が2倍以上に増えているが，移民を多く受け入れている国には，どのような特徴があるだろうか。

② 移民をめぐる問題

Ⓐ 1人当たりGDPと移民の割合

順位	国名	1人当たりGDP（ドル）	移民比率(%)
1	ルクセンブルク	136,701	47.62
2	アイルランド	99,013	17.64
3	スイス	93,720	28.79
5	シンガポール	72,795	43.14
6	アメリカ	69,321	15.30
15	カナダ	52,709	21.33
18	ドイツ	50,795	18.81
22	イギリス	47,203	13.79
28	日本	39,801	2.19
30	韓国	34,801	3.37
65	中国	12,359	0.07

〈注〉 1人当たりGDPは2021年，移民比率は2020年の数値。
（東洋経済オンラインによる）

解説 新たなチャンスを求めて移住する移民は，移住から5年以内に受け入れ国の経済にプラスに働くことが，西ヨーロッパ15か国の30年間の統計データを分析した研究により示されている。

Ⓑ 移民受け入れ対策に関する調査

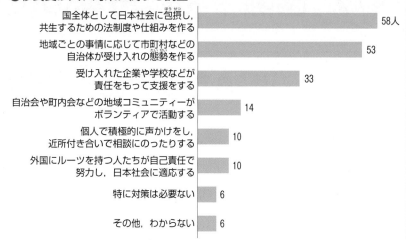

- 国全体として日本社会に包摂し，共生するための法制度や仕組みを作る　58人
- 地域ごとの事情に応じて市町村などの自治体が受け入れの態勢を作る　53
- 受け入れた企業や学校などが責任をもって支援をする　33
- 自治会や町内会などの地域コミュニティーがボランティアで活動する　14
- 個人で積極的に声かけをし，近所付き合いで相談にのったりする　10
- 外国にルーツを持つ人たちが自己責任で努力し，日本社会に適応する　10
- 特に対策は必要ない　6
- その他，わからない　6

（朝日新聞デジタル2022年11月13日による）

問 移民を受け入れ，共に生きる社会を創るためには，どのような対策が必要だろうか。

③ 外国人に対する政策や対応

Ⓐ 各国の外国人政策

	アメリカ	ドイツ	スウェーデン	日本
総人口に対する外国籍の人の比率	6.9%（2017年）	13.1%（2019年）	9.3%（2019年）	2.2%（2019年）
地方参政権	なし	多数の自治体で外国人顧問団が政策提言	3年以上住む外国人に認める	なし
公務員就職	一部制限。国籍条項に対する違憲判決あり	契約による専門職就労は可能	地方では制限なし	公権力の行使などに携わらない職種で可能
母国語・文化教育	バイリンガル法，エスニック文化遺産法で行う	州ごとに実施	就学前と小学校で実施。60か国語を保障	一部では在日韓国・朝鮮人らを生徒に母国語教育

（国連資料などによる）

問 諸外国と比較して，日本の外国人政策にはどのような特徴が読み取れるだろうか。

Ⓑ 日本における外国人への期待と不安

外国人が増えることで期待できること

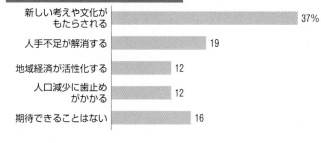

- 新しい考えや文化がもたらされる　37%
- 人手不足が解消する　19
- 地域経済が活性化する　12
- 人口減少に歯止めがかかる　12
- 期待できることはない　16

外国人が増えることで不安に思うこと

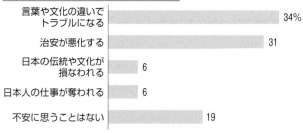

- 言葉や文化の違いでトラブルになる　34%
- 治安が悪化する　31
- 日本の伝統や文化が損なわれる　6
- 日本人の仕事が奪われる　6
- 不安に思うことはない　19

〈注〉調査は2020年に実施。回答者は1,572人。
（NHK調査による）

④ 多文化共生に向けた地方自治体の取り組み

↑③秋田空港に導入された音声翻訳機。

↑④外国人住民が参加した成人式（東京都）

解説 すべての外国人が十分な医療・福祉サービスを受けられるようにするためには，日本語教育を充実させるとともに，行政サービスにおける多言語化を促進することが必要である。
　また，外国人が主体的に参画できる街づくりを推進することも多文化共生社会を目指す上で欠かせない。2019年の東京都新宿区の成人式では，約半数の新成人が外国人であった。

問 多文化共生に向けて，政府や地方公共団体が取り組めることは何だろうか。

Introduction JICAが取り組む国際貢献

Ⓐ国際協力機構（JICA）とは

JICA（Japan International Cooperation Agency）は，日本の代表的な国際協力実施機関のひとつ。外務省の関係機関として，主に政府開発援助（ODA）や海外協力隊の派遣などを実施している。JICAは，途上国の現地政府や企業などと連携しながら活動を進めている。

ⒷJICAのタイプロジェクト

タイの鉄道の中央駅（クルンテープ・アピワット駅）の建設とドムアン国際空港や郊外を結ぶ路線「レッドライン」の整備を支援。2019年11月にタイ運輸大臣や駐タイ日本大使らを招いて式典が開かれ，赤を基調とした「レッドライン」の車両が披露された。その後2021年11月に正式開業した。

←❶車両は三菱重工業，日立製作所，住友商事の企業連合が2016年に共同受注した。鉄道網の拡大を通して，首都バンコクの市街地とドムアン国際空港を結ぶアクセスが大きく改善した。

→❷「ダークレッドライン」開通式。バンコク中心部から郊外までを結ぶ。質の高いインフラ整備実現のため，JICAが低金利の円借款で建設を支援した。（©JICA）

ⒸJICAの青年海外協力隊

↑❸ホンジュラスのグラシアス市保健所で活動した佐谷孝行さん。佐谷さんのミッションは，「感染予防・早期妊娠予防などの啓発活動を行うこと」「市の保健推進員と保健ボランティアの活動支援および質的向上」。歴代の隊員たちが作成してきた学校保健テキストを改良し，根本的な衛生管理方法などを伝える冊子を発行した。

JICAといえば青年海外協力隊で知られているボランティア事業も主軸事業である。1965年に発足して以来，99か国，55,000人以上の隊員を派遣している。青年海外協力隊は，現地の人々と同じ言葉を話し，同じものを食べながら，その国の人づくり，国づくりに協力する「草の根レベルのボランティア活動」である。参加するには様々な試験や訓練を受ける必要がある。

2018年からホンジュラスに派遣された佐谷孝行さんは，現地の感染症を減らすために，保健推進員の育成を支援していた。

1 国連平和維持活動協力法（PKO協力法，国際平和協力法）

日本のPKO参加5原則（④は日本独自の原則）

①当事者間の停戦合意　②当事国の同意　③中立・公平
④上記①～③の3原則が崩れれば撤収か中断
⑤武器使用は正当防衛の場合のみ

日本のPKOの主な業務

・選挙の監視，被災地の復旧作業，医療活動，被災民の救援，警察や行政事務に関する助言や指導

参加凍結を解除 2001.12法改正（担当は自衛隊のみ）
・武装解除などを行う**平和維持軍（PKF）**への参加
・緩衝地帯での駐留や巡視などの停戦監視
・地雷などの放棄された武器の収集，保管，処分

新たに追加 2015.9法改正（安保法制の一つ）
・国連が直接関与しない平和維持などの活動（国際連携平和安全活動）にも参加可能に
・住民を守る治安維持活動
・離れた場所に駆けつけ，他国軍・民間人を警護（駆けつけ警護）
・**任務を遂行するための武器も使用可能に**

解説 1991年の湾岸戦争で日本は130億ドルの戦費を出したが，現地の感謝はなかった。以後，人的貢献が課題となり，自衛隊海外派遣の法律が次々と成立した。

PKO参加は憲法違反？

Q. PKOへの自衛隊の参加は，憲法第9条の禁じる武力行使に当たらないのですか？
A. 我が国がPKOに参加する場合においては，武器使用は要員の生命等の防護のための必要最小限のものに限られています。また停戦合意が破れた場合には，我が国部隊は**業務を中断，撤収する**ことができる等のいわゆる**参加5原則**という前提を設けており，我が国が憲法で禁じた武力行使を行うことはなく，憲法に反するものではありません。
（外務省HPによる）

日報問題─政府の表現と隔たり

自衛隊が現地でおこなった活動の記録である「日報」に，首都ジュバで発生した武力衝突において，「戦闘」と表記されていることがわかった。政府は，この状況は「戦闘」ではなく「衝突」であったと説明したが，もし**「戦闘」であると**認識していたとすれば，PKO5原則に**抵触する**ことを恐れたためか，当初は開示を渋った。

Seikei マニア　ユニラテラリズム 単独行動主義のこと。アメリカのブッシュ政権が京都議定書から離脱したり，他国の反対を押し切ってイラク戦争に踏み切ったのはこの例。他国との協力より自国の力に依存するのが特徴。反対語はマルチラテラリズム（多国間主義）。

2 自衛隊の海外派遣

Ⓐ自衛隊初の海外「基地」

（写真提供：防衛省）

←③ジブチの自衛隊基地

解説 海賊対処法に基づき，ソマリア沖・アデン湾に派遣されている自衛隊の活動のため，ジブチ共和国に自衛隊の恒久的な基地を建設することが，自民党政権下で取り決められた。2009年にはジブチ共和国と署名し，ジブチ空港に土地を借りて駐機場，隊舎などを2011年に開設。また政府間の交換公文（地位協定）では，自衛隊員の刑事裁判権は日本側に属すとされた。自衛隊初の海外基地となり，違憲との批判もある。

Ⓑ自衛隊の主な海外派遣

年	法整備	自衛隊派遣
1991	自衛隊法第99条	ペルシャ湾で機雷除去
92	PKO協力法（国際平和協力法）成立	カンボジア派遣など
	国際緊急援助隊派遣法改正（自衛隊参加可能に）	ホンジュラス（1998），トルコ（1999）派遣など
2001	テロ対策特措法成立	インド洋で米軍の後方支援
03	イラク復興支援特措法成立	イラク派遣（2004〜06）
08	補給支援特措法成立	インド洋で給油・給水
09	海賊対処法成立	ソマリア沖で海上警備行動

3 日本と難民

Ⓐ主な国の難民認定申請者数と認定数（2022年）

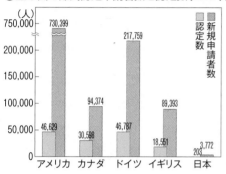

（UNHCR資料による）

解説 近年の難民増加傾向のなかで，先進国内部でも難民の「受け入れ疲れ」ともいうべき現象が見られ始めた。だからといって難民受け入れを拒否する論理は通用しない。日本に対する難民申請が少ないのは日本が四方を海で囲まれているせいもあるが，「難民に冷たい」という評判が広がっていることもあげられる。ちなみに，日本は難民認定数こそ少ないが，UNHCRの活動への寄付はアメリカに次ぎ世界第2位である。

Ⓑ日本，シリア難民受け入れへ

政府は内戦が続くシリアの難民を，留学生として2017年から5年間で最大150人受け入れることを決めた。中東の難民を日本が政策的に受け入れるのは初めて。日本はこれまで難民条約を厳格に解釈し，紛争から逃れただけでは難民認定せず，申請者に「難民であることの証明」を厳格に示すよう求める傾向が強いと言われている。今回，政策を変えたのは，伊勢志摩サミット（16年5月26，27日開催）の議長役として会議を成功に導く狙いがあるからだ。難民問題は欧州各国の主要な関心事であり，ある日本政府関係者は「欧州に『お付き合い』する形をとった」と打ち明ける。 （『朝日新聞』2016.5.21を参考）

4 地雷で苦しむ人々をなくすために

Ⓐ『地雷ではなく花をください』

この絵本は，"サニーちゃん"がタンポポの綿毛で作った気球に乗ってカンボジアを訪問，地雷原に行ったり地雷除去作業を見たりして，対人地雷で傷ついた人たちを励ますというもの。

この絵本の収益（この本を1冊買うことによって，10㎡の地雷が撤去）で，イギリスの地雷撤去専門NGOヘイロートラストにより，カンボジアのシエムレアップ近郊にて撤去作業が実施されている。1996年10月〜97年9月までに地雷335個と不発弾365個が処理され，テニスコート約730面分（189,393㎡）の土地の安全が確保された。
（葉 祥明『地雷ではなく花をください』自由国民社）

＊被害者数は，判明している人数
＊地雷が埋設されている国の数：60か国

（PEACEBOAT HPによる）

↑④「危険！地雷！」と書かれた立て札の横を，地雷で足を失った人が通る。

↑⑤地雷の撤去作業をおこなっている様子（アフガニスタン 2018.3.19）。

解説 地雷の価格は一つ数百円ほど。「貧者の核兵器」と呼ばれ，埋めれば半永久的に威力が持続する。日本も参加し，**対人地雷全面禁止条約**（オタワ条約）が1999年に発効した。現在164か国が批准しているが，大量の地雷を保有するアメリカ・ロシア・中国などは加盟していない（2022年1月現在）。

チェック&トライ

チェック 国連平和維持活動協力法（PKO協力法，国際平和協力法）対人地雷全面禁止条約

トライ ・日本の難民受け入れ人数は，他の先進国と比較するとどのような特徴が挙げられるだろうか？

時事特集 日本が抱える 領土をめぐる問題

> 領土問題は相手国との主張がかみ合わないから，解決は簡単ではない。まずは，それぞれの歴史や現状を探ってみよう。

Ⓐ竹島問題（韓国が実効支配：韓国名「独島」）

島根県隠岐諸島の北西に位置し，日本は1905年に領有を確保した。戦後，韓国が領有を主張し，54年以降は警備隊を常駐させて占拠している。2012年に韓国の大統領が初上陸し，日本では反発が高まったが，韓国では大統領支持率が26％から35％に上昇した。

↑❶韓国大統領が上陸（2012）

●ポイントとなるできごと

1905	閣議決定により日本が領有を確保
1952	韓国，李承晩大統領が一方的に海洋主権宣言。領有を主張
1954	日本が国際司法裁判所への付託を提案。韓国側は拒否
2005	島根県「竹島の日を定める条例」制定
2012	韓国，李明博大統領上陸（大統領上陸は初）

Ⓑ尖閣諸島（日本が実効支配：中国名「釣魚島」）

1895年の閣議決定で沖縄県に編入された。1968年の調査で，近海に石油資源が埋蔵されている可能性が指摘されると，中国・台湾が領有権を主張しはじめた。

→❷尖閣諸島周辺を並走する海上保安庁巡視船（手前）と中国海洋監視船（2013）
AFP PHOTO/JAPAN COAST GUARD

●ポイントとなるできごと

1895	日本が標識を立てる
1952	南西諸島の一部としてアメリカの施政下に入る
1972	沖縄とともにアメリカから日本に返還
2010	中国漁船が海上保安庁の巡視船に衝突，船長逮捕
2012	石原東京都知事が尖閣諸島の購入を検討したため，政府は日中の対立激化を懸念し，尖閣諸島を国有化した。

〈注〉尖閣諸島については，日本政府は領土問題は存在しないとの見解。

ロシア連邦
中華人民共和国（中国）
李承晩ライン（1952〜65）日本海
日韓暫定水域
朝鮮民主主義人民共和国（北朝鮮）
40°
竹島
大韓民国（韓国）
黄海
（日韓漁業暫定線）
最西〜東京 2,035km
海底に眠る資源
● 石油・ガス田
石油・天然ガスの埋蔵可能性エリア
（日本プロジェクト産業協議会などによる）
平湖ガス田
日中暫定措置水域
東シナ海
春暁ガス田
30°
尖閣諸島
日中中間線
中国が主張する日中EEZの境界
沖大東島
台湾
与那国島（最西端）
130°
20°
フィリピン
東経120°
沖ノ鳥島（最南端）

領　海		沿岸国の主権がおよぶ水域。領海基線（低潮線：干潮時の海岸線）から外側12カイリ（22.2km）。
接続水域		国が密輸や不法侵入などの犯罪を取り締まることができる水域。領海から12カイリ。
排他的経済水域（EEZ）		国が水産資源や鉱物資源などの利用，開発の優先権や，管理，汚染防止の義務を持つ水域。領海基線から200カイリ（370.4km）。
日本の延長大陸棚		2012年，日本の大陸棚の延長が認められた。これにより排他的経済水域外であるが，海底資源の開発権を主張できるようになった。
公　海		どの国にも属さない，自由に資源採取・航行できる海。

〈注〉領海以外は他国の船も自由に航行できる。

ⓒ北方領土問題（ロシアが実効支配）

日露和親条約で，択捉島までを日本領，得撫島以北をロシア領とした。1945年，ソ連が対日参戦して以来，北方四島の占領は続いている。日ソ共同声明で，ソ連は両国間の平和条約締結後に歯舞・色丹を日本に返還すると約束したが，今でも日ロ平和条約は結ばれていない。

国後島

①1855　日露和親条約

樺太

樺太は国境を設けず，日露混在の地とした。

②1875　樺太・千島交換条約

千島列島

樺太をロシア領，千島列島すべてを日本領とした。

③1905　ポーツマス条約

日露戦争後の条約で，南樺太が日本領となった。

④1951　サンフランシスコ平和条約

北方四島

日本が，南樺太・千島列島を「放棄」した。

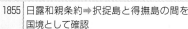
↑❸国後島で，ソ連時代の砲台前を歩くメドベージェフ・ロシア大統領（2010年）

❓地図帳では，択捉島よりも北の千島列島と南樺太は何色で塗られている？

✏答：「どこの領土でもない」から白色。ただし実際はロシアが実効支配し，ロシア人が住んでいる。戦後，サンフランシスコ平和条約で放棄したが，政府は「放棄したが，ロシアに渡した覚えはない」ので「どこの国の色も塗っていない＝白色」としている。

国後島
択捉島（最北端）
色丹島
歯舞群島

東京〜最北 1,335km

40°

太平洋

八丈島

東京〜最東 1,867km

30°

小笠原諸島

硫黄島

南鳥島（最東端）

→❹護岸工事前の東小島（1987年）

140°
150°

Ⅾこんな島もある—沖ノ鳥島

日本最南端の島。実態は，珊瑚礁に浮かぶ高さ1mもない2つの岩だが，「島」であるおかげで，周囲の排他的経済水域を確保できている。島の浸食を防ぐため，日本は285億円をかけて周囲を消波ブロックとコンクリートで囲み，島の上にはチタン合金のフタをかぶせた。また，海底にはサンゴを植えている。2012年には国際機関によって，沖ノ鳥島が「島」であると認定された。

〈注〉国連海洋法条約によれば，「岩」だと領海は設定できるが，EEZは設定できない。

●ポイントとなるできごと

年	できごと
1855	日露和親条約➡択捉島と得撫島の間を国境として確認
1875	樺太・千島交換条約➡千島列島は日本領に（千島列島に北方四島の名前なし）
1945	日ソ中立条約を破棄し，ソ連が北方四島を含む全千島列島を占領
1951	サンフランシスコ平和条約で，日本が千島列島放棄
2010	ロシア大統領，北方領土初訪問
2018	安倍首相，プーチン大統領が首脳会談。平和条約交渉加速で合意
2022	ロシアによるウクライナ侵攻をうけて，岸田首相「北方領土はわが国固有の領土」林外務大臣「ロシアによる占拠は不法」

わざと領土問題をあおって，国民の不満を外国にそらすことも，いろいろな国がやっているね。平和的な解決方法はないのかなぁ。

混迷はいつまで続くのか
中東のいま

この地域は古くから民族，宗教など様々な問題を抱え，現在も政治的・経済的に混迷する国々が多い地域だよ。現在はどんな様子か，みてみよう。

1 パレスチナ問題

Ⓐ なぜ中東というの？

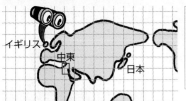

イギリス　中東　日本

Q. なぜ中東というのだろう？
A. イギリスから見たとき，東側にあるから

Ⓒ イスラエルの建国とエルサレム

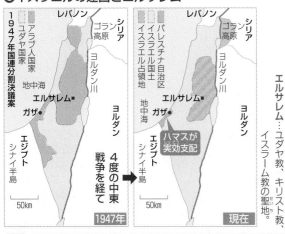

1947年国連分割決議案
アラブ人国家／ユダヤ人国家
レバノン　シリア　ゴラン高原　ヨルダン川　エルサレム　ガザ　ヨルダン　エジプト　シナイ半島　地中海
50km
1947年

パレスチナ自治区／イスラエル国土／イスラエル占領地
レバノン　シリア　ゴラン高原　ヨルダン川　エルサレム　ガザ　ヨルダン　エジプト　シナイ半島　地中海
ハマスが実効支配
50km
現在

4度の中東戦争を経て

エルサレム…ユダヤ教，キリスト教，イスラーム教の聖地。

Ⓑ イギリスの二枚舌外交

パレスチナでのアラブ独立を認めるからイギリス側についてよ。

パレスチナでのユダヤ人の国家建設に協力するから財政援助よろしくね。

フサイン・マクマホン協定／バルフォア宣言

アラブ人　ユダヤ人

第一次世界大戦中，敵対していたオスマン帝国に対抗するため，その支配下にあったアラブ人とユダヤ人に対し，イギリスが行った二重外交を「二枚舌外交」という。これが，パレスチナでの「アラブ人VSユダヤ人」の構図を決定づけ，1948年のイスラエル建国，第1～4次中東戦争に繋がった。パレスチナはおよそ今のイスラエルあたり，そこに住むアラブ人（イスラーム教徒）がパレスチナ人である。

Ⓓ 現在の状況は？―トランプ大統領の中東和平案

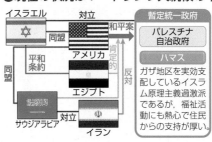

イスラエル　対立　和平案　暫定統一政府
同盟　アメリカ　パレスチナ自治政府／ハマス　肯定的
平和条約　同盟　ガザ地区を実効支配しているイスラム原理主義過激派であるが，福祉活動にも熱心で住民からの支持が厚い。
エジプト　反対
サウジアラビア　対立　イラン

2020年1月，アメリカのトランプ大統領が中東和平案を発表した。「エルサレムをイスラエルの首都とする」など，イスラエルに都合のいい内容だった。パレスチナ側は即時に拒絶したが，トランプ大統領は強気な姿勢を崩さなかった。

2 アラブの春 （2010～12年の民主化運動）反政府デモや長期政権崩壊相次ぐ

23年間在任したベン・アリ大統領が退陣（2011）

青年の焼身自殺を契機に国中のデモに発展。後に「ジャスミン革命」（ジャスミンは同国を代表する花）と呼ばれる。一連の中東民主化運動の先駆けとなる。

デモ発生国　政権崩壊　内戦突入（2010～12）
モロッコ　チュニジア　シリア　クウェート　イラク　イラン　ヨルダン　リビア　エジプト　サウジアラビア　バーレーン　西サハラ　アルジェリア　モーリタニア　スーダン　ジブチ　オマーン　イエメン　ソマリア

←①フェイスブック上に現れた，団結を表す組み手とチュニジア国旗をあしらったプロフィール画像

←②カダフィ大佐派の拠点に残されていた，破れたカダフィ大佐（2011年，内戦で死亡）のポスター

42年間在任したカダフィ政権が崩壊（2011）

政府軍との衝突で多数の死傷者が発生し，NATO軍が軍事介入した。現在も政情は不安定。

30年間在任したムバラク大統領が失脚（2011）

↑③ムバラク退陣を祝うアレクサンドリア市民

内戦続くシリア 2011年3月の反政府デモが，内戦状態にまで拡大したシリアでは，少数派のイスラーム教アラウィ派（シーア派の系統）であるアサド大統領の政府軍と，シリア国民の約7割を占めるイスラーム教スンニ派等の反政府軍とが激しい戦闘を続けるなか，ISILが参入し，三つ巴の戦いとなった。2017年，共通の敵であったISILが壊滅すると，その後はアメリカとロシアによる影響力争いの側面が強くなり，さらにはトルコやイスラエル，イランといった周辺国も加わって，内戦の構図が大きく変わりつつある。依然として事態収拾の見通しは立っておらず，この10年で1,000万人を超えるシリア難民を生み出している。

「アラブの春」の行方 ツイッターやフェイスブックなどのSNSが大きな役割を果たしたが，この10年で規制が強化され監視の目が厳しくなった。本当の「春」がきた（民主体制への移行ができた）のはチュニジアだけで，それ以外の国々では内政や治安が悪化，テロも増え，混迷を極めているのが現状で，強権的な政権に逆戻りした国もある。

インティファーダ パレスチナ人がイスラエルに対して行う民衆レベルの抵抗運動。1987年に，ガザ地区におけるイスラエル人とパレスチナ人との交通事故をきっかけに発生（第1次）。2000年には，イスラエルのシャロン外相（後に首相）が多数の護衛とともにアル・アクサモスクに入ったことをきっかけに発生した（第2次）。

3 アメリカと中東—3つの戦争

	戦争の原因	戦争の構図	戦争の結果
1980〜1988 イラン・イラク戦争	イラクが，イラン革命*で混乱中のイランに戦争をしかけた。 *1979年，イランでは親米派の王政が倒れ，反米のイスラーム教シーア派原理主義の国になった。	 イラン（ホメイニ師） × イラク（フセイン政権）	戦争は9年間続き，両国ともに疲弊して停戦。周囲のアラブ諸国はイランの原理主義拡大を防ぐ盾になるとしてイラクを支援。アメリカも「敵の敵は味方」の論理でイラクを支援。
1991 湾岸戦争	イラクが隣国**クウェート**に侵攻，併合したため，国連安保理が武力行使容認決議を行い，**多国籍軍がイラクを攻撃**した。	 多国籍軍（アメリカ中心） × イラク（フセイン政権）	イラク軍は撤退。国連決議はイラク軍のクウェートからの撤退を求めただけで，アメリカ軍も追撃しなかったため，フセイン政権は存続。イラクでは反フセイン勢力（シーア派やクルド人）が決起したが弾圧された。
2003 イラク戦争	イラクが国連の査察に応じず，**大量破壊兵器**（核・化学・生物兵器等）を隠しているとして，**アメリカなどの有志連合軍が先制攻撃**。	 有志連合軍（アメリカ中心） × イラク（フセイン政権）	サダム・フセインは拘束され2006年に処刑。開戦理由の大量破壊兵器は見つからず。フセイン政権崩壊後のイラクは，シーア派，スンニ派，クルド人の3グループによる対立で政情不安定となり，ISILの台頭を招いた。

4 中東諸国の宗教と相関図

Ⓐイスラム教（シーア派・スンニ派）から見る中東地図

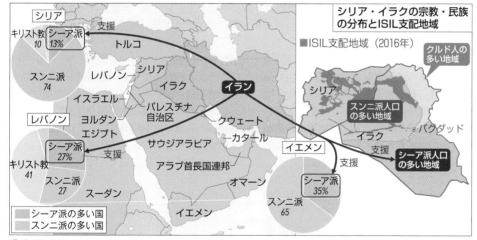

シリア・イラクの宗教・民族の分布とISIL支配地域

■ISIL支配地域（2016年）

クルド人の多い地域
シリア
スンニ派人口の多い地域
バグダッド
イラク
シーア派人口の多い地域
イエメン
支援

シーア派の多い国
スンニ派の多い国

ISILとは？

　ISILは，「イスラーム国」を名乗る過激派組織。中心はイラクやシリアのスンニ派であったが，SNSなどを巧みに利用して，格差や偏見に苦しむイスラーム教の移民や難民を勧誘するなど，不満や刺激を求める若者を煽り，世界各国から兵士を募った。2017年に両国からほぼ一掃されたが，シーア派の反米国家である隣国イランがイラクへ影響力を強めると，それを嫌うアメリカとイランの関係が悪化，その間隙を突くようにISILが再び組織化し勢力を盛り返しつつあるという。

Ⓑ存在感増すイラン

　国民の大多数がシーア派で，ペルシア語を話すペルシア人が国家の半数を占めるイラン。スンニ派が多い北アフリカからアラビア半島にかけてのアラブ諸国とは一線を画す。1979年のイラン革命以降は，シーア派による革命の影響を恐れたアラブ諸国と対立，反米・反イスラエル主義のため，アメリカやイスラエルとも対立してきた。しかし，アラブの春以降，アラブ諸国の長期独裁政権が倒れ混乱が広がると，中東におけるイランの相対的地位が上昇，その存在感を増している。内戦が続くシリアでは，少数派のシーア派政権であるアサド大統領をロシアとともに支援，フセイン政権崩壊後のイラクにおいても，シーア派政権が誕生するとこれを支援し影響力を強めた。2015年，イランの核兵器開発を制限するイラン核合意（イランと米英独仏中露）が結ばれ，イランへの経済制裁が解除されたが，2018年，トランプ大統領が突如離脱を発表，イランへの厳しい経済制裁を再開した。イスラエルやサウジアラビアといったイランと敵対する同盟国への配慮とイランの影響拡大を懸念したものと推測される。その後，バイデン大統領は核合意復帰に向け検討を進めているが，イスラエルはイランの脅威を訴え，アメリカの合意復帰に反発しており，協議は難航している。

Ⓒ世界第4位の原油埋蔵量

（『日本国勢図会』2023/24）

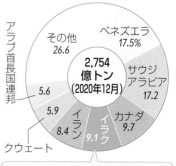

アメリカはイラクの石油を支配するために攻撃をしたともいわれる。

なぜ分断されたのか？
朝鮮半島

戦後，ドイツ，ベトナム，朝鮮が冷戦の影響で二分された。ベトナムは1976年，ドイツも90年に一つの国に戻ったけれど，朝鮮半島は今も南北が対立し，統一の見通しが立っていないよ。

1 朝鮮戦争（1950～53年）

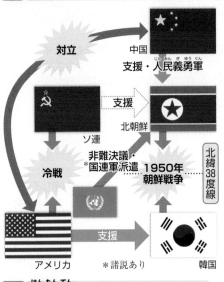

対立
中国
支援・人民義勇軍
支援
ソ連
北朝鮮
非難決議・国連軍派遣 *
冷戦
1950年 朝鮮戦争
北緯38度線
アメリカ
支援
韓国
＊諸説あり

中国
国連軍最前線 1950年11月24日
北朝鮮
□平壌
1953年7月27日に締結された軍事休戦ライン
板門店
38度線（1945年の境界）
仁川
□ソウル
中国の最前線 1951年1月25日
韓国
北朝鮮の最前線 1950年9月15日

第二次世界大戦末期，朝鮮半島北部にソ連軍が入ってきて占領し始めたが，アメリカは半島のほぼ中央部を横切る北緯38度線でソ連軍の南下を食い止めた。その結果，1948年半島の南にはアメリカの支援する「大韓民国」が成立を宣言。一方，北にはソ連の支援する「朝鮮民主主義人民共和国」が成立した。そして，50年6月25日，北朝鮮軍が38度線を突破して南下して朝鮮戦争が始まり，以後53年7月の休戦協定調印まで続いた。

「冷戦」のなかで，国連で北朝鮮に対する非難決議が採択され，アメリカ軍を主とする国連軍が派遣されるに至って，見かねた中国が「人民義勇軍」の名のもとに北を支援し介入。これにより，アメリカ対中国の直接対決構図ができあがった。結局，この戦争は38度線付近で膠着状態となり，ここが休戦ラインとなった。

同じ民族が殺し合う悲劇 死者126万人，南北に引き裂かれた人は1,000万人。両政府は互いに相手を敵と考え，人々の行き来はもちろん，肉親に手紙を出すことさえ許さなかった。
休戦であって，終戦ではない 平和条約が結ばれておらず，完全に戦争は終わっていない。戦争を休んでいるという状態。

2 板門店

両国とも30人の兵士と，ピストルしか持たない5人の将校だけで警備の約束。
非武装地帯 北緯38度線を境に南北それぞれ2kmずつ計4kmの地帯。外側には敵の侵入を防ぐ高い鉄条網が張り巡らされ，24時間パトロールが続く。

軍事停戦委員会本会議場
停戦ライン＝38度線
韓国　北朝鮮

↑①この室内に限り，観光客も停戦ラインを越えて北朝鮮側に入ることが許されるが，生命の安全が保証できないことを承諾する「訪問者宣言書」にサインが必要。

3 日本の植民地支配

Ａ南北分断の遠因

太平洋戦争中，日本軍は，朝鮮半島の38度線で軍隊の守備範囲を分けていて，**38度線より北側は，中国大陸の東北にあった関東軍の司令部の担当，南側は，朝鮮軍司令部の担当**だった。太平洋戦争の末期に日本との戦争に加わった当時の**ソ連軍は，関東軍の守備範囲の地域を占領する。**つまり朝鮮半島の北側は，ソ連軍が占領した。一方，日本本土から指示を受けていた**朝鮮軍司令部の守備範囲は，アメリカが占領**した。ところがその後，アメリカとソ連の仲が悪くなった。このため，朝鮮半島に，ソ連に応援された北朝鮮と，アメリカに応援された韓国という2つの国ができてしまった。

4 北朝鮮は孤立した国？

核開発に拉致問題，世襲による独裁政治や国内の人権問題など，何かと国際社会から批判される北朝鮮。われわれ日本人の多くは，北朝鮮が世界から孤立した特異な国家と思っていないだろうか。実際には，国連加盟国約190か国のうち，北朝鮮と国交を持たない国は日本をはじめ30か国弱で，**160か国以上の国々が北朝鮮と国交を有し，平壌に大使館を設置している国も多い。**北朝鮮側はそうした国々に労働者を派遣し，給料の大半を本国に送金させ，相当額の国家収入としている。金正男（金正恩の異母兄）暗殺事件をきっかけに対立したマレーシアも，北朝鮮とはビザなし渡航が可能な友好国で，事件直後こそ，互いの大使を国外退去処分にし，それぞれの国民を出国禁止にするなどの強硬な措置をとったが，その後は共同声明を発表するなどして関係改善に努めている。

5 南北首脳会談

2018年4月，北朝鮮の金正恩朝鮮労働党委員長と韓国の文在寅大統領（当時）が板門店の韓国側施設「平和の家」で会談した。南北首脳会談は2007年10月以来，10年ぶり3回目。北朝鮮の最高指導者が韓国の地を踏むのは初めてで，金正恩体制では初の首脳会談となった。両氏は「板門店宣言」に署名，年内に朝鮮戦争の終戦を宣言し，休戦協定を平和協定に転換するため米国や中国を交えた会談を推進することで合意した。同年6月，シンガポールで米朝首脳会談が開催され，米のトランプ大統領（当時）と金正恩朝鮮労働党委員長が共同声明に署名した。朝鮮半島の完全な非核化への決意を確認したが，その具体的な手段や検証方法，期限は確認されなかった。

↑②共同宣言に署名したあと，手を取り合って喜ぶ両国首脳。

板門店宣言
南北首脳会談で発表された共同宣言。正式名称は「朝鮮半島の平和と繁栄，統一のための板門店宣言」。内容は，朝鮮半島の完全非核化，朝鮮戦争の終戦，首脳会談・ホットラインの定例化など。なお，拉致問題への言及はなかった。

ここは独立国？
台湾（たいわん）

地図帳では，独立国なのかどうかはっきりわからない台湾。観光旅行にはパスポートがあれば普通に行くことができるそうだけど，日本との関係は？

1 中台問題とは

Ⓐ言わば，どちらが正当な中国かを巡る「本家争い」

中華人民共和国

我々が正当な中国！

↑①国旗：五星紅旗（ごせいこうき）

VS

台湾（中華民国）

我々こそ正当な中国！

↑②国旗：青天白日満地紅旗（せいてんはくじつまんちこうき）

Ⓑ国民党・共産党

第二次世界大戦後，台湾は51年続いた日本の支配から解放され，中華民国に復帰した。しかし，それまで協力して日本と戦っていた，蔣介石率いる「国民党」と毛沢東率いる「共産党」とが対立，内戦が始まった。1949年，共産党が勝利をおさめ，中華人民共和国が成立した。一方の国民党は，台湾に逃げて中華民国を宣言。ここに「2つの中国」がそれぞれ中国の代表を主張する，という状態が生まれた。

Ⓒ国連からの追放（孤立化）

朝鮮戦争で中国と対立したアメリカが，台湾（中華民国）を中国の政府として支持。日本もこれに従った。台湾は国連にも加盟，国際社会での立場を強めた。だが，70年代に入り，良好だったソ連と中国との関係が悪化すると，アメリカは「敵の敵は味方」とばかりに中国に急接近し，台湾支持を翻（ひるがえ）して中華人民共和国を支持。これにより台湾は国連からも追われ，孤立化を深めていった。

2 中台問題の歴史

年	できごと		
1895	日清戦争終結。下関条約により，台湾が日本の植民地になる		
1912	清が滅亡，中華民国成立		
45	日本敗戦。台湾は日本支配から解放され，中国に返還		
	→だが，中国本土は 共産党 ・ 国民党 が対立し，内戦状態へ		
		内戦に勝利 ↓	敗れて台湾へ
49		中華人民共和国	台湾（中華民国）
		・中国共産党（毛沢東） ・ソ連が支持 ・米と対立	・国民党（蔣介石） ・米，日が支持 ・国連常任理事国
52			日華平和条約…日本と台湾が国交回復
60代		ソ連との関係悪化（中ソ対立）	
71	国連	加盟	脱退
72		ニクソン米大統領訪中（ニクソン・ショック）	
	日本との国交	回復	断絶
79	米との国交	回復	断絶
2000			民進党，政権獲得
08			国民党，政権獲得
16			民進党，政権奪回（蔡英文総統）

3 日本との関係

国交はある？
1972年以来，正式な国交はない。だが，双方実質的な大使館（建前は民間団体）を置き，経済・外交関係は続いている。

親日国
Ⓐ台湾人が最も好きな国・地域

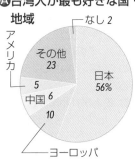

- 日本 56%
- ヨーロッパ 10
- 中国 6
- アメリカ 5
- その他 23
- なし 2

（交流協会「2015年度台湾における対日世論調査」による）

良好な関係
2016年4月に起きた熊本地震では，発生直後に義援金を贈ることを発表し，募金の呼び掛けや救助隊の派遣準備をするなど，いち早く支援を表明。台湾の各市長も，これまで台湾で起きた地震や台風などの被害に対する日本の支援に，「恩返しを」とコメントしている。11年の東日本大震災でも，台湾からは世界最大規模となる200億円以上の義援金が寄せられるなど，両国の関係は深い。

Ⓑ台湾企業によるシャープ買収

2016年8月，台湾の鴻海精密工業（ホンハイ）によるシャープの買収手続きが完了し，鴻海主導による経営再建がスタートした。日本の大手電機メーカーが外資系の傘（かさ）下に入るのは初めて。

→③郭台銘鴻海会長（クォタイミン）。英語名は『テリー・ゴウ』。

鴻海はアメリカや中国に巨費を投じて液晶パネルの新工場を建設予定であり，液晶事業が経営主軸のシャープにとっては追い風となりそうだ。一時は100円を割ったシャープの株価も徐々に上昇し，業績の回復も着実に進んでいる。

4 独立？ 統一？ 台湾の将来

Ⓐ台湾の政党の主張

民進党	台湾は中国から独立すべきだ。*
国民党	独立せずに，中国と統一すべきだ。

＊中国が，台湾が独立すれば攻撃すると公言しているため，独立宣言はしていない。

2016年の選挙で，8年ぶりに国民党から政権を奪還した民進党。台湾史上初となる女性総統（大統領に相当）に就任した蔡英文氏は，就任演説で「一つの中国」の原則（双方が認めたとする1992年合意）には言及しなかったが，独立色を抑え，中国側に対話を呼びかけるなど，中国への配慮（はいりょ）をみせた。

→④蔡英文総統（おさ）

←⑤民進党政権時代に発行された，「台湾」の国名が入った切手。現在は「中華民国」に戻されている。

臺灣 TAIWAN 5 二二八国家紀念館

時事特集

「自分事」として捉える
ウクライナ侵攻4つの視点

国際社会は二極化し，時計の針が逆戻りするかのようだね。第二次世界大戦そして冷戦時代を乗り越えてきた国際社会は，どこへ向かおうとしているのだろう？

---

1 侵攻の始まり─2022年2月24日

　ロシアの国営テレビはプーチン大統領の国民向けの演説を放送した。

- 🐷「アメリカはNATOを拡大しないと約束しながら東方拡大を続け，われわれをだまし続けてきた。嘘の帝国だ。欧米はレッドラインを越えた。」
- 🐷「ウクライナは単なる隣国ではない。我々自身の歴史，文化，精神的空間の切り離しがたい一部なのだ。そのウクライナがNATOに加盟し核保有まで狙い始めている。まさにロシアへの攻撃の前線基地になりつつある。」
- 🐷「東部ドンバス（親ロシア派支配地域）の人民共和国は，ロシアに助けを求めてきた。ナチスと化したウクライナ政府によってジェノサイド（集団虐殺）に人々はさらされているのだ。」

Ⓐロシアの軍事侵攻による各国の対応

ロシア
↑①プーチン大統領

経済制裁など対抗措置
欧州向け天然ガス輸出停止などで報復か？
軍事侵攻

ウクライナ
↑②ゼレンスキー大統領

軍事・経済支援

アメリカ
↑③バイデン大統領

NATOとして結束
イギリス
フランス
ドイツ
NATO加盟国

批判せず
中国

ⒷNATO加盟国の拡大

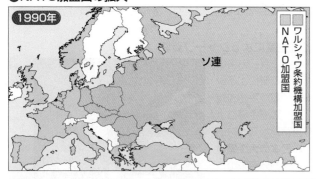

1990年　ソ連　NATO加盟国　ワルシャワ条約機構加盟国

2023年　ロシア　ウクライナ　NATO加盟国

---

2 レコンキスタ（失地回復）

NATO加盟

　冷戦後，ワルシャワ条約機構が解体する一方，NATOは東方に加盟国を拡大させた。加盟国は12か国から30か国となり，ウクライナ侵攻後にフィンランド*とスウェーデンの北欧中立国も加盟申請している。NATOの第5条には，「加盟国の1国に対する攻撃は，NATO全体への攻撃とみなす」という原則が記載されている。

*フィンランドは2023年4月に正式に加盟した。

レコンキスタ

　本来の意味は，8世紀初頭から1492年まで展開されたイベリア半島をイスラム教徒から解放するためのキリスト教徒による国土回復運動。プーチン大統領は，西側によって「失われた国土（失地）」の回復としてウクライナ侵攻を決行したのではないかという分析がある。また，ロシア国民の間にもこの侵攻を「大国ロシアの復活」として捉え，プーチン大統領の支持率が上がってもいる。つまり，「侵略」や「併合」ではなく，「失地回復のための正義の戦い」という捉え方をするロシア国民も少なくない。　（『信濃毎日新聞』2022.5.31を参考に作成）

Ⓐロシアとウクライナの関係史

年	月	できごと
1922		ウクライナがソ連の構成共和国になる
1991		ソ連崩壊　ウクライナが正式に独立
1994		ブダペスト覚書
2004		オレンジ革命
		…大統領選挙での不正を訴えた親欧米派の野党が再投票で親ロシア政権に勝利
2010		親ロシア政権（ヤヌコビッチ大統領）の誕生
2014	2月	親ロシア政権の崩壊
		…EUとの政治・貿易協定調印を大統領が拒否したことから反政府暴動が起こる。ポロシェンコ大統領就任
	3月	ロシアがウクライナ・クリミア半島併合
	4月	ウクライナ東部で親ロシア派が2つの「人民共和国」樹立宣言
		…ウクライナ紛争が始まる
	9月	ミンスク合意
		…停戦の合意をしたが紛争状態が続く
2019		ゼレンスキー大統領（国民的スター，コメディアン出身）の就任
		…NATO加盟を公約に掲げる
		紛争の解決に乗り出す
		…ロシア，ウクライナ，OSCE（欧州安全保障協力機構）の3者協議で停戦合意をしたが戦闘は続いていた

3 グローバリズム—商業の平和

「商業の平和」

　……貿易は利益をもたらすだけでなく，相互の依存関係を深めることで戦争を起こしにくくする。世界が緊密な貿易のネットワークで結ばれるようになれば，わざわざ戦争に訴えようとする国は出てこなくなる。……この30年で，グローバル化は急速に進み，各国の経済はかつてなく依存しあっている。……ロシアは豊富なエネルギー資源を輸出し，その代わりに必要な生活物資を輸入してきた。……それでもプーチン大統領はウクライナへの軍事侵攻に

踏み切ったのだ。……今回の対ロ制裁が，早期の撤退や，プーチン体制の瓦解へとつながれば「商業の平和」は正しかったことになる。

(『信濃毎日新聞』2022.5.22による)

侵攻後から，約1,000社の西側企業がロシアからの撤退や事業縮小を表明しているよ。

4 民主主義の危機

ロシアの政治体制

　国民の直接選挙によって選出されたプーチン大統領の長期政権が続くなかで，ロシアでは，「投票の自由」はあるが，「言論の自由」はない権威主義的な専制政治が行われている。今回の戦争は，世界が民主主義と専制政治の対立による分断化がより一層鮮明となったことを示している。

長期化による民主主義の危機

①難民が「武器」となる "あるシナリオ"

大勢の外国人（難民）が流れ込む➡長期滞在が進む➡３つのリスクが発生

その１　受け入れ国の住民との摩擦を生み出す。

その２　社会が不安定化し，政治的に混乱する。

その３　外国人を嫌悪したり，移民や難民に寛容な政策を非難したりするポピュリズム的な主張が影響力を拡大する。つまり，難民危機は民主主義の弱点を突き，ヨーロッパをかく乱する。

②食料・エネルギー問題

　ロシアは資源大国であるだけでなく，小麦の世界１位の輸出大国である（ウクライナは５位である，2020年）。西側諸国が経済制裁として石油・天然ガスの資源禁輸措置をとったことや，ロシアの小麦の輸出が減少したことによって，世界的にエネルギー価格・食料価格の上昇（インフレ）とともに食料危機の状況が起きてしまった。経済制裁が自国に与える影響が大きくなるにつれ，制裁に消極的になる国が増える可能性がある。

③膨らむ財政赤字

　2019年からの新型コロナ対策などですでに膨大な債務を抱えていた上に，ロシアへの経済制裁，ウクライナへの武器供与と人道支援，物価対策などが重なり，西側諸国は危機的な財政状況にある。国民への負担の増加は，政治を不安定化させる。

Ａヨーロッパ各国のウクライナ難民の受け入れ人数

(UNHCR資料を参考に作成)

ロシアの大統領の任期は現在６年で，さらに2020年の憲法改正で，大統領経験者の「連続３選禁止」の条項が撤廃されたんだ。

5 核と平和

世界第三位の核保有国

　冷戦時代，ウクライナはソ連の軍事戦略上，最も重要な位置にあったため千数百の核兵器が配備されていた。ソ連崩壊後，独立したウクライナは世界第三位の核保有国になったが，アメリカとロシアから核兵器の放棄を迫られた。1994年にはブダペスト覚書により，アメリカ，イギリス，ロシアは，ウクライナが核兵器を放棄する見返りに「ウクライナの安全保障と経済発展への支援」を約束した。

ロシアの軍事専門家の見解（2014年のロシアのクリミア併合後）

ウクライナが90年代に核兵器をすべて放棄しないで，その10％でも保有していたら，もちろんロシアはクリミアを攻撃することはなかっただろう。核戦争は事実上不可能だからだ。

原発の占拠をねらうロシア軍

　ロシア軍は，一時チョルノービリ（チェルノブイリ）＊原発（廃炉中）を占拠し，電力供給網の遮断をちらつかせる戦術をとった。

Ａウクライナ国内にある原子力発電所

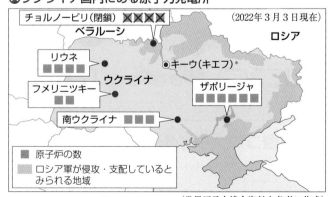

(世界原子力協会資料を参考に作成)

＊2022年日本政府は，ロシアに侵攻されたウクライナへの連帯を示すため，ウクライナの地名をロシア語からウクライナ語に基づく読みに変更した。

効率性 希少性 国際化 グローバル化

Introduction つくるより買うほうが得！

各国が他国に比べて得意とする製品をつくり，それを交換することで互いの利益を大きくするという比較生産費説。ここでは，テレビをつくるのが得意なX国と，バイクをつくるのが得意なY国が，自国で何をつくれ

ばより大きな利益を得られるのか考えている。テレビとバイクの両方をつくった方が利益になるのか，得意な製品だけをつくり，それを貿易で交換した方が利益になるのか，国際貿易のしくみについて考えてみよう。

❶ 次のような2国がある

Ⓧ国 テレビを1台つくるのに10万円かかる
バイクを1台つくるのに50万円かかる

Ⓨ国 テレビを1台つくるのに60万円かかる
バイクを1台つくるのに20万円かかる

テレビを10万円でつくる

バイクを50万円でつくる

なんだ。Yから買ったほうがいいんじゃないのか？

両方をつくると60万円かかる

テレビを60万円でつくる

Xはテレビがずい安くできるんだな。

バイクを20万円でつくる

両方をつくると80万円かかる

❷ 得意な分野に集中する

テレビだけ生産すれば，60万円で6台つくれる

お互いに安くつくれるものだけ，つくったらどうでしょう。

分業

バイクだけ生産すれば，80万円で4台つくれる

60万円でテレビ6台できる

80万円でバイク4台できる

❸ 貿易で交換する　バイク2台とテレビ3台を交換すると仮定

テレビ3台・バイク2台

ではテレビとバイクを交換しよう

テレビ3台・バイク2台

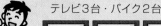

貿易

❹ まとめ

やっぱりそうだ！

このほうがお互いにトクだね！

Ⓧ国 60万円でテレビ1台バイク1台

60万円でテレビ3台　バイク2台

Ⓨ国 80万円でテレビ1台バイク1台

80万円でテレビ3台　バイク2台

（『週刊こどもニュースで学ぼう4』汐文社をもとに作成）

リカードの比較生産費説で理解してみよう

①ポルトガル，イギリス2国の比較

	ポルトガル	イギリス
ワイン1単位の生産に必要な労働量	80人	120人
ラシャ1単位の生産に必要な労働量	90人	100人

ポルトガルはワイン，ラシャ（毛織物）ともに生産性がイギリスよりも高い。どちらかといえば，ポルトガル国内では，ワインの生産が優位であり，イギリスではラシャの生産が優位である。

②両国とも比較優位の商品のみ生産（特化する）
結果，生産量はそれぞれ以下のようになる。

	ポルトガル	イギリス	生産量
ワイン	170人		2.125単位
ラシャ		220人	2.2単位

③特化前後の両国の生産量合計を比較すると

	特化前	特化後
ワイン	2単位 ⇒	2.125単位
ラシャ	2単位 ⇒	2.2単位

特化前より生産量の総量は増加。

④貿易によりワインとラシャを交換したほうが，安く手に入る

➡❶リカード

❶ 新型コロナウイルスとサプライチェーン

ある製品の原材料・部品の調達から生産，在庫管理，配送，販売に至る一連の取引をサプライチェーンという。今日ではグローバル化が進み，複数の企業が国際分業することにより大規模なサプライチェーンが構築されている。しかし，新型コロナウイルスの感染拡大を受け，中国をはじめ欧米など複数にわたるサプライチェーンの寸断が世界中で見られたように，災害等に対する脆弱性が以前から問題視されてきた。比較優位を生かし，国際分業によって利益を得られる一方で，こうした課題を再考しなければならない状況が訪れている。

⬅❷工場で車内に部品を取り付ける作業員。日産自動車の北九州工場。

Seikei マニア　トヨタの「アクア」は海外での販売名は「プリウスC」。このように海外へ輸出されると，国内とは違う名前になる車がある。それは日本ではいい名前でも,海外では語感がよくなかったり,すでに商標登録済みだったりすることがあるから。また，別のイメージコンセプトを打ち出すためでもある。

2 国際分業

Ⓐ水平分業

先進国間にみられる。同水準の工業製品を交換しあう。

①日本のアメリカとの貿易品目別割合（2021年）

輸出 148,315 億円	機械類 39.7%	自動車 24.2	6.1		その他 25.5

自動車部品┘ └科学光学機器 2.6
└医薬品 1.9

輸入 89,156 億円	機械類 22.7%	医薬品 9.7	5.6	5.3	肉類 5.1	その他 51.6

液化天然ガス┐
液化石油ガス┘

②日本のドイツとの貿易品目別割合（2021年）

輸出 22,791 億円	機械類 46.7%	自動車 7.1	5.4	5.2	その他 31.4

科学光学機器┘ 有機化合物┘ └遊戯用具 4.2

輸入 26,030 億円	機械類 25.9%	医薬品 20.7	自動車 17.7	5.3	4.9	その他 25.5

有機化合物┘ └科学光学機器

Ⓑ垂直分業

先進国と途上国間にみられる関係で，先進国は工業製品を，途上国は農産物や工業原料などの一次産品を生産し，交換する。

①途上国の輸出品目割合（2021年）

パキスタン 288億ドル	繊維品 31.9%	衣類 29.4	米 7.5	その他 31.2

エクアドル 267億ドル	原油 27.3%	魚介類 26.4	バナナ 13.1	その他 33.2

ボツワナ 75億ドル	ダイヤモンド 89.8%	その他 10.2

スリランカ 133億ドル	衣類 43.1%	茶 10.4	5.5	その他 41.0

└ゴム製品

（Ⓐ・Ⓑとも『日本国勢図会』2023/24）

3 保護貿易

Ⓐ保護貿易の理論

↑③リスト

経済は牧畜→農業→工業と発展するのであり，工業が未発達の段階の国は，関税化などの貿易制限をしなければ，先進国の安価な商品に国内市場を独占され，国内の工業の発展が阻害（そがい）されてしまう。ドイツの経済学者リスト（1789〜1846）はこのように保護貿易の正当性を主張した。

Ⓑ関税―国内産業を保護

関税をかけないと…

海外生産品
1kg50円

輸送費，手数料など
30円を加える

輸入品

輸入品
1kg80円

国産品
1kg100円

関税をかけると…

海外生産品
1kg50円

輸送費，手数料など
30円を加える
＋
100%の関税をかける

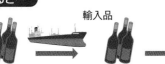
輸入品

輸入品
1kg130円
（80円＋関税50円）

国産品
1kg100円

解説 安価な輸入製品に関税を課し，国内での販売価格を上げ，国内産業を保護することが目的。しかし，いきすぎた保護関税は自由貿易の障壁（しょうへき）となってしまう。

4 わが国の貿易の現状

Ⓐ輸出・輸入品目と大陸別の相手先

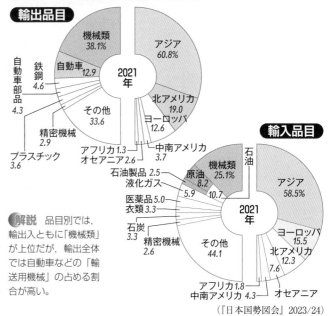

輸出品目

2021年
機械類 38.1%
自動車 12.9
鉄鋼
自動車部品 4.3
精密機械 2.9
プラスチック 3.6
その他 33.6

アジア 60.8%
北アメリカ 19.0
ヨーロッパ 12.6
中南アメリカ 3.7
アフリカ 1.3
オセアニア 2.6

輸入品目

2021年
機械類 25.1%
石油 10.7
原油 8.2
液化ガス 5.9
石油製品 2.5
医薬品 5.0
衣類 3.3
石炭 3.3
精密機械 2.6
その他 44.1

アジア 58.5%
ヨーロッパ 15.5
北アメリカ 12.3
オセアニア 7.6
中南アメリカ 4.3
アフリカ 1.8

解説 品目別では，輸出入ともに「機械類」が上位だが，輸出全体では自動車などの「輸送用機械」の占める割合が高い。

（『日本国勢図会』2023/24）

Ⓑ日本の貿易相手国の推移

輸出	2000年	2010年	2020年
総額	51兆6,542億円	67兆3,996億円	68兆3,991億円
1位	米国（29.7%）	中国（19.4%）	中国（22.1%）
2位	台湾（7.5%）	米国（15.4%）	米国（18.4%）
3位	韓国（6.4%）	韓国（8.1%）	韓国（7.0%）

輸入	2000年	2010年	2020年
総額	40兆9,384億円	60兆7,650億円	68兆108億円
1位	米国（19.0%）	中国（22.2%）	中国（25.7%）
2位	中国（14.5%）	米国（10.7%）	米国（11.0%）
3位	韓国（5.4%）	オーストラリア（6.5%）	オーストラリア（5.6%）

〈注〉（　）の数値は総額に対する構成比。 （税関資料より作成）

国際経済

チェック&トライ

チェック	リカード	比較生産費説
	国際分業	保護貿易
	リスト	関税

トライ ・日本の貿易相手国の変化を説明しよう。

Introduction 円高・円安—円の価値

基本的な考え方

円 高	円 安

円高

1ドル＝100円→1ドル＝50円

1 \$ ＝ ⑩ ⇒ **1 \$** ＝ 🪙

1ドルの価値が50円下がったのだから，ドル安

100円＝1ドル→100円＝2ドル

⑩ ＝ **1 \$** ⇒ ⑩ ＝ **1 \$ 1 \$**

100円の価値が2倍になったので，円高

1ドル＝100円→1ドル＝50円のような変動を**ドル安円高**という。（普通は「ドル安」を省略）

円安

1ドル＝100円→1ドル＝150円

1 \$ ＝ ⑩ ⇒ **1 \$** ＝ ⑩🪙

1ドルの価値が50円上がったのだから，ドル高

100円＝1ドル→100円＝0.66ドル

⑩ ＝ **1 \$** ⇒ ⑩ ＝ **0.66\$**

100円の価値が2/3になってしまったので，円安

1ドル＝100円→1ドル＝150円のような変動を**ドル高円安**という。（普通は「ドル高」を省略）

影響

円高の場合	円安の場合

①**インターネットでアメリカからオーディオプレイヤー（149ドル）を買う場合**

1ドル＝100円のとき，代金は，149×100＝14,900円

円高
1ドル＝100円→1ドル＝50円

1ドル＝50円になると
代金は，149×50＝7,450円

支払額の差　**－7,450円**

円高➡輸入，外国での買い物が得

円安
1ドル＝100円→1ドル＝150円

1ドル＝150円になると
代金は，149×150＝22,350円

支払額の差　**＋7,450円**

円安➡輸入，外国での買い物が損

②**日本産自動車（30,000ドル）をアメリカに輸出する場合**

1ドル＝100円のとき，アメリカから
支払われる3万ドルを円に替えると，3万×100＝300万円

1ドル＝50円になると
代金は3万×50＝150万円

受取額の差　**－150万円**

円高➡外国への輸出が損

1ドル＝150円になると
代金は3万×150＝450万円

受取額の差　**＋150万円**

円安➡外国への輸出は得

1 為替

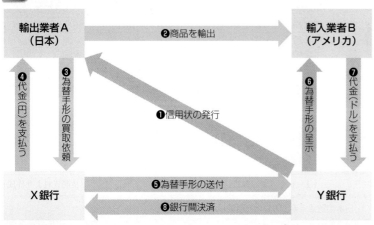

為替 遠隔地で商品を売り買いする場合，現金を輸送することなく，手形を用いて代金を決済すること。手形，小切手，銀行振込用紙などを送り，金融機関を通じてお金の受け渡しをする。外国との間で用いられるものを「外国為替」という。

解説 ❶輸入業者BがY銀行に信用状（銀行が支払いを確約する書類）の発行を依頼し，YはX出業者Aに信用状を発行する。
❷AがBに商品を輸出する。
❸AはX銀行に為替手形の買取を依頼し，
❹XはAに代金を円で支払う。
❺Xは買い取った為替手形をYに送り，
❻YはBから代金を取り立てるために為替手形を呈示する。
❼BはAに支払う代金を自国通貨でYに支払う。
❽銀行間（X，Y）で資金の決済をする。

図の中の項目：
輸出業者A（日本）—❷商品を輸出→輸入業者B（アメリカ）
❹代金（円）を支払う
❸為替手形の買取依頼
❶信用状の発行
❻為替手形の呈示
❼代金（ドル）を支払う
X銀行 ❺為替手形の送付 Y銀行
❽銀行間決済

Seikei マニア ユーロ硬貨のデザインは，発行する国ごとに違う。表は共通，裏は各国独自デザインである。表は「ヨーロピアン・サイド」といって，ＥＵの加盟国間の結束を表し，裏は「ナショナル・サイド」で，国王の肖像・草花・ライオンなどさまざま。

2 国際収支表と日本の国際収支

Ⓐ日本の国際収支表

(単位：億円)

項目	2021年度	2022年度	内容
Ⓐ経常収支	126,442	92,256	①+②+③
①貿易・サービス収支	−64,468	−233,367	モノの収支＝輸出−輸入（日本企業が外国から石油を買って支払った代金など）
・貿易収支	−16,507	−180,602	
┌輸出	854,957	996,207	
└輸入	871,464	1,176,809	
・サービス収支	−47,960	−52,765	サービスについての収支。輸送・旅行・通信・知的財産権など。（外国人が京都で支払った宿泊代など）
②第一次所得収支	215,883	355,591	生産過程に関連した所得および財産所得の収支。
・雇用者報酬	−214	−238	「日本人が海外で稼いだ報酬」−「外国人への賃金等の報酬の支払」
・投資収益	216,815	356,005	金融資産提供への対価である配当金や利子等の収支。
・その他第一次所得	−719	−176	鉱業権の使用料，石油・天然ガス等の採掘量等に課せられる税金等。
③第二次所得収支	−24,973	−29,968	対価を伴わない資産提供の収支。食料・医療費の無償資金援助，国際機関拠出金，外国人労働者の郷里送金等。
Ⓑ資本移転等収支	−3,480	−1,724	④+⑤
④資本移転	−1,659	−2,058	資本形成のための無償資金援助，相続に伴う資産の移転等。
⑤非金融非生産資産の取得処分	−1,821	334	鉱業権，土地，排出権，移籍金，商標権等の取引。
Ⓒ金融収支	99,142	87,712	投資や外国からの借入による資産と負債の収支。「＋」は純資産の増加，「−」は減少を示す。
Ⓓ誤差脱漏	−23,820	−2,820	統計上の不整合の処理。

〈注〉数値は速報値。　　　　　　　　　　　　　　　　　　　　　　　　（財務省資料による）

国際収支に関わるポイント

- IMF国際収支マニュアル変更により，日本も2014年から新形式に移行。大項目が「経常収支」，「資本収支」の2本立てから，「経常収支」，「資本移転等収支」，「金融収支」の3本立てに変更。「資本収支」から「その他資本収支」を切り離して新たに「資本移転等収支」とした。「日本企業の外国投資」（日本企業が海外に工場を建設するなど）は従来の資本収支では「−」だが，金融収支では資産増加と考え「＋」となる。
- 国際収支表では，Ⓐ+Ⓑ−Ⓒ+Ⓓ＝0となる。おおまかには，経常収支−金融収支＝0といえる。
- 国際収支表における「黒字」「赤字」は，企業収支のように損益を示すのではない。貿易黒字は，国内で消費されなかった財やサービスを外国が買ったということ。「貿易黒字が増えたから，経済成長する」，あるいは「経済成長したから貿易黒字が増える」，という関係はない。

Ⓑ日本の国際収支の推移

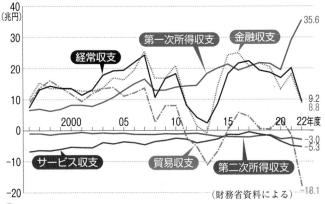

（財務省資料による）

35.6
9.2
8.8
−3.0
−5.3
−18.1

2000　05　10　15　20　22年度

第一次所得収支　金融収支　経常収支　サービス収支　貿易収支　第二次所得収支

解説 2011年，日本は31年ぶりに貿易赤字となったことが大きく報道された。これは東日本大震災で部品調達ができず輸出が減ったことと，火力発電に伴う燃料を輸入したからだ。しかし，第一次所得収支の大幅な黒字により，経常収支は黒字のままであった。

Ⓒ主な国の国際収支

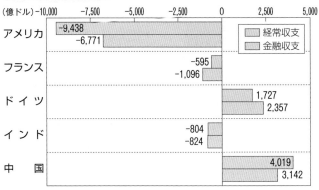

国	経常収支	金融収支
アメリカ	−9,438	−6,771
フランス	−595	−1,096
ドイツ	1,727	2,357
インド	−804	−824
中国	4,019	3,142

〈注〉2022年の数値。　　　　（IMF資料による）

Ⓓ国際収支の発達段階説

経常収支		貿易・サービス収支		第一次所得収支		発達段階
赤字←	→黒字	赤字←	→黒字	赤字←	→黒字	
						①未発達の段階
						②工業が起こり貿易・サービス収支は黒字
						③貿易・サービス収支の黒字拡大で経常収支も黒字化
						④対外投資の収益としての配当などの増加で所得収支が黒字化
						⑤貿易・サービス収支が赤字となるが所得収支の黒字で経常収支は黒字維持
						⑥貿易・サービス収支の赤字拡大で経常収支が赤字化

（内閣府資料による）

チェック＆トライ

チェック　外国為替　経常収支　金融収支　国際収支　資本移転等収支

トライ　・次のア〜ウは，ⒶⒶ①〜⑤のどれに当てはまるか？また，それらは日本にとって黒字要因か，赤字要因か？（ア）日本政府がタイへの食糧無償援助を行った。（イ）外国人旅行者が京都でお土産を購入した。（ウ）3か月間のアメリカ留学中にバイト先で給料をもらった。

希少性　ルール　国際化　グローバル化

Introduction 何を信用するかということ─国際通貨体制のあゆみ

金の時代

19世紀後半〜世界恐慌

金の信用

① ① ＝ $1

各国通貨は，1円＝金0.75g，1ドル＝金1.5gのように金を基準としており，金との交換が可能であった。【金本位制】
通貨は金の信用に裏付けされており，金こそが国際通貨であった。為替相場は金を仲立ちに，2円＝1ドルという固定相場制であった。

メリット ①絶対的信用がある金を基準としていたので，安定していた。
②為替相場が固定相場制で安定。

崩壊 1929年の大恐慌以後，金本位制は停止され，ブロック経済が形成され，第二次世界大戦が勃発。

ドルの時代

第二次世界大戦後〜1971年

↑①ニクソン声明でドル交換が制限され，通信社のニュースを読む外国人客。

金1オンス（31g）＝35ドルとし，各国中央銀行はドルと金との交換が可とされた（ドルの価値は金により裏付けられた）。ドルはアメリカ国外では，金との交換可能な国際通貨であった。
このため，ドルを基軸通貨とし，為替相場は固定相場制とした。（1ドル＝360円）
【IMF＝GATT体制】

メリット 第二次世界大戦後，アメリカは全世界の金の7割を保有する経済大国となり，その経済力が世界経済を安定させた。

崩壊 日欧への復興援助，ベトナム戦争，途上国への経済支援などで多額のドルが支払われた。アメリカの国際収支は赤字となり，ドルの信用が低下した。1971年，ニクソン大統領は金・ドル交換停止を宣言し，固定相場制は崩壊した。

ドルの衰退

1971〜1985年

←②変動相場制移行で円が急騰，刻々変化するドル相場に対応する銀行員。

1971年	スミソニアン協定 金1オンス＝38ドル／1ドル＝308円	ドルの価値を下げ，ドル中心の国際通貨体制，固定相場制の維持に努める。
1973年	ドルの下落止まらず，変動相場制へ移行	1ドルはもはや360円の価値はなく，308円とし，新たに各国の為替相場を設定。
1976年	キングストン会議で，変動相場制を正式に認知	金との交換が停止されたドルは，信用が低下し，1ドル＝308円を支えることもできなくなり，各国は変動相場制へ移行した。

各国協調

1985年〜

←③サミットの様子。主要国の協力で国際経済の安定を図る。（2002年，カナダ）

→④2009年イタリアで開催されたG8財務相会合。G8の財務大臣や中央銀行総裁に加え，世界銀行総裁やアフリカ開発銀行総裁，欧州委員会代表などが参加した。

Seikei マニア イギリスは通貨に国名が入っていない。理由は正式名が長すぎて入らないからである。イギリスの正式名は「United Kingdom of Great Britain and Northern Ireland」。また，エリザベス女王の肖像さえ入っていれば国名はいらない，という意見もある。

① IMF（国際通貨基金）

←⑤アメリカ・ワシントンにある国際通貨基金（IMF）本部ビル。

設立 1944年7月ブレトンウッズで開催された連合国国際通貨金融会議でIMF協定調印，1945年12月設立。44か国でスタートし，2023年6月末現在190か国加盟。

目的 国際通貨体制の維持，為替相場の安定，貿易障壁となる為替制限の撤廃。

業務

債務が増え，支払い困難な国 ← 貸付 ← IMF（国際通貨基金） ← 出資 ← IMF加盟国

ナビ 日本の出資額は世界第2位。1位はアメリカ。

SDR（特別引き出し権） IMFによる国際通貨の役割を果たすもの。貸付がSDRで行われることもある。

解説 第二次世界大戦前の輸入規制や為替切り下げ競争が大戦の遠因となった反省からIMFが設立された。戦後GATTや世界銀行とともに世界経済の復興，発展に寄与してきた。1970年代までは固定相場制の安定，80年代・90年代は南米やアジアの通貨危機への対応に努めた。

② 固定相場制と変動相場制

	為替相場の種類	主な国・地域
変動	変動相場制（フロート制）…レートを市場の需要と供給のバランスで決定。	日本，アメリカ，イギリス，ユーロ圏，インド，フィリピンなど
	管理フロート制（管理変動相場制）…変動相場制だが，国が介入しレートを管理。	*中国，*マレーシア，タイ，ミャンマーなど
固定	通貨バスケット制…複数の外貨の平均（バスケット）に連動。	シンガポール，フィジー，クウェート，リビアなど
	固定相場制（ペッグ制）…ある外貨とレートを固定（例：ドルと固定するドルペッグ制）。	カタール，ブルネイ，バハマ，バミューダ諸島，ジブラルタルなど

*通貨バスケットを参考に管理する方式。　　　　　（2023年3月末現在）

解説 ブレトンウッズ体制崩壊後，主要国はあいついで変動相場制に移行したが，固定相場制をとっている国もある。固定相場制といっても，米ドルなどの特定通貨に固定したり，主要国通貨をバスケットしたところに固定している。

③ 協調介入—G5，G7の役割

1985年	アメリカの貿易赤字改善のため，各国協調してドル安誘導　**G5 プラザ合意**

しかし，輸出は伸びず，輸入が増加→物価上昇のおそれが出て，ドル安をストップさせることが必要

1987年	アメリカの高金利政策容認　**G7 ルーブル合意**

↑⑥1985年5か国蔵相会議

解説 1985年ニューヨークのプラザホテルで開催されたG5（先進国5か国蔵相会議：日本，アメリカ，ドイツ，イギリス，フランスが参加）の結果，急速なドル安円高が進み，日本は輸出が不振となり，円高不況となった。日本は不況対策として，公定歩合を下げた。1987年2月パリのルーブル宮殿で，急激なドル安を止めるため，G7が開かれた。アメリカの金利が高ければ，ドル買いがおこりドル安が止まるという考えであった。日本は1989年5月まで低金利政策を続け，バブル経済となった。

④ 国際通貨制度と円相場の推移

（日本銀行資料などにより作成）

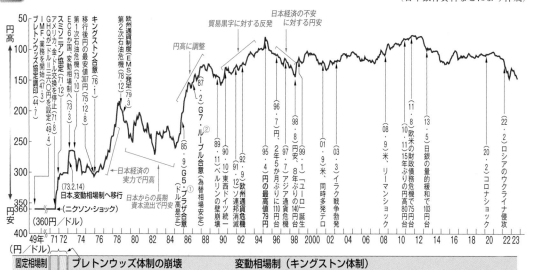

固定相場制　｜　ブレトンウッズ体制の崩壊　｜　変動相場制（キングストン体制）

ナビ ①「プラザ合意」ニューヨークのプラザホテルで開催された先進5か国蔵相会議（G5）での合意事項（ドル高の是正のため，各国が協調してドル安を誘導する）。その結果，1ドル＝240円台が2年間で約2倍の120円台へ。

②「ルーブル合意」パリのルーブル宮殿で開催された先進7か国蔵相会議（G7）での合意事項（急激な円高ドル安の動きを抑え，為替相場の安定をはかる）。

知ってる？

なぜGHQは1ドル＝360円と設定したのだろうか。円は○，それは360度だからという説がある。

国際経済

チェック＆トライ

チェック IMF＝GATT体制　固定相場制　変動相場制　プラザ合意

トライ ・円の最高値を記録した1995年4月の79円75銭は，ニクソン・ショック前に比べてドルに対する円の価値が約何倍になったことになるか。

時事特集 なぜできたの？ EU

EU加盟国同士は行き来が自由で、検問所が廃止されたところも多く、国を越えて通勤する人もいる。お金は「ユーロ」が広く使われている。歴史をたどってみよう。

1 イギリスEU離脱

↑①議会前広場で、イギリスのEU離脱を祝う人々。

2020年1月31日、イギリスがEUから離脱した。ジョンソン首相は「新時代の夜明け」と演説したが、2016年の国民投票後、離脱交渉は難航し、前任のメイ首相は国内の意見をまとめられずに辞任。後任のジョンソン首相がようやく今回の離脱にこぎ着けた。ヨーロッパの経済的・政治的統合を掲げて拡大し続けてきたEUが、今、岐路に立っている。

2 5月9日はヨーロッパ・デー

↑②声明を読むシューマン

1870年からの70年間にフランス・ドイツ間の戦争は3度もあった。1950年5月9日、フランス外相のシューマンは、パリで次の声明を読み上げる。「世界平和は、それを脅かす危険に見合った創造的な努力を傾けることなしに守ることはできない。」そして、**石炭と鉄鋼という、当時あらゆる軍事力の基礎となっていた産業部門**を、超国家的に管理する機関の設立を提唱した。ECSC設立のきっかけになったこの日は「ヨーロッパの日」として、統合を祝う日になっている。

3 EU加盟国（2023年6月現在）

①原加盟6か国
②1973年加盟（イギリスは離脱）
③1981、1986年加盟
④1995年加盟
⑤2004、2007、2013年加盟
青字　ユーロ導入国

フィンランド
スウェーデン
デンマーク
ベルギー
エストニア
ラトビア
リトアニア
オランダ
イギリス（2020年離脱）
アイルランド
ポーランド
ドイツ
チェコ
ルクセンブルク
スロバキア
オーストリア
ハンガリー
ルーマニア
フランス
イタリア
スロベニア
クロアチア
ブルガリア
ギリシャ
ポルトガル
スペイン
マルタ
キプロス

4 統合までの道のり

年	できごと
1952	ECSC（欧州石炭鉄鋼共同体）発足
58	EEC（欧州経済共同体）・EURATOM（欧州原子力共同体）発足
67	EC（欧州共同体）発足
68	EEC関税同盟完成（域内関税撤廃、域外共通関税設定）
79	欧州通貨制度（EMS）発足。域内固定相場制に
93	市場統合発足、人・物・サービスの移動が自由に **マーストリヒト条約**発効。EU発足
98	欧州中央銀行（ECB）設立
99	ユーロ導入（資本取引）
2002	ユーロ紙幣・硬貨の使用開始。旧通貨回収
09	**リスボン条約**発効。EU大統領（常任議長）新設
16	イギリスにて国民投票。EUから離脱の意思を表明
20	イギリスが離脱

5 メリットと課題

メリット
①域内関税がないので貿易が増加する。ユーロ圏内は物価の比較も容易で、価格競争も進む。
②医師・教員・弁護士などの資格が共通。
③国境を越えて投資が増え、インフラが整備される。
④人の移動（就労・居住）が自由。国境を越えての通勤も可能。
※④はメリットではあるが、イギリス離脱派の主張の一つは、移民や難民の受け入れ拒否であった。（→p.167）

課題
①通貨発行権など、主権を一部手放すことになるので、独自の財政政策・金融政策をとりにくい。
②共通通貨のため、自国だけが経済危機の時、自国通貨の価値が安くなって輸出が増え、その結果経済が回復するという解決ができない。
③加盟国数増加で、力のある一部の国だけで協議が進められ、小国の意見が通りにくくなる。

6 シェンゲン協定

ヨーロッパにおいて国境での出入国審査なしで自由に移動を許可した協定。例えば、日本からフランスへ旅行に行く場合、フランスの空港にてパスポートの提示など入国審査はあるが、シェンゲン協定の域内に入ったあとは国境での審査はない。フランス→ドイツ→チェコ→オーストリア→ハンガリー…と自由に移動が可能。シェンゲン協定には、スイスやノルウェーなど、EU加盟国以外の国も参加しており、ヒトやモノの自由な移動は、ヨーロッパ経済に多大な貢献をしてきた。しかし近年は、テロへの警戒や移民・難民問題、新型コロナウイルス感染症もあって国境での出入国審査を復活させる国が増えており、シェンゲン協定の見直しが提起されている。

EU加盟国でもルーマニアなど、シェンゲン協定に加盟していない国があるよ。旅行するときは気をつけたいね。

時事問題

何でも世界一？
中国

現在の中国は，めまぐるしい変貌を遂げようとしている。その経済成長が中国にもたらす光と影の部分について学んでみよう。また，隣国同士の日中関係にも注目してみよう。

1 「政冷経熱」の日中関係（政治的には冷たい関係　経済的には熱い関係…胡錦濤国家主席の造語）

政治

❶不信の連鎖―戦後の日中関係

1949	中華人民共和国成立	05	大規模な反日デモ，「政冷経熱」の造語が生まれる
72	日中国交正常化		
78	日中平和友好条約調印	08	日中条約約30周年を機に胡錦濤国家主席来日，「戦略的互恵関係」の推進に関する日中共同声明
89	天安門事件		
96	尖閣諸島問題再燃		
98	江沢民主席，中国国家元首として初めて来日	12	日本の尖閣諸島国有化。反日デモ，日系企業が被害を受ける。日系商品の不買運動
2001	小泉純一郎内閣時に歴史教科書問題，靖国神社参拝問題		

❷日中間の抱える問題

ナビ「A級戦犯」侵略戦争の計画者として「平和に対する罪」で有罪となった人

尖閣諸島 尖閣諸島は，東シナ海にある小さな島。沖縄県石垣市に帰属している。地下資源の可能性が確認されると，中華人民共和国，中華民国が領有権を主張。

靖国神社 戦争で亡くなった人を祀る靖国神社。首相や閣僚が参拝することに対し「A級戦犯」も祀られているとして，中国を含め内外からの批判がある。

歴史教科書 中国から，日本の歴史教科書の記述に関して，侵略戦争の実態の記述や反省がなく偏向しているとの指摘がされている。

東シナ海ガス田開発 日中両国の排他的経済水域内にガス田があり，その権益の範囲をめぐって，双方の主張が対立。2008年に共同開発で合意。

経済

❶対中国貿易の推移

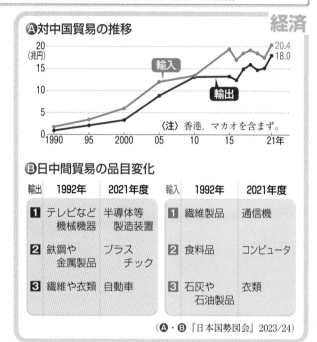

（注）香港，マカオを含まず。

❷日中間貿易の品目変化

輸出	1992年	2021年度	輸入	1992年	2021年度
1	テレビなど機械機器	半導体等製造装置	1	繊維製品	通信機
2	鉄鋼や金属製品	プラスチック	2	食料品	コンピュータ
3	繊維や衣類	自動車	3	石炭や石油製品	衣類

（❶・❷『日本国勢図会』2023/24）

2 米中貿易摩擦

❶アメリカの対中貿易額の推移
（『毎日新聞』2018.6.19などによる）

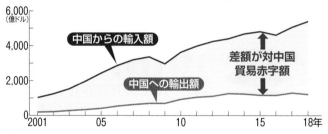

❷米中貿易摩擦をめぐる動き

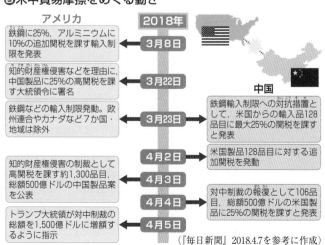

アメリカ	2018年	中国
鉄鋼に25%，アルミニウムに10%の追加関税を課す輸入制限を発表	3月8日	
知的財産権侵害などを理由に，中国製品に25%の高関税を課す大統領令に署名	3月22日	
鉄鋼などの輸入制限発動。欧州連合やカナダなど7か国・地域は除外	3月23日	鉄鋼輸入制限への対抗措置として，米国からの輸入品128品目に最大25%の関税を課すと発表
	4月2日	米国製品128品目に対する追加関税を発動
知的財産権侵害の制裁として高関税を課す約1,300品目，総額500億ドルの中国製品案を公表	4月3日	
	4月4日	対中制裁の報復として106品目，総額500億ドルの米国製品に25%の関税を課すと発表
トランプ大統領が対中制裁の総額を1,500億ドルに増額するように指示	4月5日	

（『毎日新聞』2018.4.7を参考に作成）

3 「一帯一路」構想とAIIB

一帯一路 2013年に中国が提唱した，中国からヨーロッパにまたがる巨大経済圏構想。現代版シルクロードともいわれている。圏内の地域では，中国の投資によって道路や鉄道，港湾などが整備されているが，こうした動きによって中国の影響力が強まることを，欧米諸国は懸念している。

AIIB（アジアインフラ投資銀行） 中国が提唱・主導し，2015年に発足した国際金融機関。アジアのインフラ整備の支援を目的に設立された。設立の背景には，IMF（国際通貨基金）などの国際金融機関で発言力が高まらないことへの不満や，国内需要の伸び悩みを受けての海外進出などがある。

↓❶AIIB設立協定の署名式に出席した創設メンバー国の代表
（中国・北京，2015.6.29）

THE SIGNING CEREMONY OF THE ARTICLES OF AGREEMENT OF THE ASIAN INFRASTRUCTURE INVESTMENT BANK
《亜洲基礎設施投資銀行協定》簽署儀式
June 29th 2015, Beijing, China
2015年6月29日　中国·北京

自由貿易協定

 自由 ルール 国際化 グローバル化

Introduction 外国人看護師が来た理由

　自由貿易のための国際ルール作りを進めるWTO（世界貿易機関）であるが，加盟国が増え多国間での交渉が停滞したため，2国間および地域的なFTA・EPA締結の動きが活発化した。WTOは排他的にならないことを条件にFTA・EPAの締結を認めている。

Ⓐ日本のFTA／EPA交渉の現状

〈注〉2022年6月時点。

	日本と署名した国・地域	発効年	日本と署名した国・地域	発効年
EPA	シンガポール	2002年	スイス	2009年
	メキシコ	2005年	インド	2011年
	マレーシア	2006年	ペルー	2012年
	チリ	2007年	オーストラリア	2015年
	タイ		モンゴル	2016年
	ブルネイ		TPP11	2018年
	インドネシア	2008年	EU	2019年
	フィリピン		アメリカ*1	2020年
	ASEAN全体	2008年	イギリス	2021年
	ベトナム	2009年	RCEP*2	2022年

交渉中
コロンビア
日中韓　トルコ

＊1　日本政府はFTA・EPAには該当しないと主張。しかし，2国間の関税引き下げなので実質的にFTA。

＊2　RCEP…日本，中国，韓国，オーストラリア，ニュージーランドの5か国とASEAN10か国の「地域的な包括的経済連携」。

Ⓑ FTAとEPA

FTA（自由貿易協定）
協定を結んだ国どうしで，物やサービスの関税を撤廃し，貿易自由化を行う協定。

EPA（経済連携協定）
FTAに加えて，投資の自由化，人的交流の拡大，特許などの知的財産など，幅広い分野を含む協定。

ナビ 「特恵関税」途上国に対し，一般の関税率よりも低い税率を適用すること。

外国人看護師・介護福祉士候補者の受入れ実施

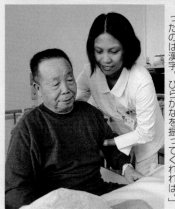

①2010年，日本の看護師試験に合格したフィリピン人のエバーさん。研修から帰宅した後も毎日4時間猛勉強した。「一番難しかったのは漢字。ひらがなを振ってくれれば。」

Ⓒ WTO（世界貿易機関）とFTA（自由貿易協定）の関係

※図は物品貿易の場合

自由貿易協定（FTA）

WTO
最恵国待遇（原則）
（他の全ての加盟国に対し，関税を等しく適用）

〈例外〉特定の地域のみで関税撤廃（参加国以外は優遇しない）

高 ← 自由化度

WTO協定上の条件：「実質上全ての貿易」を自由化する（先進国を含むFTAの場合）

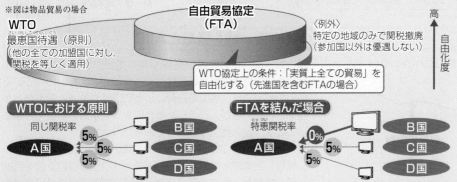

WTOにおける原則
同じ関税率
A国 —5%→ B国
A国 —5%→ C国
A国 —5%→ D国

FTAを結んだ場合
特恵関税率
A国 ⇄0%⇄ B国
A国 —5%→ C国
A国 —5%→ D国

Ⓓ外国人看護師の受験者数と合格者数

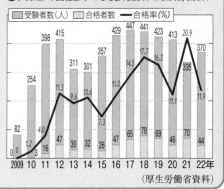

■ 受験者数（人）　□ 合格者数　— 合格率（%）

	2009	10	11	12	13	14	15	16	17	18	19	20	21	22年
受験者数	82	254	398	415	311	301	357	429	447	441	423	413	335	370
合格者数	0	3	16	47	30	32	26	47	65	78	69	46	70	44
合格率	0	1.2	4.0	11.3	9.6	10.6	7.3	11.0	14.5	17.7	16.3	11.1	20.9	11.9

（厚生労働省資料）

1 GATTの三原則

	内容	例外
自由	● 関税引き下げ ● 非関税障壁（輸入数量制限など）の撤廃	セーフガード（緊急輸入制限）…輸入急増時，自国産業を守るために一時的に輸入制限できる。
無差別	● 最恵国待遇（ある国に与えた関税の引き下げなどを，全てのGATT加盟国にも適用させる） ● 内国民待遇（国内の税で，外国産・国内産に差をつけないなど）	一般特恵関税…途上国支援のため，先進国は途上国からの輸入品だけ関税を下げる。
多角	国の発言力の違いが影響しないよう，二国間でなくラウンド（加盟国全体）で交渉する。	FTA・EPA（自由・無差別の原則に反しない限り容認）

2 世界の貿易額とGATT交渉の成果

Ⓐ各ラウンドの交渉テーマ

〈注〉貿易額は世界の輸出総額。

						その他
					環境問題	貿易関連ルール整備
				投資ルール 競争ルール 電子商取引		
			知的財産権 原産地規則			
		反ダンピング	反ダンピング 補助金	反ダンピング 補助金	反ダンピング	市場アクセス
鉱工業品の関税	鉱工業品の関税	鉱工業品の関税引き下げ35%	非関税障壁のルール化，鉱工業品の関税引き下げ33%	鉱工業品の関税	鉱工業品の関税	
				農業サービス	農業サービス	ラウンド 貿易額
第1〜4回関税交渉 1947〜56年	ディロン・ラウンド 60〜61	ケネディ・ラウンド 64〜67	東京ラウンド 73〜79	ウルグアイ・ラウンド 86〜94	ドーハ・ラウンド 2001〜？	
5百億ドル （1947年）	12百億ドル （1960）	17百億ドル （1964）	56百億ドル （1973）	205百億ドル （1986）	582百億ドル （2001）	

解説 ラウンドを重ねるごとに，各国の関税率は下がり，それに応じて，世界の貿易額は増大している。その意味でWTO（旧GATT）は，自由貿易体制の"守護神"ともいえる。

Seikei マニア　**タックスヘイブン**　租税回避地。国際取引による収益などに対し，税制上の優遇措置がとられている国や地域。ヨーロッパのモナコ，カリブ海のバミューダ諸島，中近東のドバイなどがあり，企業や大富豪の資産を誘致している。「パナマ文書」で世界に衝撃を与えたパナマも有名。

3 世界のおもな地域経済統合

Ⓐ目的と現状

EU （欧州連合）
経済統合を主な目的として1967年に結成された欧州共同体（EC）が土台となり，1993年の**マーストリヒト条約**により成立。経済分野に加え，政治・社会全般にわたる欧州統合を目指す。

USMCA （米国・メキシコ・カナダ協定）
1994年にスタートした旧NAFTAは，域内GDP世界最大の統一市場であったが，2016年から再交渉が行われ，米国・メキシコ・カナダ協定（USMCA）に置き換えられた。

APEC （アジア太平洋経済協力）
環太平洋地域の多国間経済協力関係を強化するため，1989年に発足。加盟国はアジア各国にとどまらず，NAFTA諸国や中南米，ASEAN7か国，ロシアなど広範囲に及んでいる。

AFTA （ASEAN自由貿易地域）
1992年に正式に発足。東南アジアの市場統合を通じて，EUやNAFTAに対抗する。

MERCOSUR （南米南部共同市場）
1995年に発足。域内では原則として関税を撤廃。域外では85％の品目に共通関税を設定している。

Ⓑ地域経済圏の範囲と規模 （2021年）

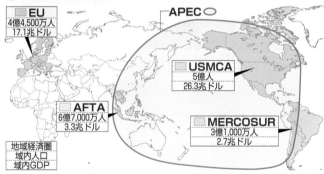

- **EU** 4億4,500万人 17.1兆ドル
- **APEC**
- **USMCA** 5億人 26.3兆ドル
- **AFTA** 6億7,000万人 3.3兆ドル
- **MERCOSUR** 3億1,000万人 2.7兆ドル

地域経済圏 域内人口 域内GDP

（世界銀行資料による）

Ⓒ地域経済圏の加盟国

AFTA（10か国）
ミャンマー，ラオス，カンボジア

APEC（21の国，地域）
タイ，シンガポール，マレーシア，ブルネイ，フィリピン，ベトナム，インドネシア／日本，オーストラリア，ニュージーランド，韓国，中国，台湾，香港，パプアニューギニア，チリ，ロシア，ペルー

USMCA（3か国）
アメリカ，カナダ，メキシコ

MERCOSUR（6か国）
アルゼンチン，ブラジル，パラグアイ，ウルグアイ，ベネズエラ，ボリビア＊

EU（27か国）
フランス，ドイツ，イタリア，ベルギー，オランダ，ルクセンブルク，スペイン，アイルランド，デンマーク，ギリシャ，ポルトガル，オーストリア，スウェーデン，フィンランド，エストニア，ラトビア，リトアニア，ポーランド，チェコ，スロバキア，ハンガリー，スロベニア，マルタ，キプロス，ルーマニア，ブルガリア，クロアチア

＊ボリビアは各国議会の批准待ち。

解説 「経済統合」とは，モノや人・資本などの移動を自由化しつつ，一つの経済単位に統合していく過程のこと。日本が加盟するAPECはアジア・太平洋地域経済協力関係の強化を図ったもので，経済統合の前段階といえる。

4 TPPは今どうなっている？

TPPは日本語では環太平洋経済連携協定と表記され，文字どおり，太平洋を囲む国々が貿易や経済活動において連携して作成した約束事（協定）であり，EPA・FTAの1つである。最初はシンガポールやニュージーランドなど4か国による小さな協定であったが，2009年にアメリカが参加を表明したことで拡大した。日本も加わり2016年に12か国が署名した。その後は各国内で手続きを進めていたが，トランプ氏が大統領に当選したアメリカはTPP脱退を表明。アメリカを除く11か国（CPTPP＊）で協定発効にむけた協議が行われ，2018年に改めて署名された。2021年1月には，太平洋上に領土を持つイギリスが参加を表明，6月のTPP閣僚会合で参加に向けた協議の開始を決定した。9月には，中国と台湾が相次いで加盟を申請。中国は台湾の加盟に強く反発しており，中国と台湾の対立に配慮しながら，加盟交渉をいかに進めるか，加盟国は難しい問題を抱えることとなった。

＊アジア太平洋地域における経済連携協定。

Ⓐ東アジア・アジア太平洋の枠組み（2023年10月末現在）

ASEAN+8	APEC全体のFTA				
RCEP	ロシア	**CPTPP**			
ASEAN+3				オーストラリア ニュージーランド	
ASEAN	韓国 中国	日本			カナダ メキシコ ペルー チリ
カンボジア ラオス ミャンマー	インドネシア フィリピン タイ 〔2018年4月 TPP参加表明〕	ブルネイ マレーシア シンガポール ベトナム			
インド		米国			

香港 台湾 パプアニューギニア

2021年中国と台湾が相次いでTPP加入を申請。23年イギリスの加入が承認（24年後半に加入予定）。

ⒷTPPにおける関税撤廃率

区分	品目数	関税撤廃品目数	関税撤廃率		農林水産物
全品目	9,018	8,575	95.1%	即時撤廃（2018.12）	タコやカニなどの魚介類，ぶどう，メロンなど
鉱工業品	6,690	6,690	100%	8年目（2026.4～）	天然はちみつ，スパークリングワインなど
農林生産物	2,328	1,885	81.0%	11年目（2029.4～）	さんま（冷凍），革製品など

ⒸRCEP—15か国で2022年1月発効

日中韓，オーストラリア，ニュージーランド，ASEANの15か国は，2020年11月「地域的な包括的経済連携（RCEP）協定」に署名，2022年1月に発効した。日本の貿易額1位の中国や3位の韓国が含まれる初のEPAとなる。GDP・人口の合計はいずれも世界の約3割を占め，CPTPPや日欧EPAを超す，最大級の経済圏が誕生した。発効により，自動車部品で中国向けの9割弱，韓国向けの8割弱の関税が撤廃されるなど，日本製品の関税91.5％が撤廃される。

当初，日本はインドを引き込むことで中国の影響力を弱めたい思惑があったが，インドは2019年11月に離脱。RCEPは，日本の主張はあまり通らず，中国が主導して作られたルールで妥結することとなった。

チェック＆トライ

チェック WTO　FTA　EPA　GATT　東京ラウンド　ウルグアイ・ラウンド

トライ ・次の地域的経済統合のうち，加盟国が最も多いのはどれか？
①EU　②USMCA　③MERCOSUR　④AFTA

国際経済

Introduction　BRICS…巨大新興国の台頭

B（ブラジル）　**R**（ロシア）　**I**（インド）　**C**（チャイナ＝中国）　**S**（南アフリカ）

↑①2018年に開かれたBRICS首脳会議

（インド　中国　南アフリカ　ロシア　ブラジル）

BRICSの由来　2003年，アメリカの証券会社が，ブラジル・ロシア・インド・中国を有望な投資先と紹介したのが始まり。4か国による首脳会議に，11年からは南アフリカが加わった。

国家的イベントも次々

年	できごと
2008	中国　北京夏季五輪
10	中国　上海万博（途上国初の万博）
	南アフリカ　サッカーW杯
14	ロシア　ソチ冬季五輪
	ブラジル　サッカーW杯
16	ブラジル　リオデジャネイロ夏季五輪
18	ロシア　サッカーW杯
22	中国　北京冬季五輪

インド　IT産業の強さの秘密

イギリスの植民地だった過去もあり，英語が共通語として使用されていること，アメリカとの時差が12時間で，夜を迎えたアメリカでの業務を朝が始まるインドで行えることなどから，IT産業が発展した。職業選択の自由度が低い（職業の世襲が多い）インドにおいて，IT産業は貧困からの脱却が可能な職業であり，優秀な人材が多く集まる理由の一つでもある。

↑②インド・ニューデリーのコールセンターで働く女性。ここではアメリカのコンピューターメーカー，イギリスのインターネット接続業者の顧客対応を行っている。

Ⓐ強さの理由
①**面積が広い**　天然資源の産出量が多く，自給しやすい。
②**人口が多い**　今後の経済発展でも，労働力不足の心配なし。
③1990年代以降，規制緩和を進め，外資を積極導入
④**中産階級の台頭**　国内でも高額商品が売れ始めた。

Ⓑ問題点も…
今後の経済成長によって環境破壊が深刻化する可能性もある。

ⒸBRICSの世界に占める国土面積，人口

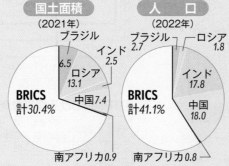

国土面積（2021年）
ブラジル 6.5／インド 2.5／ロシア 13.1／中国 7.4／南アフリカ 0.9／BRICS計30.4%

人口（2022年）
ブラジル 2.7／ロシア 1.8／インド 17.8／中国 18.0／南アフリカ 0.8／BRICS計41.1%

（『世界国勢図会』2023/24などによる）

南アフリカやインド，インドネシア，トルコなど，南半球に多く位置するアジアやアフリカなどの新興国を総称して「グローバルサウス」というよ。

1 世界の面積・人口・GNIの分布（2021年）

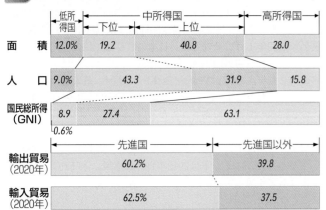

	低所得国	中所得国（下位／上位）	高所得国
面積	12.0%	19.2／40.8	28.0
人口	9.0%	43.3／31.9	15.8
国民総所得（GNI）	0.6%	8.9／27.4	63.1

	先進国	先進国以外
輸出貿易（2020年）	60.2%	39.8
輸入貿易（2020年）	62.5%	37.5

〈注〉「低所得国」「中所得国」「高所得国」は，世界銀行の分類による。
（『世界国勢図会』2023/24などによる）

2 南北問題——南北間の格差

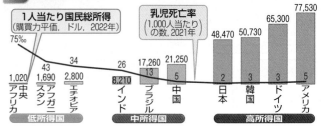

1人当たり国民総所得（購買力平価，ドル，2022年）
乳児死亡率（1,000人当たりの数，2021年）

国	1人当たり国民総所得	乳児死亡率
中央アフリカ	1,020	75‰
アフガニスタン	1,690	43
エチオピア	2,800	34
インド	8,210	26
ブラジル	17,260	13
中国	21,250	5
日本	48,470	2
韓国	50,730	3
ドイツ	65,300	3
アメリカ	77,530	5

（低所得国：中央アフリカ，アフガニスタン，エチオピア　中所得国：インド，ブラジル，中国　高所得国：日本，韓国，ドイツ，アメリカ）

〈注〉所得による分類は1人当たり国民総所得名目値による。
（世界銀行資料による）

解説　南北問題とは，北半球側に多い先進工業国と南の熱帯・亜熱帯地域に集中している発展途上国との間のいちじるしい経済的格差がもたらしている諸問題のことをいう。これは，発展途上国の多くが，過去数世紀にわたって，欧米先進国の植民地支配の下で，特定の**一次産品（農産物・鉱産物など）**の生産に依存する経済のしくみである**モノカルチャー**を押しつけられ，先進工業国が必要とする原燃料を提供する地域として位置づけられてきた結果である。

Seikei マニア　世界には，ほとんどが同じ血液型という地域があり，中南米・アフリカで大部分を占める血液型はO型である。アフリカで多いのは，病原菌への抵抗力が強いO型が生きのびた結果，という説もあるようだ。

3 各国がかかえる対外債務の現状

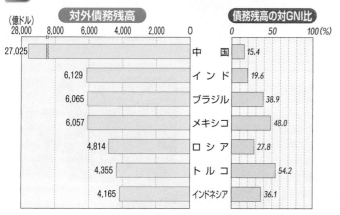

国	対外債務残高（億ドル）	債務残高の対GNI比（%）
中　国	27,025	15.4
インド	6,129	19.6
ブラジル	6,065	38.9
メキシコ	6,057	48.0
ロシア	4,814	27.8
トルコ	4,355	54.2
インドネシア	4,165	36.1

〈注〉2021年末。　　　　　　　（『世界国勢図会』2023/24）

解説 発展途上国の多くは，先進国からの**ODA**や先進国の民間銀行などから借金をして工業化を進めてきたが，その返済がとどこおり，債務（借金）が累積する**累積債務問題**が，好転の兆しはあるものの，依然として深刻である。

4 発展途上国の社会指標

	非識字率（%）	1人当たり最終エネルギー消費量（GJ）	人口1,000人当たり医師数（人）	1人1日当たり熱量供給量（kcal）
パキスタン	42.0	15	1.1	2,483
エチオピア	48.2	—	0.1	—
エジプト	26.9	26	0.7	3,307
モロッコ	24.1	19	1.0	—
ブラジル	5.7	47	2.3	3,246
ナイジェリア	38.0	28*	0.4	2,565
日　本	0.2('90)	93	2.5	2,691
アメリカ	0.5('79)	203	2.6	3,862
調査年	2017〜21年	2019年	2014〜19年	2019年

〈注〉＊は暫定値または推定値。　　（『世界の統計』2023）

5 発展途上国の輸出品割合——モノカルチャー経済

ボツワナ 74.7億ドル
ダイヤモンド 89.8%　その他

パラグアイ 105.7億ドル
大豆 28.2%　電力 15.4　牛肉 14.8　その他

エクアドル 267.0億ドル
原油 27.3%　魚介類 26.4　バナナ 13.1　その他

ザンビア 101.0億ドル
銅 75.9%　鉄鋼 2.2　その他

モンゴル 92.4億ドル
銅鉱 31.4%　石炭 30.1　金 10.8　その他

〈注〉数値は2021年。　　（『日本国勢図会』2023/24）

南南問題

　発展途上国のなかでの経済格差問題。南北問題において発展途上国として位置づけられた国のなかでも，天然資源や観光資源・人的資源に恵まれた国と，それらの資源に乏しい国がある。さらに政情不安などを理由に経済格差は広がった。

6 一次産品の国際商品価格の動き

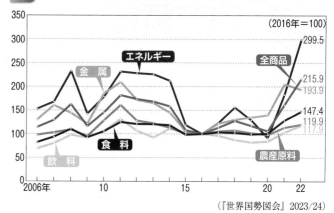

（2016年＝100）
エネルギー　金属　全商品 299.5
215.9
193.9
147.4
119.9
117.9
食料　飲料　農産原料

（『世界国勢図会』2023/24）

解説 **価格不安定な一次産品**　一次産品の価格は不安定で，低迷気味の傾向にある。そのため，発展途上国の輸出で得られる所得は減少し，その結果，工業製品輸入の困難さ（**交易条件の悪化**）も生じている。

探究　フェアトレード

←③フェアトレードの商品。国際フェアトレード基準を満たすことで，商品に認証ラベルをつけることができる。

　フェアトレードとは，発展途上国において，環境・人に配慮した方法で生産された商品を，公正な価格で購入すること。途上国の生産者を支援し，環境破壊・労働条件の悪化を防止する目的がある。

Ⓐフェアトレード認証製品推定市場規模と国民一人当たりの年間購入額の推移

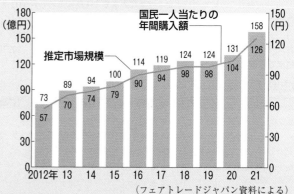

国民一人当たりの年間購入額
推定市場規模

年	2012	13	14	15	16	17	18	19	20	21
市場規模（億円）	73	89	94	100	114	119	124	124	131	158
年間購入額（円）	57	70	74	79	90	94	98	98	104	126

（フェアトレードジャパン資料による）

問 フェアトレード商品の市場規模が拡大すると，それぞれどのようなメリットとデメリットがあるだろうか。「生産者」「消費者」「企業」に注目して考えてみよう。

チェック＆トライ

チェック 南北問題　南南問題　モノカルチャー経済

トライ ・発展途上国の輸出品にはどのような特徴があるだろうか。

寛容 | 持続可能性 | 国際化 | グローバル化

Introduction 海を越えた贈り物

インド洋の島国モルディブ。モルディブでも東日本大震災直後に，テレビやラジオを通じた被災者支援キャンペーンが始まった。36時間で700万ルフィヤの義援金が集まった。人口31万人の国民の多くは貧しく，約4,600万円の義援金は「記録的」。お金が出せない人はツナの缶詰を持ってきた。

ツナ缶は国内の業者が引き取り，塩水ではなくオイル漬け，缶切りなしで開けられるプルトップの日本特別仕様に替えられた。その数69万個。国民1人あたり2個以上だ。

モルディブの人たちは日本にとても感謝しているのだという。小中学校や，2004年のインド洋大津波から首都を守った防波堤などが日本のお金（政府開発援助）で造られた。国を支えるマグロ・カツオ漁や水産加工業の発展には日本の技術と資本の支援があった。「日本に恩返しを」を合言葉に，支援は今も届け続ける。

（『毎日新聞』2011.4.8を参考に作成）

↑②タイでの募金活動（タイ・バンコク 2011.3.21）

↑①日本の援助で造られた護岸。左奥に津波のモニュメントが見える。（モルディブ 2007・12・8 毎日新聞社提供）

1 日本のODA（政府開発援助）の現状と課題

不況で苦しい日本。それでも援助をする理由

❶ **人道的な理由** 今でも世界の7人に1人は飢餓に苦しんでいる。日本自身，かつては援助を受けていた。

❷ **経済安全保障上の理由** エネルギーや食料など，多くを輸入に頼っている。これは他国の協力なしではありえない。

❸ **外交上の理由** 日本の国際協力の手段は限られている。国際的な競争の中で生き抜くために途上国への協力は必要。

❹ **資本主義経済のシステム整備** 途上国の経済発展は世界経済にプラス。ODAはその呼び水の役割を果たす。

（参考：草野厚『日本はなぜ地球の裏まで援助するのか』朝日選書）

解説 2001年のアメリカ同時多発テロ後，途上国がテロの温床にならないよう，アメリカ・イギリス・フランス・ドイツなどはODA予算を増やした。一方，かつて世界1位だった日本は，財政の制約から**予算を減らし，2007年は5位まで転落**した。

Ⓑ主要DAC諸国のODAのようす

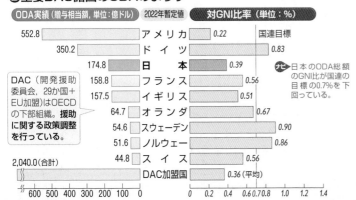

ODA実績（贈与相当額、単位：億ドル） 2022年暫定値		対GNI比率（単位：％）
552.8	アメリカ	0.22（国連目標）
350.2	ドイツ	0.83
174.8	**日 本**	0.39
158.8	フランス	0.56
157.5	イギリス	0.51
64.7	オランダ	0.67
54.6	スウェーデン	0.90
51.6	ノルウェー	0.86
44.8	スイス	0.56
2,040.0（合計）	DAC加盟国	0.36（平均）

DAC（開発援助委員会，29か国＋EU加盟）はOECDの下部組織。援助に関する政策調整を行っている。

ナビ 日本のODA総額のGNI比が国連の目標の0.7％を下回っている。

Ⓐ各国と比較した日本のODAの推移

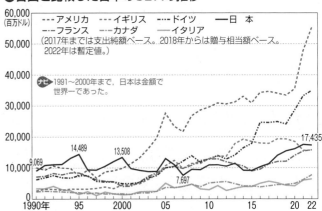

- - - アメリカ　- - - イギリス　- - - ドイツ　—— 日 本
- - - フランス　- - - カナダ　—— イタリア

（2017年までは支出純額ベース。2018年からは贈与相当額ベース。2022年は暫定値。）

ナビ 1991～2000年まで，日本は金額で世界一であった。

9,069　14,489　13,508　7,697　17,435

Ⓒ主要DAC加盟国の贈与額と贈与比率

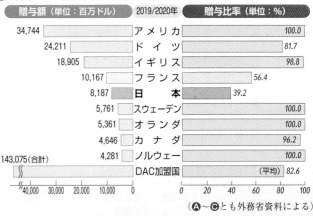

贈与額（単位：百万ドル） 2019/2020年	贈与比率（単位：％）
34,744 アメリカ	100.0
24,211 ドイツ	81.7
18,905 イギリス	98.8
10,167 フランス	56.4
8,187 **日 本**	39.2
5,761 スウェーデン	100.0
5,361 オランダ	100.0
4,646 カナダ	96.2
4,281 ノルウェー	100.0
143,075（合計）DAC加盟国	（平均）82.6

（Ⓐ～Ⓒとも外務省資料による）

Seikei マニア　日本の無償資金協力により，カンボジアにメコン架橋が建設され（総額65億円），首都プノンペンまでの交通事情が改善した。現地では，この橋を，「きずな」という日本語をそのまま使って「キズナ橋」と呼び親しんでいる。

2 どの国がどの地域に援助しているのか

Ⓐ DAC主要国の地域別実績（2021年）

〈注〉卒業国向け援助は含まない。

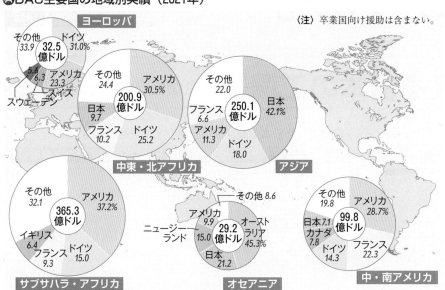

ヨーロッパ
- その他 33.9
- ドイツ 31.0%
- 32.5億ドル
- スイス 5.4
- スウェーデン 6.3
- アメリカ 23.3

中東・北アフリカ
- その他 24.4
- アメリカ 30.5%
- 200.9億ドル
- 日本 9.7
- フランス 10.2
- ドイツ 25.2

アジア
- その他 22.0
- 日本 42.1%
- 250.1億ドル
- フランス 6.6
- アメリカ 11.3
- ドイツ 18.0

サブサハラ・アフリカ
- その他 32.1
- アメリカ 37.2%
- 365.3億ドル
- イギリス 6.4
- フランス 9.3
- ドイツ 15.0

オセアニア
- その他 8.6
- アメリカ 9.9
- ニュージーランド 15.0
- 29.2億ドル
- オーストラリア 45.3%
- 日本 21.2

中・南アメリカ
- その他 19.8
- アメリカ 28.7%
- 日本 7.1
- カナダ 7.8
- 99.8億ドル
- ドイツ 14.3
- フランス 22.3

ナビ 「サブサハラ・アフリカ」…アフリカ大陸54か国中，サハラ砂漠以南の49か国の地域。

（外務省資料による）

3 ODAとNGO

Ⓐ 官によるODAの問題点とNGOによる国際協力の利点

	官（従来のODA）	民（NGOの国際協力活動）
基本的性格	組織本位で硬直的	機能本位で柔軟
目標（ビジョン）の設定	形式的・不明瞭	実践的・明瞭
カウンターパート（交渉相手）	相手国中央政府，テクノクラート（国家の技術官僚）中心	ローカル・コミュニティ（住民，SNGO（南（途上国）側のNGO）等）
相手国ニーズの把握	間接的	直接的
意思決定のスピード	遅い	早い

（『いっしょにやろうよ国際ボランティア』三省堂による）

解説 この表をまとめた「21世紀政策研究所」では，2000年に「将来的にはODAをNGOが担っていくべきである」という報告書を出している。理由として，①日本にとって，ODAの量的拡大の時代は終わり，より効果的でコストの低いODAを展開する必要があること，②援助のニーズが，世界的傾向として社会開発分野へシフトしており，NGOの特性と優位性を活用すべき領域が拡大していること，などをあげている。

4 ODAのしくみ

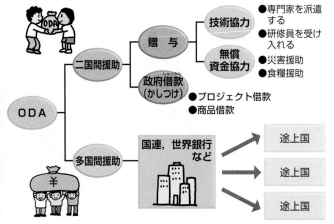

- ODA
  - 二国間援助
    - 贈与
      - 技術協力
        - ●専門家を派遣する
        - ●研修員を受け入れる
      - 無償資金協力
        - ●災害援助
        - ●食糧援助
    - 政府借款（かしつけ）
      - ●プロジェクト借款
      - ●商品借款
  - 多国間援助
    - 国連，世界銀行など → 途上国／途上国／途上国

（こどもくらぶ『21世紀をつくる国際組織事典 ③開発・食糧』岩崎書店）

5 ODAはこのままでよいか

政府開発援助（ODA）4つの条件

❶ 環境と開発を両立させる

❷ 軍事用途及び国際紛争助長への使用を回避

❸ 途上国の軍事支出，大量破壊兵器・ミサイルの開発・製造，武器の輸出入等の動向に注意を払う

❹ 途上国の民主化促進，市場志向型経済導入，基本的人権及び自由の保障状況に注意を払う

守られずに，援助が停止された例

年	相手国	援助が停止された理由など
1992	スーダン	内戦とともに，著しい人権侵害があったため
94	ナイジェリア	軍事政権成立で，議会や政党の解散など民主化に逆行する政策が行われているため
95	中国	核実験を実施したため，無償資金協力を停止
98	インド・パキスタン	地下核実験の実施に対し，無償資金協力・円借款の停止

〈注〉緊急・人道的援助などは行われる。

（外務省資料による）

解説 かつて，日本のODAはタイド（物品やサービスの調達を，日本企業に限ること＝ひもつき援助）比率が高いと批判されたが，現在その比率は下がり，アンタイド（日本以外の国から調達してもよい）比率が90％を超えている。

2015年，政府はODAに関する基本方針を見直し，今まで禁じられてきた軍隊に対する支援も，災害援助など非軍事目的であれば可能とした。

国際経済

Report アジアの紙幣を飾ったODA

日本の政府開発援助（ODA）で建設された橋や道路が，アジア諸国の紙幣にデザインとして採用されている。カンボジアの500リエル紙幣には，メコン河に架けられた「きずな橋」が，1,000リエル紙幣には幹線道路が，ラオスの1万キープ紙幣には，ラオス南部の中心都市パクセーと隣国タイをつなぐ「パクセー橋」が印刷されており，いずれも日本の無償資金協力によって建設されたものである。スリランカでは，1,000, 50, 20ルピーの3種類の紙幣に日本のODAで建設されたトンネルや橋などが使用されている。

↑③④カンボジアの500リエル紙幣（左）とスリランカの1,000ルピー紙幣（右）。日本のODAで建設されたメコン架橋，ランボダ・トンネルが印刷されている。
（外務省HPを参考に作成）

チェック&トライ

チェック ODA（政府開発援助）
NGO（非政府組織）

トライ ・主要DAC加盟国と比較したときの，日本のODAの贈与比率の特徴を挙げてみよう。

経済のグローバル化

Introduction 世界を支える日本の工場——大震災が世界経済を直撃

Ⓐ東日本大震災の影響が世界の製造業に

ソニー・エリクソン（英） スマートフォンの生産に影響

ノキア（フィンランド） 携帯電話の電子部品不足のおそれ

ルノーサムスン自動車（韓） 部品不足から減産

フォード（米） 塗料不足で車体が黒、赤の新車販売を中断

ゼネラル・モーターズ（米） 部品不足でトラック生産を一時停止

オペル（独） スペイン工場の操業を一時停止

プジョー・シトロエングループ（仏） ディーゼルエンジン生産に影響

日系自動車メーカーの中国工場 部品調達が滞り減産

ホンダ,マツダ 日本から米国に輸出する自動車の販売計画を見直し

↑❶被災し生産を停止した、ルネサスエレクトロニクスの那珂工場（茨城・ひたちなか市）（2011・4・27）

Ⓑ被災した日本企業が高い世界シェアをもつ部材

自動車用エアーフローセンサー （IHS Automotiveによる）

約60%

日立オートモティブシステムズ ひたちなか市の事業所が被災

自動車用マイコン（半導体） （ルネサスエレクトロニクスによる。2009年）

約42%

ルネサスエレクトロニクス 8工場が被災

　2011年3月の東日本大震災は、世界経済にも大きな影響を与えた。自動車部品や半導体などの電子部品では、日本製品の世界シェアが高いものが多い。地震発生直後は世界各地で部品が届かず、生産が滞る企業が出た。米フォード・モーターは3月25日、車体色が黒と赤の新車の受注を停止するよう、米国の販売店に要請した。光沢を出すための顔料を作っている日本企業が被災し、塗料の調達に支障が出たためだ。同じく米ゼネラル・モーターズも日本からの部品が入らなくなり、3月21日から国内工場での小型トラック2車種の生産を停止した。

（『読売新聞』2011.3.29などによる）

近年では、新型コロナウイルス感染症やウクライナ侵攻を背景に、国際的な物流網が途絶えないような新たなルートの構築が求められているよ。日本の国土交通省は混乱が起きたときに備えて、日本とアメリカ、ヨーロッパを結ぶ従来とは異なるルートで輸送を行い、時間やコスト、それに必要な手続きを検証しているんだ。

1 グローバリゼーションの光と影

グローバリゼーションとは？

単にモノ・カネ・人が国境を越えることだけでなく、以下のような内容を意味する。

❶**自由主義市場経済の支配**　IMF，WTO，G7などの推進する市場経済が唯一の経済原理となった。

❷**世界市場の単一化とグローバル・スタンダードの出現**　部品の調達や製品の販売が世界規模で行われる。パソコンのOSはWindowsというような世界標準化が進んだ。

❸**世界の均質化**　世界中どこにいても同じ商品が買え、同じサービスを受けられる。企業組織・金融制度・教育制度なども標準化され、生活や文化までも同じになる。

グローバリゼーションの光と影

光

❶単一市場・グローバルスタンダードの成立により、効率化が進み、レートが下がる。

❷同一のルールで公正な経済活動ができる。

❸長期的には途上国経済も強化され、国民所得も増える。

影

❶発展途上国も経済大国と対等に競争しなければならない。

❷国内の貧富の差も拡大する。

❸あらゆるものが効率の尺度で測られ、経済的価値の低いとされるものは排除される。

❹地域固有の価値観・文化の崩壊。

反グローバリゼーション

動物には……毒エサを　活動家には……刑務所を

↑❷トラクターに乗って刑務所へ向かう反グローバル化活動家のジョゼ=ボベ氏。彼はフランスの小規模農家で組織する「農民連合」の代表で、1999年マクドナルド店舗を破壊し、禁錮刑を受けた。しかし、裁判所には約10万人もの支持者が集まった。

グローバル・スタンダード　グローバル化により、各国共通の法制度・経営システムが必要となったが、多くは欧米のルール・制度が基準となっている。

2 グローバルブランド・ランキング

順位	国	ブランド名（業種）	ブランド価値
1位	アメリカ	Apple（電気機器, 情報・通信業）	72.33兆円
2位	アメリカ	Microsoft（情報・通信業）	41.74兆円
3位	アメリカ	Amazon（小売業）	41.22兆円
4位	アメリカ	Google（情報・通信業）	37.76兆円
5位	韓国	SAMSUNG（電気機器）	13.15兆円
6位	日本	トヨタ（自動車）	8.96兆円
7位	アメリカ	コカ・コーラ（食料品）	8.63兆円
8位	ドイツ	メルセデス・ベンツ（自動車）	8.42兆円
9位	アメリカ	ウォルト・ディズニー（エンターテインメント）	7.55兆円
10位	アメリカ	ナイキ（スポーツ用品）	7.54兆円
26位	日本	ホンダ（自動車）	3.43兆円
39位	日本	ソニー（電気機器）	2.55兆円
61位	日本	日産（自動車）	1.83兆円
68位	日本	ニンテンドー（電気機器）	1.60兆円

〈注〉2022年11月発表。1ドル＝150円で計算。
（Interbrand資料による）

4 外国人労働者・移民

Ⓐ国籍別外国人労働者の割合

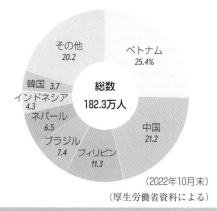

総数 182.3万人

- ベトナム 25.4%
- 中国 21.2
- フィリピン 11.3
- ブラジル 7.4
- ネパール 6.5
- インドネシア 4.3
- 韓国 3.7
- その他 20.2

（2022年10月末）
（厚生労働省資料による）

3 世界的日本企業—世界で愛されるカップヌードル

ⓐ酸味と激辛が特徴のトムヤムクン風

チェック＆トライの トライ を読んで，問題に答えてみよう。

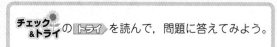
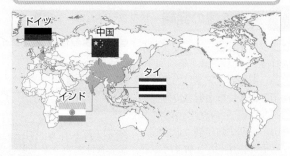

ドイツ　中国　タイ　インド

ⓑ麺をすすらなくてもよいように長さは日本で販売されているものの半分

ⓒカレー風味のマサラ味が人気

ⓓ「カップヌードル」の発音から「合味道」と表される

（日清食品HPによる）

↑❸日本のカップヌードル

📖解説　1971年日清食品より世界初のカップ麺「カップヌードル」が発売された。お湯さえあればいつでもどこでも食べられるカップ麺は，世界中に広まった。東日本大震災などでは，非常食として改めて価値が見直された。海外では中国，インドネシア，ベトナム，アメリカ，韓国などの消費量が多い。

↑❹京都市の下鴨神社アルバイトの巫女の研修を受ける女子学生。中国・韓国・イタリアなどからの留学生6名も参加した。（2009年）

Ⓑ外国人労働者のメリット・デメリット

メリット

- 少子高齢化により労働力人口の減少が予測される中，新たな労働力として期待できる。
- 外国人を採用し海外市場の担当窓口にすることにより，国際競争力が高まる。
- 優秀な人材の確保，新たな発想を期待でき，企業活動の活性化につながる。

デメリット

- 日本人の雇用機会が減少する。
- 地域社会での文化摩擦発生のおそれ。
- 不法就労や犯罪の増加のおそれ。

国際経済

100年に一度の 金融危機と世界不況

2008年9月，アメリカの大手証券会社が破綻したことを契機に，「世界大不況」へと突入した。1929年の「世界恐慌」と比較しながら，この100年に一度の金融危機を学んでみよう。

1 金融危機の発端—サブプライムローン問題

サブプライムローン プライムは「優良」，サブは「それ以下」という意味で，アメリカの主に信用度の低い低所得者向け住宅ローン。返済されない可能性が高い。最初の数年間は低金利だが，その後金利が上昇するタイプが多い。

住宅バブル 住宅価格が上昇し続けていたので，住宅ローン会社は利益を求めて大量に販売した。低所得者は，数年後の住宅価格上昇を見込んで，多くの人たちがマイホームの夢を実現するためにローンを組んで住宅を購入した。

Ⓐはじまりはサブプライムローン（低所得者向け住宅ローン）

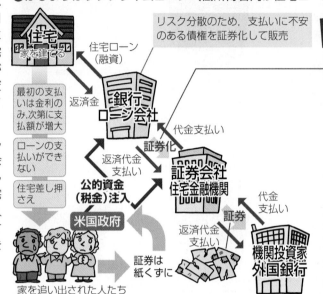

リスク分散のため，支払いに不安のある債権を証券化して販売

証券化 **新しい金融商品の登場** 住宅ローンの債権や他のさまざまな債権（社債など）を，ごちゃまぜに（パッケージ）した証券が大量に金融市場に出回る。

住宅バブル崩壊

証券価格が暴落：❶住宅ローンが払えない人たちが大勢出始める（ローンの焦げ付き）➡❷土地・住宅差し押さえ➡❸差し押さえた土地・住宅が売れなくなる➡❹住宅バブルの崩壊➡❺証券の価値が下がる➡❻ただの紙くずになってしまう可能性が出てきた。

金融不安の広がり：サブプライムローンの入った証券をもつ銀行・証券会社などへの信用が失われてしまった。

図中：住宅／家を建てる／住宅ローン（融資）／返済金／最初の支払いは金利のみ，次第に支払額が増大／ローンの支払いができない／住宅差し押さえ／公的資金（税金）注入／銀行ローンジ会社／返済代金支払い／証券化／米国政府／証券は紙くずに／家を追い出された人たち／証券会社 住宅金融機関／代金支払い／返済代金支払い／証券／機関投資家 外国銀行

2 リーマンショック—米大手証券会社の経営破綻

❷①リーマン・ブラザーズ本店（アメリカ・ニューヨーク 2008.9.10）

Ⓐリーマンショック

リーマン・ブラザーズは，150年の歴史を誇るアメリカの大手証券（投資）銀行。サブプライムローン問題で多額の損失を出していたが，多くの人は，米政府はリーマン・ブラザーズのような大手はつぶせないと思っていた。

だが，2008年9月15日，よもやの破綻で金融界は大パニックに陥った。業界大手の倒産は信用不安を一気に高め，「100年に一度」と言われる世界的金融危機を引き起こした。

Ⓑアメリカの金融危機から世界金融危機へ

金融のグローバル化によって，サブプライムローンが入った証券は，世界中の金融機関やヘッジファンドが購入していた。金融不安は，欧州を中心に世界中に広がってしまった。

3 世界中に飛び火した金融危機

ヨーロッパ各国の対策

イギリス	ドイツ
主要銀行に500億ポンド（約8.8兆円）の公的資金投入	総額5,000億ユーロ（約70兆円）の金融安定化策
フランス	**アイスランド**
3,600億ユーロ（約49兆円）の公的資金投入	全銀行を国有化

世界中の株価暴落

アメリカ発の金融危機

アメリカ 7,000億ドルの公的資金の投入

4 世界金融危機から世界不況へ

Ⓐ金融危機の影響と世界同時不況

金融危機（金融不安）
❶持ち株を売る傾向が強まり，株が下落。
❷銀行間取引が停滞し，貸し渋りが起こる。信用収縮，つまり信用創造の逆の現象が起きてしまう。
❸アメリカの信用力が低下し，ドル売り・ドル安へ。日本の場合は，円高が進む。

➡ 世界金融危機は，世界全体の経済活動（モノやサービスの販売）に大きな打撃を与え，世界同時不況をもたらした。

Ⓑトヨタもソニーも赤字転落

2009年3月期営業損益で「世界のトヨタ」ですら赤字に転落。また「世界のソニー」も同じく赤字に転落。アメリカ同様，日本の製造業も壊滅状態となってしまった。

製造業を中心とする経営不振の影響で，全国の工場などで働いていた派遣社員が，契約期間の途中で仕事を打ち切られる「派遣切り」が相次ぎ，流行語にもなった。

5 世界恐慌の経験は生きている！

Ⓐ1929年の世界恐慌の教訓

　第二次世界大戦の最大の原因となった世界恐慌は，２つの教訓をもたらした。

1．不況時の積極的財政政策

政府は不況になった場合，積極的に経済に介入し，消費（需要）が拡大するような政策を打ち出すこと。
〈例〉・ケインズ経済学に基づくアメリカのニューディール政策。

2．保護貿易主義を避ける

世界各国は，自国の経済を守るために，自国の通貨を切り下げたり，保護貿易主義をとらないようにすること。
〈例〉・IMF（国際通貨基金）により安定的な通貨体制構築を図る。
・GATT（関税と貿易に関する一般協定）の成立。現在はWTO（世界貿易機関）に受け継がれている。

フーバー大統領

1929年の世界恐慌
共和党のフーバー大統領
↓
民主党のルーズベルト大統領
「ニューディール政策」

ルーズベルト大統領

ブッシュ大統領

2008～2009年の世界金融危機
共和党のブッシュ大統領
↓
民主党のオバマ大統領
「グリーンニューディール政策」

オバマ大統領

Ⓑケインズ政策の復活

　今回の世界不況で，世界各国はケインズ政策に転換してきている。財政規模を拡大して需要を刺激するこの政策は，赤字財政とインフレをもたらす危険性があるということで実行を抑えられてきた。つまり均衡財政政策が理想とされてきたのである。しかし，「100年に一度」とまで言われる今回の金融危機に対して，ケインズ政策は復活した印象がある。金融機関に公的資金を投入するなど，政府による積極的な景気刺激策が世界各国でとられるようになった。

※2008年10月　**G７開催**…欧米諸国が公的資金を注入することで協調する声明を発表
　　　11月　**G20金融サミット開催**…先進国と新興国が協力して金融危機に対処することを確認

6 ギリシャ危機

Ⓐ「赤字隠し」が発覚

　2009年10月，ギリシャで政権交代があり，前政権が財政赤字の状況を過少に計上していたことが発覚した。赤字は対GDP比で約５％と公表されていたが，実際は12.7％であることがわかった。

↑②赤字削減計画に抗議する人々（ギリシャ　2010.5.5）

EU（ユーロによる共通通貨圏）
ドイツ・フランス・スペイン・ポルトガル・イギリス*など
*ユーロ不参加

大量のギリシャ国債

財政危機…国家破産の可能性

デフォルト（債務不履行）の可能性

大量のギリシャ国債

各国の金融機関

ユーロ安・株安　EUの信用失墜　EU各国の財政危機・金融危機

　この世界不況は，「100年に一度」とは言われるものの，最悪の世界恐慌にまでは至っていないようだね。ただ，この原因はしっかりと押さえておかないといけない。それは「金融危機から始まった」ということ。
　人間関係と同じで，経済活動も信用が土台となっている。その信用が金融機関同士でなくなってしまうと，お金が回らなくなり，経済が回らなくなるということだね。

　EUに加盟しているギリシャの財政危機は，ギリシャ一国の危機では済まない。EU各国の政府・金融機関が大量にギリシャ国債を保有している。もし，デフォルトが行われるとサブプライムローンと同様にギリシャ国債はただの紙くずになってしまう。EU各国とIMFが資金援助をしたことで危機は収束したが，厳しい緊縮財政によって国民の不満は高まった。

参考：池上彰『14歳からの世界金融危機』マガジンハウス，高橋進『2009年版「今」がわかる世界経済ダイジェスト』高橋書店，伊藤元重『危機を超えて　すべてがわかる「世界大不況」講義』講談社

ゼミナール

持続可能性　トレードオフ　ルール

Introduction スポーツと環境保護

海のゴミをユニフォームに！

①ドイツのバイエルン・ミュンヘンなどに所属していた元サッカー選手のシャビ・アロンソさん。「海洋ゴミ」から作られたユニフォームを着てプレーしたときの様子。

ユニフォームは，モルディブ沿岸のプラスチックゴミをリサイクルして，海洋保護団体とアディダスが開発。実際のリーグ戦でも着用された。シャビ・アロンソさんは「海の保護をアピールする絶好の機会。海沿いで育った僕もうれしく思う。」と語った。

スポーツの祭典と環境保全

環境に配慮した「持続可能なオリンピック・パラリンピック」を前面に打ち出したロンドン五輪（2012）では，環境保全団体やNGOの協力も得て，「ワン・プラネット・オリンピック（地球1個分のオリンピック）」をテーマに，廃棄物ゼロ・生物多様性の保全・環境保全などを目指した。競技場には環境保全が認められた木材が使用され，照明に太陽光を多く取り入れ，トイレには雨水も利用された。

「東京オリンピック・パラリンピック」では…

②携帯電話などを回収し，そこから抽出した金属でメダルを製作するプロジェクトを実施（→p.129）。

③東京モーターショーで展示された，水素を燃料とした環境にも優しい燃料電池バス。

スポーツ用品メーカーの取り組み

④アディダスが主催するキャンペーン「Move For The Planet」。専用のアプリから誰でも参加でき，アプリのユーザーが10分間の運動を行うごとに，アディダスが未来のスポーツ環境を守るために1ユーロを寄付する。

1 主な地球環境問題

項目	原因・影響		取り組み・条約
地球温暖化	温室効果ガス（CO_2等）が増加し，大気中の熱を逃がさなくなるため	1992年 97年 2015年	気候変動枠組条約 京都議定書（地球温暖化防止） **パリ協定**
熱帯雨林減少	農地や牧場開発，焼き畑	1992年	国連環境開発会議（地球サミット）（ブラジル・リオデジャネイロ）
酸性雨	石油・石炭の燃焼で発生する二酸化硫黄や窒素酸化物	1979年	長距離越境大気汚染条約（国を越えた大気汚染物質の防止策）
砂漠化	過放牧や薪炭材の過剰採集	1994年	砂漠化対処条約
オゾン層破壊	家電や車に使われていたフロンガスがオゾン層（宇宙からの有害な紫外線を吸収）を破壊	1987年	**モントリオール議定書**（フロンの規制）
有害廃棄物の越境移動	廃棄物の増加，自国の規制強化による途上国へのゴミ持ち出し	1989年	**バーゼル条約**（有害廃棄物の国外持ち出し禁止）
野生生物種の減少	無秩序な森林伐採や乱開発による湿原減少，水質悪化など	1972年 92年 2010年	**ラムサール条約**（湿地とその生態系の保護） **生物多様性条約** **名古屋議定書**（遺伝資源の利用と公正な利益配分）

Seikei マニア 日本でいう「酸性雨」は，ドイツでは「ミドリのペスト」，中国では「空中鬼」と呼ばれている。

② 京都議定書 (1997年) とパリ協定 (2016年)

Ⓐ京都議定書とは？

気候変動枠組条約を補完するため，1997年の第3回締約国会議（京都）で採択された。2008～12年に，先進国全体で年間の温室効果ガス（二酸化炭素など）を1990年比で5.2%削減することや，排出権取引などの「京都メカニズム*」導入が決まり，05年に発効した。2011年の締約国会議で，2020年までの延長が決まったが，アメリカ不参加，中国に削減義務がないことから，日本やロシアは（脱退はしないが）延長参加を拒否。2020年まで，日本は自主的な削減に取り組むこととなった。

*京都メカニズム…排出枠を売買する排出権取引（ET）や技術援助等で削減した他国の排出量を自国の成果とする共同実施（JI）やクリーン開発メカニズム（CDM）など。

Ⓑ各国の二酸化炭素排出量

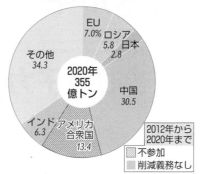

2020年 355億トン

- その他 34.3
- EU 7.0%
- ロシア 5.8
- 日本 2.8
- 中国 30.5
- アメリカ合衆国 13.4
- インド 6.3

2012年から2020年まで
- ▨ 不参加
- ▧ 削減義務なし

（『日本国勢図会』2023/24などによる）

Ⓒパリ協定とは？

京都議定書に代わる2020年以降の温暖化対策の新たな枠組みが「パリ協定」である。2015年にCOP21で採択され，196の国・地域が参加し，今世紀後半に温室効果ガスの排出量実質ゼロを目指す。京都議定書とは違い，削減目標は各国が作成し，それに向けて努力するわけであるが，達成自体に義務はないため，確実な対策と実効性が求められる。

Ⓓ削減対象国と目標

	削減対象国	全体の目標	国別目標	目標達成の義務	途上国への資金供与
京都議定書	38（先進国のみ）	先進国は2008～12年の間に1990年比で約5%削減	各国政府間交渉で決定。第1約束期間（2008～12）中，EU8%，日本6%削減など	あり（未達成には罰則）	先進国は資金を供与
パリ協定	196（発展途上国を含む）	産業革命前からの気温上昇を2℃未満に抑え，1.5℃未満に向けて努力	全ての国が自ら目標を作成。報告や見直しの義務あり	なし	

解説 パリ協定は，発展途上国や，排出量の多い中国・アメリカ・インドが参加した点で画期的だった。しかし，合意形成を優先したために，排出削減目標の設定は各国に任されることとなり，目標が達成できなかった場合の罰則もなくなった。

パリ協定からの離脱を表明したアメリカに対し，エトワール凱旋門をライトアップし抗議の意思を示した。

Accord DeParis c'est fait!

パリ協定は非常に不公平だ。アメリカは離脱する。（2017年に発言）

※2021年，協定に復帰

③ 主要国のCO₂排出状況 (2020年)

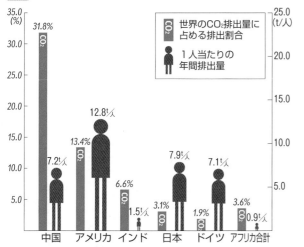

- CO₂ 世界のCO₂排出量に占める排出割合
- 1人当たりの年間排出量

中国 31.8% / 7.2t/人
アメリカ 13.4% / 12.8t/人
インド 6.6% / 1.5t/人
日本 3.1% / 7.9t/人
ドイツ 1.9% / 7.1t/人
アフリカ合計 3.6% / 0.9t/人

（『EDMC／エネルギー・経済統計要覧』2023による）

解説 地球温暖化対策は，後手に回ると取り返しがつかなくなる可能性がある。先進国の主張は「だから途上国も削減すべき」だが，途上国の主張は「今までさんざん排出した先進国が，より削減するのが先決」である。

Report 「人新世」新たな区分となるか

工業化や核実験などが本格化した20世紀半ば以降が有力

現代は地質時代区分では「完新世」に属するが，人類の発展に伴い，人類の活動の痕跡が地球の表面を覆い尽くし，地球規模の変化をもたらす時代になったとして，新たな区分として提唱されたのが「Anthropocene（アントロポセン）」，日本語で「人新世」である。オゾン層破壊の研究などでノーベル化学賞を受賞したドイツのパウル・クルッツェンが提唱した。

人類がもたらした地球規模の変化で真っ先に思い浮かべるのは地球温暖化かもしれないが，それにとどまらず，大気汚染，海洋汚染，放射性物質による汚染，生物多様性の喪失など多岐にわたる。「人新世」が正式な地質年代となるかは不透明だが，これはクルッツェンが与えた世界への警告である。経済成長を追い求める限り，人類滅亡の危機は確実に近づいている。

（斎藤幸平『人新世の「資本論」』集英社新書を参考に作成）

Ⓐおもな地質年代

現代
- 新生代
  - 第四紀
    - 人新世
    - 完新世 ◀1万1700年前
    - 更新世 ◀258万年前
  - 新第三紀
  - 古第三紀 ◀6600万年前
- 中生代
  - 白亜紀
  - ジュラ紀
  - 三畳紀 ◀2億5100万年前
- 古生代 ◀5億4100万年前
- 先カンブリア時代 ◀46億年前
地球誕生

（『読売新聞』2021.5.10による）

希少性　持続可能性　イノベーション

Introduction　再稼働(かどう)すすむ原子力発電所

原子力発電所と新規制基準の審査状況

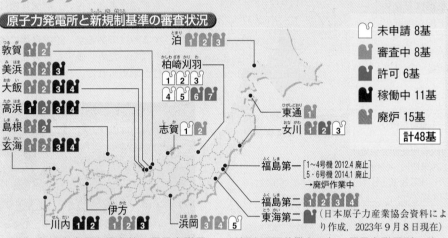

未申請 8基
審査中 8基
許可 6基
稼働中 11基
廃炉 15基
計48基

（日本原子力産業協会資料により作成, 2023年9月8日現在）

↑①お笑いコンビ「ウーマンラッシュアワー」の村本大輔さんは, 原子力発電所が林立する福井県の大飯町の出身。息もつかせぬマシンガントークで原発をはじめとする政治や社会問題も扱う。「お笑い」で社会的弱者や少数派の「声」を届けている。

2011年の東京電力福島第一原子力発電所の事故は大きな被害をもたらし, 政府のエネルギー政策にも影響を与えた。事故後すべての原発の運転が停止されたが, 2012年7月, 電力不足を背景に福井県の大飯原発が稼働し, 2013年9月点検のため運転停止。2013年原子力規制委員会による新たな安全基準が示され, 基準に適合したものから再稼働が認められることとなった。2015年の鹿児島県川内原発が新基準によ

り初めて再稼働をした。原子力発電所の稼働は大飯原発の停止以来2年ぶりであった。再稼働には電力会社と協定を締結している地元自治体の同意が必要でもある。火力発電への依存は燃料の輸入によるコスト高もあり, 当時の安倍政権では原発を再評価しエネルギー構成の「ベストミックス」をめざすとして, 将来的には原発依存度を20〜22%とし, 太陽光や風力などの再生可能エネルギーの割合を22〜24%とした。

資源に乏しく海外からの輸入に頼る日本では, エネルギー問題は最重要課題の一つだよ。エネルギー依存について, 一人ひとりが考えていく必要があるね。

1 エネルギー依存の現状

Ⓐ日本の一次エネルギー供給量の推移

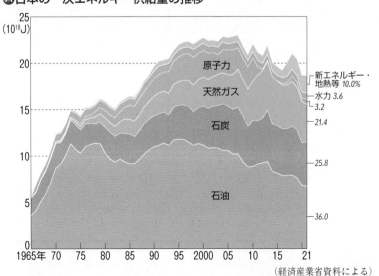

（経済産業省資料による）

Ⓑ日本の資源の輸入先（2022年）

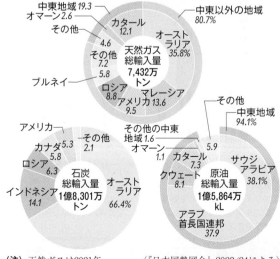

〈注〉天然ガスは2021年。　　（『日本国勢図会』2023/24による）

LED（照明）　LEDは, 発光ダイオード（Light Emitting Diode）で, 電気を流すと発光する半導体の一種。白熱灯に比べ大幅な省エネが可能となるLED照明は, 次世代照明の最有力候補。省エネによる環境への配慮はもちろん, コスト面でも白熱灯に勝る効果が期待できる。

2 主要国の電源別発電電力量の構成比

		石炭	石油	天然ガス	原子力	その他水力		総発電電力量（十億kWh）
日本	2019年度	31.7%	3.5	37.1	6.2	7.7	13.8	(1,037)
	2020年度	30.8	3.2	39.1	3.8	7.8	15.3	(1,009)
中　国		63.7		0.1／3.0	4.7	17.1	11.4	(7,732)
アメリカ		20.2	0.9	39.6	19.4	6.8	13.1	(4,239)
ドイツ		25.3	0.9	16.8	11.4／3.2		42.4	(566)
フランス		6.7／0.9／1.1		67.2		11.8	12.3	(527)
世界全体		35.4	2.5	23.7	10.0	16.2	12.2	

〈注〉各国は2020年データ。

（『EDMC／エネルギー・経済統計要覧』2023による）

解説 新エネルギー先進国ドイツは，2022年末までに原発の全廃を法制化，イタリアも原発運転を断念した。一方で発電の約70％を原子力に依存するフランスは，原発の維持を表明。原発の建設は中国・ロシア・インドなど新興国を中心に進んでおり，この3か国だけで約40基が建設中である。また，約30か国が原発の導入を検討している。

↑②フランスのカットノン原子力発電所

3 持続可能なエネルギーの拡大へ

Ⓐ各国の電力消費に占める再生可能エネルギーの割合（2022年）

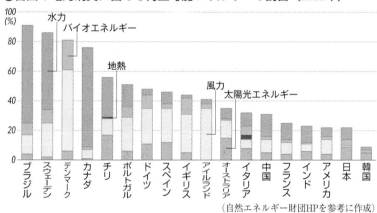

（自然エネルギー財団HPを参考に作成）

Ⓑ日本の新エネルギーの発電設備容量の推移

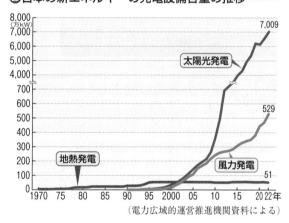

（電力広域的運営推進機関資料による）

探究　未来のエネルギーを考えよう

Ⓐ原油と天然ガスの価格推移

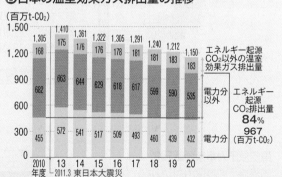

（一般社団法人エネルギー情報センター資料を参考に作成）

問 次のうち，未来のエネルギーを選ぶうえであなたが最優先事項にしたいものを，理由も合わせて考えてみよう。

❶電気料金　　❷安全性　　❸環境への配慮　　❹その他

Ⓑ日本の温室効果ガス排出量の推移

（百万t-CO₂）

年度	2010	13	14	15	16	17	18	19	20
合計	1,305	1,410	1,361	1,322	1,305	1,291	1,240	1,212	1,150
エネルギー起源CO₂以外	168	175	1／6	176	178	181	181	183	183
電力分以外	682	663	644	629	618	617	599	590	535
電力分	455	572	541	517	509	493	460	439	432

2011.3 東日本大震災

エネルギー起源CO₂以外の温室効果ガス排出量

電力分以外

電力分

エネルギー起源CO₂排出量 **84％** **967** （百万t-CO₂）

（資源エネルギー庁資料による）

〈注〉温室効果ガスとは，CO₂（二酸化炭素），メタン，一酸化二窒素，ハイドロフルオロカーボン類，パーフルオロカーボン類，六フッ化硫黄の6種類を指す。

チェック＆トライ

チェック 原子力発電　新エネルギー

トライ ・2010年度以降に原子力の割合が急減したのはなぜだろうか。

原発運転「60年超」可能に

ＧＸ脱炭素電源法が成立

　原子力発電所の運転期間の延長を含む5本の関連法を束ねた「ＧＸ（グリーントランスフォーメーション）脱炭素電源法」が2023年5月31日に可決，成立した。これまでは，2011年3月の東京電力福島第一原発事故をきっかけに運転期間を最長60年に制限してきたが，これを超えての運転が可能になる。この改正では，「原則40年」という枠組みは維持しつつ，原子力規制委員会の審査や裁判所の命令などで停止した期間を運転期間から除外することで，事実上60年を超えての運転ができる。

　電力の安定供給や脱炭素への貢献が期待される一方で，運転期間延長の具体的な要件が定まっていないことなどの課題もある。

←①福井県敦賀市にある敦賀原子力発電所。2号機は2011年5月から運転を停止している。今回の法改正で，この停止期間が運転期間から除外される可能性がある。

改正した法律と主な変更内容

法律	変更内容
電気事業法	原子力規制委員会の審査期間などを除外することで最長60年の運転期間を延長する。
原子炉等規制法	運転開始から30年を超える場合は，10年以内ごとに審査する新制度を創設する。
原子力基本法	原発を活用した電力の安定供給や脱炭素社会の実現を「国の責務」と位置づける。
再処理法	電力事業者に，廃炉のための費用を拠出することを義務付ける。
再生可能エネルギー特別措置法	太陽光などの発電中に法令違反が発覚した場合，固定価格買い取り制度の交付金の支払いを止める制度を導入する。

（『朝日新聞』2023.6.1を参考に作成）

課題　原子力発電の望ましいあり方とは何だろうか。

① 福島の現状

Ａ 避難指示区域の再編状況（福島県）

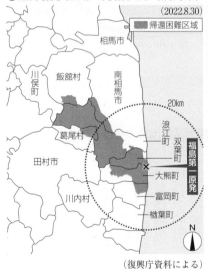

（2022.8.30）
■帰還困難区域

相馬市
川俣町
飯舘村
南相馬市
20km
葛尾村
浪江町
双葉町
田村市
×
大熊町
福島第一原発
川内村
富岡町
楢葉町
N

（復興庁資料による）

避難者数の現状

2012年5月

県　内	102,827人
県　外	62,038人
合　計	164,865人

↓

2023年3月

県　内	6,293人
県　外	21,101人
合　計	27,399人

（福島県HP資料による）

② 国内の主な原発事故

1978● 東京電力・福島第一原発　日本最初の臨界事故。 `レベル3`
　91● 関西電力・美浜原発　蒸気発生器の一部が破損，非常用炉心冷却装置作動。 `レベル2`
　● 中部電力・浜岡原発　原子炉注水量減少し，自動停止。 `レベル2`
　95● 高速増殖炉もんじゅナトリウム漏洩。その後2016年に正式に廃炉が決定した。 `レベル1`
　99● 北陸電力・志賀原発　点検中の操作ミスで臨界に。 `レベル1〜3`
　● 東海村JCO核燃料施設　臨界事故。作業員2名死亡。 `レベル4`
2004● 関西電力・美浜原発　配管破損で高温水蒸気噴出。作業員5名死亡。 `レベル0`
　07● 東京電力・柏崎刈羽原発　新潟県中越沖地震により火災発生。高波により冷却水一部流出。 `レベル0`
　11● **東京電力・福島第一原発　東北地方太平洋沖地震による地震と津波で，炉心溶解（メルトダウン）が発生。多量の放射性物質が外部に放出された。** `レベル7`
　13● 東京電力・福島第一原発　タンクからの汚染水漏れ。 `レベル3`

国際原子力事象評価尺度

　国際原子力機関（IAEA）などが定めた尺度で，原子力施設で発生した事故や異常事象を，深刻度に応じて分類したもの。東京電力福島第一原発事故やチョルノービリ原発事故はレベル7に相当する。

（環境省資料による）

尺度	内容	尺度	内容
レベル7	深刻な事故	レベル3	重大な異常事象
レベル6	重大な事故	レベル2	異常事象
レベル5	広範囲への影響を伴う事故	レベル1	逸脱
レベル4	局地的な影響を伴う事故	レベル0	尺度未満

③ 福島とチョルノービリ*

↑③チョルノービリ原発で建設されたドーム型シェルター。1986年に爆発事故が発生した4号機を覆っている。

←②廃炉作業が進められている福島第一原子力発電所の原子炉建屋。建屋最上階に、カバーがはめ込まれている様子(2018・2・21)。

福島ではデブリ(溶融燃料)の取り出しをおこなう計画である。原子炉内部は放射線がきわめて高く遠隔操作のカメラも短時間で故障してしまう。廃炉作業は現時点の技術レベルでは対応できないことも多い。

チョルノービリでは1986年の爆発事故で30km圏内11万人が強制避難した。原子炉付近では現在でも即死するほど放射線量が高い。当初建屋全体をコンクリートで固めたが、その石棺も傷みが激しくなり、さらにシェルターで覆うこととなった。

問 原子力発電を用いるときに重視すべきと思うことを考えてみよう。

④ 発電コスト

Ⓐ日本の1kWhあたりの発電コスト (試算・2020年)

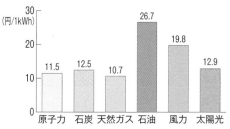

(円/1kWh)

原子力	石炭	天然ガス	石油	風力	太陽光
11.5	12.5	10.7	26.7	19.8	12.9

(資源エネルギー庁資料による)

〈注〉試算は、新たに発電設備を建設・運転した際の発電コスト(既存の設備による発電コストではない)。また立地による制約も考慮しない。

Ⓑ福島第一原発の廃炉にかかる費用

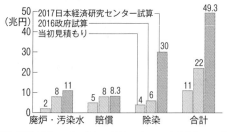

(兆円)
- 2017日本経済研究センター試算
- 2016政府試算
- 当初見積もり

	廃炉・汚染水	賠償	除染	合計
当初見積もり	2	5	4	11
2016政府試算	8	8	6	22
2017日本経済研究センター試算	11	8.3	30	49.3

(『核兵器と原発 日本が抱える「核」のジレンマ』講談社による)

解説 廃炉費用は当初の見積もりの倍以上が試算されており、今後さらに費用がかさむこともあり得る。

問 原子力発電のメリットとデメリットについて、さまざまなエネルギーの発電コストと原子力発電の廃炉にかかる費用の面から考えてみよう。

問 原子力発電所の建設場所や、放射性廃棄物の最終処分場となる場所を決める際に起こり得る問題を考えてみよう。

⑤ 核燃料サイクル

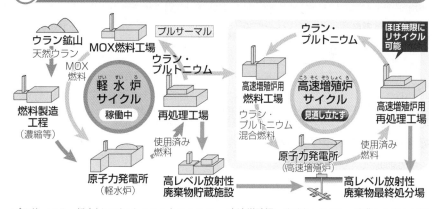

プルサーマル 軽水炉でプルトニウムとウランの混合燃料を燃やす。玄海、伊方、高浜原発で導入されている。

高速増殖炉 発電をしながら、消費した以上の燃料を生成できる原子炉。軽水炉と比べて燃料の利用効率が高い。

⑥ 核のゴミ―放射性廃棄物の処分

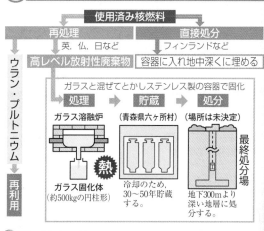

↑④川内原発の使用済み核貯蔵プール。

↑⑤フィンランド・オンカロ最終処分場の内部。

解説 放射性廃棄物は生物にとって安全といえるレベルになる数十万年後まで地中で隔離しなければならない。最終処分場が決定しているのはスウェーデンとフィンランドのみ。

探究

事例 培養肉が食卓を変える!?

←①日清食品が開発した食べられる培養肉。

→②培養肉の研究風景。

●培養肉とは
牛などの動物の肉や魚の肉からとった細胞を，栄養成分が入った液体（培養液）に入れ，培養して増やしたもの。本物の肉と同じ細胞で出来ている。

●培養肉の作り方

家畜から細胞を採取 → 大量に培養 → 食肉に

課題 培養肉の開発が進んでいるのはなぜだろうか？

① 世界の食肉の需要の推移

Ⓐ食肉需要の推移

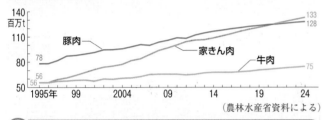

（農林水産省資料による）

② 培養肉の普及への課題

Ⓐ培養肉のコストダウン見通し

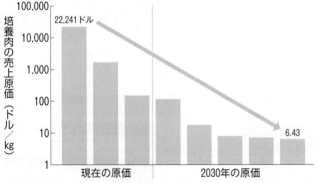

〈注〉数値は2021年11月時点のもの。
（CE Delft資料による）

Ⓑ細胞農業・培養肉について期待すること，気になること

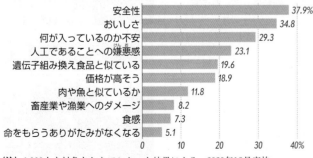

安全性	37.9%
おいしさ	34.8
何が入っているのか不安	29.3
人工であることへの嫌悪感	23.1
遺伝子組み換え食品と似ている	19.6
価格が高そう	18.9
肉や魚と似ているか	11.8
畜産業や漁業へのダメージ	8.2
食感	7.3
命をもらうありがたみがなくなる	5.1

〈注〉1,000人を対象としたアンケート結果による。2020年12月実施。
（日本細胞農業協会資料による）

問 培養肉の普及には何が必要だろうか。

③ 農林水産にかかわる諸課題

Ⓐ農林水産分野の温室効果ガス排出量

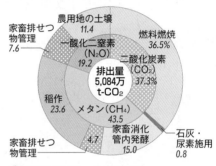

家畜排せつ物管理 7.6
農用地の土壌 11.4
燃料燃焼 36.5%
一酸化二窒素（N_2O）19.2
二酸化炭素（CO_2）37.3%
稲作 23.6
排出量 5,084万 t-CO_2
メタン（CH_4）43.5
家畜排せつ物管理 4.7
家畜消化管内発酵 15.0
石灰・尿素施用 0.8

解説 日本の農林水産分野における2020年度の温室効果ガスの排出量は5,084万トン。そのうち，43.5%をメタンガスが占めている。家畜消化管内発酵とは，家畜のおならやげっぷを指す。

（ⒶⒷともに農林水産省資料による）

Ⓑアニマルウェルフェア
国際的にアニマルウェルフェアの中心的な概念となっている「5つの自由」

- 飢え，渇き，栄養不良からの自由
- 恐怖及び苦悩からの自由
- 物理的，熱の不快からの自由
- 苦痛，傷害，疾病からの自由
- 通常の行動様式を発現する自由

→③養鶏場の様子。食肉用の牛や豚，鶏などが，狭い檻などに入れられ劣悪な環境で飼育されていることに批判がある。

Ⓒタンパク質を多く含む食品の生産に伴う水消費量

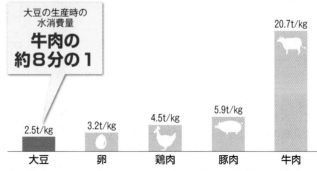

大豆の生産時の水消費量 **牛肉の約8分の1**

大豆 2.5t/kg
卵 3.2t/kg
鶏肉 4.5t/kg
豚肉 5.9t/kg
牛肉 20.7t/kg

（東京大学生産技術研究所資料による）

問 培養肉の開発によって，どのようなメリット・デメリットがあるだろうか。

探究 事例 日本のゴミはどこへ行く？

自動販売機の脇，公園や駅，学校のごみ箱にペットボトルやプラスチックのごみが溢れている光景を見たことがあるだろうか。こうしたプラスチックごみは汚れが付着していて，リサイクルするためには分別と洗浄が必要になる。人件費が高い日本では，きれいで分別されたプラスチックでなければリサイクルされないのである。

↑❶桜の花見客でにぎわう公園のごみ捨て場。

では，汚れたプラスチックはどこへ行くのか？それは，「資源」としてアジア諸国へ輸出される。しかし，輸出した先でも分別や洗浄のコストを抑えるため，児童労働を含めた劣悪な環境下での労働や，使えない部分の不法投棄，ダイオキシンの発生などの環境問題が深刻化した。日本からの輸入が特に多かった中国では，2017年に廃プラスチックの輸入禁止措置に踏み切った。中国への輸出に頼っていた日本や欧米では，リサイクルしきれないプラスチックごみが行き場を失ったのである。

●日本の廃プラスチック輸出量の推移

国・地域	2016年 輸出量	2017年 輸出量	2018年 輸出量	2019年 輸出量	2020年 輸出量	2020年 構成比	2020年 前年比
総輸出量	152.7	143.1	100.8	89.8	82.1	100.0	-8.6
マレーシア	3.3	7.5	22.0	26.2	26.1	31.8	-0.3
ベトナム	6.6	12.6	12.3	11.7	17.4	21.2	49.0
台湾	6.9	9.1	17.7	15.2	14.1	17.2	-7.4
タイ	2.5	5.8	18.8	10.2	6.1	7.4	-40.5
韓国	2.9	3.3	10.1	8.9	5.4	6.6	-39.1
香港	49.3	27.5	5.4	5.7	3.1	3.8	-46.2
インド	0.4	0.8	2.1	2.8	3.0	3.7	8.2
インドネシア	0.0	0.3	2.0	1.7	2.7	3.3	57.8
アメリカ	0.2	0.4	0.9	1.6	1.2	1.5	-21.3
中国	80.3	74.9	4.6	1.9	0.7	0.8	-65.4

〈注〉輸出量の単位は万トン，構成比と前年比は％。2020年総輸出量上位10か国・地域のみ掲載。
（財務省資料などによる）

課題 循環型社会に向けて，私たちができることとは何だろうか？

① サーキュラーエコノミー

リニアエコノミー（線型経済）
原材料 → 製品 → 利用 → 廃棄物

再設計 →

サーキュラーエコノミー（循環経済）
原材料 → 製品 → 利用 → リサイクル → （循環）

問 サーキュラーエコノミーと3R（リデュース・リユース・リサイクル）の違いは何だろうか。

② 3R（リデュース・リユース・リサイクル）

天然資源の投入
天然資源の消費の抑制
生産（製造，運搬等）

1番目：発生抑制 **Reduce** リデュース

消費

2番目：再使用 **Reuse** リユース

3番目：再生利用 **Recycle** リサイクル

廃棄

処理（リサイクル，焼却等）
4番目：熱回収
5番目：適正処分 → 最終処分（埋立）

循環型社会：適正な3Rと処分により，天然資源の消費を抑制し，環境への負荷ができる限り低減される社会

（環境省資料による）

③ さまざまな取り組み

Ⓐコンポスト

家庭から出る生ごみや落ち葉などの有機物を，微生物の働きを活用して発酵・分解させる。

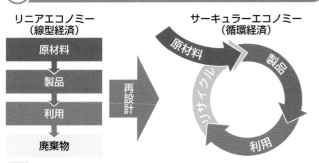

←❷都会に暮らす人に向けて開発された「都市型コンポスト」。
（写真提供：ローカルフードサイクリング株式会社）

Ⓑ制服リユース

まだ着られる制服を次の世代にリユースする。

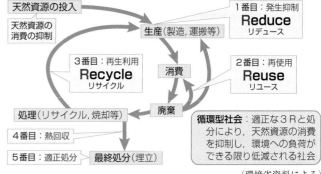

→❸制服のリユース専門店ココ・リンク（長野県松本市）。
（中日新聞社提供 ココ・リンク）

Ⓒ食品ロス削減

最近では，食品ロスを防ぐ「フードシェアリング」のアプリも増えてきている。

→❹みなとく株式会社が提供している食品ロス削減アプリ「No Food Loss」。

問 自分にできそうな活動を挙げてみよう。

大日本帝国憲法（抜すい） [1889(明治22).2.11公布　1890(明治23).11.29施行]

〈注〉条文中の下線は，条文のあとの ▨ で説明しています。原文に下線はありません。

■■■ 第1章　天　皇

第1条　大日本帝国ハ万世一系ノ天皇之ヲ統治ス

第2条　皇位ハ皇室典範ノ定ムル所ニ依リ皇男子孫之ヲ継承ス

【皇室典範】　皇位継承など，皇室に関係のある事項を規定する法律。

第3条　天皇ハ神聖ニシテ侵スヘカラス

第4条　天皇ハ国ノ元首ニシテ統治権ヲ総攬シ此ノ憲法ノ条規ニ依リ之ヲ行フ

【元首】　国家を代表する資格をもった国家機関。
【総攬】　一手ににぎって掌握すること。

第5条　天皇ハ帝国議会ノ協賛ヲ以テ立法権ヲ行フ

【協賛】　帝国議会が法律案や予算を有効に成立させるため統治権者である天皇に対して必要な意思表示をすること。

第6条　天皇ハ法律ヲ裁可シ其ノ公布及執行ヲ命ス

【裁可】　議会の協賛による法案・予算案に天皇が許可を与えること。

第7条　天皇ハ帝国議会ヲ召集シ其ノ開会閉会停会及衆議院ノ解散ヲ命ス

第8条①　天皇ハ公共ノ安全ヲ保持シ又ハ其ノ災厄ヲ避クル為緊急ノ必要ニ由リ帝国議会閉会ノ場合ニ於テ法律ニ代ルヘキ勅令ヲ発ス

②　此ノ勅令ハ次ノ会期ニ於テ帝国議会ニ提出スヘシ若議会ニ於テ承諾セサルトキハ政府ハ将来ニ向テ其ノ効力ヲ失フコトヲ公布スヘシ

【勅令】　明治憲法下，帝国議会の協賛を経ず，天皇の大権による命令で，一般の国家事務に関して法規を定めたもの。

第9条　天皇ハ法律ヲ執行スル為ニ又ハ公共ノ安寧秩序ヲ保持シ及臣民ノ幸福ヲ増進スル為ニ必要ナル命令ヲ発シ又ハ発セシム但シ命令ヲ以テ法律ヲ変更スルコトヲ得ス

【安寧】　社会が穏やかで平和。

第10条　天皇ハ行政各部ノ官制及文武官ノ俸給ヲ定メ及文武官ヲ任免ス但シ此ノ憲法又ハ他ノ法律ニ特例ヲ掲ケタルモノハ各々其ノ条項ニ依ル

【官制】　行政機関の設置・廃止・組織・権限などについての規定。
【任免】　役目につけることとやめさせること。

第11条　天皇ハ陸海軍ヲ統帥ス

【統帥】　軍隊を指揮・統率すること。

第12条　天皇ハ陸海軍ノ編制及常備兵額ヲ定ム

第13条　天皇ハ戦ヲ宣シ和ヲ講シ及諸般ノ条約ヲ締結ス

【諸般】　いろいろ。

第14条①　天皇ハ戒厳ヲ宣告ス

②　戒厳ノ要件及効力ハ法律ヲ以テ之ヲ定ム

【戒厳】　戦争・事変に際し行政や司法権を軍隊にゆだね，兵力によって警備すること。

第15条　天皇ハ爵位勲章及其ノ他ノ栄典ヲ授与ス

【爵】　華族令によって制定された，華族の階級を表す称号。爵を上の位から公・侯・伯・子・男の5等に分けた。
【栄典】　栄誉を表すために与えられる位階・勲章など。

第16条　天皇ハ大赦特赦減刑及復権ヲ命ス

【大赦】　特別のことがあったとき，ある範囲の罪に対し刑を許すこと。
【特赦】　同様の場合，特定の者に対して行われる刑の免除。

【復権】　失った権利や資格をもとにもどすこと。

第17条①　摂政ヲ置クハ皇室典範ノ定ムル所ニ依ル

②　摂政ハ天皇ノ名ニ於テ大権ヲ行フ

【摂政】　皇室典範によって，天皇が成年に達しないとき，または精神・身体の重患や重大な事故の際，天皇に代わって政務を行うこと。

■■■ 第2章　臣民権利義務

第18条　日本臣民タルノ要件ハ法律ノ定ムル所ニ依ル

第19条　日本臣民ハ法律命令ノ定ムル所ノ資格ニ応シ均ク文武官ニ任セラレ及其ノ他ノ公務ニ就クコトヲ得

第20条　日本臣民ハ法律ノ定ムル所ニ従ヒ兵役ノ義務ヲ有ス

第21条　日本臣民ハ法律ノ定ムル所ニ従ヒ納税ノ義務ヲ有ス

第22条　日本臣民ハ法律ノ範囲内ニ於テ居住及移転ノ自由ヲ有ス

第23条　日本臣民ハ法律ニ依ルニ非スシテ逮捕監禁審問処罰ヲ受クルコトナシ

【審問】　詳しく問いただすこと。

第24条　日本臣民ハ法律ニ定メタル裁判官ノ裁判ヲ受クルノ権ヲ奪ハルヽコトナシ

第25条　日本臣民ハ法律ニ定メタル場合ヲ除ク外其ノ許諾ナクシテ住所ニ侵入セラレ及捜索セラルヽコトナシ

第26条　日本臣民ハ法律ニ定メタル場合ヲ除ク外信書ノ秘密ヲ侵サルヽコトナシ

第27条①　日本臣民ハ其ノ所有権ヲ侵サルヽコトナシ

②　公益ノ為必要ナル処分ハ法律ノ定ムル所ニ依ル

第28条　日本臣民ハ安寧秩序ヲ妨ケス及臣民タルノ義務ニ背カサル限ニ於テ信教ノ自由ヲ有ス

第29条　日本臣民ハ法律ノ範囲内ニ於テ言論著作印行集会及結社ノ自由ヲ有ス

【印行】　印刷し発行すること。
【結社】　共通の目的のためにつくった団体や結合をいう。

第30条　日本臣民ハ相当ノ敬礼ヲ守リ別ニ定ムル所ノ規程ニ従ヒ請願ヲ為スコトヲ得

第31条　本章ニ掲ケタル条規ハ戦時又ハ国家事変ノ場合ニ於テ天皇大権ノ施行ヲ妨クルコトナシ

第32条　本章ニ掲ケタル条規ハ陸海軍ノ法令又ハ紀律ニ牴触セサルモノニ限リ軍人ニ準行ス

【牴触】　法律の規定などに違反すること。
【準行】　ある物事を基準としておこなうこと。

■■■ 第3章　帝国議会

第33条　帝国議会ハ貴族院衆議院ノ両院ヲ以テ成立ス

第34条　貴族院ハ貴族院令ノ定ムル所ニ依リ皇族華族及勅任セラレタル議員ヲ以テ組織ス

【勅任】　天皇の命令によって官職に任ずること。

第35条　衆議院ハ選挙法ノ定ムル所ニ依リ公選セラレタル議員ヲ以テ組織ス

第36条　何人モ同時ニ両議院ノ議員タルコトヲ得ス

第37条　凡テ法律ハ帝国議会ノ協賛ヲ経ルヲ要ス

第38条　両議院ハ政府ノ提出スル法律案ヲ議決シ及各々法律案ヲ提出スルコトヲ得

第4章　国務大臣及枢密顧問

第55条① 国務各大臣ハ天皇ヲ輔弼シ其ノ責ニ任ス
② 凡テ法律勅令其ノ他国務ニ関ル<u>詔勅</u>ハ国務大臣ノ<u>副署</u>ヲ要ス

【輔弼】 政治を行うのをたすけること。
【詔勅】 天皇が公に意思を表示する文書。
【副署】 天皇の文書的行為について，天皇を助ける者が署名すること。

第56条 <u>枢密顧問</u>ハ枢密院官制ノ定ムル所ニ依リ天皇ノ<u>諮詢</u>ニ応へ重要ノ国務ヲ審議ス

【枢密顧問】 国家の大事に関し天皇の諮問にこたえることを主な任務とした枢密院の構成をした顧問官。
【諮詢】 問いはかること。

第5章　司　法

第57条① 司法権ハ天皇ノ名ニ於テ法律ニ依リ裁判所之ヲ行フ
② 裁判所ノ構成ハ法律ヲ以テ之ヲ定ム
第58条① 裁判官ハ法律ニ定メタル資格ヲ具フル者ヲ以テ之ニ任ス
② 裁判官ハ刑法ノ宣告又ハ懲戒ノ処分ニ由ルノ外其ノ職ヲ免セラルヽコトナシ
③ 懲戒ノ条規ハ法律ヲ以テ之ヲ定ム
第59条 裁判ノ<u>対審</u>判決ハ之ヲ公開ス但シ安寧秩序又ハ風俗ヲ害

スルノ虞アルトキハ法律ニ依リ又ハ裁判所ノ決議ヲ以テ対審ノ公開ヲ停ムルコトヲ得

【対審】 原告・被告を法廷に立ち会わせて審理すること。

第60条 <u>特別裁判所</u>ノ管轄ニ属スヘキモノハ別ニ法律ヲ以テ之ヲ定ム

【特別裁判所】 特殊の人・事件について裁判権を行使する裁判所。軍法会議や行政裁判所がこれに当たる。日本国憲法はこれを認めない。

第61条 行政官庁ノ違法処分ニ由リ権利ヲ傷害セラレタリトスルノ訴訟ニシテ別ニ法律ヲ以テ定メタル<u>行政裁判所</u>ノ裁判ニ属スヘキモノハ司法裁判所ニ於テ受理スルノ限ニ在ラス

【行政裁判所】 行政官庁の行為の適法性を争い，その取消し・変更を求める訴訟の審理及び判決のための裁判所。

第7章　補　則

第73条① 将来此ノ憲法ノ条項ヲ改正スルノ必要アルトキハ勅命ヲ以テ議案ヲ帝国議会ノ議ニ付スヘシ
② 此ノ場合ニ於テ両議院ハ各ミ其ノ総員3分ノ2以上出席スルニ非サレハ議事ヲ開クコトヲ得ス出席議員3分ノ2以上ノ多数ヲ得ルニ非サレハ改正ノ議決ヲ為スコトヲ得ス
第74条① 皇室典範ノ改正ハ帝国議会ノ議ヲ経ルヲ要セス
② 皇室典範ヲ以テ此ノ憲法ノ条規ヲ変更スルコトヲ得ス

〈注〉条文中の<u>下線</u>は，条文のあとの▨▨で説明しています。原文に下線はありません。

日本国憲法

[1946(昭和21).11.3公布　1947(昭和22).5.3施行]

<u>朕</u>は，日本国民の総意に基いて，新日本建設の<u>礎</u>が，定まるに至つたことを，深くよろこび，<u>枢密顧問の諮詢</u>及び帝国憲法第73条による帝国議会の議決を経た帝国憲法の改正を<u>裁可</u>し，ここにこれを公布せしめる。

<u>御名御璽</u>
昭和21年11月3日
内閣総理大臣兼外務大臣　　　吉田　茂
（以下，各大臣14名連署，略）

日本国憲法

日本国民は，正当に選挙された国会における代表者を通じて行動し，われらとわれらの子孫のために，諸国民との協和による成果と，わが国全土にわたつて自由のもたらす<u>恵沢</u>を確保し，政府の行為によつて再び戦争の惨禍が起ることのないやうにすることを決意し，ここに<u>主権</u>が国民に存することを宣言し，この憲法を確定する。そもそも国政は，国民の厳粛な<u>信託</u>によるものであつて，その権威は国民に由来し，その権力は国民の代表者がこれを行使し，その福利は国民がこれを享受する。これは<u>人類普遍の原理</u>であり，この憲法は，かかる原理に基くものである。われらは，これに反する一切の憲法，法令及び<u>詔勅</u>を排除する。

日本国民は，恒久の平和を念願し，人間相互の関係を支配する<u>崇高</u>な理想を深く自覚するのであつて，平和を愛する諸国民の公正と信義に信頼して，われらの安全と生存を保持しようと決意した。われらは，平和を維持し，専制と<u>隷従</u>，圧迫と<u>偏狭</u>を地上から永遠に除去しようと努めてゐる国際社会において，名誉ある地位を占めたいと思ふ。われらは，全世界の国民が，ひとしく恐怖と欠乏から免かれ，平和のうちに生存する権利を有することを確認する。

われらは，いづれの国家も，自国のことのみに専念して他国を

無視してはならないのであつて，政治道徳の法則は，普遍的なものであり，この法則に従ふことは，自国の主権を維持し，他国と対等関係に立たうとする各国の責務であると信ずる。

日本国民は，国家の名誉にかけ，全力をあげてこの崇高な理想と目的を達成することを誓ふ。

【朕】 天皇が自分を指していうことば。
【枢密顧問】 明治憲法で国家の大事について天皇の相談を受けた枢密院の構成員。
【諮詢】 意見を聴くこと。
【裁可】 天皇の許可。
【御名御璽】 天皇の名前と印。
【恵沢】 めぐみ。なさけ。
【主権】 国の政治を決定する最高の力。
【信託】 信頼してあずけ任せること。
【人類普遍の原理】 一般的にひろくあてはまる根本的な原則のこと。
【詔勅】 天皇の考えをおおやけに発表する文書。
【隷従】 部下として従うこと。
【偏狭】 狭いこと。度量の小さいこと。

第1章　天　皇

第1条〔天皇の地位・国民主権〕 天皇は，日本国の<u>象徴</u>であり日本国民統合の象徴であつて，この地位は，主権の存する日本国民の総意に基く。

【象徴】 シンボル。目に見えないものを，目に見えるものであらわすもの。例えば，鳩は「平和」をかたどりあらわす鳥だとされ，「平和の象徴」だという。

第2条〔皇位の継承〕 皇位は，<u>世襲</u>のものであつて，国会の議決した<u>皇室典範</u>の定めるところにより，これを継承する。

【世襲】 仕事・位などを代々受けつぐこと。
【皇室典範】 皇室に関係したことがらについて定めた法律。天皇の位の受けつぎ方，皇族の範囲，摂政の定め方などが定められている。

第3条〔天皇の国事行為に対する内閣の助言と承認及び責任〕 天

資料編

皇の国事に関するすべての行為には，内閣の助言と承認を必要とし，内閣が，その責任を負ふ。

【国事】 国のために行う仕事。天皇が公に国の仕事として行う行為。

第4条〔天皇の権能の限界，天皇の国事行為の委任〕 天皇は，この憲法の定める国事に関する行為のみを行ひ，国政に関する権能を有しない。

② 天皇は，法律の定めるところにより，その国事に関する行為を委任することができる。

【権能】 権利。権限。

第5条〔摂政〕 皇室典範の定めるところにより摂政を置くときは，摂政は，天皇の名でその国事に関する行為を行ふ。この場合には，前条第1項の規定を準用する。

【摂政】 天皇の代わりになって政務をとる職。

第6条〔天皇の任命権〕 天皇は，国会の指名に基いて，内閣総理大臣を任命する。

② 天皇は，内閣の指名に基いて，最高裁判所の長たる裁判官を任命する。

第7条〔天皇の国事行為〕 天皇は，内閣の助言と承認により，国民のために，左の国事に関する行為を行ふ。

(1) 憲法改正，法律，政令及び条約を公布すること。

(2) 国会を召集すること。

(3) 衆議院を解散すること。

(4) 国会議員の総選挙の施行を公示すること。

(5) 国務大臣及び法律の定めるその他の官吏の任免並びに全権委任状及び大使及び公使の信任状を認証すること。

(6) 大赦，特赦，減刑，刑の執行の免除及び復権を認証すること。

(7) 栄典を授与すること。

(8) 批准書及び法律の定めるその他の外交文書を認証すること。

(9) 外国の大使及び公使を接受すること。

(10) 儀式を行ふこと。

【政令】 憲法や法律の規定を実施するために内閣が制定する命令。
【大赦】 特別のことがあったとき，ある範囲の罪に対し刑を許すこと。
【特赦】 同様の場合，特定のものにかぎって行われる刑の免除。
【栄典】 名誉ある地位や勲章など。
【批准書】 国家間で取り決めた条約に，両国の大統領や首相などの印をおした文書。

第8条〔皇室の財産授受〕 皇室に財産を譲り渡し，又は皇室が，財産を譲り受け，若しくは賜与することは，国会の議決に基かなければならない。

【賜与】 身分の高い人が下の者に金品を与えること。

■■■ 第2章　戦争の放棄

第9条〔戦争の放棄，戦力及び交戦権の否認〕 日本国民は，正義と秩序を基調とする国際平和を誠実に希求し，国権の発動たる戦争と，武力による威嚇又は武力の行使は，国際紛争を解決する手段としては，永久にこれを放棄する。

② 前項の目的を達するため，陸海空軍その他の戦力は，これを保持しない。国の交戦権は，これを認めない。

【基調】 根底にある考え。
【国権の発動】 国家としての権力のはたらき。
【威嚇】 おどかし。
【交戦権】 戦争をする権利。

■■■ 第3章　国民の権利及び義務

第10条〔国民の要件〕 日本国民たる要件は，法律でこれを定める。

【要件】 必要な条件，資格。

第11条〔基本的人権の享有〕 国民は，すべての基本的人権の享有を妨げられない。この憲法が国民に保障する基本的人権は，侵すことのできない永久の権利として，現在及び将来の国民に与へられる。

【基本的人権】 すべての人が，地位，財産，人種，性別などにかかわらず，人間であるということに基づいて有している基本的な権利。
【享有】 生まれながらに持っていること。

第12条〔自由・権利の保持の責任と濫用の禁止〕 この憲法が国民に保障する自由及び権利は，国民の不断の努力によつて，これを保持しなければならない。又，国民は，これを濫用してはならないのであつて，常に公共の福祉のためにこれを利用する責任を負ふ。

【公共の福祉】 社会全体，国全体の幸福と利益。

第13条〔個人の尊重〕 すべて国民は，個人として尊重される。生命，自由及び幸福追求に対する国民の権利については，公共の福祉に反しない限り，立法その他の国政の上で，最大の尊重を必要とする。

第14条〔法の下の平等，貴族制度の否認，栄典の授与〕 すべて国民は，法の下に平等であつて，人種，信条，性別，社会的身分又は門地により，政治的，経済的又は社会的関係において，差別されない。

② 華族その他の貴族の制度は，これを認めない。

③ 栄誉，勲章その他の栄典の授与は，いかなる特権も伴はない。栄典の授与は，現にこれを有し，又は将来これを受ける者の一代に限り，その効力を有する。

【門地】 うまれ，家柄。

第15条〔公務員の選定罷免権，公務員の本質，普通選挙及び秘密投票の保障〕 公務員を選定し，及びこれを罷免することは，国民固有の権利である。

② すべて公務員は，全体の奉仕者であつて，一部の奉仕者ではない。

③ 公務員の選挙については，成年者による普通選挙を保障する。

④ すべて選挙における投票の秘密は，これを侵してはならない。選挙人は，その選択に関し公的にも私的にも責任を問はれない。

【罷免】 その職をやめさせること。免職。

第16条〔請願権〕 何人も，損害の救済，公務員の罷免，法律，命令又は規則の制定，廃止又は改正その他の事項に関し，平穏に請願する権利を有し，何人も，かかる請願をしたためにいかなる差別待遇も受けない。

【請願】 国や地方自治体に自分の希望を願い出てそれが実現するように要望すること。

第17条〔国及び公共団体の賠償責任〕 何人も，公務員の不法行為により，損害を受けたときは，法律の定めるところにより，国又は公共団体に，その賠償を求めることができる。

第18条〔奴隷的拘束及び苦役からの自由〕 何人も，いかなる奴隷的拘束も受けない。又，犯罪に因る処罰の場合を除いては，その意に反する苦役に服させられない。

【拘束】 自由な行動を禁じること。
【苦役】 苦しい労働。

第19条〔思想及び良心の自由〕 思想及び良心の自由は，これを侵してはならない。

第20条〔信教の自由〕 信教の自由は，何人に対してもこれを保障する。いかなる宗教団体も，国から特権を受け，又は政治上の

権力を行使してはならない。

② 何人も，宗教上の行為，祝典，儀式又は行事に参加することを強制されない。

③ 国及びその機関は，宗教教育その他いかなる宗教的活動もしてはならない。

第21条〔集会・結社・表現の自由，通信の秘密〕 集会，結社及び言論，出版その他一切の表現の自由は，これを保障する。

② 検閲は，これをしてはならない。通信の秘密は，これを侵してはならない。

【結社】一定の目的のために人々が集まって作った団体。会社，労働組合，政党などはすべて結社である。
【検閲】郵便物や出版物などの内容・表現を権力が強制的に調べること。

第22条〔居住・移転及び職業選択の自由，外国移住及び国籍離脱の自由〕 何人も，公共の福祉に反しない限り，居住，移転及び職業選択の自由を有する。

② 何人も，外国に移住し，又は国籍を離脱する自由を侵されない。

【国籍】人が，いずれかの国の国民であることを認められる資格。法律上では日本人とは日本民族であるということではなく，日本の国籍をもっている者をいう。

第23条〔学問の自由〕 学問の自由は，これを保障する。

第24条〔家族生活における個人の尊厳と両性の平等〕 婚姻は，両性の合意のみに基いて成立し，夫婦が同等の権利を有することを基本として，相互の協力により，維持されなければならない。

② 配偶者の選択，財産権，相続，住居の選定，離婚並びに婚姻及び家族に関するその他の事項に関しては，法律は，個人の尊厳と両性の本質的平等に立脚して，制定されなければならない。

第25条〔生存権，国の社会保障義務〕 すべて国民は，健康で文化的な最低限度の生活を営む権利を有する。

② 国は，すべての生活部面について，社会福祉，社会保障及び公衆衛生の向上及び増進に努めなければならない。

第26条〔教育を受ける権利，教育を受けさせる義務〕 すべて国民は，法律の定めるところにより，その能力に応じて，ひとしく教育を受ける権利を有する。

② すべて国民は，法律の定めるところにより，その保護する子女に普通教育を受けさせる義務を負ふ。義務教育は，これを無償とする。

第27条〔勤労の権利と義務，勤労条件の基準，児童酷使の禁止〕 すべて国民は，勤労の権利を有し，義務を負ふ。

② 賃金，就業時間，休息その他の勤労条件に関する基準は，法律でこれを定める。

③ 児童は，これを酷使してはならない。

第28条〔勤労者の団結権・団体交渉権〕 勤労者の団結する権利及び団体交渉その他の団体行動をする権利は，これを保障する。

【団体行動】団体として一つになってする行動。ストライキや街頭行進など。

第29条〔財産権〕 財産権は，これを侵してはならない。

② 財産権の内容は，公共の福祉に適合するやうに，法律でこれを定める。

③ 私有財産は，正当な補償の下に，これを公共のために用ひることができる。

第30条〔納税の義務〕 国民は，法律の定めるところにより，納税の義務を負ふ。

第31条〔法定手続の保障〕 何人も，法律の定める手続によらなければ，その生命若しくは自由を奪はれ，又はその他の刑罰を科せられない。

第32条〔裁判を受ける権利〕 何人も，裁判所において裁判を受け

る権利を奪はれない。

第33条〔逮捕に対する保障〕 何人も，現行犯として逮捕される場合を除いては，権限を有する司法官憲が発し，且つ理由となつてゐる犯罪を明示する令状によらなければ，逮捕されない。

【司法官憲】司法上の権限をもっている公務員。広い意味では，検察官や警察官なども含まれるが，狭い意味では裁判官のみをいう。
【令状】命令を書いた文書。ここでは逮捕令状のこと。

第34条〔抑留及び拘禁に対する保障〕 何人も，理由を直ちに告げられ，且つ，直ちに弁護人に依頼する権利を与へられなければ，抑留又は拘禁されない。又，何人も，正当な理由がなければ，拘禁されず，要求があれば，その理由は，直ちに本人及びその弁護人の出席する公開の法廷で示されなければならない。

【抑留】ひきとめておくこと。比較的短期の身体の拘束。逮捕後の短期の留置など。
【拘禁】つかまえて身体に拘束を加えて，一定の場所に閉じ込めておくこと。

第35条〔住居の不可侵〕 何人も，その住居，書類及び所持品について，侵入，捜索及び押収を受けることのない権利は，第33条の場合を除いては，正当な理由に基いて発せられ，且つ捜索する場所及び押収する物を明示する令状がなければ，侵されない。

② 捜索又は押収は，権限を有する司法官憲が発する各別の令状により，これを行ふ。

【押収】裁判所が証拠となる物などを差し押さえ取り上げること。

第36条〔拷問及び残虐な刑罰の禁止〕 公務員による拷問及び残虐な刑罰は，絶対にこれを禁ずる。

第37条〔刑事被告人の権利〕 すべて刑事事件においては，被告人は，公平な裁判所の迅速な公開裁判を受ける権利を有する。

② 刑事被告人は，すべての証人に対して審問する機会を充分に与へられ，又，公費で自己のために強制的手続により証人を求める権利を有する。

③ 刑事被告人は，いかなる場合にも，資格を有する弁護人を依頼することができる。被告人が自らこれを依頼することができないときは，国でこれを附する。

【被告人】罪をおかした疑いによって訴えられた者。
【審問】詳しく問いただすこと。
【公費】国の費用。

第38条〔自己に不利益な供述，自白の証拠能力〕 何人も，自己に不利益な供述を強要されない。

② 強制，拷問若しくは脅迫による自白又は不当に長く抑留若しくは拘禁された後の自白は，これを証拠とすることができない。

③ 何人も，自己に不利益な唯一の証拠が本人の自白である場合には，有罪とされ，又は刑罰を科せられない。

【供述】尋問に答えて事実や意見を述べること。
【自白】自分が罪を犯したことを自ら告白すること。

第39条〔遡及処罰の禁止・一事不再理〕 何人も，実行の時に適法であつた行為又は既に無罪とされた行為については，刑事上の責任を問はれない。又，同一の犯罪について，重ねて刑事上の責任を問はれない。

【遡及】さかのぼること。
【一事不再理】すでに無罪判決が確定した行為について，再び公訴の提起をすることはできないという原則。

第40条〔刑事補償〕 何人も，抑留又は拘禁された後，無罪の裁判を受けたときは，法律の定めるところにより，国にその補償を求めることができる。

第41条〔国会の地位・立法権〕 国会は，国権の最高機関であつて，国の唯一の立法機関である。

第42条〔両院制〕 国会は，衆議院及び参議院の両議院でこれを構成する。

第43条〔両議院の組織〕 両議院は，全国民を代表する選挙された議員でこれを組織する。

② 両議院の議員の定数は，法律でこれを定める。

第44条〔議員及び選挙人の資格〕 両議院の議員及びその選挙人の資格は，法律でこれを定める。但し，人種，信条，性別，社会的身分，門地，教育，財産又は収入によつて差別してはならない。

第45条〔衆議院議員の任期〕 衆議院議員の任期は，4年とする。但し，衆議院解散の場合には，その期間満了前に終了する。

【期間満了】 任期が切れること。

第46条〔参議院議員の任期〕 参議院議員の任期は，6年とし，3年ごとに議員の半数を改選する。

第47条〔選挙に関する事項の定め〕 選挙区，投票の方法その他両議院の議員の選挙に関する事項は，法律でこれを定める。

第48条〔両議院議員兼職の禁止〕 何人も，同時に両議院の議員たることはできない。

第49条〔議員の歳費〕 両議院の議員は，法律の定めるところにより，国庫から相当額の歳費を受ける。

【国庫】 国家の財政の，収入と支出をあつかうところ。実際としては財務省がその仕事をしている。
【歳費】 議員の1年間の給料。

第50条〔議員の不逮捕特権〕 両議院の議員は，法律の定める場合を除いては，国会の会期中逮捕されず，会期前に逮捕された議員は，その議院の要求があれば，会期中これを釈放しなければならない。

第51条〔議員の発言・表決の無責任〕 両議院の議員は，議院で行つた演説，討論又は表決について，院外で責任を問はれない。

【表決】 議員がある問題について意見を決め，意思表示をすること。

第52条〔常会〕 国会の常会は，毎年1回これを召集する。

【常会】 通常国会。毎年定例として召集される国会。

第53条〔臨時会〕 内閣は，国会の臨時会の召集を決定することができる。いづれかの議院の総議員の4分の1以上の要求があれば，内閣は，その召集を決定しなければならない。

第54条〔衆議院の解散と総選挙・特別会，参議院の緊急集会〕 衆議院が解散されたときは，解散の日から40日以内に，衆議院議員の総選挙を行ひ，その選挙の日から30日以内に，国会を召集しなければならない。

② 衆議院が解散されたときは，参議院は，同時に閉会となる。但し，内閣は，国に緊急の必要があるときは，参議院の緊急集会を求めることができる。

③ 前項但書の緊急集会において採られた措置は，臨時のものであつて，次の国会開会の後10日以内に，衆議院の同意がない場合には，その効力を失ふ。

【措置】 とりはからい。何かの問題を解決するためにとられる手段。

第55条〔議員の資格争訟〕 両議院は，各々その議員の資格に関する争訟を裁判する。但し，議員の議席を失はせるには，出席議員の3分の2以上の多数による議決を必要とする。

【争訟】 訴えをして争うこと。

第56条〔議事の定足数，表決〕 両議院は，各々その総議員の3分の1以上の出席がなければ，議事を開き議決することができない。

② 両議院の議事は，この憲法に特別の定のある場合を除いては，出席議員の過半数でこれを決し，可否同数のときは，議長の決するところによる。

第57条〔会議の公開と秘密会，会議録，表決の記載〕 両議院の会議は，公開とする。但し，出席議員の3分の2以上の多数で議決したときは，秘密会を開くことができる。

② 両議院は，各々その会議の記録を保存し，秘密会の記録の中で特に秘密を要すると認められるもの以外は，これを公表し，且つ一般に頒布しなければならない。

③ 出席議員の5分の1以上の要求があれば，各議員の表決は，これを会議録に記載しなければならない。

【頒布】 広く分けて配り，行きわたらせること。

第58条〔役員の選任，議院規則，懲罰〕 両議院は，各々その議長その他の役員を選任する。

② 両議院は，各々その会議その他の手続及び内部の規律に関する規則を定め，又，院内の秩序をみだした議員を懲罰することができる。但し，議員を除名するには，出席議員の3分の2以上の多数による議決を必要とする。

【懲罰】 不正や不当な行いに対し，こらしめのために制裁を加えること。
【除名】 名前を名簿からけずること。つまり議員をやめさせること。

第59条〔法律案の議決，衆議院の優越〕 法律案は，この憲法に特別の定のある場合を除いては，両議院で可決したとき法律となる。

② 衆議院で可決し，参議院でこれと異なつた議決をした法律案は，衆議院で出席議員の3分の2以上の多数で再び可決したときは，法律となる。

③ 前項の規定は，法律の定めるところにより，衆議院が，両議院の協議会を開くことを求めることを妨げない。

④ 参議院が，衆議院の可決した法律案を受け取つた後，国会休会中の期間を除いて60日以内に，議決しないときは，衆議院は，参議院がその法律案を否決したものとみなすことができる。

第60条〔衆議院の予算先議，衆議院の優越〕 予算は，さきに衆議院に提出しなければならない。

② 予算について，参議院で衆議院と異なつた議決をした場合に，法律の定めるところにより，両議院の協議会を開いても意見が一致しないとき，又は参議院が，衆議院の可決した予算を受け取つた後，国会休会中の期間を除いて30日以内に，議決しないときは，衆議院の議決を国会の議決とする。

【予算】 一会計年度の収入・支出の計画。

第61条〔条約の承認と衆議院の優越〕 条約の締結に必要な国会の承認については，前条第2項の規定を準用する。

【条約】 国家間の，または国家と国際機関の間の文書による合意。協定，憲章，宣言などいろいろな名称で呼ばれる。

第62条〔議院の国政調査権〕 両議院は，各々国政に関する調査を行ひ，これに関して，証人の出頭及び証言並びに記録の提出を要求することができる。

第63条〔国務大臣の議院出席の権利と義務〕 内閣総理大臣その他の国務大臣は，両議院の一に議席を有すると有しないとにかかはらず，何時でも議案について発言するため議院に出席することができる。又，答弁又は説明のため出席を求められたときは，出席しなければならない。

第64条〔弾劾裁判所〕 国会は，罷免の訴追を受けた裁判官を裁判

するため，両議院の議員で組織する弾劾裁判所を設ける。

② 弾劾に関する事項は，法律でこれを定める。

【訴追】 弾劾の申し立てをして，裁判官の罷免を求めること。
【弾劾】 罪や不正を調べて公開し，責任を問うこと。

第5章 内 閣

第65条〔行政権〕 行政権は，内閣に属する。

第66条〔内閣の組織，国会に対する連帯責任〕 内閣は，法律の定めるところにより，その首長たる内閣総理大臣及びその他の国務大臣でこれを組織する。

② 内閣総理大臣その他の国務大臣は，文民でなければならない。

③ 内閣は，行政権の行使について，国会に対し連帯して責任を負ふ。

【首長】 組織の長のこと。
【文民】 「かつて職業軍人でなかった者」とする説が通説とされていたが，最近では，文民条項を自衛隊員にも適用させようとの意図の下に「かつて職業軍人でなかったのみならず，現在も職業軍人でない者」とする考え方が一般的となっている。

第67条〔内閣総理大臣の指名，衆議院の優越〕 内閣総理大臣は，国会議員の中から国会の議決で，これを指名する。この指名は，他のすべての案件に先だつて，これを行ふ。

② 衆議院と参議院とが異なつた指名の議決をした場合に，法律の定めるところにより，両議院の協議会を開いても意見が一致しないとき，又は衆議院が指名の議決をした後，国会休会中の期間を除いて10日以内に，参議院が，指名の議決をしないときは，衆議院の議決を国会の議決とする。

【案件】 問題として出されていることがら。

第68条〔国務大臣の任命及び罷免〕 内閣総理大臣は，国務大臣を任命する。但し，その過半数は，国会議員の中から選ばれなければならない。

② 内閣総理大臣は，任意に国務大臣を罷免することができる。

第69条〔衆議院の内閣不信任と解散又は総辞職〕 内閣は，衆議院で不信任の決議案を可決し，又は信任の決議案を否決したときは，10日以内に衆議院が解散されない限り，総辞職をしなければならない。

【不信任】 信用せず，物事をまかせないこと。
【総辞職】 内閣総理大臣とすべての国務大臣が同時に辞職すること。

第70条〔内閣総理大臣の欠缺・新国会の召集と内閣の総辞職〕 内閣総理大臣が欠けたとき，又は衆議院議員総選挙の後に初めて国会の召集があつたときは，内閣は，総辞職をしなければならない。

【欠缺】 欠けること。

第71条〔総辞職後の内閣〕 前2条の場合には，内閣は，あらたに内閣総理大臣が任命されるまで引き続きその職務を行ふ。

第72条〔内閣総理大臣の職務権限〕 内閣総理大臣は，内閣を代表して議案を国会に提出し，一般国務及び外交関係について国会に報告し，並びに行政各部を指揮監督する。

【国務】 内閣がする政治その他の国の仕事のこと。
【行政各部】 実際に政治を行うために設けられている機関。各省庁などのこと。

第73条〔内閣の職務権限〕 内閣は，他の一般行政事務の外，左の事務を行ふ。

(1) 法律を誠実に執行し，国務を総理すること。

(2) 外交関係を処理すること。

(3) 条約を締結すること。但し，事前に，時宜によつては事後

に，国会の承認を経ることを必要とする。

(4) 法律の定める基準に従ひ，官吏に関する事務を掌理すること。

(5) 予算を作成して国会に提出すること。

(6) この憲法及び法律の規定を実施するために，政令を制定すること。但し，政令には，特にその法律の委任がある場合を除いては，罰則を設けることができない。

(7) 大赦，特赦，減刑，刑の執行の免除及び復権を決定すること。

【総理】 事務を統一・管理すること。
【時宜】 その時の事情または都合。
【掌理】 とり行うこと。つかさどること。

第74条〔法律・政令の署名〕 法律及び政令には，すべて主任の国務大臣が署名し，内閣総理大臣が連署することを必要とする。

【連署】 一緒に名前を書きそえること。

第75条〔国務大臣の訴追〕 国務大臣は，その在任中，内閣総理大臣の同意がなければ，訴追されない。但し，これがため，訴追の権利は，害されない。

第6章 司 法

第76条〔司法権・裁判所，特別裁判所の禁止，裁判官の独立〕 すべて司法権は，最高裁判所及び法律の定めるところにより設置する下級裁判所に属する。

② 特別裁判所は，これを設置することができない。行政機関は，終審として裁判を行ふことができない。

③ すべて裁判官は，その良心に従ひ独立してその職権を行ひ，この憲法及び法律にのみ拘束される。

【下級裁判所】 高等裁判所・地方裁判所・家庭裁判所・簡易裁判所のこと。
【特別裁判所】 最高裁判所の系統からはずれた特別の裁判所。むかしは軍人関係だけの軍法会議という軍事裁判所などがあった。
【終審】 いちばん上級の最後の審判。

第77条〔最高裁判所の規則制定権〕 最高裁判所は，訴訟に関する手続，弁護士，裁判所の内部規律及び司法事務処理に関する事項について，規則を定める権限を有する。

② 検察官は，最高裁判所の定める規則に従はなければならない。

③ 最高裁判所は，下級裁判所に関する規則を定める権限を，下級裁判所に委任することができる。

【検察官】 犯罪を捜査し，公訴を行い，刑の執行を監督する行政官。

第78条〔裁判官の身分の保障〕 裁判官は，裁判により，心身の故障のために職務を執ることができないと決定された場合を除いては，公の弾劾によらなければ罷免されない。裁判官の懲戒処分は，行政機関がこれを行ふことはできない。

【懲戒】 不正・不当な行為に対してこらしめ，いましめること。裁判官の懲戒処分としては戒告（文書による注意），過料（罰金）がある。

第79条〔最高裁判所の裁判官，国民審査，定年，報酬〕 最高裁判所は，その長たる裁判官及び法律の定める員数のその他の裁判官でこれを構成し，その長たる裁判官以外の裁判官は，内閣でこれを任命する。

② 最高裁判所の裁判官の任命は，その任命後初めて行はれる衆議院議員総選挙の際国民の審査に付し，その後10年を経過した後初めて行はれる衆議院議員総選挙の際更に審査に付し，その後も同様とする。

③ 前項の場合において，投票者の多数が裁判官の罷免を可とするときは，その裁判官は，罷免される。

④ 審査に関する事項は，法律でこれを定める。

⑤ 最高裁判所の裁判官は，法律の定める年齢に達した時に退官

する。

⑥ 最高裁判所の裁判官は，すべて定期に相当額の報酬を受ける。この報酬は，在任中，これを減額することができない。

第80条〔下級裁判所の裁判官・任期・定年，報酬〕 下級裁判所の裁判官は，最高裁判所の指名した者の名簿によつて，内閣でこれを任命する。その裁判官は，任期を10年とし，<u>再任</u>されることができる。但し，法律の定める年齢に達した時には退官する。

② 下級裁判所の裁判官は，すべて定期に相当額の報酬を受ける。この報酬は，在任中，これを減額することができない。

> **【再任】** ふたたび同じ任務につくこと。

第81条〔最高裁判所の法令審査権〕 最高裁判所は，一切の法律，命令，規則又は処分が憲法に適合するかしないかを決定する権限を有する終審裁判所である。

第82条〔裁判の公開〕 裁判の<u>対審</u>及び判決は，公開法廷でこれを行ふ。

② 裁判所が，裁判官の全員一致で，公の秩序又は善良の風俗を害する虞があると決した場合には，対審は，公開しないでこれを行ふことができる。但し，<u>政治犯罪</u>，出版に関する犯罪又はこの憲法第3章で保障する国民の権利が問題となつてゐる事件の対審は，常にこれを公開しなければならない。

> **【対審】** 被告や原告など裁判に関係する人々を対立させておこなう取調べ。
> **【政治犯罪】** 政治上の罪。つまり個人が個人に対して犯した罪でなく，国の政治について反対したりするときに法律を犯したときは政治犯罪という。

■■■ 第7章 財　政

第83条〔財政処理の要件〕 国の財政を処理する権限は，国会の議決に基いて，これを行使しなければならない。

第84条〔課税の要件〕 あらたに<u>租税</u>を課し，又は現行の租税を変更するには，法律又は法律の定める条件によることを必要とする。

> **【租税】** 税金。

第85条〔国費支出及び債務負担〕 国費を支出し，又は国が<u>債務</u>を負担するには，国会の議決に基くことを必要とする。

> **【債務】** 借金の返済義務。

第86条〔予算〕 内閣は，毎会計年度の予算を作成し，国会に提出して，その審議を受け議決を経なければならない。

第87条〔予備費〕 予見し難い予算の不足に充てるため，国会の議決に基いて予備費を設け，内閣の責任でこれを支出することができる。

② すべて予備費の支出については，内閣は，事後に国会の承諾を得なければならない。

第88条〔皇室財産・皇室費用〕 すべて皇室財産は，国に属する。すべて皇室の費用は，予算に<u>計上</u>して国会の議決を経なければならない。

> **【計上】** 計算に入れること。予算中に組み入れること。

第89条〔公の財産の用途制限〕 <u>公金</u>その他の公の財産は，宗教上の組織若しくは団体の使用，<u>便益</u>若しくは維持のため，又は公の支配に属しない慈善，教育若しくは博愛の事業に対し，これを支出し，又はその利用に供してはならない。

> **【公金】** おおやけのお金。国家や公共団体がもっているお金。
> **【便益】** 便利で利益があること。

第90条〔決算検査，会計検査院〕 国の収入支出の決算は，すべて毎年会計検査院がこれを検査し，内閣は，次の年度に，その検査報告とともに，これを国会に提出しなければならない。

② 会計検査院の組織及び権限は，法律でこれを定める。

第91条〔財政状況の報告〕 内閣は，国会及び国民に対し，定期に，少くとも毎年1回，国の財政状況について報告しなければならない。

■■■ 第8章 地方自治

第92条〔地方自治の基本原則〕 <u>地方公共団体</u>の組織及び運営に関する事項は，地方自治の<u>本旨</u>に基いて，法律でこれを定める。

> **【地方公共団体】** 都道府県・市町村などのこと。
> **【本旨】** 根本の目的。大もととなる原則。

第93条〔地方公共団体の機関，直接選挙〕 地方公共団体には，法律の定めるところにより，その議事機関として議会を設置する。

② 地方公共団体の長，その議会の議員及び法律の定めるその他の<u>吏員</u>は，その地方公共団体の住民が，直接これを選挙する。

> **【吏員】** 地方公共団体の役人。公吏。国の役人は官吏という。

第94条〔地方公共団体の権能〕 地方公共団体は，その財産を管理し，事務を処理し，及び行政を執行する権能を有し，法律の範囲内で<u>条例</u>を制定することができる。

> **【条例】** 地方公共団体の議会の議決によって制定される法規。

第95条〔特別法と住民投票〕 一の地方公共団体のみに適用される特別法は，法律の定めるところにより，その地方公共団体の住民の投票においてその過半数の同意を得なければ，国会は，これを制定することができない。

■■■ 第9章 改　正

第96条〔憲法改正の手続，その公布〕 この憲法の改正は，各議院の総議員の3分の2以上の賛成で，国会が，これを<u>発議</u>し，国民に提案してその承認を経なければならない。この承認には，特別の国民投票又は国会の定める選挙の際行はれる投票において，その過半数の賛成を必要とする。

② 憲法改正について前項の承認を経たときは，天皇は，国民の名で，この憲法と一体を成すものとして，<u>直ちに</u>これを公布する。

> **【発議】** 提案すること。いい出すこと。国会の発議とは，衆・参両院でこれを可決してはじめて発議といわれる。

■■■ 第10章 最高法規

第97条〔基本的人権の本質〕 この憲法が日本国民に保障する基本的人権は，人類の多年にわたる自由獲得の努力の成果であつて，これらの権利は，過去幾多の試錬に堪へ，現在及び将来の国民に対し，侵すことのできない永久の権利として<u>信託</u>されたものである。

第98条〔憲法の最高法規性，条約及び国際法規の遵守〕 この憲法は，国の最高法規であつて，その<u>条規</u>に反する法律，命令，詔勅及び国務に関するその他の行為の全部又は一部は，その効力を有しない。

② 日本国が締結した条約及び確立された<u>国際法規</u>は，これを誠実に<u>遵守</u>することを必要とする。

> **【条規】** 規則。一条一条の条文によって定められている決まり。
> **【国際法規】** 国際社会の法。
> **【遵守】** 従い守ること。

第99条〔憲法尊重擁護の義務〕 天皇又は摂政及び国務大臣，国会議員，裁判官その他の公務員は，この憲法を尊重し擁護する義務を負ふ。

■■■ 第11章 補　則

第100条〔憲法施行期日，準備手続〕 この憲法は，公布の日から

起算して６箇月を経過した日から，これを施行する。

② この憲法を施行するために必要な法律の制定，参議院議員の選挙及び国会召集の手続並びにこの憲法を施行するために必要な準備手続は，前項の期日よりも前に，これを行ふことができる。

【起算】 そこを始めとしてかぞえること。

第101条〔経過規定—参議院未成立の間の国会〕 この憲法施行の際，参議院がまだ成立してゐないときは，その成立するまでの間，衆議院は，国会としての権限を行ふ。

第102条〔第一期参議院議員の任期〕 この憲法による第一期の参議院議員のうち，その半数の者の任期は，これを３年とする。その議員は，法律の定めるところにより，これを定める。

第103条〔公務員の地位に関する経過規定〕 この憲法施行の際現に在職する国務大臣，衆議院議員及び裁判官並びにその他の公務員で，その地位に相応する地位がこの憲法で認められてゐる者は，法律で特別の定をした場合を除いては，この憲法施行のため，当然にはその地位を失ふことはない。但し，この憲法によつて，後任者が選挙又は任命されたときは，当然その地位を失ふ。

特別資料 自民党「日本国憲法改正草案」（2012年4月27日決定）

〔草案前文〕 日本国は，長い歴史と固有の文化を持ち，国民統合の象徴である天皇を戴く国家であって，国民主権の下，立法，行政及び司法の三権分立に基づいて統治される。

我が国は，先の大戦による荒廃や幾多の大災害を乗り越えて発展し，今や国際社会において重要な地位を占めており，平和主義の下，諸外国との友好関係を増進し，世界の平和と繁栄に貢献する。

日本国民は，国と郷土を誇りと気概を持って自ら守り，基本的人権を尊重するとともに，和を尊び，家族や社会全体が互いに助け合って国家を形成する。（後略）

草案１条[天皇] 天皇は，日本国の元首であり，日本国及び日本国民統合の象徴であって，その地位は，主権の存する日本国民の総意に基づく。

草案９条[平和主義]① 日本国民は，（中略）国権の発動としての戦争を放棄し，武力による威嚇及び武力の行使は，国際紛争を解決する手段としては用いない。

② 前項の規定は，自衛権の発動を妨げるものではない。

草案９条の２ [国防軍]① 我が国の平和と独立並びに国及び国民の安全を確保するため，内閣総理大臣を最高指揮官とする国防軍を保持する。

③ 国防軍は，（中略）国際社会の平和と安全を確保するために国際的に協調して行われる活動及び公の秩序を維持し，又は国民の生命若しくは自由を守るための活動を行うことができる。

④ （前略）国防軍の組織，統制及び機密の保持に関する事項は，法律で定める。

草案12条[国民の責務] この憲法が国民に保障する自由及び権利は，（中略）濫用してはならず，自由及び権利には責任及び義務が伴うことを自覚し，常に公益及び公の秩序に反してはならない。

草案13条[人としての尊重等] 全て国民は，人として尊重される。生命，自由及び幸福追求に対する国民の権利については，公益及び公の秩序に反しない限り，立法その他の国政の上で，最大限に尊重されなければならない。

草案21条[表現の自由]② 前項の規定にかかわらず，公益及び公の秩序を害することを目的とした活動を行い，並びにそれを目的として結社をすることは，認められない。

草案24条[家族，婚姻等に関する基本原則]① 家族は，社会の自然かつ基礎的な単位として，尊重される。家族は，互いに助け合わなければならない。

草案29条[財産権]① 財産権は，保障する。

② 財産権の内容は，公益及び公の秩序に適合するように，法律で定める。この場合において，知的財産権については，国民の知的創造力の向上に資するように配慮しなければならない。

草案98条[緊急事態の宣言]① 内閣総理大臣は，我が国に対する外部からの武力攻撃，内乱等による社会秩序の混乱，地震等による大規模な自然災害その他の法律で定める緊急事態において，（中略）閣議にかけて，緊急事態の宣言を発することができる。

② 緊急事態の宣言は，（中略）事前又は事後に国会の承認を得なければならない。

草案99条[緊急事態の宣言の効果]① 緊急事態の宣言が発せられたときは，法律の定めるところにより，内閣は法律と同一の効力を有する政令を制定することができるほか，内閣総理大臣は財政上必要な支出その他の処分を行い，地方自治体の長に対して必要な指示をすることができる。

③ 緊急事態の宣言が発せられた場合には，何人も，法律の定めるところにより，当該宣言に係る事態において国民の生命，身体及び財産を守るために行われる措置に関して発せられる国その他公の機関の指示に従わなければならない。この場合においても，第14条，第18条，第19条，第21条その他の基本的人権に関する規定は，最大限に尊重されなければならない。

草案100条[改正]① この憲法の改正は，衆議院又は参議院の議員の発議により，両議院のそれぞれの総議員の過半数の賛成で国会が議決し，国民に提案してその承認を得なければならない。この承認には，法律の定めるところにより行われる国民の投票において有効投票の過半数の賛成を必要とする。

草案102条[憲法尊重擁護義務]① 全て国民は，この憲法を尊重しなければならない。

② 国会議員，国務大臣，裁判官その他の公務員は，この憲法を擁護する義務を負う。

自民党の改正草案の論点

○…自民党「日本国憲法改正草案Q&A」による。
×…自由法曹団「自民党憲法改正草案に反対する意見書」（2012.8）などによる。

〔草案前文〕
○現行憲法「平和を愛する諸国民の…安全と生存を保持しようと決意した」は問題で，ユートピア的発想による自衛権の放棄だ。
×現行憲法で「全世界の国民が…平和のうちに生存する権利を有することを確認する」と明記されていた平和的生存権が削除されている。

草案9条
○草案9条2項で，主権国家の自然権としての「自衛権」を明示的に規定した。個別的自衛権だけでなく，集団的自衛権も含まれる。
×集団的自衛権の行使や国際協力の海外派兵が念頭にあり，現行憲法が，戦争放棄によって全世界の国民の平和的生存権を実現しようとするものとは，制度も目的も根本的に異なる。

草案9条の2
○独立国家が軍隊を保有することは，現代の世界で常識だ。
×国防軍は，草案9条の2第3項で，多国籍軍などへの海外派兵，治安出動や国民監視も任務とされる。

草案12・13・29条
○基本的人権の制約は，人権相互の衝突の場合に限られないことを示した。「公の秩序」とは「社会秩序」のことで，平穏な社会生活を意味する。
×「公共の福祉」は人権相互の矛盾・衝突を調整する原理と解されており，社会公共の利益というような抽象的な価値を根拠に人権を制約することは許されない。「公益及び公の秩序」では，抽象的価値を根拠に人権を制約することが許され，明治憲法下の法律の留保と同じになりかねない。

草案21条
×表現の自由について，「公益及び公の秩序を害する…認められない」と規定し，国民の知る権利や言論・政治活動の規制を意図している。

草案24条
×自民党草案は，家族の尊重と相互扶助義務を原則とし，個人の尊重（現行憲法13条）を確保しようとする人権保障制度とは全く異質だ。

草案98・99条
○緊急事態に対処するための仕組みを憲法上で明確に規定。
×「法律で定める緊急事態」まで含まれるから，容易に拡大され得る。緊急事態において，内閣は法律と同一の効力を有する政令を制定できる。緊急事態に出動するのは，「公の秩序を維持」することを任務とする国防軍であり，時の政権による国民弾圧・国民動員が容易にできることになる。

草案100条
×現行憲法がかような硬性憲法なのは，基本的人権の不可侵性に鑑み，時の多数派によって人権を侵害するような改変を許さないとしたものである。自民党草案は，国会の議決要件を，総議員の過半数に引き下げるとともに，国民投票について「有効投票の過半数」に改正要件を緩和している。

草案102条
×現行憲法では天皇・摂政は憲法尊重擁護義務（99条）を負うが，憲法制定権者である国民はこれを負わない。自民党草案では，逆に国民が憲法尊重義務を負い，天皇・摂政は憲法尊重擁護義務を外されている（草案102条）。天皇が国民の上に君臨する存在である以上，天皇は憲法に縛られず，国民が憲法に縛られることとなる。

法令集

教育基本法（抜すい）
〔公布1947.3.31法25　最終改正2006法120〕

解説　日本国憲法の平和と民主主義の理念にもとづいて、教育の理念や教育行政のあり方を示した法律。2006年、安倍内閣の教育改革の柱として改正され、「公共性」「伝統」を重視し、「愛国心」が新たに目標とされた。

① 我々日本国民は、たゆまぬ努力によって築いてきた民主的で文化的な国家を更に発展させるとともに、世界の平和と人類の福祉の向上に貢献することを願うものである。

② 我々は、この理想を実現するため、個人の尊厳を重んじ、真理と正義を希求し、公共の精神を尊び、豊かな人間性と創造性を備えた人間の育成を期するとともに、伝統を継承し、新しい文化の創造を目指す教育を推進する。

③ ここに、我々は、日本国憲法の精神にのっとり、我が国の未来を切り拓く教育の基本を確立し、その振興を図るため、この法律を制定する。

第1章　教育の目的及び理念

第1条[教育の目的]　教育は、人格の完成を目指し、平和で民主的な国家及び社会の形成者として必要な資質を備えた心身ともに健康な国民の育成を期して行われなければならない。

第2条[教育の目標]　教育は、その目的を実現するため、学問の自由を尊重しつつ、次に掲げる目標を達成するよう行われるものとする。

(1) 幅広い知識と教養を身に付け、真理を求める態度を養い、豊かな情操と道徳心を培うとともに、健やかな身体を養うこと。

(2) 個人の価値を尊重して、その能力を伸ばし、創造性を培い、自主及び自律の精神を養うとともに、職業及び生活との関連を重視し、勤労を重んずる態度を養うこと。

(3) 正義と責任、男女の平等、自他の敬愛と協力を重んずるとともに、公共の精神に基づき、主体的に社会の形成に参画し、その発展に寄与する態度を養うこと。

(4) 生命を尊び、自然を大切にし、環境の保全に寄与する態度を養うこと。

(5) 伝統と文化を尊重し、それらをはぐくんできた我が国と郷土を愛するとともに、他国を尊重し、国際社会の平和と発展に寄与する態度を養うこと。

第2章　教育の実施に関する基本

第5条[義務教育]　国民は、その保護する子に、別に法律で定めるところにより、普通教育を受けさせる義務を負う。

② 義務教育として行われる普通教育は、各個人の有する能力を伸ばしつつ社会において自立的に生きる基礎を培い、また、国家及び社会の形成者として必要とされる基本的な資質を養うことを目的として行われるものとする。

④ 国又は地方公共団体の設置する学校における義務教育については、授業料を徴収しない。

私的独占の禁止及び公正取引の確保に関する法律（抜すい）
〔公布1947.4.14法54　最終改正2022法68〕

解説　市場の独占や不公正な取引を制限・禁止し、自由競争を維持促進して、市場の自動調整作用を円滑化することを目的として、制定された法律。

第1章　総則

第1条[目的]　この法律は、私的独占、不当な取引制限及び不公正な取引方法を禁止し、事業支配力の過度の集中を防止して、結合、協定等の方法による生産、販売、価格、技術等の不当な制限その他一切の事業活動の不当な拘束を排除することにより、公正且つ自由な競争を促進し、事業者の創意を発揮させ、事業活動を盛んにし、雇傭及び国民実所得の水準を高め、以て、一般消費者の利益を確保するとともに、国民経済の民主的で健全な発達を促進することを目的とする。

第8章　公正取引委員会

第27条[設置]　内閣府設置法(平成11年法律第89号)第49条第3項の規定に基づいて、第1条の目的を達成することを任務とする公正取引委員会を置く。

② 公正取引委員会は、内閣総理大臣の所轄に属する。

第28条[職権行使の独立性]　公正取引委員会の委員長及び委員は、独立してその職権を行う。

労働基準法（抜すい）
〔公布1947.4.7法49　最終改正2022法68〕

解説　憲法第27条にもとづき、労働者の労働条件の最低基準を定めた基本法。労働三法の一つとして1947年に制定された。本法に定められている基準以下の労働者使用には、罰則が規定されており、その労働契約は無効となる。

第1章　総則

第1条[労働条件の原則]　労働条件は、労働者が人たるに値する生活を営むための必要を充たすべきものでなければならない。

② この法律で定める労働条件の基準は最低のものであるから、労働関係の当事者は、この基準を理由として労働条件を低下させてはならないことはもとより、その向上を図るように努めなければならない。

第2条[労働条件の決定]　労働条件は、労働者と使用者が、対等の立場において決定すべきものである。

② 労働者及び使用者は、労働協約、就業規則及び労働契約を遵守し、誠実に各々その義務を履行しなければならない。

第3条[均等待遇]　使用者は、労働者の国籍、信条又は社会的身分を理由として、賃金、労働時間その他の労働条件について、差別的取扱をしてはならない。

第4条[男女同一賃金の原則]　使用者は、労働者が女性であることを理由として、賃金について、男性と差別的取扱いをしてはならない。

第5条[強制労働の禁止]　使用者は、暴行、脅迫、監禁その他精神又は身体の自由を不当に拘束する手段によつて、労働者の意思に反して労働を強制してはならない。

第6条[中間搾取の排除]　何人も、法律に基いて許される場合の外、業として他人の就業に介入して利益を得てはならない。

第7条[公民権行使の保障]　使用者は、労働者が労働時間中に、選挙権その他公民としての権利を行使し、又は公の職務を執行するために必要な時間を請求した場合においては、拒んではならない。但し、権利の行使又は公の職務の執行に妨げがない限り、請求された時刻を変更することができる。

第2章　労働契約

第13条[この法律違反の契約]　この法律で定める基準に達しない労働条件を定める労働契約は、その部分については無効とする。この場合において、無効となつた部分は、この法律で定める基準による。

第15条[労働条件の明示]　使用者は、労働契約の締結に際し、労働者に対して賃金、労働時間その他の労働条件を明示しなければならない。この場合において、賃金及び労働時間に関する事項その他の厚生労働省令で定める事項については、厚生労働省令で定める方法により明示しなければならない。

第19条[解雇制限]　使用者は、労働者が業務上負傷し、又は疾病にかかり療養のために休業する期間及びその後30日間並びに産前産後の女性が第65条の規定によつて休業する期間及びその後30日間は、解雇してはならない。

第20条[解雇の予告]　使用者は、労働者を解雇しようとする場合においては、少くとも30日前にその予告をしなければならない。30日前に予告をしない使用者は、30日分以上の平均賃金を支払わなければならない。但し、天災事変その他やむを得ない事由のために事業の継続が不可能となつた場合又は労働者の責に帰すべき事由に基いて解雇する場合においては、この限りでない。

第3章　賃金

第24条[賃金の支払]　賃金は、通貨で、直接労働者に、その全額を支払わなければならない。ただし、法令若しくは労働協約に別段の定めがある場合又は厚生労働省令で定める賃金について確実な支払の方法で厚生労働省令で定めるものによる場合においては、通貨以外のもので支払い、また、法令に別段の定めがある場合又は当該事業場の労働者の過半数で組織する労働組合があるときはその労働組合、労働者の過半数で組織する労働組合がないときは労働者の過半数を代表する者との書面による協定がある場合においては、賃金の一部を控除して支払うことができる。

② 賃金は、毎月1回以上、一定の期日を定めて支払わなければならない。ただし、臨時に支払われる賃金、賞与その他これに準ずるもので厚生労働省令で定める賃金（第89条において「臨時の賃金等」という。）については、この限りでない。

第26条[休業手当] 使用者の責に帰すべき事由による休業の場合においては，使用者は，休業期間中当該労働者に，その平均賃金の100分の60以上の手当を支払わなければならない。

第28条[最低賃金] 賃金の最低基準に関しては，最低賃金法（昭和34年法律第137号）の定めるところによる。

第4章　労働時間，休憩，休日及び年次有給休暇

第32条[労働時間] 使用者は，労働者に，休憩時間を除き1週間について40時間を超えて，労働させてはならない。

② 使用者は，1週間の各日については，労働者に，休憩時間を除き1日について8時間を超えて，労働させてはならない。

第34条[休憩] 使用者は，労働時間が6時間を超える場合においては少くとも45分，8時間を超える場合においては少くとも1時間の休憩時間を労働時間の途中に与えなければならない。

第35条[休日] 使用者は，労働者に対して，毎週少くとも1回の休日を与えなければならない。

② 前項の規定は，4週間を通じ4日以上の休日を与える使用者については適用しない。

第36条[時間外及び休日の労働] 使用者は，当該事業場に，労働者の過半数で組織する労働組合がある場合においてはその労働組合，労働者の過半数で組織する労働組合がない場合においては労働者の過半数を代表する者との書面による協定をし，これを行政官庁に届け出た場合においては，第32条から第32条の5まで若しくは第40条の労働時間（以下この条において「労働時間」という。）又は前条の休日（以下この項において「休日」という。）に関する規定にかかわらず，その協定で定めるところによつて労働時間を延長し，又は休日に労働させることができる。

③ ……労働時間を延長して労働させることができる時間は，当該事業場の業務量，時間外労働の動向その他の事情を考慮して通常予見される時間外労働の範囲内において，限度時間を超えない時間に限る。

④ 前項の限度時間は，1箇月について45時間及び1年について360時間とする。

第37条[時間外，休日及び深夜の割増賃金] 使用者が，第33条又は前条第1項の規定により労働時間を延長し，又は休日に労働させた場合においては，その時間又はその日の労働については，通常の労働時間又は労働日の賃金の計算額の2割5分以上5割以下の範囲内でそれぞれ政令で定める率以上の率で計算した割増賃金を支払わなければならない。ただし，当該延長して労働させた時間が1箇月について60時間を超えた場合においては，その超えた時間の労働については，通常の労働時間の賃金の計算額の5割以上の率で計算した割増賃金を支払わなければならない。

第39条[年次有給休暇] 使用者は，その雇入れの日から起算して6箇月間継続勤務し全労働日の8割以上出勤した労働者に対して，継続し，又は分割した10労働日の有給休暇を与えなければならない。

⑦ 使用者は，……有給休暇の日数のうち5日につ

いては，基準日から1年以内の期間に，労働者ごとにその時季を定めることにより与えなければならない。……

第41条の2[高度プロフェッショナル制度] ……第1号に掲げる業務に就かせたときは，この章で定める労働時間，休憩，休日及び深夜の割増賃金に関する規定は，対象労働者については適用しない。……

(1) 高度の専門的知識等を必要とし，その性質上従事した時間と従事して得た成果との関連性が通常高くないと認められるものとして厚生労働省令で定める業務のうち，労働者に就かせることとする業務

第6章　年少者

第56条[最低年齢] 使用者は，児童が満15歳に達した日以後の最初の3月31日が終了するまで，これを使用してはならない。

② 前項の規定にかかわらず，別表第1第1号から第5号までに掲げる事業以外の事業に係る職業で，児童の健康及び福祉に有害でなく，かつ，その労働が軽易なものについては，行政官庁の許可を受けて，満13歳以上の児童をその者の修学時間外に使用することができる。映画の製作又は演劇の事業については，満13歳に満たない児童についても，同様とする。

第58条[未成年者の労働契約] 親権者又は後見人は，未成年者に代つて労働契約を締結してはならない。

第59条 未成年者は，独立して賃金を請求することができる。親権者又は後見人は，未成年者の賃金を代つて受け取つてはならない。

第61条[深夜業] 使用者は，満18歳に満たない者を午後10時から午前5時までの間において使用してはならない。ただし，交替制によつて使用する満16歳以上の男性については，この限りでない。

第6章の2　妊産婦等

第65条[産前産後] 使用者は，6週間（多胎妊娠の場合にあつては，14週間）以内に出産する予定の女性が休業を請求した場合においては，その者を就業させてはならない。

② 使用者は，産後8週間を経過しない女性を就業させてはならない。ただし，産後6週間を経過した女性が請求した場合において，その者について医師が支障がないと認めた業務に就かせることは，差し支えない。

③ 使用者は，妊娠中の女性が請求した場合においては，他の軽易な業務に転換させなければならない。

第67条[育児時間] 生後満1年に達しない生児を育てる女性は，第34条の休憩時間のほか，1日2回各々少なくとも30分，その生児を育てるための時間を請求することができる。

第68条[生理日の就業が著しく困難な女性に対する措置] 使用者は，生理日の就業が著しく困難な女性が休暇を請求したときは，その者を生理日に就業させてはならない。

第8章　災害補償

第75条[療養補償] 労働者が業務上負傷し，又は疾

病にかかつた場合においては，使用者は，その費用で必要な療養を行い，又は必要な療養の費用を負担しなければならない。

第76条[休業補償] 労働者が前条の規定による療養のため，労働することができないために賃金を受けない場合においては，使用者は，労働者の療養中平均賃金の100分の60の休業補償を行わなければならない。

第79条[遺族補償] 労働者が業務上死亡した場合においては，使用者は，遺族に対して，平均賃金の1,000日分の遺族補償を行わなければならない。

第9章　就業規則

第89条[作成及び届出の義務] 常時10人以上の労働者を使用する使用者は，次に掲げる事項について就業規則を作成し，行政官庁に届け出なければならない。次に掲げる事項を変更した場合においても，同様とする。

(1) 始業及び終業の時刻，休憩時間，休日，休暇並びに労働者を2組以上に分けて交替に就業させる場合においては就業時転換に関する事項

(2) 賃金（臨時の賃金等を除く。以下この号において同じ。）の決定，計算及び支払の方法，賃金の締切り及び支払の時期並びに昇給に関する事項

(3) 退職に関する事項（解雇の事由を含む。）

第92条[法令及び労働協約との関係] 就業規則は，法令又は当該事業場について適用される労働協約に反してはならない。

第11章　監督機関

第97条[監督機関の職員等] 労働基準主管局（厚生労働省の内部部局として置かれる局で労働条件及び労働者の保護に関する事務を所掌するものをいう。以下同じ。），都道府県労働局及び労働基準監督署に労働基準監督官を置くほか，厚生労働省令で定める必要な職員を置くことができる。

第104条[監督機関に対する申告] 事業場に，この法律又はこの法律に基いて発する命令に違反する事実がある場合においては，労働者は，その事実を行政官庁又は労働基準監督官に申告することができる。

労働組合法（抜すい）

〔公布1949.6.1法174　最終改正2022法68〕

解説 戦後経済民主化の一部として，労働組合の存在を法的に認め，労使関係の運営について基本的な法的枠組みを与えた法律。この法では，組合の資格，使用者の不当労働行為の禁止，正当な組合活動や争議行為の刑事・民事責任の免責のほか，労働委員会の救済手続きについて定めている。

第1章　総則

第1条[目的] この法律は，労働者が使用者との交渉において対等の立場に立つことを促進することにより労働者の地位を向上させること，労働者がその労働条件について交渉するために自ら代表者を選出することその他の団体行動を行うために自主的に労働組合を組織し，団結することを擁護すること並びに使用者と労働者との関係を規制する

労働協約を締結するための団体交渉をすること及びその手続を助成することを目的とする。

② 刑法（明治40年法律第45号）第35条〔正当行為〕の規定は，労働組合の団体交渉その他の行為であつて前項に掲げる目的を達成するためにした正当なものについて適用があるものとする。但し，いかなる場合においても，暴力の行使は，労働組合の正当な行為と解釈されてはならない。

第2条〔労働組合〕 この法律で「労働組合」とは，労働者が主体となつて自主的に労働条件の維持改善その他経済的地位の向上を図ることを主たる目的として組織する団体又はその連合団体をいう。

第2章　労働組合

第5条〔労働組合として設立されたものの取扱〕 労働組合は，労働委員会に証拠を提出して第2条及び第2項の規定に適合することを立証しなければ，この法律に規定する手続に参与する資格を有せず，且つ，この法律に規定する救済を与えられない。但し，第7条第1号の規定に基く個々の労働者に対する保護を否定する趣旨に解釈されるべきではない。

② 労働組合の規約には，左の各号に掲げる規定を含まなければならない。

　〔左の各号とは，(1)名称　(2)主たる事務所の位置　(3)組合員の運営参与権と均等待遇　(4)組合員資格の平等取扱い　(5)組合役員の選出方法　(6)最低年1回の総会開催　(7)組合経理の公開　(8)同盟罷業の開始手続　(9)組合規約の改正手続〕

第6条〔交渉権限〕 労働組合の代表者又は労働組合の委任を受けた者は，労働組合又は組合員のために使用者又はその団体と労働協約の締結その他の事項に関して交渉する権限を有する。

第7条〔不当労働行為〕 使用者は，次の各号に掲げる行為をしてはならない。

(1) 労働者が労働組合の組合員であること，労働組合に加入し，若しくはこれを結成しようとしたこと若しくは労働組合の正当な行為をしたことの故をもつて，その労働者を解雇し，その他これに対して不利益な取扱いをすること又は労働者が労働組合に加入せず，若しくは労働組合から脱退することを雇用条件とすること。

(2) 使用者が雇用する労働者の代表者と団体交渉をすることを正当な理由がなくて拒むこと。

(3) 労働者が労働組合を結成し，若しくは運営することを支配し，若しくはこれに介入すること，又は労働組合の運営のための経費の支払につき経理上の援助を与えること。

(4) 労働者が労働委員会に対し使用者がこの条の規定に違反した旨の申立てをしたこと若しくは中央労働委員会に対し第27条の12第1項の規定による命令に対する再審査の申立てをしたこと又は労働委員会がこれらの申立てに係る調査若しくは審問をし，若しくは当事者に和解を勧め，若しくは労働関係調整法（昭和21年法律第25号）による労働争議の調整をする場合に労働者が証拠を提示し，若しくは発言をしたことを理由として，その労働者を解雇し，その他これに対して不利益な取扱いをすること。

第8条〔損害賠償〕 使用者は，同盟罷業その他の争議行為であつて正当なものによつて損害を受けたことの故をもつて，労働組合又はその組合員に対し賠償を請求することができない。

第3章　労働協約

第14条〔労働協約の効力の発生〕 労働組合と使用者又はその団体との間の労働条件その他に関する労働協約は，書面に作成し，両当事者が署名し，又は記名押印することによつてその効力を生ずる。

第15条〔労働協約の期間〕 労働協約には，3年をこえる有効期間の定をすることができない。

第4章　労働委員会

第19条〔労働委員会〕 労働委員会は，使用者を代表する者（以下「使用者委員」という。），労働者を代表する者（以下「労働者委員」という。）及び公益を代表する者（以下「公益委員」という。）各同数をもつて組織する。

第20条〔労働委員会の権限〕 労働委員会は，第5条，第11条及び第18条の規定によるもののほか，不当労働行為事件の審査等並びに労働争議のあつせん，調停及び仲裁をする権限を有する。

労働関係調整法（抜すい）
〔公布1946.9.27法25　最終改正2014法69〕

解説　労使間の自主的紛争解決が困難な場合に，労働委員会による，斡旋・調停・仲裁の調整制度を通じて労働争議の予防・解決を図ることを目的とする法律。自主的な解決が困難となり労働委員会の助力を受けなくてはならない場合でも，斡旋段階で，大多数が解決している。

第1章　総則

第7条〔争議行為〕 この法律において争議行為とは，同盟罷業，怠業，作業所閉鎖その他労働関係の当事者が，その主張を貫徹することを目的として行ふ行為及びこれに対抗する行為であつて，業務の正常な運営を阻害するものをいふ。

第8条〔公益事業，その指定，公表〕 この法律において公益事業とは，次に掲げる事業であつて，公衆の日常生活に欠くことのできないものをいふ。

(1) 運輸事業
(2) 郵便，信書便又は電気通信の事業
(3) 水道，電気又はガスの供給の事業
(4) 医療又は公衆衛生の事業

第2章　斡旋

第13条〔斡旋員の任務〕 斡旋員は，関係当事者間を斡旋し，双方の主張の要点を確め，事件が解決されるやうに努めなければならない。

第3章　調停

第19条〔調停委員会〕 労働委員会による労働争議の調停は，使用者を代表する調停委員，労働者を代表する調停委員及び公益を代表する調停委員から成る調停委員会を設け，これによつて行ふ。

第4章　仲裁

第34条〔裁定の効力〕 仲裁裁定は，労働協約と同一の効力を有する。

第5章　争議行為の制限禁止等

第37条〔公益事業に対する抜打争議行為の禁止〕 公益事業に関する事件につき関係当事者が争議行為をするには，その争議行為をしようとする日の少なくとも10日前までに，労働委員会及び厚生労働大臣又は都道府県知事にその旨を通知しなければならない。

第38条〔緊急調整中の争議行為の禁止〕 緊急調整の決定をなした旨の公表があつたときは，関係当事者は，公表の日から50日間は，争議行為をなすことができない。

男女雇用機会均等法（抜すい）
（雇用の分野における男女の均等な機会及び待遇の確保等に関する法律）
〔公布「勤労婦人福祉法」1972.7.1法113　最終改正2022法68〕

解説　職場での男女差別をなくすため1985年に成立したが，企業の努力を求めるだけだったため批判を受けていた。よって97年の通常国会で改正案が可決，99年4月から施行された。改正の主なポイントは，①「募集・採用」「配置・昇進及び教育訓練」について女性に対する差別を禁止　②職場でのセクハラ防止のための雇用管理上の配慮義務を新設　③差別禁止規定に違反した悪質な企業は企業名を公表する制度の創設などが規定された。

第5条〔性別を理由とする差別の禁止〕 事業主は，労働者の募集及び採用について，その性別にかかわりなく均等な機会を与えなければならない。

第6条 事業主は，次に掲げる事項について，労働者の性別を理由として，差別的取扱いをしてはならない。

(1) 労働者の配置（業務の配分及び権限の付与を含む。），昇進，降格及び教育訓練

(2) 住宅資金の貸付けその他これに準ずる福利厚生の措置であつて厚生労働省令で定めるもの

第11条〔職場における性的な言動に起因する問題に関する雇用管理上の措置等〕 事業主は，職場において行われる性的な言動に対するその雇用する労働者の対応により当該労働者がその労働条件につき不利益を受け，又は当該性的な言動により当該労働者の就業環境が害されることのないよう，当該労働者からの相談に応じ，適切に対応するために必要な体制の整備その他の雇用管理上必要な措置を講じなければならない。

環境基本法（抜すい）
〔公布1993.11.19法91　最終改正2021法36〕

解説　1990年代に入ってからの，全地球的な環境の危機を叫ぶ声の高まり，92年に開催された地球サミットなどを背景に93年11月に成立した法律。この法律は，①環境の恵沢の享受と継承　②環境への負荷が少ない社会の構築　③国際的協調による地球環境保全の積極的推進の3点を理念としている。

第1章　総則

第1条〔目的〕 この法律は，環境の保全について，基本理念を定め，並びに国，地方公共団体，事業者及び国民の責務を明らかにするとともに，環境の保全に関する施策の基本となる事項を定めるこ

とにより，環境の保全に関する施策を総合的かつ計画的に推進し，もって現在及び将来の国民の健康で文化的な生活の確保に寄与するとともに人類の福祉に貢献することを目的とする。

第2条[定義] この法律において「環境への負荷」とは，人の活動により環境に加えられる影響であって，環境の保全上の支障の原因となるおそれのあるものをいう。

② この法律において「地球環境保全」とは，人の活動による地球全体の温暖化又はオゾン層の破壊の進行，海洋の汚染，野生生物の種の減少その他の地球の全体又はその広範な部分の環境に影響を及ぼす事態に係る環境の保全であって，人類の福祉に貢献するとともに国民の健康で文化的な生活の確保に寄与するものをいう。

国際連合憲章（抜すい）
〔署名1945.6.26 発効1945.10.24 1956条約26〕

解説 国連の目的・原則・組織・機能などを定めた国際社会の憲法ともいうべき国際条約。1945年のサンフランシスコ会議で連合国51か国が参加して採択された。前文以下19章，111条からなり，目的として，国際平和と安全の維持，民族の平等と自決の原則を尊重した国際友好の促進，人権と自由の尊重などが掲げられている。

われら連合国の人民は，

われらの一生のうちに2度まで言語に絶する悲哀を人類に与えた戦争の惨害から将来の世代を救い，

基本的人権と人間の尊厳及び価値と男女及び大小各国の同権とに関する信念をあらためて確認し，

正義と条約その他の国際法の源泉から生ずる義務の尊重とを維持することができる条件を確立し，

一層大きな自由の中で社会的進歩と生活水準の向上とを促進すること

並びに，このために，

寛容を実行し，且つ，善良な隣人として互に平和に生活し，

国際の平和及び安全を維持するためにわれらの力を合わせ，

共同の利益の場合を除く外は武力を用いないことを原則の受諾と方法の設定によって確保し，

すべての人民の経済的及び社会的発達を促進するために国際機構を用いること

を決意して，

これらの目的を達成するために，われらの努力を結集することに決定した。

よつて，われらの各自の政府は，サン・フランシスコ市に会合し，全権委任状を示してそれが良好妥当であると認められた代表者を通じて，この国際連合憲章に同意したので，ここに国際連合という国際機構を設ける。

第1章 目的及び原則

第1条[目的] 国際連合の目的は，次のとおりである。

(1) 国際の平和及び安全を維持すること。そのために，平和に対する脅威の防止及び除去と侵略行為その他の平和の破壊の鎮圧とのため有効な集団的措置をとること並びに平和を破壊するに至る虞のある国際的の紛争又は事態の調整又は解決

を平和的手段によつて且つ正義及び国際法の原則に従つて実現すること。

(2) 人民の同権及び自決の原則の尊重に基礎をおく諸国間の友好関係を発展させること並びに世界平和を強化するために他の適当な措置をとること。

(3) 経済的，社会的，文化的又は人道的性質を有する国際問題を解決することについて，並びに人権，性，言語又は宗教による差別なくすべての者のために人権及び基本的自由を尊重するように助長奨励することについて，国際協力を達成すること。

(4) これらの共通の目的の達成に当つて諸国の行動を調和するための中心となること。

第2条[原則] この機構及びその加盟国は，第1条に掲げる目的を達成するに当つては，次の原則に従つて行動しなければならない。

(1) この機構は，そのすべての加盟国の主権平等の原則に基礎をおいている。

(3) すべての加盟国は，その国際紛争を平和的手段によつて国際の平和及び安全並びに正義を危くしないように解決しなければならない。

(4) すべての加盟国は，その国際関係において，武力による威嚇又は武力の行使を，いかなる国の領土保全又は政治的独立に対するものも，また，国際連合の目的と両立しない他のいかなる方法によるものも慎まなければならない。

(7) この憲章のいかなる規定も，本質上いずれかの国の国内管轄権内にある事項に干渉する権限を国際連合に与えるものではなく，また，その事項をこの憲章に基く解決に付託することを加盟国に要求するものでもない。但し，この原則は，第7章に基く強制措置の適用を妨げるものではない。

第4章 総会

第10条[一般的権限] 総会は，この憲章の範囲内にある問題若しくは事項又はこの憲章に規定する機関の権限及び任務に関する問題若しくは事項を討議し，並びに，第12条に規定する場合を除く外，このような問題又は事項について国際連合加盟国若しくは安全保障理事会又はこの両者に対して勧告をすることができる。

第18条[表決]

(1) 総会の各構成国は，1個の投票権を有する。

第5章 安全保障理事会

第24条[平和と安全の維持]

(1) 国際連合の迅速且つ有効な行動を確保するために，国際連合加盟国は，国際の平和及び安全の維持に関する主要な責任を安全保障理事会に負わせるものとし，且つ，安全保障理事会がこの責任に基く義務を果すに当つて加盟国に代つて行動することに同意する。

第27条[表決]

(1) 安全保障理事会の各理事国は，1個の投票権を有する。

(2) 手続事項に関する安全保障理事会の決定は，9理事国の賛成投票によつて行われる。

(3) その他のすべての事項に関する安全保障理事会の決定は，常任理事国の同意投票を含む9理事国の賛成投票によつて行われる。

第6章 紛争の平和的解決

第33条[平和的解決の義務]

(1) いかなる紛争でもその継続が国際の平和及び安全の維持を危くする虞のあるものについては，その当事者は，まず第一に，交渉，審査，仲介，調停，仲裁裁判，司法的解決，地域的機関又は地域的取極の利用その他当事者が選ぶ平和的手段による解決を求めなければならない。

第7章 平和に対する脅威，平和の破壊及び侵略行為に関する行動

第41条[非軍事的措置] 安全保障理事会は，その決定を実施するために，兵力の使用を伴わないいかなる措置を使用すべきかを決定することができ，且つ，この措置を適用するように国際連合加盟国に要請することができる。この措置は，経済関係及び鉄道，航海，航空，郵便，電信，無線通信その他の運輸通信の手段の全部又は一部の中断並びに外交関係の断絶を含むことができる。

第42条[軍事的措置] 安全保障理事会は，第41条に定める措置では不充分であろうと認め，又は不充分なことが判明したと認めるときは，国際の平和及び安全の維持又は回復に必要な空軍，海軍又は陸軍の行動をとることができる。この行動は，国際連合加盟国の空軍，海軍又は陸軍による示威，封鎖その他の行動を含むことができる。

第51条[個別的・集団的自衛権] この憲章のいかなる規定も，国際連合加盟国に対して武力攻撃が発生した場合には，安全保障理事会が国際の平和及び安全の維持に必要な措置をとるまでの間，個別的又は集団的自衛の固有の権利を害するものではない。この自衛権の行使に当つて加盟国がとつた措置は，直ちに安全保障理事会に報告しなければならない。また，この措置は，安全保障理事会が国際の平和及び安全の維持又は回復のために必要と認める行動をいつでもとるこの憲章に基く権能及び責任に対しては，いかなる影響も及ぼすものではない。

世界人権宣言（抜すい）
〔1948.12.10採択（国連第3回総会）〕

解説 第二次世界大戦での人権蹂躙・暴虐の反省に立って，この世界に再びファシズムが芽生えないよう，人間の尊厳と人権の確立を確認するため，国連で採択された宣言。しかし，この宣言は法的拘束力をもたなかったので，人権確保を国際的に法制化するものとして，国際人権規約（1966年）が採択された。

前文

人類社会のすべての構成員の固有の尊厳と平等で譲ることのできない権利とを承認することは，世界における自由，正義及び平和の基礎であるので，

人権の無視及び軽侮が，人類の良心を踏みにじった野蛮行為をもたらし，言論及び信仰の自由が受けられ，恐怖及び欠乏のない世界の到来が，一般の人々の最高の願望として宣言されたので，

人間が専制と圧迫とに対する最後の手段として反逆に訴えることがないようにするためには，法の支配によって人権を保護することが肝要であるので，

諸国間の友好関係の発展を促進することが，肝要

であるので,

国際連合の諸国民は,国際連合憲章において,基本的人権,人間の尊厳及び価値並びに男女の同権についての信念を再確認し,かつ,一層大きな自由のうちで社会的進歩と生活水準の向上とを促進することを決意したので,

加盟国は,国際連合と協力して,人権及び基本的自由の普遍的な尊重及び遵守の促進を達成することを誓約したので,

これらの権利及び自由に対する共通の理解は,この誓約を完全にするためにもっとも重要であるので,

よつて,ここに,国際連合総会は,

社会の各個人及び各機関が,この世界人権宣言を常に念頭に置きながら,加盟国自身の人民の間にも,また,加盟国の管轄下にある地域の人民の間にも,これらの権利と自由との尊重を指導及び教育によつて促進すること並びにそれらの普遍的かつ効果的な承認と遵守とを国内的及び国際的な漸進的措置によつて確保することに努力するように,すべての人民とすべての国とが達成すべき共通の基準として,

この世界人権宣言を公布する。

第1条[自由平等] すべての人間は,生れながらにして自由であり,かつ,尊厳と権利とについて平等である。人間は,理性と良心とを授けられており,互いに同胞の精神をもつて行動しなければならない。

第2条[権利と自由の享有に関する無差別待遇]
(1) すべて人は,人種,皮膚の色,性,言語,宗教,政治上その他の意見,国民的もしくは社会的出身,財産,門地その他の地位又はこれに類するいかなる事由による差別をも受けることなく,この宣言に掲げるすべての権利と自由とを享有することができる。

第7条 すべての人は,法の前に平等であり,また,いかなる差別もうけることなく,法の平等な保護をうける権利を有する。

国際人権規約（抜すい）
〔1966.12.16採択（国連第21回総会）〕

解説 世界人権宣言を条約化し,その実施を義務づけるため起草されたのが,国際人権規約である。「経済的,社会的及び文化的権利に関する規約」（A規約,社会権的規約），「市民的及び政治的権利に関する規約」（B規約,自由権的規約），自由権規約に関する「選択議定書」の三つの条約からなる。「選択議定書」は被害者個人が国連人権委へ救済申し立てすることを認めた議定書であり,日本は未だ批准していない。

経済的,社会的及び文化的権利に関する国際規約（A規約）

第1条[人民の自決の権利] 1 すべての人民は,自決の権利を有する。この権利に基づき,すべての人民は,その政治的地位を自由に決定並びにその経済的,社会的及び文化的発展を自由に追求する。

第2条[人権実現の義務] 2 この規約の締約国は,この規約に規定する権利が人種,皮膚の色,性,言語,宗教,政治的意見その他の意見,国民的若しくは社会的出身,財産,出生又は他の地位によるいかなる差別もなしに行使されることを保障す

ることを約束する。

市民的及び政治的権利に関する国際規約（B規約）

第6条[生存権及び死刑の制限] 1 すべての人間は,生命に対する固有の権利を有する。この権利は,法律によつて保護される。何人も,恣意的にその生命を奪われない。

第20条[戦争宣伝及び差別等の扇動の禁止]
1 戦争のためのいかなる宣伝も,法律で禁止する。
2 差別,敵意又は暴力の扇動となる国民的,人種的又は宗教的憎悪の唱道は,法律で禁止する。

女性(女子)差別撤廃条約（抜すい）
（女子に対するあらゆる形態の差別の撤廃に関する条約）
〔1979.12.18採択　1985.6.25批准　1985条約7〕

解説 女性に対するあらゆる差別を撤廃し,男女の平等の確立を目的とする。各国の法律,制度のみならず慣習をも対象とし,個人,団体,企業による女性差別撤廃の義務を国に負わせている。日本は国籍法,雇用機会均等法,教育における男女平等など国内法の整備を経て1985年に批准。

第1条[女子差別の定義] この条約の適用上,「女子に対する差別」とは,性に基づく区別,排除又は制限であつて,政治的,経済的,社会的,文化的,市民的その他のいかなる分野においても,女子（婚姻をしているかいないかを問わない。）が男女の平等を基礎として人権及び基本的自由を認識し,享有し又は行使することを害し又は無効にする効果又は目的を有するものをいう。

第2条[締約国の差別撤廃義務] 締約国は,女子に対するあらゆる形態の差別を非難し,女子に対する差別を撤廃する政策をすべての適当な手段により,かつ,遅滞なく追求することに合意し,及びこのため次のことを約束する。
(a) 男女の平等の原則が自国の憲法その他の適当な法令に組み入れられていない場合にはこれを定め,かつ,男女の平等の原則の実際的な実現を法律その他の適当な手段により確保すること。
(b) 女子に対するすべての差別を禁止する適当な立法その他の措置（適当な場合には制裁を含む。）をとること。
(c) 女子の権利の法的な保護を男子との平等を基礎として確立し,かつ,権限のある自国の裁判所その他の公の機関を通じて差別となるいかなる行為からも女子を効果的に保護することを確保すること。
(d) 女子に対する差別となるいかなる行為又は慣行も差し控え,かつ,公の当局及び機関がこの義務に従つて行動することを確保すること。
(e) 個人,団体又は企業による女子に対する差別を撤廃するためのすべての適当な措置をとること。

第3条[女子の能力開発・向上の確保] 締約国は,あらゆる分野,特に,政治的,社会的,経済的及び文化的分野において,女子に対して男子との平等を基礎として人権及び基本的自由を行使し及び享有することを保障することを目的として,女子の完全な能力開発及び向上を確保するためのすべ

ての適当な措置（立法を含む。）をとる。

第11条[雇用における差別撤廃] 1 締約国は,男女の平等を基礎として同一の権利,特に次の権利を確保することを目的として,雇用の分野における女子に対する差別を撤廃するためのすべての適当な措置をとる。
[次の権利とは,(a)労働の権利 (b)同一の雇用機会についての権利 (c)職業を自由に選択する権利,昇進・雇用の保障,労働に係る給付・条件についての権利など (d)同一価値の労働についての同一報酬,同一待遇についての権利 (e)社会保障(退職,失業,傷病,障害,老齢その他の労働不能の場合)についての権利,有給休暇についての権利 (f)作業条件に係る健康の保護,安全についての権利]

子ども(児童)の権利条約（抜すい）
〔1989.11.20採択　1994.4.22批准　1994条約2〕

解説 これまで国連で採択されてきた「子供の権利ジュネーブ宣言」,「子供の権利宣言」などを背景に,子供が幸福な生活を送り,必要な権利と自由を享受できるよう包括的な権利の保障を各国政府に義務づけた条約。18歳以下の子供を対象とし,生きる権利,意見表明の権利,プライバシーの権利など全文54条からなる。

第1条[定義] この条約の適用上,児童とは,18歳未満のすべての者をいう。ただし,当該児童で,その者に適用される法律によりより早く成年に達したものを除く。

第2条[差別の禁止] 1 締約国は,その管轄の下にある児童に対し,児童又はその父母若しくは法定保護者の人種,皮膚の色,性,言語,宗教,政治的意見その他の意見,国民的,種族的若しくは社会的出身,財産,心身障害,出生又は他の地位にかかわらず,いかなる差別もなしにこの条約に定める権利を尊重し,及び確保する。

第3条[児童の最善の利益] 1 児童に関するすべての措置をとるに当たっては,公的若しくは私的な社会福祉施設,裁判所,行政当局又は立法機関のいずれによって行われるものであっても,児童の最善の利益が主として考慮されるものとする。

第7条[登録・氏名・戸籍の権利] 1 児童は,出生の後直ちに登録される。児童は,出生の時から氏名を有する権利及び国籍を取得する権利を有するものとし,また,できる限りその父母を知りかつその父母によって養育される権利を有する。

第19条[虐待・搾取等からの保護] 1 締約国は,児童が父母,法定保護者又は児童を監護する他の者による監護を受けている間において,あらゆる形態の身体的若しくは精神的な暴力,傷害若しくは虐待,放置若しくは怠慢な取扱い,不当な取扱い又は搾取（性的虐待を含む。）からその児童を保護するためすべての適当な立法上,行政上,社会上及び教育上の措置をとる。

第28条[教育に関する権利] 1 締約国は,教育についての児童の権利を認めるものとし,この権利を漸進的にかつ機会の平等を基礎として達成するため,特に
(a) 初等教育を義務的なものとし,すべての者に対して無償のものとする。

ひとこと用語集

EPA（経済連携協定）[Economic Partnership Agreement]…FTAを柱に，ヒト，モノ，カネの移動の自由化・円滑化をめざし，幅広い経済関係の強化を図る協定。FTAの要素を含みつつ，締約国間で経済取引の円滑化，経済制度の調和，協力の促進等市場制度や経済活動の一体化のための取り組みも含む対象分野の幅広い協定。

FTA（自由貿易協定）[Free Trade Agreement]…2か国以上の国・地域間で，関税やサービス貿易の障壁などを撤廃・削減する協定。物品の関税及びその他の制限的通商規則やサービス貿易の障壁等の撤廃を内容とする，GATT（関税及び貿易に関する一般協定）第24条で定義される協定。

GATT（関税及び貿易に関する一般協定）[General Agreement on Tariffs and Trade]…自由貿易拡大に向け1948年発足した国際機関。自由（関税軽減と非関税障壁撤廃）・無差別（最恵国待遇）・多角（多国間のラウンド交渉）の貿易三原則を掲げ，世界貿易拡大・世界経済発展に寄与。1995年WTOに発展的に吸収。

GDP（国内総生産）[Gross Domestic Product]…一定期間に国内で生産された価値の総額。人や企業の国籍に関係なく，国内の生産活動を表す。増加分を示すフローの概念である。

GHQ案（マッカーサー草案）…1946（昭和21）年，連合国軍最高司令官総司令部（GHQ；General Headquarters）により作成された日本国憲法草案。日本の民間憲法草案（憲法研究会の「憲法草案要綱」など）や，アメリカ合衆国憲法はじめ世界各国の憲法が参考にされた。

GNI（国民総所得）[Gross National Income]…一定期間内に国民が得た所得の総量。GDP（国内総生産）に海外からの純所得を加えた額。

IMF＝GATT体制…ブレトンウッズ協定（1944年米国のブレトンウッズで締結）により確立された，戦後西側世界経済の国際通貨体制。ブレトンウッズ協定により1945年IMF，IBRDが発足。金とドルの兌換を米国が保証することによりドルを基軸通貨として西側世界に供給し，国際流動性を確保する体制が確立した。また，固定相場制のもと安定した国際経済取引を可能にした。

NATO（北大西洋条約機構）[North Atlantic Treaty Organization]…欧州，米国，カナダ間の軍事同盟。1949年発足。当初は社会主義圏を意識した軍事同盟の性格が強かったが，冷戦終結後，旧東欧諸国の一部も加盟し（ロシアも準加盟），平和維持活動に活動の重点を移しつつある。

NGO（非政府組織）[Non Governmental Organization]…国連憲章第71条にも登場するように，平和，開発，人権などの地球規模の問題に取り組む際によく活動の中心になる。

ODA（政府開発援助）[Official Development Assistance]…先進国政府が発展途上国に対して行う資金や技術の支援。発展途上国の社会・経済の発展，福祉の向上のために行われる。

PL法（製造物責任法）[Product Liability Act]…製造物の欠陥により消費者が損害を受けた時，製造者に賠償の責任を負わせる法。従来の民法による賠償請求では，製造者の過失を消費者が証明しなければならなかった。1995年施行のPL法では，過失・故意の不法行為が無くても，欠陥が立証されれば賠償責任が生じ（無過失責任制度），消費者の救済がされやすくなった。

PPPの原則（汚染者負担の原則）[Polluter Pays Principle]…公害を引き起こした汚染者が，公害に関わる防止・補償費用を負担するべきとする原則。1972年OECDの環境委員会でルール化が提唱され，日本でも73年公害健康被害補償法などでこの原則を導入した。

WTO（ワルシャワ条約機構）[Warsaw Treaty Organization]…ソ連，東欧諸国が，1955年に締結した軍事機構。北大西洋条約機構に対抗するものであった。1991年に解体。

WTO（世界貿易機関）[World Trade Organization]…1995年発足のGATTにかわる世界貿易に関する国際機関。モノ・サービス・知的財産権など，全ての貿易問題を扱う機関。特にGATTの弱点でもあった貿易紛争処理について多角的なシステム，ルールが整備された。

アクセス権…公権力が保有する情報に接近（アクセス）する権利。公権力が保有する情報に対する開示・訂正請求権。また個人がマスメディアに対して自分の意見を発表する場を提供することを請求する権利（反論権）を含む。

朝日訴訟…国立岡山療養所に入院していた朝日茂氏が，生活保護法に定められた生活保護基準は，憲法の生存権保障に違反するとして国を訴えた行政訴訟。朝日訴訟は，生存権の意味を根本から問いかけたもので，「人間裁判」ともよばれた。最高裁判所は憲法第25条を単に国家の責務を宣言したプログラム規定であるとし，朝日氏の主張を退けたが，この裁判の波紋は大きかった。

アスベスト…ケイ酸塩を主成分とする鉱物で，耐熱性にすぐれ，断熱材などに利用されてきたが，吸い込むと肺がんや中皮種の原因となる。2005年5月，大手機械会社が社員や周辺住民の健康被害を公表したのをきっかけに，全国で相次いで被害が報告され，問題化した。

アダム＝スミス[Adam Smith]…イギリスの古典派経済学者（1723〜90）。著書『国富論』で，個人の自由な利益追求行動こそが「見えざる手」（an invisible hand）に導かれて，社会全体の富を増進させると説き，国家は極力経済活動に介入しない方が良いとする自由放任主義を主張。

新しい人権…憲法上に明文化されていないが，社会状況の変化に応じ，新たに人権として主張されるようになってきたものの総称。具体的には，環境権，知る権利，プライバシー権などが挙げられ，国民の間にも定着しつつある。

アラブの春…2010年から11年にかけてアラブ世界において発生した，非常に大規模な反政府（民主化要求）デモや抗議活動を主とした騒乱のこと。10年12月18日に始まったチュニジアでの暴動によるジャスミン革命から，アラブ世界に波及し，エジプト，リビアでは政権が打倒された。

安全保障理事会…国際社会の平和と安全に関する責任を負う国際連合の主要機関。拒否権を持つ5常任理事国，拒否権のない10非常任理事国で構成。国際紛争処理のための要請，勧告，措置の決定を行う。

育児・介護休業法…育児や介護の必要な家族を持つ労働者に，休業を与えることを義務付けた法律。1991年に育児休業法として制定，95年に育児・介護休業法に改定。1歳未満の子どもの育児のため，最長1年間（公務員は3年間）の休暇や要介護状態にある家族の介護のために93日の休暇を男女どちらでも申請できる。

違憲審査権…国会や内閣・行政の活動が憲法違反に当たらないかを審査する裁判所の権限のこと。裁判所は具体的な訴訟事件の中で，法律・命令・規則・処分などの合憲性を審査し，違憲であると判断するときはその無効を宣言することができる。

イニシアティブ（住民[国民]発案）…住民が地方公共団体の長に対し，条例の改廃を請求する制度。地方自治における直接請求権の一つで，有権者の50分の1の署名で成立する。

岩戸景気…1958年7月〜61年12月の好景気。神武景気をしのぐ好景気という意味を込めて名付けられた。高率の設備投資が好景気の主因となった。

ウルグアイ・ラウンド[Uruguay Round]…1986〜94年の多国間貿易交渉。モノの貿易以外の新貿易分野（サービス貿易・知的所有権・貿易関連投資）のルール規定，さらに農産物貿易での非関税障壁撤廃（例外なき関税化），多角的貿易紛争処理機関であるWTO（世界貿易機関）の設置などが主な決定事項。

冤罪…無実にもかかわらず被疑者として取調べを受けたり，有罪判決を下されたりすること。冤罪の原因としては，警察内部の自白偏重の伝統，代用監獄制度の存在，別件逮捕などが指摘されている。

王権神授説…王権が神に授けられたものであるとする理論，主張。君主がその統治権を絶対・神聖化させるための理論で，狭義にはヨーロッパでの絶対王政期に王権がキリスト教会と癒着し，各国で展開されたものを指す。

大きな政府…治安・国防などに限定せず，景

気・社会保障・雇用など様々な分野で積極的な役割をしている政府（国家）のあり方。福祉国家，積極国家ともいう。1929年の世界恐慌以降，ケインズ理論の採用などで，先進各国は大きな政府化した。しかし肥大化した政府は慢性的な赤字を生み出し，その反省のもとに1980年代から「小さな政府」への移行が進んだ。

オゾン層破壊…排出されたフロンガスにより主に南極上空のオゾン層が破壊される現象。紫外線を吸収するオゾン層が破壊されることで，地表に達する紫外線量が増加し，皮膚がんの増加や生態系への悪影響が指摘されている。フロンガスは1980年代から使用規制が進んだ。

思いやり予算…日本が負担している在日米軍駐留経費のこと。1978年に，当時の防衛庁長官が駐留経費負担の根拠について「思いやりである」と発言したことから，思いやり予算と呼ばれるようになった。

温室効果ガス…大気中にある赤外線を吸収するガスのこと。二酸化炭素，メタン，亜酸化窒素，フロンガスなどが代表的。地表面からの熱をいったん吸収し，その一部を地表に向けて放射するため，地表面が高温となる。これを「温室効果」といい，地球温暖化要因の一つといわれている。

か〜こ

外国為替…国際間で異なる通貨間の貸借関係を，現金でなく，為替手形や小切手などの信用手段によって決済する方法。通貨間の交換比率が外国為替相場である。

介護保険制度…認知症や寝たきりなどで介護が必要な高齢者を社会保険のしくみによって社会全体で支える制度。要介護者と認定された場合，介護サービスの一定比率の費用を保険金から給付される。保険料は40歳以上の者が支払う。2000年4月より実施された。

価格の下方硬直性…寡占的な市場でプライスリーダーが成立し，製品価格が下がりにくくなること。商品デザインや，付帯サービスなどによる競争（非価格競争）によって差別化が図られる傾向が強まる。

核拡散防止条約（NPT）［Treaty on the Non-Proliferation of Nuclear Weapons］…核保有を米ソ英仏中にのみ認め，それ以上の拡散を阻止，平和利用を促進するための条約。1968年に国連総会で採択され，95年に無期限延長が決定したが，疑惑国の未加盟や，核の拡散などの問題点もある。

閣議…内閣総理大臣とその他の国務大臣で組織される会議のこと。内閣の中の最高会議で，内閣法では「内閣がその職権を行うのは閣議によるもの」とされている。

寡占…市場において，特定の財・サービスの供給者ないし需要者の数が，きわめて少数である状態。特に供給者が少数である寡占は，価格の下方硬直性をもたらし，財・サービスの最適配分を阻害する。

寡占市場…市場において特定の財・サービスの供給者ないし需要者の数が，きわめて少数である状態。

家電リサイクル法…テレビ・冷蔵庫・洗濯機・エアコンの再資源化を目的とする。1998年制定，2001年施行。

株式…株式会社における，細分化された割合的な出資単位。株式には普通株のほか，一定の権利を付加した優先株などがある。原則として株式の内容，権利は平等であり，あらかじめ譲渡制限しない限り，譲渡は自由。

環境アセスメント［Environmental Assessment］…開発を行う前に自然環境に与える影響度を調査，評価する制度。公害発生を未然に防止する重要なシステム。地方自治体での条例はあったが国の法制化は遅く，1997年に環境アセスメント法が制定。長期間着工されていない公共事業の見直しなどの再評価システムを「時のアセスメント」という。

環境基本法…1993年に制定された公害対策基本法に代わる環境政策の基本方針を示した法律。前年の地球サミットを受け，地球環境問題・生活型公害などに対応すべく制定。結果，公害対策基本法・自然環境保全法は廃止された。環境税導入，環境権の明記が避けられるなど，実効性に欠けるといった批判もある。

関税…輸入品に課せられる税金で，輸入品を割高にして，国内産業の保護を目的とする。

間接金融…金融機関を介して間接的に資金供給者から資金需要者に金融が行われること。資金需要者が資金供給者に直接，金融を行う（社債の購入など）直接金融に対する概念である。

完全競争…ある財・サービスの市場に供給者，需要者とも十分の数があり，競争のメカニズムが機能する状態。

管理価格…独占・寡占市場において，原則として特定の供給者が何らかの方法・理由によって恣意的に設定できる価格。プライスリーダーによる価格であり，価格の下方硬直性がみられる。

管理通貨制度…一国の通貨量を，金の保有量などでなく，通貨価値の安定，完全雇用の維持など経済政策上の目標に従って管理する制度。通貨量を柔軟に管理して景気や物価の調整ができるメリットがある。

議院内閣制…行政府である内閣の存立が，議会（特に下院）の信任を得ることを前提とする制度。下院の多数党が内閣を組織し，内閣は議会に対し連帯して責任を負い，閣僚は原則的に議席を持つ。18世紀に英国で生まれ，日本国憲法もこれを採用している。

基本的人権…人間が生まれながらにして持つ権利。人間が人間であることによって有する権利で，たとえ国家権力といえども侵すことのできない権利。具体的には平等権，自由権的基本権，社会権的基本権，参政権，請求権など。

教育を受ける権利…国民がその能力に応じて教育を受ける権利。憲法第26条1項に規定された権利で，社会権の一つ。

行政委員会…行政機関のうち，政治的中立性を必要とするため，一般行政機構から独立して設置される合議制の機関。国では人事院，公正取引委員会などが，地方自治体では教育委員会，選挙管理委員会などがある。

京都議定書…地球温暖化防止のためにCO$_2$などの排出削減を目指す国際条約。1997年の気候変動枠組み条約第3回締約国会議（京都）で，先進全体でCO$_2$90年比5.2％削減，排出権取引承認などが決まった，先進国の温室効果ガス削減割り当て条約。2005年発効も，最大の排出国である米国は批准拒否，第2位の中国は発展途上国のため削減免除。

「共謀罪」…テロ組織，暴力団などの，2人以上の者が犯罪を共謀（犯罪の計画について合意）し，犯罪を準備した罪。正式名称はテロ等準備罪だが，メディアによって表現が異なる。

拒否権…国連安保理における常任理事国の特権。安全保障理事会の実質事項の決定には，常任理事国5か国の同意投票を含む，9/15の賛成投票が必要。常任理事国のうち1か国でも反対するとその議案は否決されることから，これを拒否権とよぶ。

金融収支…投資や外国からの借入による資産と負債の収支。直接投資，証券投資，外貨準備など。

クーリング・オフ［cooling off］…訪問販売・割賦販売などにおいて一定期間内（原則8日間）であれば違約金なしで契約解除ができる制度。

グローバル化…国家や地域などの境界を越え，地球規模で社会の結びつきが強くなったため起こる，社会の変化やその過程をいう。グローバリゼーションともいう。貿易・通信の拡大，文化の交流など正の面だけでなく，先進国・多国籍企業の経済支配，地球環境・固有文化の破壊につながるなどの負の面も指摘されている。

景気動向指数…生産・雇用など景気に敏感に反応するいくつかの指標の動きを統合することで，景気の現況を示す指標。

景気変動（景気循環）…資本主義経済において，経済活動が，不況，回復，好況，後退の四つの局面を周期的に繰り返すこと。

経済成長率…一国の経済規模が1年間でどれだけ大きくなったかその割合を示す経済指標。通常，国内総生産（GDP）の増加率で表す。

経済の自由…居住・移転・職業選択の自由，外国移住・国籍離脱の自由，財産権の保障。憲法第22・29条に規定。

経済のソフト化・サービス化…経済の発展にともなって，生産，取引全般に占めるサービス（第三次産業）の比重が増大すること。つまり，形のある商品などの「ハード」よりも，知識・情報・サービスを中心とする「ソフト」分野が相対的に高まっていくことを意味する。

刑事裁判…犯罪者に刑罰を適用する裁判。

刑事補償請求権…罪を犯していないのに裁判で有罪になったりした，冤罪被害者が，その損害を国家に求める権利。

経常収支…経常取引（資本取引以外の国際間取引）の収支。貿易・サービス収支，第一次所得収支，第二次所得収支。

ケインズ［John Maynard Keynes］…イギリスの経済学者（1883〜1946）。セーの法則（供給はそれに対応した需要をつくるとの命題）を否定し，失業の主要な原因が有効需要の不足に起因することを明らかにした。政府の経済政策によって，完全雇用を目指す必要性を説いた点

が重要な業績である。主著『雇用・利子および貨幣の一般理論』(1936)。

原子力発電…ウランの核分裂時に発生する熱で蒸気を作りタービンを回して発電。核廃棄物処理など安全性の面で課題も多い。代表的な原発事故は，1979年米スリーマイル島原発事故，86年チョルノービリ原発事故，2011年東京電力福島原発事故。

権力集中制（民主集中制）…特定の個人，集団，機構に権力を集中させる統治システム（社会主義国で顕著）。権力集中は民主主義のシステムとは矛盾し，権力も腐敗しやすいが，工業化やインフラ整備，戦争などの特定の機能に限ってみれば有効な側面もまれにある。反対語が権力分立制。

公開市場操作（オペレーション）…市場を通じて手持ちの債券を増減させ，通貨供給量を調整する。債券を放出（売りオペ）すれば資金が吸収され，債券を吸収（買いオペ）すれば，資金供給が増大する。

公共の福祉…人権相互の矛盾や対立を調整する原理。より多くの人々の人権が保障されるよう，人権に一定の制限を加える際の原理である。

合計特殊出生率…一人の女性が一生に産む平均的な子どもの数のこと。人口の自然増と自然減との境目は2.06とされているが，2020年の日本は1.33。

公衆衛生…国民の健康の増進を図るための医療，生活環境整備などの活動。保健所が中心になって疾病を防ぐ活動が公衆衛生で，憲法第25条に基づく社会保障制度。

厚生年金…国民が加入を義務づけられている国民年金に加え，会社員が加入を義務づけられている年金。

構造改革…小泉政権の「官から民へ」「中央から地方へ」を柱に，小さな政府を目指すスローガン。道路公団や郵政の民営化，三位一体の改革などが推し進められた。

公的資金…国・地方公共団体などの財政資金のことで，国民の税金を利用する可能性がある資金。破綻する金融機関・企業に公的資金が投入される場合があり，その是非や効果が問題にされる。バブル崩壊後の金融システム混乱の収拾を図るため，1998年に2兆円，99年に7兆円もの公的資金が，複数の大手銀行に投入された。

公的扶助…生活に困窮する国民に必要な保護を行い，健康で文化的な最低限度の生活を達成させようとするもの。憲法第25条に基づき，生活保護として確立している制度。

高度経済成長…1950年代半ばから70年代前半まで続いた，年10％程度の経済成長率を記録した時期の経済状況。第四次中東戦争とこれに続く石油危機によって，一応の終結を迎えたと考えられる。

幸福追求権…憲法第13条に規定されている「生命，自由及び幸福追求に対する国民の権利」。公共の福祉に反しない限り，最大限の尊重をされる。この権利から新しい人権が主張されるようになった。

国際慣習法…国家間の慣行が，国際社会で法的

義務として形成された国際法。

国際刑事裁判所[ICC；International Criminal Court]…個人の重大な国際犯罪（大量虐殺，戦争犯罪，人道に対する罪，侵略）を裁く常設の国際裁判所。2003年，オランダのハーグに設置された。国連からは独立した組織である。

国際司法裁判所[ICJ；International Court of Justice]…国連の司法機関。国際紛争を平和的に解決するため，国連憲章に基づいて設置。オランダのハーグにある。当事者となりうるのは国家のみで裁判に入るには当該国家の同意が必要。

国際収支…外国との1年間の経済取引結果を貨幣額で表したもの。主要項目は経常収支，資本移転等収支，金融収支。

国際人権規約…世界人権宣言に示された人権の国際的保障の精神を法制化したもの。A規約（社会権中心）とB規約（自由権中心），両規約の「選択議定書」からなる。締約国は事務総長への定期的な人権状況報告が義務づけられる。1966年国連総会で採択，76年発効。

国際分業…生産の効率を高めるため，国ごとに，得意な分野に集中・特化して分業を行うこと。国際分業の利益を理論的に説明したのが，リカードの比較生産費説。

国際法…国際社会の国家間の関係を規律する法律の総称。国内法に対する概念。形式により国際慣習法と条約に区分され，内容により平時国際法と戦時国際法に区分される。

国際連合（UN）[the United Nations]…国際連盟が第二次世界大戦を阻止できなかった反省から1945年に創設された国際機構。世界平和のみならず，南北問題や環境，人権問題にも取り組む。本部はニューヨークにある。

国際連盟…世界平和維持のために設置された，史上初の本格的国際機構。第一次世界大戦の反省から，ウィルソンの平和原則14か条（1918），ヴェルサイユ条約（1919）に基づいて1920年に設置。一定限度の役割は果たしたものの，脱退国が相次ぐなかで第二次世界大戦が勃発，解散に至った。本部はスイスのジュネーブにあった。

国事行為…日本国憲法の定める天皇の行う形式的・儀礼的行為のこと。憲法第7条の規定する法律・条約の公布，衆議院の解散などがあるが，内閣の助言と承認が必要で，その責任は内閣が負う。

国民主権…国の政治のあり方を決める力が国民にあるということ。憲法前文と第1条に明記されている。日本国憲法の三大原則の一つ。

国民審査…最高裁の裁判官が適任か否かを国民の直接投票で審査する制度。各裁判官が就任して最初の衆議院議員総選挙の際，さらに10年経過後の総選挙の際に審査する。憲法の規定する直接民主制の一つ。過半数の×印で罷免されるが，白紙投票は信任と見なされることもあり，今までに罷免された人はいない。

国民投票…日本国憲法第96条に規定された，憲法改正の際に行われる投票。2007年5月，国民投票法が成立した（2010年施行）。国民投票の対象は憲法改正に限定，投票権者は原則18歳以

上の日本国民。

国民年金…すべての国民を対象とした年金制度。原則として日本国内に居住する満20歳～60歳までのすべての人が加入する。

国民負担率…国民の税負担と社会保障負担の合計が国民所得に占める割合。つまり，税金と健康保険料，年金などの社会保険料が，収入に占める比率のこと。

国連環境計画（UNEP）[United Nations Environment Programme]…1972年の国連人間環境会議で採択された「人間環境宣言」「環境国際行動計画」を実施するために設立された。国連諸機関の環境に関する活動を総合的に調整・管理し，国際協力を促進していくことを目的としている。本部はケニアのナイロビで，発展途上国に本部を置いた初の国連機関となった。

国連総会…国連にある6つの主要機関（総会，安全保障理事会，経済社会理事会，信託統治理事会，国際司法裁判所，事務局）のうちの一つで，総会はすべての加盟国によって構成される審議機関。

国連難民高等弁務官事務所（UNHCR）[UN High Commissioner for Refugees]…難民問題の解決を目指す国連内の常設機関。1950年の国連総会決議に基づき，翌51年設置された（難民条約採択もこの年）。緒方貞子氏が1991～2000年に務めた国連難民高等弁務官はこの機関の代表。

国連平和維持活動（PKO）[Peace-Keeping Operations]…国際連合が紛争の平和的解決をめざして行う活動の一つ。武力行使（国連憲章7章）と平和的解決（同6章）の中間形態なので6章半活動とよばれる。紛争当事国の同意に基づき，自衛のため以外は武力を行使せず，当事者のいずれにも加担せず，中立を保つ点にその特徴とする。軽武装の平和維持軍（PKF）や，非武装の停戦監視団，選挙監視団などの種類がある。1988年ノーベル平和賞を受賞した。

国連平和維持活動協力法（PKO協力法，国際平和協力法）[Law Concerning Cooperation for UN-PKO and Other Operations]…国連PKOへの参加を定め，自衛隊の海外派遣に道を開いた法律。湾岸戦争（1991）を機に国際貢献論が高まり，92年制定。2001年法改正で凍結していたPKF本体業務への参加が可能になった。

個人情報保護法…高度情報化社会の発達にともない，個人情報の利用が拡大しているため，その保護に関する基本理念を定めた法律。

国家の三要素…国家が成立する要素である，領域・人民（国民）・主権のこと。

国家賠償請求権…公権力の不当な行使に対して，国家に賠償責任を求める権利。明治憲法では保障されていなかったが，日本国憲法で自由や権利の保障を完全なものにするために認められた。

固定相場制…外国為替相場を一定の変動幅に保つ制度。安定的な対外取引が確保できるメリットなどから途上国を中心に採用している国も多いが，通貨危機の危険性やグローバリゼーション下の孤立の可能性などデメリットも多い。

コーポレート・ガバナンス（企業統治）

[Corporate Governance]…企業における意思決定のしくみのこと。会社は経営者・従業員のものという従来の考えに対し，本質に立ち戻って株主を主体に企業のあり方をとらえ直そうとする立場から提唱された。この視点から派生して，内部統制のあり方，リスク管理体制，ひいては役員報酬に至るまで，原理原則が改められることになる。

さ～そ

財政投融資…政府が，各種公的資金を用いて行う特別法人などへの投資や融資。その規模はかつて一般会計の約半分に達し，第二の予算とよばれた。従来，郵便貯金や年金積立金が自動的に財源とされていたが，2001年から政府関係機関・特別法人は財投機関債（政府保証のない公募債券）を個別に発行し，必要な資金を自己調達するよう改められた。

財閥解体…1945～52年の連合国占領下に実施された政策で，軍国主義の元凶とされた財閥支配体制を解体すべく，旧財閥企業の資本関係の解消を行ったこと。持株会社整理委員会を中心に行われ，財閥系83社と財閥家族56名所有の株式が公開され，三井・三菱など財閥本社・商社は解散，人的支配網も切断された。

裁判員制度…一般国民が裁判員となり，裁判官とともに裁判の審理・判決に参加する制度。司法制度改革の一環として導入され，2009年施行。対象は刑事裁判のみ。衆議院議員の公職選挙人名簿から抽選され，出頭義務や守秘義務に反すると罰則もあるため，負担への批判も強い。なお，国民の司法参加には陪審制と参審制が知られる。

裁判を受ける権利…誰もが裁判所による裁判を受けられる権利のこと。憲法第32条に規定されている。

砂漠化…草や木々に覆われていた半乾燥地域などで，過剰な放牧やかんがい，森林伐採などの人間の活動によって起こる土地の劣化や生産性の低下のこと。温暖化もその一因とされる。サハラ砂漠以南のアフリカ，中国，西アジア，南米など，地表上の約33％が砂漠化しており，約2億人が影響を受けているとされる。1994年，「砂漠化防止条約」が採択され，国際協力による砂漠化対策の強化を定めている。

産業の空洞化…国内企業が海外直接投資を通じ海外に生産拠点を移し，国内の生産・雇用が衰退してしまう状況。特に1980年代後半からの日本企業の海外直接投資の急増，最近の中国などへの直接投資などにより深刻化しつつある。

産業廃棄物…工場などの事業所が出す廃棄物のこと（産廃）。1990年から処分には伝票制度が義務づけられることになった。一般家庭のゴミは一般廃棄物。

三種の神器…白黒テレビ，電気冷蔵庫，電気洗濯機の3つの耐久消費財。1950年代中頃のあこがれの商品。高度成長期に入り1960年代中頃になると，3C（カラーテレビ，クーラー，自動車）がこれに代わった。

三審制…同一事件で3回まで裁判を受けられる制度。誤った判決を避け公平な裁判を行うためのしくみ。第一審に不服の場合は第二審に控訴し，さらに第三審に上告することで3回裁判を受けられる。

酸性雨…硫黄酸化物・窒素酸化物の大気中での酸性化でpH5.6以下の酸性を帯びた降雨となること。森林の枯死，湖沼生態系破壊，建造物被害などの影響が出ている。

三面等価…国民所得や国民総生産の計算において，その生産，分配，支出の数値が一致する原則。

自己決定権…自分の生き方については，自分が自由に決定できるとするもの。特に医療分野で，患者の自己決定権が問題となることが多い。憲法第13条の幸福追求権を根拠とする。

市場価格（均衡価格）…現に市場において成立している特定の財・サービスの価格。

自然権…社会契約説において人間が生まれながらにして持っているとされる権利。社会契約説では，国家や社会が形成される以前の状態を自然状態と呼ぶが，自然権は自然状態で人間が生まれながらに持っているとされている権利。その内容は思想家により異なる。

自治事務…地方公共団体が，地方自治の本旨に基づいて，自らの判断と責任で行う事務。小中学校の設置管理，市町村税の賦課徴収，都市計画の決定などがある。

資本移転等収支…資本の移転や，金融・生産に関係ない資産の収支。債務免除，資本形成のための無償資金援助，相続等による資産の移転。

社会契約説…人間が社会契約に基づいて国家を作る，とする考え方。人間が生来持つ権利（自然権）を無制限に行使するのでなく，普遍的ルールのもとに権利と義務を定め，相互にそれを尊重することを約束しあう（社会契約）ことによって政府を作るものとした。17世紀以来のヨーロッパで主張された。ホッブズ，ロック，ルソーが有名。

社会権…人間らしい生活の保障を国家に求める権利。すべての国民が人間らしい生活の保障を国家に要求する権利。20世紀的人権ともいわれ，1919年のワイマール憲法で初めて保障された。「国家による自由」ともよばれる。

社会福祉…ハンディを持つ人々に対する援護・育成・更生を図ろうとする公私の努力の総称。保護を必要とする児童，母子家庭，高齢者，身体障害者などへ，国民の生存権の保障を確保するために行われる。

社会保険…国民の生活保障のため，疾病・老齢・出産・失業・死亡などの事由が発生したとき，一定基準に基づく給付を行う保険。医療保険，労働者災害補償保険，雇用保険，年金保険，介護保険などがある。

衆議院の解散…衆議院の4年の任期が満了する前に「解散」により議員資格を失うこと。衆議院を解散することにより総選挙を実施し，政府の政策に対する国民の信を問うことができる。衆議院が解散されるのは内閣不信任決議が可決または内閣信任決議が否決されたときと，内閣総理大臣が決断し内閣の助言と承認のもとに天皇の国事行為として行われるときである。

衆議院の優越…国会の議決にあたり，衆議院と参議院の意思が一致しない場合，衆議院の意思を優先させるしくみ。任期も4年と短く解散もあることから，主権者である国民の意思を反映しやすいのが理由。法律案，予算の議決，条約の承認，内閣総理大臣の指名の4つで優越が認められている。予算の先議権や内閣不信任決議権が衆議院のみにある点でも衆議院が参議院に優越している。

終身雇用制…企業が従業員を定年まで雇用する制度。日本的な雇用制度の一つとされるが，制度の見直しとともに，多様な雇用形態が浸透している。

集団安全保障…国際平和機構を作り集団の力で平和を維持しようという考え方。国際平和機構の加盟国は相互に武力行使を禁止し，戦争や侵略を行った国に対しては集団的に制裁を加える。主権国家の交戦権や同盟・軍備の自由を尊重した結果，第一次世界大戦が発生したとの反省から戦後に国際連盟が設置された。国際連合の紛争処理システムもこれに基づく。

集団的自衛権…密接な関係にある他国が武力攻撃を受けた場合，これを自国への攻撃とみなして共同で防衛にあたる権利。国連憲章第51条で認められている権利である。日本政府は憲法第9条により「日本は集団的自衛権をもつが行使できない」としていたが，2014年に安倍内閣は行使容認の閣議決定をし，方針を大きく変更した。15年9月には，集団的自衛権の行使を認めた安全保障関連法（戦争法）が成立した。

循環型社会…廃棄物の発生を抑えリサイクルを促進して資源の循環を図っていく社会。関連用語として，3R（リデュース＝削減による省資源化，リユース＝再使用，リサイクル），ゼロ・エミッション（企業における生産での廃棄物ゼロ）などがある。

小選挙区制…1選挙区から1人の議員を選出する制度。

象徴…具体的な物によって理解しやすい形で表すこと。シンボル。天皇は日本国及び日本国民統合のシンボルである。

小党分立制（多党制）…3つ以上の有力な政党が議会に議席を有する政党制。イタリアやフランスなどが代表的。国民の多様な意見を政治に反映しやすく，連立政権によって腐敗防止や政策に弾力性ができるといった長所がある。

常任理事国…安全保障理事会で常任の議席を有する，米，英，仏，中，ロシアの5か国のこと。任期がなく，重要な議案については5か国のうち1か国でも反対すれば決定することができないという「拒否権」が認められている。

消費者基本法…1968年制定の消費者保護基本法を2004年改正して生まれた法。消費者の位置付けを，従来の保護される者から権利を持つ自立した主体へと変え，消費者の権利を明記して消費者の自立支援の施策推進を規定。

消費税…間接税の一つで様々な消費支出に課税するもの。商品やサービスに一定の税率で課税され，税額分は価格に上乗せされて購入する消費者が負担する。日本では1989年に税率3％で導入され，97年に5％となり，2014年に8％，19年に10％に引き上げられた。

情報公開法…国の行政機関が保有する文書情報の原則公開を規定する法律。外国人や法人を含め誰でも開示請求できる。「知る権利」は明記されなかった。1999年制定，2001年施行。

職業選択の自由…自分の望む職業を選ぶことのできる自由。自由権的基本権の一つである経済の自由に属する自由。自由に職業を選べる自由であるが，同時に選んだ職業を遂行する自由である営業の自由も含まれる。

食品リサイクル法…食品廃棄物の発生を抑制し，資源の有効利用を促進することで，持続的な発展ができる循環型社会構築を目指して制定された法律。

食糧管理制度…主要食糧の流通・消費を国家が管理し，需給・価格の安定化を図る制度。1942年制定の食糧管理法に基づき行われてきたが，コメ過剰やコメ市場部分開放などの環境変化の中で，95年に廃止。

食料自給率…食料を輸入せず，自国で生産し自給できる割合のこと。日本では1960年代以降，農業生産の伸び悩みや食生活の変化などで輸入が増大し，自給率は50%を切り先進国の中で最も低いといわれている。

女子差別撤廃条約…あらゆる分野での男女差別を禁じた，国連の条約。政治・経済・社会・文化その他のあらゆる分野で差別を禁じ，締約国に対し女子差別を禁ずるための法律の制定や廃止・修正などを求めている。1979年採択，81年発効。日本は85年に男女雇用機会均等法が制定され，同年に批准した。

所得税…個人の所得にかかる国税。所得が多いほど税率が高い累進課税である。

所得の再分配…所得配分の不公平を是正するために，社会保障制度や租税制度を通じて，高所得者から低所得者に所得を移転すること。単に国民の平等を達成するのみならず，富の最適配分を通じて，経済の活性化を達成する目的もする。

知る権利…行政機関の持つ情報の公開を求める権利。新しい人権の一つで，従来は報道や取材の自由が制限されない権利という面が中心であったが，現在では主権者たる国民が，政治の民主性確保のために行政機関のもつ情報を自由に入手できる権利ととらえられている。

新エネルギー…利用し続けても枯渇することがなく，二酸化炭素の排出量が少ないエネルギー。再生可能エネルギー（太陽光，風力，バイオマスなど）と従来型エネルギーの新利用形態（従来から使用していた化石燃料などを新しい技術によって効率よく，環境に負荷をかけないように使用する）とに分けられる。

信教の自由…誰もが，どんな宗教を信じても信じなくても自由であるとするもの。また，国家による宗教活動を禁止し，政教分離の原則を掲げている。憲法第20条に規定。

人種差別撤廃条約…人種，皮膚の色，門地または民族的・種族的出身にもとづくあらゆる差別を禁止した国際条約。1960年前後の反ユダヤ主義的事件の頻発，新興アフリカ諸国の台頭などを受け，65年の国連総会で採択，69年発効。日

本の批准は95年。

新食糧法…1994年成立した「主要食糧の需給と価格安定法」のこと。単に食糧法ともいう。旧食糧管理法は政府米が主体で，米の流通は政府の規制下にあった。それに対し同法は民間流通の自主米主体，価格も需給関係で決まるなど，流通に対する国家の規制は最低限に抑えられた。

人身の自由…正当な理由なく逮捕・処罰されない自由。国家権力による不当な身体の拘束や恣意的な刑罰の行使を許さない自由。日本国憲法は，戦前の治安維持法を中心とする人権蹂躙への反省から，極めて詳細な規定を置いている。

神武景気…1954年12月～57年6月の好景気。日本始まって以来の好景気という意味を込めて名付けられた。石油化学や鉄鋼業などの新規産業への設備投資が好景気の主因となった。

信用創造（預金創造）…金融機関が預金を貸し出し，その貸出金が再び預金されることが繰り返されて，もとの預金の数倍もの預金通貨を創造すること。

ストック…フローに対する概念で，国富などのある一時点において存在する経済諸量の大きさ。

政教分離…国家や政治と宗教を分離すること。日本国憲法は，戦前の国家神道が軍国主義の精神的支柱となった反省から，第20条で国家の宗教活動を禁じ，特定の宗教団体を特恵的に扱うことを禁止している。

政治資金規正法…不正・汚職を防ぐため，政治家への政治献金の流れの透明化をはかり，規制するための法律。1994年，政治資金収支報告書の公開基準が5万円に引き下げられるなどの改正とともに，政党助成法で政党への公費助成が開始。また2000年には政治家個人への企業・団体献金が禁止されたが，政党支部を通しての献金は可能といわれている。

生存権…人間らしい生活を営む権利。日本国憲法は第25条で，「すべて国民は，健康で文化的な最低限度の生活を営む権利を有する」と規定。

勢力均衡…一定地域において，対立する国家または国家群の力の均衡を保たせようとする原則。ヨーロッパでは近代以来の伝統的政策であったが，20世紀初期の三国同盟，三国協商が最も有名。

世界人権宣言…国連総会で採択された，すべての国の基本的人権の保障をうたった宣言。国連憲章の人権条項をより具現化させるべく1948年の総会で採択されたが，総会の議決のため法的拘束力をもたず，その解決には国際人権規約の登場を待たねばならなかった。

石油危機（石油ショック）［the oil crisis］…1973年の第一次と79年の第二次の二波にわたり発生した原油価格の急上昇。前者は第四次中東戦争を引き金に，後者は前年からのイラン革命にともなう国際情勢の混乱を背景に発生。各国経済は高水準の原油価格に対応しての産業構造の改革を強いられた。

戦略兵器削減条約［START：Strategic Arms Reduction Talks（Treaty）］…1991年，米・旧ソ連が締結した初の戦略核兵器の削減条約。米ソが保有できる戦略核兵器の上限を，運搬手段1,600基，核弾頭6,000個，弾道ミサイル弾頭

4,900個とし，削減率は米28%，旧ソ35%となった。1994年発効。93年には米ロ間でSTARTⅡが調印（未発効）。2010年新START調印，11年に発効。

族議員…特定の分野に精通し，政策決定や予算配分に影響力を発揮する国会議員のこと。特に自民党政権では特定官庁との関連で建設族，大蔵族，厚生族などとよばれた。いわゆる政官財の「鉄のトライアングル」の一端をさす。

た～と

対人地雷全面禁止条約…対人地雷の使用，開発，生産，貯蔵，保有，移譲などを禁止した条約。締約国は，この条約で禁止されている活動について他国を援助，勧誘，奨励することを禁止される。1999年発効。

大選挙区制…1選挙区から複数（2人以上）の議員を選出する制度。

大統領制…非世襲の大統領を国民ないしは国民の代表が国家元首として選出する政治体制。米仏のように行政権を中心として強大な権限を持つ場合と，独伊のような象徴的・調停者的役割を持つ場合がある。

大日本帝国憲法（明治憲法）…戦前の日本の憲法。1889年に君主権の強いプロイセン憲法を参考に制定された。天皇が制定した欽定憲法。天皇主権で，国民の自由・権利は法律の範囲内でしか保障されず，国民代表機関としての議会の権限は弱い外見的立憲主義を採用していた。

多極化…第二次世界大戦直後の国際政治は，アメリカとソ連の両大国をそれぞれの極とする東西二陣営に分かれて対立し，二極化の時代といわれた。しかし，1960年代から1980年代にかけて，米ソの二極支配を不満とするフランス，中国の台頭，第三の道を歩むインド，旧ユーゴスラビアなど非同盟諸国の比重の増大により，国際政治にも大きな変化がみられるようになった。このような動きを多極化という。

多国籍企業［MNC：Multinational Corporation］…企業活動や所有関係が，多国間にわたる企業。現在では，企業は活動領域のみならず，資本関係も複雑化・国際化してきており，「多国籍企業」という特別のカテゴリーを設定する意義は失われてきている。

男女雇用機会均等法…職場での男女平等の実現のために制定された法律。募集・採用，配置・昇進，定年・解雇などにおける女性差別を禁止した法律で，1985年に女性差別撤廃条約への批准にともない成立。97年に募集・採用における差別禁止や事業主のセクハラ防止配慮義務など改正。時間外・休日・深夜労働禁止などの労基法女子保護規定の撤廃も同時に行われた。

小さな政府…政府の役割は，治安や国防など限定された機能に限り，経済分野へは介入せず，市場原理に任せるとする政府（国家）のあり方。夜警国家・消極国家・安価な政府ともいわれる。第二次世界大戦後の大きな政府の行き詰まりから，イギリスのサッチャー政権，アメリカのレーガン政権で採用された。アダム＝スミス以来の自由主義に立脚している。

地球温暖化…温室効果ガスの大気中への排出で

気温が上昇し，自然環境に悪影響を及ぼす現象。異常気象，海水面上昇，食料生産の不安定化などの影響が深刻で，1992年の地球サミットで採択された気候変動枠組み条約で，温室効果ガス削減に向けて取り組みが始まった。

地方交付税…地方自治体間の財政力格差を是正するため国から交付される資金。国税（所得税，酒税，法人税，消費税，地方法人税）の一定割合が地方自治体に使途を指定せずに交付される。

地方自治の本旨…地方の政治が中央政府から独立し，自主的権限によって，自らの事務を処理しようとし（団体自治），その地域の住民の参加の機会を認め，住民自身の意思と責任・負担において運営が行われる（住民自治）こと。明治憲法には地方自治の規定はなかったが，日本国憲法第92条は地方公共団体の組織・運営について地方自治の本旨に基づいて定めると明示。具体的には地方自治法が定めている。

中小企業…資本金・従業員数などが中位以下の企業。事業所数で99%，従業員数の7割と，経済で大きな位置を占める。ベンチャービジネスなどの独立企業，下請企業，系列企業などの形態に分類。

直接金融…資金の提供者から資金を必要とする需要者に，金融機関などの第三者を介さず，直接に金融が行われること。株式・社債を家計が購入するような行為がこれにあたる。間接金融に対置される概念。

通貨制度…通貨に関するあり方，システム一般。狭義には，金本位制と管理通貨制度の別，またより広く，各国や各国家連合における通貨のあり方を指す。

デジタルデバイド（情報格差）…パソコンやインターネットなどの情報技術を使いこなせる者と使いこなせない者との間に生じる格差のこと。個人間の待遇や貧富，機会の格差の他に，国家間，地域間の格差を指す場合もある。

東京ラウンド…1973～79年に東京宣言に基づき行われた多国間交渉。農産品・工業製品の関税引下げ（各41%，33%引下げ），非関税障壁撤廃に向けてのルール規定などの成果。

独占…特定の財・サービスの市場において，売り手もしくは買い手が単独になった状態。重要なのは，売り手の独占。また，厳密には売り手が少数となった寡占とよぶべき状態をも含めて表現することもある。

な～の

内閣不信任決議…国会が内閣を信任しないことを示す決議。内閣不信任決議が可決（または内閣信任決議が否決）された場合，10日以内に衆議院が解散されない場合は内閣総辞職となる。衆議院のみに認められた決議で，参議院は憲法上の定めがない問責決議が提出できるだけである。

南南問題…途上国間における社会経済的格差。1970～80年代，産油国や新興工業経済地域（NIES）など経済開発が進んだ途上国と，非産油国・後発発展途上国（LLDC）などの途上国の間に，所得・工業化率・識字率などの格差が拡大した。

南北問題…先進国と発展途上国の経済格差とそれに伴う対立。1950年代後半～60年代に表面化。64年UNCTAD（国連貿易開発会議）が設立され，発展途上国の貿易・援助・開発について検討協議が行われてきた。

難民条約（難民の地位に関する条約）…難民の保護を目的とした条約。日本は1982年から加盟。対象の難民は，「人種・宗教・国籍・政治的信条などが原因で，自国の政府から迫害を受ける恐れがあるために国外に逃れた者」とされ，災害難民や経済的困窮からの難民は含まれない。

二院制…立法機関が独立して活動する2つの議会（議院）によって成り立つ制度。日本は衆議院と参議院が国会を構成している。

二大政党制…2つの大政党が政権の獲得をめぐって競合しあう政党制。イギリスの労働・保守党，アメリカの民主・共和党など。単独政権により政局が安定しやすい，政治上の責任の所在が明確で有権者による政党の選択が容易，有力な反対政党の存在のため独善的にならない，という長所がある。

日米安全保障条約…極東の平和維持や日本の防衛のために米軍が日本に駐留することを定めた条約。1951年のサンフランシスコ平和条約とともに調印。60年には日米の共同防衛，経済協力，国連憲章との関連などの内容が新たに盛り込まれた。平和憲法との関連や，日本を米国の戦略に巻きこむ可能性について，60年に大規模な反対運動がおこり（安保闘争），その後も常に政治の焦点となってきた。

日米地位協定…在日米軍の地位を日米間で定めた協定。この協定により米軍基地内は治外法権となっており，米兵の犯罪に対する日本の捜査権も大きく制限されている。

ニューディール政策［New Deal］…米国のフランクリン・ルーズベルト大統領のもとで1933～39年にとられた革新的な総合経済政策。1929年に始まる大恐慌のもとでの対策的な意味合いをもち，農業問題，労働問題，さらに雇用創出を目的とした諸政策が進められた。自由放任が原則であった市場経済への政府の関与に道を開いた点，大きな意義がある。

日本国憲法…現在の日本の憲法。大日本帝国憲法の改正という形式をとって，1946年11月3日に公布。国民主権，基本的人権の尊重，平和主義が三大原則。GHQの作成した草案が下地となっている。

農業法人…法人形態（株式会社などの形態）によって農業を営む団体。2009年の農地法改正により，農地を耕作者が所有する「耕作者主義」から，一般企業にも農地利用を解放する方向に改められた。

農地改革…太平洋戦争後，軍国主義の温床となった地主・小作関係の解消を目的に，GHQの指令により実施された政策。不在地主の所有小作地はすべて，在村地主の土地は平均一町歩をこえる部分を国が強制的に買い上げ，小作人に安価で売却した。これにより自作農が大量に創設された。

は～ほ

排他的経済水域…領海の基線から200海里の海域のこと。水域内の水産資源や鉱物資源などの天然資源開発に関する権利を得られる代わりに，資源の管理や海洋汚染防止の義務を負う。

派遣労働者…人材派遣会社などに雇用され，派遣先企業の指揮・命令を受けて派遣先企業の業務を行う者。

パート労働者…正社員より労働時間が短い社員。家事や育児などを担っており，フルタイムで働けない主婦層に多い。パート労働者の雇用環境を整備するため，1993年にパートタイム労働法が施行された。

バブル経済…土地や株式などの資産価格が，実質的価値を超えてバブル（泡）のように異常に高騰すること。1986～90年にかけて，85年のプラザ合意を受けた低金利政策を背景に，資産価格が実質価値の2～3倍にまで上昇。さらに余剰資金が，海外の不動産や，有名海外企業の購買にまで使用され，国際的にも問題視された。90年1月，株価の下落に端を発して，バブル経済は崩壊した。

非価格競争…製品のデザインやちょっとした機能の付加など，非価格的な要素で展開される競争。本来，完全競争市場のもとでは，価格を中心とした競争が発生するのが原則であるが，寡占市場下では非価格競争が常態化する。

非核三原則…核兵器を「もたず，つくらず，もち込ませず」という日本政府の核兵器に関する基本方針。1967年佐藤栄作首相が答弁で表明し，71年に衆議院で決議した。

比較生産費説…各国が相対（比較）的に生産費が安い商品に生産を特化し，交換（貿易）すれば相互に利益が生じるという自由貿易理論。イギリスのリカードが提唱。

ビスマルクの社会保険［Otto von Bismarckの社会保険］…後発資本主義国としてのドイツが，急速な官製の産業革命を推進した結果，その矛盾が，労働者階級に現れた。増加する賃労働者と，失業の深刻化に伴って，社会主義運動も活発化した。これに対処するための懐柔（「アメとムチ」のアメ）として，宰相ビスマルクが採った方策である。

非正規社員…正社員以外の就業形態をとる一般にはパート・アルバイト，派遣労働者，契約・嘱託社員をさす。非正規雇用には，雇用が不安定，賃金が低い，能力開発機会が乏しいなどの課題があるが，雇用形態別にみると，近年，契約社員や派遣社員が増加している。

非同盟主義…アジア・アフリカ諸国を中心として，冷戦期に東西いずれの陣営にもくみしなかった立場。インド首相ネルーが，冷戦下の軍事同盟・軍事ブロックに加わることを拒否したことが由来である。

表現の自由…自分の思っていることを外部に表明する自由。政治に対する自由な意見の表明を保障することで，国民主権と直結する。民主主義にとってその基礎となる自由。憲法第21条に規定。

比例代表区制…政党の得票数に比例して議席を配分する選挙制度。

ファシズム [fascism]…狭義にはイタリアの国家ファシスト党の思想, 支配体制を指すが, ナチズムなど類似の独裁体制一般をも意味する。第一次世界大戦後の経済混乱, 社会主義の台頭の中で, 自由主義・社会主義をも批判し, 偏狭な民族主義に基づく集団が一党独裁体制を樹立し, マスコミ操作, 統制経済によって暴力的支配を行ったことを指す。

不当労働行為…合法的な組合活動に対し, 使用者が妨害・抑圧・干渉する行為。労働三権を侵害するものとして, 労働組合法で禁止されている。

プライバシー権…私生活をみだりに他人に知られない権利。近年はこれに加えて, 自己に関する情報をコントロールする権利へと, 内容が拡大している。憲法第13条の幸福追求権を根拠として主張される。「宴のあと」事件で法的権利として認められた。

プラザ合意 [Plaza Agreement]…1985年9月, ニューヨーク・プラザホテルにて開催されたG5による, ドル高に対する対策会議で示された合意。米ドルに対して各国通貨が10〜12%切り上げ, そのために共通してドル売り介入を行うというもの。これを律儀に守ったのは, 結局日本のみであり, これが, 直後のバブル経済を引き起こし, 以後15年に及ぶ経済の停滞を招いた。

フリードマン [Milton Friedman]…市場原理を重視し, 低福祉・低負担, 自己責任を基本とし, 政府の役割を最小限にする, 新自由主義という考えを主張（ケインズ理論による裁量的な経済政策の有効性を否定）。詐欺などの取り締まり以外の, 市場に対する規制はすべて排除すべきとした。

不良債権…一般には, 返済不能か返済が著しく困難な債権をいうが, 特に, バブル経済期に蓄積され, バブル崩壊によってこうした状況に陥った債権を指す。銀行システムの信用を低下させ, 円滑な金融を阻害, よっておびただしい倒産とリストラという名の大量の失業者群を発生させ, 深刻な不況と年間3万人に及ぶ自殺者の悲劇を我が国にもたらした。

フロー…ストックに対する概念で, 国民所得や国内総生産といった指標のように, 一定の時点での経済的数量と, 一定期間後の同数量の差を表す。

文民統制（シビリアン・コントロール）…軍の最高指揮監督権は文民に属させるという原則。軍隊の政治介入を防ぐため考案された近代民主政治の原則。日本では, 内閣総理大臣が自衛隊の最高指揮監督権を持ち, 同じく防衛大臣が隊務を統括する（自衛隊法）が, どちらも文民であることが憲法上定められている（第66条）。

ペイオフ [pay-off]…金融機関が破綻した際の処理方法の1つで, 金融機関によって拠出された保険（預金保険機構）により, 預金の一定金額まで損失補填がなされるもの。特に1995年に全額保証されていた預金が, 2002年度から定期性の預金, 03年度から普通預金などの決済性預金についても元本1,000万円とその利息を限度

に払い戻しを認めるとの決定を指す。05年4月に実施。

平成の大合併…1999〜2010年に政府主導で行われた市町村合併。地方自治体の権限の及ぶ範囲を広域化し, 行財政基盤を強めることで, 地方分権の推進に対応することなどを目的とした。1999年の市町村総数3,232（市670, 町1,994, 村568）が, 2010年3月末には総数1,730（市786, 町757, 村187）となった。

ベバリッジ報告書 [Beveridge]…1942年, 英経済学者ベバリッジを長とする委員会が英国政府に提出した社会保障制度に関する報告で, 同国の社会保障政策の基本原則をなすもの。

ベルリンの壁 [Berlin Wall]…西ベルリンを包囲し, 冷戦の象徴となった壁。第二次世界大戦後, ドイツ及びその首都ベルリンも分割占領された。同市が東独領内にあったため, 冷戦下に東ベルリンから西ベルリンへの住民流出が頻発, 業を煮やした東独政府が1961年8月, 1日で西ベルリンの周囲160kmに壁を建設。89年11月, 冷戦終結ムードのなか崩壊, 翌年ドイツは統一される。

変動相場制…外国為替市場の需要供給関係で外国為替相場が決定される制度。主要先進国は1973年固定相場制から変動相場制へ移行。ただし, 完全な変動相場制ではなく, 政府・中央銀行の外国為替市場への介入を認めており, これを管理フロート制という。

包括的核実験禁止条約（CTBT）…地下核実験をも含め, 爆発をともなう核実験すべてを禁止した条約。1996年, 国連総会で採択されたが, インド, パキスタン, イスラエルなどの「疑惑国」の調印, 批准も条約発効の前提となっており, 依然として発効していない。

法治主義…政治は議会で定められた法律に従って行われなければならないという原則。法の内容より, 法律に従って政治を行うことを重視する考え方で,「法律による行政」ともいわれる。法の内容を問わない場合もあり,「悪法もまた法なり」に陥る危険性もある。

法定受託事務…本来は国が果たすべきものだが, 地方に任せている事務のこと。具体的には戸籍, 生活保護, 国政選挙に関する事務などがある。

法の支配…すべての人が法に従うという原則。恣意的な国家権力の支配（人の支配）を排除し, 権力者でも法に従わせることにより, 国民の権利や自由を擁護する。

法の下の平等…すべての人を法的に等しくあつかうという原則。法の適用だけでなく, 法の内容においても平等でなければならないということ。すべての別扱い禁止ということではなく, 合理的な理由のある別扱いは認められる。

保護貿易…自国の産業保護のため, 貿易に関税や輸入制限措置等で, 制限を設けた貿易の形態。ドイツのリストによって提唱された。

補助金（国庫支出金）…地方公共団体が行う特定の事務事業に対して, 国が使途を特定して交付する支出金の総称。交付額が不十分で, 地方自治体に超過負担を強いるなどの問題点がある。

ポツダム宣言 [Potsdam Declaration]…日本

国軍の無条件降伏を要求した文書。米英ソによって合意されその後中国の同意も得て, 1945年7月26日に発表された。ソ連も対日参戦後に加わった。日本が同年8月14日にこれを正式に受諾し降伏して以降, この宣言は連合国の日本占領の最高規範となった。

ポリシー・ミックス [policy mix]…財政政策と金融政策を組み合わせた政策。1980年代前半の米国のレーガノミクス（大幅減税・緊縮財政とインフレ抑制の金融政策）が代表的。経済政策以外でも, いくつかの政策を組み合わせて行う場合に使われる。

ま〜も

マイナンバー制度…全国民に番号を付し, 医療や年金, 介護等に関わるすべての手続きを共通番号で行えるようにするもの。行政事務の効率化や行政手続きの簡素化が狙い。2013年5月の共通番号法成立により, 2016年1月から番号の利用がスタートした。なおこれにより, 従来の住民基本台帳ネットワークシステムは廃止された。

マネタリズム [monetarism]…貨幣数量説を精緻化した, 通貨供給量が短期の景気変動に大きな影響を与えるとする考え方。不況を防ぐため一定のルールに基づき, 通貨供給量の調整が必要だとする。1980年代以降の新保守主義政権（米：レーガン, 英：サッチャー, 日：中曽根）で政策として採用された。

マルクス [Karl Marx]…ドイツの哲学・経済学者（1818〜83）。ヘーゲルの弁証法を学び, 史的唯物論を確立, ヘーゲルの歴史哲学から, 宗教的観念を除去した。資本主義経済を歴史的に分析, その性質を明らかにし, 社会主義の必然性を説いた。

マルタ会談 [the Malta Conference]…1989年12月, 米国大統領ブッシュとソ連最高会議議長ゴルバチョフが冷戦の終結を宣言した会談。マルタは地中海に浮かぶ小国。両首脳は同年の東欧革命進展の中, この地で会談, 冷戦終結を宣言, 大規模な核軍縮への決意を表明した。こうしてヤルタ体制は崩壊した。

民事裁判…私人間の権利の争いに関する裁判。

メディア・リテラシー [media literacy]…情報が流通する媒体（メディア）を使いこなす能力。メディアからの情報を主体的・批判的に読み解く能力であるとともに, インターネットなどをモラルに則して使いこなす能力をいう。リテラシーとは読み書きの能力のこと。

モノカルチャー経済 [Monoculture Economy]…生産・輸出が少種類の1次産品に偏っている発展途上国の産業構造。植民地支配を受けていた時期に形成され, 発展途上国経済の自立阻害要因となっている。

モントリオール議定書…オゾン層保護を目的としたウィーン条約に基づき, オゾン層を破壊するおそれのある物質を特定し, 規制することをねらいとする議定書。1987年, モントリオール（カナダ）で開催された国連環境開発会議で採択。5種類のフロンガス, 3種類のハロンガスの削減が決められたが, 1989年にヘルシンキで開催

されたモントリオール議定書の締約国会議では，20世紀中にフロンガスを全廃することが決められた。

や〜よ

容器包装リサイクル法…びん・ペットボトルなどの分別収集・再資源化を目的とする。1995年制定，97年施行。

預金準備率操作…市中金融機関が預金に対して，中央銀行に備蓄すべき比率を「預金準備率（支払準備率）」といい，これを操作することを指す。現在は行われていない。

世論…社会で一般に支持されている意見。世論の尊重は民主政治の前提であり，それには言論の自由が大切である。現代ではマスメディアが世論形成に大きな役割を果たしており，世論操作も大きな問題である。

四大公害訴訟…水俣病（熊本県の水俣湾で発生，メチル水銀汚染），新潟水俣病（新潟県の阿賀野川流域で発生，メチル水銀汚染），四日市ぜんそく（三重県四日市市で発生，おもに硫黄酸化物による大気汚染），イタイイタイ病（富山県の神通川流域で発生，カドミウム汚染）の4つの公害病を指す。1960年代の高度経済成長期に，深刻な被害が発生した。

ら〜ろ

リカード［David Ricardo］…19世紀初めに活躍した英の古典派経済学者（1772〜1823）。特に自由貿易を主張，穀物法をめぐりマルサスと論争。主著『経済学及び課税の原理』において比較生産費説を展開し，自由貿易の利益を主張した。

リコール（住民〔国民〕解職）…住民が，首長や議員の解職，議会の解散を請求する制度。有権者の3分の1の署名で成立。地方自治における直接請求権の1つ。

リスト［List］…19世紀ドイツの歴史学派経済学者（1789〜1846）。主著『政治経済学の国民的体系』で，経済の発展段階説を展開，特に後進国は自国の幼稚産業を外国商品から保護する保護貿易政策が必要と主張し，自由貿易論を批判した。

立憲主義…国家権力を憲法によって制限することで，個人の権利・自由の保障を図る原理のこと。

両院協議会…衆議院と参議院の議決が異なった場合に開かれる会議。両院からそれぞれ10名の委員を選び，妥協案の作成をめざす。予算，条約の承認，内閣総理大臣の指名で議決が異なった場合は必ず開かれる。

累進制…直接税において，所得水準に応じて，税率が高くなる制度。ビルトイン・スタビライザーなどの経済効果をもたらすほか，所得の再分配を効率的に実施させ，富の最適分配に資する。現在日本は，所得税，相続税，贈与税に適用している。

冷戦…第二次世界大戦後の米国を中心とする自由主義陣営と，ソ連を中心とする社会主義陣営との対立。1940年代末のベルリン封鎖，中華人民共和国の成立当時が対決ムードが一番高まった時期で，第三次世界大戦の勃発が懸念された。50年代後半から雪どけが始まり，デタントの気運が高まった。89年のマルタ会談でその終結が宣言された。

レファレンダム（国民〔住民〕投票）…直接民主制の一要素で，政治上の重要事項を議会に委ねず直接国民の投票で決める制度。近年，地方公共団体の重要な課題について，条例を制定し住民投票を実施する例が増えているが，その投票結果については法的拘束力がない。

連合…日本の労働組合におけるナショナル・センター（労働組合の全国中央組織）。日本労働組合総連合会の略。47の産業別労働組合などが加盟し，全国47都道府県に地方連合会を置く。

労働基準局監督署…労働基準法に基づき，各都道府県管内に設置された監督機関。労働基準局の下部機関として約380か所に設置。労働基準法の労働者保護規定が守られるように，事業主を監督するために置かれている。

労働基準法…労働条件の最低基準を定めた法律。憲法第27条第2項の規定に基づいて制定。労働者が「人たるに値する生活」を営めるように，賃金，労働時間，休憩，時間外労働，年次有給休暇，監督機関などを規定。

労働基本権…憲法に定められた勤労権（第27条），労働三権（第28条）のこと。

労働組合法…労働者が労働組合を組織することを保障し，組合活動について規定した法律。憲法第27条第2項の規定に基づいて制定。労使が対等の立場に立つことを明記し，労働者の団結権や団体交渉権，不当労働行為など労働組合の活動について規定している。

労働三権…日本国憲法が労働者に保障する3つの権利。
団結権…労働者が団結して労働組合を作る権利。
団体交渉権…労働組合が労働条件の改善・向上のため使用者と交渉する権利。
団体行動権（争議権）…団体交渉で合意が得られないときに，労働組合がストライキなどの争議行為を行う権利。

わ

ワイマール憲法［独：Weimarer Verfassung］…1919年制定のドイツ共和国憲法。生存権を世界で最初に明記した憲法。国民主権，男女平等の普通選挙，労働者の団結権と団体交渉権の保障など，当時の世界では最も民主的な憲法であった。

さくいん

Introduction
資料番号
○○○○……20①❶⑤,25M
ページ
Seikei マニア
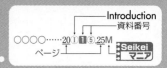

資料編

略語一覧・英字さくいん

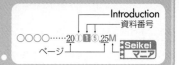

解 答

資料編

チェック＆トライ

テーマ	頁		解 答
1	11	Q1	法治主義
		Q2	(例)違い：法律は違反すると罰則が与えられたり逮捕されたりする。 共通点：遵守しないと社会や集団の秩序が乱れる。
2	13	Q1	抵抗(権)・革命(権)
3	15	Q1	ワイマール憲法の下，選挙によって議席を獲得したから。
		Q2	議会が持つ立法権が委任された（事実上憲法が無効となった）。
4	17	Q1	(1)議会，(2)総辞職
5	21	Q1	表現を多少変えてはあるが，明治憲法そのものの内容だったから。
6	23	Q1	勤労感謝の日
7	25	Q1	解釈改憲
8	27	Q1	③
9	33	Q1	③
10	35	Q1	神道
11	37	Q1	無実であるのに犯罪者として扱われること。
12	39	Q1	水平社宣言
13	41	Q1	保護者(自分の子どもに教育を受けさせる義務)
14	43	Q1	刑事補償
15	45	Q1	日照権
16	47	Q1	デジタルデバイド
17	49	Q1	なることはできるが，職種の制限を受ける。
18	51	Q1	技能実習制度
19	53	Q1	約27%
		Q2	女性議員の比率が極めて低いから。
20	55	Q1	首相が欠けたとき，内閣不信任決議が成立し解散しないとき
		Q2	宮澤喜一内閣(1993年)
21	57	Q1	行政指導には法的拘束力がない。
22	59	Q1	9件
23	63	Q1	4,000人以上
24	65	Q1	約48%
		Q2	地方交付税は使い道は自由だが，国庫支出金は使い道が限定されている。
25	69	Q1	日本社会党，自由民主党
		Q2	国民1人当たり250円の公的資金
26	71	Q1	(例)死票が多い。
27	77	Q1	2015年秋，2017年夏から秋
28	85	Q1	1929年の世界恐慌によって，市場メカニズムが万能ではないとわかったこと。
		Q2	「大きな政府」をめざす政策によって，財政赤字やインフレが大きな課題になったこと。
29	89	Q1	価格を通じて需要と供給を均衡させる機能。
		Q2	①価格が上がる　②価格が上がる

テーマ	頁		解 答
30	91	Q1	自己資本：内部留保や株式発行で調達する。 他人資本：社債発行や金融機関から借り入れる。
		Q2	配当金または株の売却益を得られること。また，倒産した時に負う損失は出資した金額が限度であること。
31	93	Q1	数社の企業が，生産量や売り上げの大半を占めている市場。
		Q2	非価格競争によって，「価格の下方硬直性」が起きやすくなる。
32	97	Q1	国民所得は生産・分配・支出の三面でとらえることができ，三面の額は等しいという原則。
		Q2	市場で取引される財・サービス(フロー)の量だけが数値化されたものだから。
33	99	Q1	名目GDPから物価の影響を取り除いたものが実質GDPである。
		Q2	企業の設備投資の活発化，個人消費の増加，政府の財政金融政策
34	101	Q1	直接金融：株式や債券などが売買される証券市場 間接金融：銀行などの金融機関
		Q2	銀行の信用創造(預金創造)という機能が働いているから。
35	105	Q1	国債・手形を民間金融機関から買い上げることによって増加させる。
		Q2	デフレから脱却し，2%のインフレを起こすこと。
36	107	Q1	公債金で防衛関係費が賄われていた。
		Q2	歳入：消費税と公債金 歳出：社会保障関係費と国債費
37	109	Q1	所得税から消費税に変わってきている。
		Q2	所得の格差を少なくするため(「所得の再分配」のため)。
38	115	Q1	岩戸景気
		Q2	高い貯蓄率によって豊富な資金が金融機関を通して(間接金融)，企業の設備投資資金に回った。
39	117	Q1	日系メーカーの現地生産が増えている。
		Q2	公定歩合が下がると地価・株価が上昇し，上がると地価・株価が下落する。
40	119	Q1	市中金融機関の保有資金量(マネタリーベース)は増えたが，民間の企業や個人の保有資金量(マネーストック)は増えていないので，GDPは伸びなかった。
		Q2	税制や社会保障制度によって，所得の格差を埋めるしくみ。
41	123	Q1	副業的経営体
		Q2	肉用牛
42	127	Q1	39年
		Q2	騒音・振動
43	129	Q1	容器包装リサイクル法
		Q2	埋め立て処分
44	131	Q1	(例)PL法は，製品の欠陥によって生じた被害は，過失の有無に関わらず製造業者に損害賠償の責任を負わせる法律。クーリングオフ制度は，一定期間内であれば無条件で購入の撤回や契約の解除ができる制度。

テーマ	頁		解　答
45	133	Q1	(例)改正前は採用や昇進において，機会の均等は努力義務規定であったが，改正後は差別禁止規定となった。また改正後は，セクシュアルハラスメント防止義務が規定された。
46	135	Q1	(例)非正規従業員の増加に伴い，組合活動に関心が低い従業員が増えていること。
47	137	Q1	(例)諸外国と比較して賃金が低く，労働時間も長いため，労働時間当たりの賃金が低いことが課題である。
48	141	Q1	ベーシックインカムは政府がすべての国民に最低限度の生活費を支給する政策。生活保護は生活が困窮している国民に対して，一定水準の生活を保障する政策。
49	143	Q1	1965年度：14.2%，2015年度：32.7%
		Q2	約2.3倍
50	145	Q1	年金
51	151	Q1	(例)国際司法裁判所の対象は国家間の紛争で，国際刑事裁判所の対象は戦争犯罪など個人の責任である。
52	153	Q1	(例)国際連盟は，表決は全会一致制，侵略国への制裁は経済制裁のみであった。国際連合は，表決は多数決，侵略国への制裁は経済制裁に加え武力制裁などの軍事的措置も認められている。
53	155	Q1	(例)拒否権の発動があることで，大国の衝突を防ぐ安全面としての機能がある一方，常任理事国への制裁には安保理が機能しないことが課題である。
54	157	Q1	(例)国連軍は平和の破壊や侵略に対して軍事的強制措置を実施するのが任務である。PKOは武力衝突の再発防止を目的とし，治安維持を任務としている。
55	161	Q1	核兵器をもつ米ソが直接戦わず，中国・ソ連が支援するベトナム民主共和国と，アメリカが支援するベトナム共和国が戦争したため。
56	163	Q1	アフガニスタン
57	165	Q1	ゲーム理論では，互いに相談できない状況で相手の行動を予測することが前提となっているため，アメリカと北朝鮮を含めた世界的な対話が重要である。
58	167	Q1	難民は，様々な理由から迫害を恐れて他国へ逃れた人々のことで，難民条約の保護の対象になる。一方経済難民は，豊かな生活を求めて他国に移住した人々のことで，難民条約の保護の対象ではない。
59	171	Q1	難民認定申請者数・難民認定数ともに，他の先進国よりも非常に少なくなっている。
60	181	Q1	貿易相手国1位がアメリカから中国へ変わっている。
61	183	Q1	(ア)：①，赤字　(イ)：①，黒字　(ウ)：②，黒字
62	185	Q1	約4.5倍
63	189	Q1	①
64	191	Q1	農産物や鉱物といった一次産品が多い。
65	193	Q1	他国と比べて，日本は贈与率が低い。
66	195	Q1	ⓐタイ　ⓑドイツ　ⓒインド　ⓓ中国
67	199	Q1	アメリカ，日本，ドイツ，中国，インド，アフリカ合計
68	201	Q1	2011年の東日本大震災に伴う福島第一原子力発電所の事故により，すべての原子力発電所の運転が停止されたから。

●「視点カード」「思考スキル」「思考

持続可能性

関係づける

クラゲチャート

【例1】 持続可能性という視点で身近な「レジ袋」につ
「見方・考え方」を働かせると、地球温暖化や海洋生
保護など関連づけられるテーマが見つかる。これをク

チャートという
思考ツールに
落とし込んだも
のが、右の図で
ある。

レジ袋の使用量を
削減すべき

資源を大切
に使うため

海の生き物を
保護するため

地球温暖
を防ぐた

視点カード

公民的な「見方・考え方
それぞれの「視点」の内容

幸福

幸福とは、心が充足して
いると感じられること。
「よりよい社会」は、ど
のような形の幸福を、ど
うやって人々に約束するのか、どこ
まで保障するのか、幸福の視点。

自由

自由とは、他者が
されず、自らの
っていること。
志にのみ従って
るかどうかが、自由の視点。

寛容

寛容とは、自分とは異な
る意見やふるまいを受け
入れること、また他者の
欠点やあやまちを厳しく
責めないことを意味する。他者を認
め、共生するための視点。

連帯

連帯とは、人と
互の信頼で結び
志や行動、責任
あうこと。他者
り、自己を省みながら相互
う視点。

個人の尊重

個人の尊重は、一人ひと
りを大切にするという考
えで、その国の政治が民
主的かどうか判断する際
に働かせる視点。反対に、社会全体
の利益を優先するのが全体主義。

民主主義

民主主義は、政
方を国民が決め
ものごとの決め
きなどに、国民
反映する視点。多数決でな
者の意見も考え熟議する必

効率性

効率性は、費用をできる
限り小さくし、利益をで
きる限り大きくする視点。
合意の結果に改善の余地
がなければ、それは効率性の視点を
実現しているといえる。

公平性

公平性は、行い
が、かたよりな
ているかどうか
点。所得などの
機会の不平等に対して公平
が求められる。

トレードオフ

トレードオフは、
Aを選ぶとき、B
をあきらめなけれ
ばならない関係の
こと。選択の際の視点。

機会費用

機会費用は、トレ
ードオフで選択し
なかったことによ
る損失のこと。選
択の際の視点。

イノベーション

イノベーションは、新し
い物事の創造や、革新的
なアイデアで、社会に変
化を起こすという視点。

分業

分業は、生産部
を分割・専門化
自給自足と比較
を考える視点。

SDGs

あらゆる場所の
あらゆる貧困を
終わらせよう。

栄養のある十分
な食料を確保し、
飢餓を終わらせ
よう。持続可能
な農業を促進さ
せよう。

あらゆる年齢の
全ての人々の健
康的な生活を確
保し、福祉を促
進しよう。

公正で質の高い
教育を提供し、
生涯にわたって
学習できる機会
を増やそう。

ジェンダー平等
を達成し、全て
の女性及び女児
の能力の可能性
を伸ばそう。

安全な水と適切
な衛生へのアク
セスを確保し、
ずっと利用でき
るよう管理しよ
う。

手ごろで信頼
でき、持続可能か
つ近代的なエネ
ルギーへのアク
セスを確保しよ
う。

持続可能な経済
成長を促進し、
生産的で働きが
いのある人間ら
しい仕事を提供
しよう。

災害に強いイン
フラを整備し、
産業を発展させ
よう。

国内及び国家間
の不平等を見直
そう。

安全で災害に強
く、持続可能な
都市及び居住環
境を実現しよう。

持続可能な消費
と生産のパター
ンを確保しよう。

気候変動及びそ
の影響を軽減す
るための緊急対
策を講じよう。

海洋と海洋資源
を保全し、持続
可能な形で利用
しよう。

森林の持続可能
な管理と砂漠化
への対処、生物
多様性を保護し
よう。

平和で誰も置き
去りにしない社
会を構築しよう。

目標達成のため
に世界のみんな
で協力しよう。

（国連広報センター資料を参考に作成）

↑2030アジェンダでは、次の5つの頭文字をとった
「5つのP」からSDGsの17の目標を大きく5つに
分類している。

People (人間)	Prosperity (豊かさ)	Planet (地球)	Peace (平和)	Partnership (パートナーシップ)
目標 1〜6	目標 7〜11	目標 12〜15	目標 16	目標 17

モンゴル

中華人民共和国（中国）

ネパール
ブータン
バングラデシュ
インド
ミャンマー
ラオス
タイ
カンボジア
ベトナム
フィリピン
スリランカ
モルディブ
マレーシア
シンガポール
ブルネイ・ダルサラーム
パラオ

日本

朝鮮民主主義人民共和国（北朝鮮）
大韓民国（韓国）
台湾

インドネシア
パプアニューギニア
東ティモール
オーストラリア
ソロモン諸島
ニュージーランド

➡9 国連：グテーレス（ポルトガル）事務総長（2017年〜）

↑10 北朝鮮：金正恩国務委員長（2016年〜）

〈注〉2012年より最高指導者の地位にある。

↑11 台湾：蔡英文総統（2016年〜）

↑7 タイ：セタ一首相（2023年〜）

↑8 ニュージーランド：ヒプキンス首相（2023年〜）

G20

20か国・地域首脳会合（G20サミット）及び20か国・地域財務相・中央銀行総裁会議の参加主要20か国・地域

G8

↑12 日本：岸田文雄首相（2021年〜）

↑13 アメリカ：バイデン大統領（2021年〜）

↑14 イギリス：スナク首相（2022年〜）

↑15 フランス：マクロン大統領（2017年〜）

↑16 ドイツ：ショルツ首相（2021年〜）

↑17 イタリア：メローニ首相（2022年〜）

↑18 カナダ：トルドー首相（2015年〜）

↑19 ロシア：プーチン大統領（2012年〜）

↑20 中国：習近平国家主席（2013年〜）

14年のウクライナ紛争以来、ロシアのG8サミット参加資格は停止されている。

BRICS

↑21 インド：モディ首相（2014年〜）

↑22 南アフリカ共和国：ラマポーザ大統領（2018年〜）

↑23 ブラジル：ルーラ大統領（2023年〜）

●BRICS拡大…アルゼンチン，エジプト，エチオピア，イラン，サウジアラビア，アラブ首長国連邦が24年1月に加盟予定。

↑24 オーストラリア：アルバニージー首相（2022年〜）

↑25 韓国：尹錫悦大統領（2022年〜）

↑26 メキシコ：ロペスオブラドール大統領（2018年〜）

↑27 サウジアラビア：サルマン国王（2015年〜）

↑28 アルゼンチン：ミレイ大統領（2023年〜）

↑29 トルコ：エルドアン大統領（2014年〜）

↑30 インドネシア：ジョコ大統領（2014年〜）

↑31 EU：ミシェルEU大統領（2019年〜）

●1人当たりGNI

（2022年）

	30,000ドル以上
	12,000ドル以上
	8,000ドル以上
	4,000ドル以上
	1,000ドル以上
	1,000ドル未満

●都市

● 国連事務局所在地
○ 「政治・経済」関連地名

世界の宗教分布

ユダヤ教
ヒンドゥー教

イスラム教
　スンニ派
　シーア派
仏教
　大乗仏教
　上座部仏教
　チベット仏教

キリスト教
　カトリック
　プロテスタント
　ギリシャ正教会

1人当たりのCO_2排出量

（2000年）
3.0t以上
1.5〜3.0t
0.3〜1.5t
0.3t未満

※排出量は炭素（C）のみの重量。

（世界銀行資料，『世界の統計』2021，『今がわかる時代がわかる世界地図』2006などにより作成）